與諸神對話

一個大學老師的通靈紀錄

凡夫 編著

目次

健康快樂的人生

奔騰的心如何止息

重新詮釋因果業力

轉變的時代

非關宗教

[前言]

主題之外的人生

（凡夫之妻）

返國接機的震驚

這一切開始於盛暑將盡的八月底，我在南半球紐西蘭的皇后鎮，外子在遙遠的台灣島。當我扛著滿行囊的回憶，九月初深夜從奧克蘭轉機香港返抵國門的時候，在國際航班出口處接機的外子卻反常地沉默，我在假期中極度放鬆的那顆心還不夠敏感，正忙著叨叨絮絮分享旅遊中所見所聞，絲毫感受不到即將到來的巨大轉變。在我一連串嘻嘻哈哈聲中，外子突然冒出一句話：

「老婆，我有一件事要告訴妳，但是我不知道該不該說。」

我一聽就急了，難道出國旅遊一趟就風雲變色，竟然連溫暖的家也開始有不可告人的秘密？斯可忍孰不可忍，連忙催促他：「快說，要講不講的吊人胃口最討厭了！」一面暗自祈禱千萬不要是外子的身體或工作上出了問題。一陣吞吞吐吐、欲語還休的拉鋸戰於是展開，外子發揮所有性格中溫溫吞吞的特質，在我一再的逼問下終於說出了一句讓我聽不懂的話：

「約書亞來跟我講話了。」

約書亞？是外國人嗎？我對這答案簡直是一頭霧水，我們從沒有與外國友人聊天的習慣呀，趕緊追問約書亞是誰，外子說：

「約書亞就是耶穌基督，比較喜歡人家叫祂約書亞。」

天啊！耶穌基督！那根本是只存在於聖經中的名詞，似乎與我的世界沒有任何交集，而且那…是兩千年前的人類啊！怎麼能「講話」？難道外子是胡扯嗎？看樣子不像在開玩笑，是腦子有問題嗎？看他準時接機、穩健開車、說話又條理分明，不像精神病患啊，老天爺在開什麼玩笑，我的老公竟然「通靈」了！當我冒出通靈的質疑時，外子不溫不火的回了一句：

「不是通靈，是通話。」

與兩千年前的人類、基督教所敬奉的神通話？有沒有搞錯？暫時按捺滿腔疑惑，用他的專有名詞「通話」談下去，先弄清楚這件事的前因後果再說。於是我追問外子什麼時候開始通話的？用什麼形式？怎麼知道是誰在說話？通話前後有什麼身體上的變化？已經有誰知道這件事？……要問的真的是太多了，紐西蘭之旅的喜悅早已被這件意外給衝擊得煙消雲散，變成神秘現象X檔案了。外子說：

「什麼時候開始通話的？就是在八月底妳去紐西蘭旅遊的時候。剛開始祂講的話我聽不懂，我就想說：『要說，就要說我聽得懂的話』，結果就變成斷斷續續的中文通話。」

我才出國十天就發生這麼離奇的事，這是什麼因緣造成的？想想我們夫妻都有博士學位，是經過國內教育體系嚴格的思辨過程訓練出來的高級知識分子，家中不談宗教，也沒有特定的信仰，怎麼會扯上這種玄妙又無法證實的事情呢？尤其是外子，他受的是工程師訓練，工程師性格鮮明，平日處世我常笑他是「太史公」，好奇又好問，在他身上發生通靈的事，不禁讓我大惑不解。外子繼續說：

「用什麼形式？在我的心靜到一定程度之後，通常是要睡卻還沒有睡著的時候，腦袋就會出現一些訊息，就像電腦接收網路傳輸的電子封包一樣，我要去捕捉腦袋裡閃過的各種訊息，用中文說出來；有時候也會一片空白，就像斷訊了，這時候我不知道下一個會冒出來什麼字，祂們會直接牽動我的唇型，只要我呼氣，就會講出自己腦子裡都沒有的字。」

這番言語聽得我好心疼，原來通靈這件事那麼辛苦，要睡覺都不能睡，後來我數度詢問外子，睡眠被打斷是什麼滋味？他說有時整夜睡不到六小時，但是精神很好，真是奇怪，睡眠被打斷還會精神很好？看來這世界有太多我所不能瞭解的神秘現象了。這段話之中電子封包的比喻也很有意思，不愧是學工程出身的。外子又說：

「怎麼知道是誰在說話？因為我是懷疑主義者，怕碰到什麼邪魔外道冒充耶穌基督，當天就去買了錄音筆把所有的對話都錄下來，如果是假扮的就一定要抓到祂的小辮子，所以我都會請祂們先自報名號，確定現在到底是誰在說話。」

事後也真慶幸大部分的通靈對話都有錄音，雖然當初是為了要抓出「邪魔外道」前言不對後語的具體證據，但是一年下來，上百則通靈紀錄所展現的事實卻是讓我眼界大開、心境平和，溫暖正向又深富智慧的言語，好在有錄音檔案保存下來，才能陸續謄稿、編輯成冊，這是始料未及的。外子再談到：

「通話前後有什麼身體上的變化？通話前會弓起身體，前後彎曲像蝦米一樣十幾次，拉扯出各種唇型，脖子前傾幾次就開始講話了。通話結束時好像背後肩胛有一個插頭被拔掉一樣，會知道對方離開了。」

第一次聽到這種形容，對於從不燒香拜拜、也不太關心宮廟之事的我來說，通靈前後的身體變化真是太奇怪了。這一年以來，我刻意搜集一些通靈者身體反應的說法，才知道有人形容為「烏龜脫殼」、

「大病一場」、「完全無意識陷入昏迷」⋯，外子的反應相對來說算是幸運的，「拔掉插頭」之後身體並無不適，雖然在通靈時略有讓出他的意識頻寬，但是可以發問，也仍舊保有一些自我意識。

以上這番接機返家在高速公路上的對話，初次讓我見識到生命的無常竟然也在我原本平靜無波的人生中賣力地上演，這些當時我決定「假裝沒發生過」的事，後來深刻影響到我的身心靈，不請自來，卻開啟了另一段比出國旅遊更精彩的旅程。

大地震

紐西蘭轉機回台灣的疲憊加上外子通靈的震驚，兩者衝擊擺盪，讓我睡不安穩，隔天一早外子通靈秀卻又實地上演，當時我感到十分抗拒，視之為不請自來、防不勝防的「打擾」。這次通靈過程雖然只持續了十二分鐘，也因為我的打擾沒辦法進行有意義的對話，卻讓我認真的看待外子通靈這件事——它是真的，不是作夢，而且無法逃避——剩下來的只是生活上翻天覆地的變化「而已」！

這種翻天覆地的變化甚至還延續到真實的世界，就在我自紐西蘭返家後兩天的九月四日，紐西蘭的基督城發生大地震，因為五天前我還在七．一級基督城的震央住宿，所以感觸很深，一方面悲憫災民、感慨人生無常，一生累積的財富瞬息瓦解；另一方面還要面對自己家庭的「大地震」，這場由外子通靈所引發的大地震，對於家中成員身心靈破壞再建設的程度，絕對不輸給基督城真實世界的地震。

這是一場身心靈的大地震，從懷疑祂們是「邪魔外道」、視之為「嚴重打擾」的破壞心態；轉變到全然接受通靈內容，甚至以「傳播福音」的方式推廣，視之為「二〇一二年人類靈性集體提升」的建設心態，從破壞到再建設，心態上劇烈的轉變，名之為大地震也不為過。

當然，從破壞到再建設也絕對不是一天形成的，心態上的轉變過程歷經波折，從懷疑到打擾，再由接受到傳播，其間在生活上綿延不斷的衝擊，真是數都數不完，偶爾也會有些憂慮，憂慮這不請自來的通靈能力在未來對工作會產生影響，但是絕大多數的時刻都是喜悅的，常覺得從不進行心靈修練的我們，竟然得天獨厚，在年近五十之際，開始得窺玄妙的神秘殿堂，生活中也因為心態改變了，常有一些意外驚喜，且容我一一道來。

懷疑時期

外子剛開始通靈的時候，不要說我半信半疑，連他自己也是抱持著懷疑的心態，我們根本不敢跟任何人說起這件事，甚至夫妻私下討論時，對於通靈的內容及傳訊者也是批評多於贊同。這從外子常以質疑的語氣，再三要傳訊者自報名號的行為可以看出端倪，外子這類挑釁的言語如下：

「你是真基督，還是假基督呀？」（語帶懷疑、不耐煩）

「我可不可以請你（約書亞）再說明一下，為什麼你會聯絡上（我）呢？我怎麼知道你是真的呢？」

「為什麼在一開始的時候，你（約書亞）總是用那種很辛苦的發聲，來說你自己是誰呢？」

「我現在想去上廁所，能夠暫停一下嗎？」

「那為什麼是你（約書亞）跟我聯絡？而不是觀世音菩薩跟我聯絡呢？」

「請問你（不空羂索觀音）為什麼講話這麼辛苦啊？」

「那，請問約書亞在嗎？他為什麼不親自來講，要請你（約翰）來發言呢？」

「你（約翰）如果可以的話，可不可以請《靈性煉金術》的作者潘米拉，由她直接寄一封電子郵件給我，我的郵件帳號是⋯⋯」

從這些不太恭敬的質問語句，就可以知道通靈初期外子的懷疑心態有多麼嚴重，不斷質疑傳訊者的身分、能力、企圖，希望能揭穿真相，甚至以尿遁法逃避，又想從現實世界收發電子郵件的方式難倒對方，讓這些靈體知難而退，外子懷疑的方向是考驗對方是不是「邪魔外道」，而我則另有一些顧慮。

我質疑為什麼外子會通靈？首先想到，可能是三個多月前他爆肝引發的後遺症嗎？可是他的肝指數一週後就趨向正常，拍打及自發功這些民俗療法又讓他膽固醇兩個月後回復正常，舉凡香港腳、灰指甲、紅癬、心律不整、心跳過速等一些老毛病，都奇蹟式好轉，應該不是身體疾病導致心理上出了問題，因為他的身體反而比以前更好，不僅氣色變好，生活上還笑口常開、更樂於助人！

第二種可能是因為兩個月前父喪而悲慟過度、身心失衡，但是公公高齡九十四歲才過世，過世前兩年已罹患失智症，家人都有共識，失智所引發的憂鬱及缺乏安全感，早讓公公惶惶不可終日，脫離肉體的羈絆其實更幸福，加上公公住院不到兩週就辭世，並未受到太多醫療上的折磨，遺憾不多，應該不至於讓外子因父喪而罹患精神病。何況他平日一切如常，除了通靈之外，生活上並無任何異常之處，氣色及心智更勝以往，煥發於外祥和寧靜的氣度，令人稱羨。

第三種可能是性格所致，所謂性格所致，是指浮誇的個性引發自我意識過度膨脹，企圖藉由通靈以掌控他人、提升一己的地位。但是外子性格溫和謙遜，不僅日常生活極為低調，又素有誠實的美譽，從不說謊，更別說通靈之後極力隱瞞，除了家人之外，經過許久仍不願告訴外人，並無任何自我膨脹的舉動，遑論掌控他人。

排除上述三種所謂「身心失調」、「瘋了」或「性格所致」的可能性之後，根據「去掉所有不可能的因子，剩下的無論多麼不可思議，它就是答案」的定律，通靈這原本最不可能的事，就成了唯一的解答，外子真的通靈了！

打擾時期

外子的懷疑是怕「邪魔外道」找上他，我的懷疑則是擔心外子是否「身心失調」、「瘋了」或「自我膨脹」，事實上我的懷疑比較容易找到答案，所以很快就排除掉了，但是邪魔外道找上門卻是揮之不去的疑雲，連這些傳訊的靈體之一都說：

> 祂（約書亞）的用意還是一樣，希望你對祂的話有適度的信心，不要全然的懷疑，因為過度的懷疑會減弱力量，雖然適度的懷疑是必要的，因為這個世界有很多半路插花的，這個你自己必須小心呀！因為你現在的情況好像「便利商店」，隨時都有一些來路不明的人，進到你的店裡面來購買東西，所以自己要提高警覺，要隨時自我審查一下。（2010/09/05，約翰）

原來神靈也說通靈者的情況像是「便利商店」，叮噹一聲就「歡迎光臨」了，看來邪魔外道找上門的機率頗高，一定要想辦法防範，我們夫妻討論的結果是——既然真的有靈界存在，不妨「以靈制靈」，查查看以往通靈者是否有提到一些來自靈界保護的力量。於是陸續搜尋出坊間有許多書籍與網路資料，提到大天使及天使們是保護力量的來源。

我不禁感嘆這條路真是愈走愈懸疑了，先是耶穌基督、施洗約翰、不空羂索觀音相繼來到，然後又是尋求大天使的保護，真是比八點檔連續劇的劇情還要曲折離奇，卻發生在夫妻倆人都是博士、無任何宗教信仰的家庭，不禁興起造化弄人的感受。

其實我們夫妻雖然無正式的宗教信仰，實際上卻是對宗教或靈界、因果輪迴領域十分好奇的知識分子，用「知識分子」一詞並無傲慢之心，只是說明我們常從「知識」的角度閱讀思辨這些書籍。在外子通靈之前，因為朋友介紹及我個人的好奇心，接觸過魏斯醫生《前世今生》、陳勝英《生命不死：精神科醫師的前世治療報告》、伶姬《如來的小百合》系列叢書等這類因果或通靈的書籍，只是沒有參加過任何靈修團體或靈修活動。或許這是外子此次通靈的原因之一，因為他與家人雖然沒有特定的宗教信仰，卻也不排斥古今中外任何類型高靈的言論，如果真的必須有古今中外高靈同時發表各自意見的場合，恐怕得找這類人士代言。

無論如何，古今中外高靈的「打擾」已經來到，若是外子不想進行通靈傳訊，祂們也會牽動他的唇型，只要他口中一吐出氣息，自然就會說出中文字，總不能不呼吸吧？所以，我們夫妻決定消極抗議，來個「假裝沒發生過」的逃避策略，要通靈就讓他通靈，只是不處理、不發表，這樣一拖延就數個月。

在這幾個月中，生活上有許多奇妙的小插曲，正如前文談到大天使及天使們是保護力量的來源，在搜尋這類訊息時，同時會看到一些如何向天使們許願，就能心想事成的小偏方，我們抱著姑且一試的心態，想說既然靈界是存在的，就試試這些正向的力量有多麼強大，是否能影響到物質世界。

實驗結果很奇妙，如果是些雞毛蒜皮的小小利己行為，諸如向購物天使誠心祈禱，是否能夠花費較低的價格買到想買的東西，事後再誠心感謝祂們，通常就能實現願望，重點是真心相信、誠意感謝。再如，開車前向停車天使誠心祈禱，是否能夠在某個時間、某個地點幫忙空出停車位，同樣只要真心相信、誠意感謝也會如願。至於報明牌、祈禱中獎，對我們則無效，根據祂們事後的答覆是「突然獲得大筆錢財是考驗」，而我們這輩子的投胎前劇本並沒有這項劇情。這些點點滴滴微小的幸福感，在這段期間不斷出現，似乎想向我們證明靈界的眷顧。

消極抗爭數個月之後，終於，祂們也流露出著急的模樣，在十二月底及一月初相隔不到兩週的時間內，連續出現兩則三十五分鐘以上的通靈紀錄，而且多達九位高靈發言，多半勸我們不要再逃避此生的「任務」，要積極有所作為，甚至還用「至上神」的名義發出誓言以取信我們，這類言語節錄如下：

約書亞：今天要講的是我們（指導靈和天使們）的建議。

約書亞：阿～呵～從之，奉至上神之名，今天所說的都是真實的誓言。

大天使薩伊爾：要相信自己能夠努力達成功課，要相信自己能夠完成任務，我們會給予你力量，我們會支援你，讓你知道你不是孤單的，我們會支持你。

觀世音菩薩：我會協助你，願你們的努力，願你們的美好前景都能夠實現，我會協助你們，要（我協助），請呼叫我的名號、請唱誦我的真言，我會在你的身邊協助你。

觀世音菩薩：這是我們對你的期望，也是對所有存在的期望。不論你的進展、你的功課到達什麼程度，都會獲得協助，所以不要害怕、不要恐懼，要充滿勇氣，當你無法再克服的時候，請靜心的祈禱，我們會給予你適當的協助。

約書亞：進入新的階段需要大量、快速學習，不要懷疑，不要懷疑拒絕，這樣會減慢你的速度，要為進化盡一己之力，盡力，唯有每個人都盡力，才能順利完成進度。

太陽神：我要告訴你，請你充滿勇氣、請你充滿信心，去面對你的每一天，你需要的能量我們會供應你，但是你需要做的工作要由自己來完成，這是我對你的期許。

孔子：只要保持適度的謹慎就可以了，不必過度的懷疑，要知道我們判斷一個存在是不是善的，並不是在於祂宣稱祂自己是誰，而在於祂用什麼樣的態度去和你互動，這樣瞭解嗎？

約菲爾：我是大天使約菲爾，我要告訴你，你是珍貴的，地球是珍貴的，你要好好把握機會，做出你該有的貢獻，我以至上神之名告訴你，在你的面前向你宣誓，你將得到天使們的助力，不要退縮、不要害怕，要充滿光明、充滿愛心、充滿和平、勇往直前。

耶和華：我要獻上我對你的祝福，祝福你身體安康，祝福你家庭和樂，祝福你前程似錦，祝福你所在的世界充滿了祥和、安樂，這是我對你的祝福，我是耶和華。

看到這裡，或許覺得外子是精神病患的人會更多了，因為多半通靈者都只通一位靈體，像外子這般僅僅兩則通靈紀錄就跑來九位的，真是史無前例，有耶和華、耶穌基督、大天使薩伊爾及約菲爾、觀世音菩薩、太陽神、孔子⋯⋯，但是真實生活中，外子真的一切如常，因為我們都在大學教書，我一週可以觀察他完整的三、四天，他總是容光煥發、無病無痛、幽默風趣又樂於助人，工作上也通過教師評鑑，沒有任何失職的行為，只是不處理、不發表通靈的事實而已。

拖延戰術使用了四個月之後，換來九位高靈大陣仗的勸告，其中關愛又急切的言語，讓人想不反省一下都不能。其實我們內心十分掙扎，因為仍舊眷戀奮鬥多年得來不易的舒適生活，以及受到尊重的大學教書工作，很擔心一旦踏出學術圈，涉入「不夠科學」的玄秘靈界，會喪失尊重、丟掉工作，不由自主掉入全然陌生的圈子，接受了成為通靈者的「打擾」之後，再想走回頭路真的很難！

這個掙扎又掙扎的時期，常常浮現心頭的是「值不值得」及願意「犧牲多少」的問題，如果這些來自古今中外的高靈，為了協助我們完成任務而不厭其煩、耗費自身大量能量來進行傳訊，而我們在明知道有些轉變即將發生，這是個關鍵時刻之際，還耽溺在舒適的生活之中，是否對得起自己？是否太過吝於付出？這類反省不時出現，直到參與「拉筋拍打健康大使營」的活動才看見了轉機。

接受時期

會去參加健康大使營的活動是由於我妹妹的推薦，因為只要付住宿費，學費全免，再加上外子由拍打引發自發功、進而通靈，所以有此拉筋拍打同好聚會的機緣，自然應該前往參加。研習期間遇到《醫行天下》一書的作者蕭宏慈先生，因緣際會的正向鼓勵，也是促成我從二〇一一年初開始謄寫外子通靈錄音稿的外在助緣，雖然他因為強力主張拍打有療效而觸怒了主管機關，被遣送出境，但是我內心仍舊十分感謝他，如果不是他提出編書的建議，也不會有後續謄稿成書的可能性了。

謄稿是一項耗時的工作，正因為耗時、要逐字逐句揣摩，隨著時間的流逝，對我的身心靈造成不容小覷的影響。這段日子以來，逐句將通靈談話謄錄成文字稿，這些高靈正面的能量透過錄音，由遙遠的彼端影響我，如果這些高靈所談的內容都是有益世道人心的，如果真的有些轉變即將發生，現在不去做就太遲了，我怎麼能不起而行呢？

有關這些即將發生的轉變，初次聆聽或在謄稿之際，都讓我非常的抗拒，甚至興起我是玩偶的負面聯想，我想有必要先引述一些，完整的篇章會彙整在〈轉變的時代〉，節錄如下：

有人說地球經歷了轉變，地球要經歷一個轉變，這是真的！⋯地球上所有的生物、礦物、海洋、河流，所有的一切構成的一個集體意識，就叫做地球意識，這個意識祂本身也需要經過進修、進化，祂也有自己的進度，這個轉變會在適當的時機到來⋯（2010/10/09，約書亞）

我從天狼星向地球傳播這樣的訊息，你要好好地聽著，建立一個新的形態的社會是一件神聖、偉大而又困難的事情，需要許多、許多人的努力，是一件浩大的工程，不要等閒視之，文明的進程是不進則退，要維持文明的永續發展，並不是那麼容易的⋯未來也許有更多、更多的宇宙中其他的存有，會和你、會和你們聯絡，提供適當的協助，請不要相信你們的恐懼，請不要相信你們的懷疑，這個宇宙的存有會共同來解決地球所面臨的難題、難關，這不只是你們的問題、不只是你們的責任，同樣也是我們的問題、我們的責任。（2011/02/02，天狼星人伊嘉）

我是來自南門二（星球）的存在，今天要和你談南門二星人在你們這次的升級活動當中扮演的角色。終於經過了漫長的等待之後，又到了轉變的關鍵時刻，是再一次經歷提升轉換的神聖時刻，在這重要的日子裡⋯我們所有南門二星的存有，都會致上最誠摯的祝福，並善盡我們身為宇宙公民的職責，協

助你們轉化。（2011/03/17，南門二星人練流）

地表上的人類啊，我要提醒（你們），這樣的生活方式是有待改進的，現在又到了應該要轉變的時刻了⋯每一世就像舞台劇一樣，上演又謝幕、上演又謝幕，現在已經到了連續公演的檔期變換的日子了，是要集體檢討的時候了，是要集體揚升的時候了。在這個神聖的日子到來之前，還有很多的準備工作要做，因此我要再一次的提醒大家，要做好自己份內的工作，扮演好自己扮演的角色，剩下的就靜心祈禱吧，要相信至上之神、造物之主祂的神聖安排，所有的一切都是以大家的最高福祉為考量⋯（2011/03/17，約書亞）

當陽光普照大地，當雨水滋潤大地，世界精采紛呈，生命蓬勃發展，世界一片祥和，也就是我關羽卸下職責的時候，將這保護的責任，轉化成為參與轉變的熱情，這是我關羽將要參與的。在我這樣的狀態，不論是一年、一百年、一千年都是一樣的，現在有了這麼一個大好的機會，讓眾多的參與者可以參加這一場盛會，這是一場向上提升的盛會，是一場改變存在狀態的機會，要好好的把握。（2011/04/15，關公）

這個世界將有一種根本性的轉變，這個轉變，當然它有一些外在的成份要轉變，但是主要的轉變是從內在產生的，這個轉變要靠許許多多在這個世界的人，達到一種自我覺醒的狀態而達成。（2011/07/09，孟子）

新世界揚升之光已經啟動了，你在的這個世界將進行提升，提升的過程或許有些許的顛簸，但是正如我一再強調的，當你們穿過了重重的迷霧，穿過了時間、空間的迷霧森林，你們將會發現在你們前面的是坦途，而不是崎嶇路，這中間最大的關鍵就是要對我、要對你們即將面對的未來，保持絕對的正面

的態度、保持絕對的信心。（2011/07/25，太乙）

上述只是關於地球即將面臨轉變一部分的內容，這些高靈們都強調世界將有一種根本性的轉變，是「揚升」而不是沉淪，甚至會「改變存在狀態」，我心中小小的抗拒是：我有沒有自主權？能不能不改變？根據我個人的理解好像不能，如果恐懼害怕或抗拒改變，結果是「只能換到另外一個地方、另外一個舞台去繼續上演」（2011/03/17，約書亞），白話翻譯就是「結束這一世在地球的生命」——死亡！

這些真的是來自通靈的訊息，不管外子這台靈界訊息收音機，或我這位小小的謄稿者願不願意，「新世界揚升之光已經啟動了」，我們這些微小能量的存在體要以螳臂擋車，是否明智？不告訴其他人這些訊息是否公平？左思右想，與其逃避，不如勇敢的面對，因為高靈們一再說「當所有的人都抱持正面的態度的時候，那麼，這新世界的揚升之旅將會平安而順利，切記，莫讓恐懼占據了你的心，恐懼的心態將會抵消揚升的力道」（2011/07/25，太乙），那就準備好行囊，乘風破浪、勇往直前吧。

傳播時期

二〇一一年七月進入了我所謂的傳播時期，根據高靈們的說法，我們必須面對地球迫在眉睫、即將轉變的壓力，恐懼的心態只會抵消揚升的力道，當所有的人都抱持正面的態度，這趟新世界的揚升之旅才會平安順利。既然如此，愈多人知道這項訊息、事先有所準備，似乎是面對這趟揚升之旅比較好的方式，雖然我們只是小小的收音機、謄稿人，也只好硬著頭皮擔負起傳播訊息的任務。

為了降低面對未知的恐懼，最原始的能量體太乙提供一段禱告詞，我個人認為很重要，既然新世界揚升之光已經啟動了，為了避免恐懼所帶來抵消的力道，或許聽從祂們的建議是一個不錯的選項，禱告詞節錄如下：

我將隨同這新世界的揚升之光起航
我知道前面是一片的光明坦途
我沒有任何的害怕
源頭太乙將會引領我穿過重重迷霧

祂們說的「迷霧」是指時間與空間的幻象，而時間是我們認為說明事件很重要的關鍵，祂們卻不重視，所以，雖然外子可以與這些高靈對話，但是一談到「地球即將面臨轉變」這個主題，常有搔不到癢處的感覺，因為我們會問的是「什麼時候會發生這件事？」、「如何進行？」、「是什麼樣的轉變？」這類問題，因為祂們強調「生命是自由的」、「可以創造各種幻象」，又不重視時間概念，所以，如果問上列問題，結果是無法得到令我們滿意的答案。關於時間與空間是幻象，高靈們有幾段說法我覺得滿清楚的：

為什麼說時間是幻象，你所經驗的時間是線性的時間，每一秒都一樣長，每一秒都有一樣的價值，但是，不同的生命經歷了不同的時間架構，剎那、永恆也就賦予了不同的意義。（2011/07/06，地藏王菩薩）

空間是不停地向外擴張…向虛空擴張…除了這個已知的物質宇宙之外，還有其他的物質宇宙嗎？還有！除了這個物質的宇宙之外，還有沒有其他非物質的宇宙？…有！有！答案都是有…因為

你們總是生活在這樣的線性時間裡面、線性空間裡面，所以距離對你們來說，永遠都是一個問題。（2010/10/09，約書亞）

地球存在多維度的空間，所以說（亞特蘭提斯文明）存在、不存在，必須要具有特別的洞見能力才可以看得見。（2010/09/20，約書亞）

為什麼祂們說時間是幻象呢？答案是人類定義的時間是線性的，「每一秒都一樣長，每一秒都有一樣的價值」，而「不同的生命經歷了不同的時間架構」，所以時間只是一種幻象，不是永恆不變的實相；空間亦然，以地球來說，「存在多維度的空間」對人類或其他的生命體而言，空間的定義也不是永恆不變的，所以也是一種幻象。既然時間與空間在祂們的世界裡都是幻象，怎麼可能明確地告訴我們地球在什麼時候會發生轉變？但是有些蛛絲馬跡可尋，太乙曾以「新世界揚升之光已經啟動」為談話的主題，既然「已經」啟動，或許是這一兩年之間的事。

我的家庭、學歷、工作及信仰

走筆至此，已經交代了外子通靈後，我們從抗拒轉變到傳播通靈內容的心路歷程，雖然我是用最真誠的態度撰寫這篇前言，但是閱讀這本書的人並不瞭解外子，也不瞭解我，不瞭解對方怎麼可能會產生信任感？因此必須要坦誠寫出我的家庭、學歷、工作及信仰種種私人的瑣事，以便取信於讀者。

外子與我組成的小家庭人口十分簡單，只有一位獨生子，這本書的插畫就是我兒子畫的，所以家中三口都知道也接受外子通靈的事實。我公公已過世，外子的原生家庭中，對於外子通靈這件事的態度大致分兩派，我婆婆是擁護者，曾說：「要是早一點聽到這些話，就不會走那麼多冤枉路了」，卻也憂心外子因此工作不保；我大姑則拒絕瞭解這些通靈訊息，曾以外子「若是沒工作了，可以開個宮廟問事」的話回應，其實她不知道這些高靈完全不談個人治病、功名、消罪、轉運這類的事，更別提報明牌了，就算是問了，祂們也不回答，外子的通靈性質根本無法開設宮廟問事。不過，因為外子從小就以誠實著稱，性格也不浮誇，他的原生家庭成員都相信他真的通靈了。我的原生家庭中，對於外子通靈這件事的態度也大致分為兩派，我的父母以「聽不懂」來回應，其實他們是不願意談這些玄秘的事；我的姐妹倒是十分支持，不僅會與我討論通靈的內容，我大姐還曾經以羨慕的口吻談通靈的能力。同樣的，因為外子十分照顧我的家人，又一向謙虛誠懇，我的原生家庭成員也都相信外子真的通靈了。

再談外子與我的學歷，我們倆人都是台灣教育體系培養出來的博士，目前也都在大學教書，前文已經說過，對我們而言，一開始面對外子通靈這件事是既震驚又抗拒，因為對我們平靜安穩又受到尊重的工作來說，通靈這領域真的是太遙遠了，既打擾了我們，也強迫我們得做出選擇，到底要不要公布這些通靈的訊息，這舉動會帶來生活模式的改變，甚至有丟掉工作的風險，造成我們內心很大的掙扎。

再次說明，我們之所以鼓起勇氣公布這些通靈的訊息，一則是由於祂們的話溫暖又有智慧，確實有益於世道人心，若不公布，對無法接觸這些訊息的人而言，並不公平；再者，也憂心大家都必須面對地球即將轉變的壓力，如果其他人因為不知道而毫無準備，也是我們間接造成的過失，既對不起耗費龐大能量進行通訊的高靈們，也對不起那些找不到出路的有心人。

最後談到外子與我的信仰，因為本書有〈非關宗教〉這個章節，其中進行通訊的高靈橫跨儒家、佛教、天主教與基督教、眾神與人，古今中外都有，確實是史無前例，對於這一點，我們除了真實披露這些高靈自報的名號之外，其實也有些顧慮。

首先，我們顧慮現有宗教界的反應，正如我再三提到的事實，外子只是一台靈界訊息收音機，而我只是微不足道的謄稿者，我們無意攪亂現有宗教界一池春水，僅忠實地接收並記錄高靈所傳達之訊息。外子也在通靈中數度質疑：

「約書亞我想請問一下，就是好像有來過的這些靈，比如說：蓋婭、太陽神、天使、阿基米德、盧布朗、觀世音菩薩、耶和華…，聽起來好像是在各式各樣的文化形成的，這個…怎麼會這樣呢？為什麼會有這麼多不同文化的靈同時出現呢？你能不能簡短回答我的問題？」（2011/02/02）

「玉皇大帝？這個有點誇張了吧？玉皇大帝不是神話中的人物嗎？」（2011/02/05）

「約書亞，我想請問一下，就是在很多來過的這些靈當中，譬如說，有很多…祂們跟祢之間的關係是什麼？因為聽起來，這個好像是跟所謂的宗教沒有什麼很大的關係，這能不能請祢解釋一下？」（2011/02/12）

這些橫跨古今中外的高靈都一一來與外子對話，不僅是史無前例，我們內心實在也覺得有點兒誇張，通靈這件事就已經很奇怪了，還與那麼多的靈體進行通訊，真令人百思不解，這與一般通靈人只和單一靈體通訊的經驗不太一樣，再次強調，外子日常生活表現都很正常，所以也只好真實無偽地記錄下這無法解釋的現象。不過在此也附上祂們的說法：

這是一種文化形態的認知問題：在台灣，如果有談到靈界的問題，通常我們會聽到以下這些，比如說：關公、媽祖、三太子這一類的；你在基督教、天主教文化的系統長大，你就會有很多耶穌基督、聖母瑪利亞、耶和華、使徒這一類的歷史傳承，我要說的是，不同的歷史傳承它會形成一種特定的認知方式，比如說，也許它的本質、它的來源是同一個，但是我們套進不同的文化框框裡了，所以我們就把它解釋成不同的形象⋯，所以你會有怎麼好像來源各異？其實來源並沒有差別，只是我們解讀的樣子、解釋的方式不一樣，所以對你來說是不同，對我來說卻是完全一樣的，唯一的差別只是在特質不同、進度不同，就只是這樣而已，所以不要太過在意這些名號的問題。名號終究只是名號，只是一個用來指稱的方式，就像我們曾經說過的，用手指著月亮，當我們看到月亮，手指的功用就完成了，我們的目標在月而不在（手）指。名號也是一樣，當它完成了指稱的作用之後，名號本身就失去了意義，所以何必那麼在意名號呢？（2011/02/02，約書亞）

祂們以文化形態的認知問題，來解釋古今中外的高靈都一一來與外子對話的現象，也勸我們不必那麼在意名號，所以我們還是忠實反映這奇怪的通靈型態，保留這些高靈們自報的名號。

再者這些高靈們有時會談到宗教的現況，包括經典紀錄、各種宗教的傳承問題，這些都涉及他人的信仰，既不願也不容我們置喙，或許正是因為我的家庭並無特定的宗教信仰之故，讓外子通靈時不會有先入為主、不容挑戰的價值觀，才能夠和橫跨儒家、佛家、天主教與基督教、眾神等不同來源的高靈對話。

外子的個人特質

因為與高靈對話的人是外子，有必要談談他的個人特質，讓對外子一無所知、更談不上瞭解與信任的讀者們，有個初步的認識，藉此取信於讀者，不辜負高靈所託，不至於讓祂們耗費大量能量傳遞的重要訊息湮沒無聞。

根據我婆婆的說法，外子小時候看到被打死的老鼠會悲傷流淚，碰到餐桌上有螞蟻也是用力吹氣吹走牠們，不小心踩死蝸牛會自責，與一般頑童相去甚遠，很誠實孝順又重承諾，他會以不說話因應，但不會說謊話。

我與外子結縭二十幾年，同樣認為他是一位誠實體貼的人，沒有什麼金錢概念，也不太重視衣著及一些生活小節，很喜歡閱讀各類書籍，通常會以幽默的方式回應為了小事而動怒的我，舉例來說，碰到挑完水果卻沒帶錢的尷尬場面，他面對覺得沒面子而臉色鐵青的我，會幽默地說：「老婆，我口袋的錢說『它們是過客，不是歸人』。」他不擅長處理生活問題，如果我因此不滿，他會說：「有一好、沒兩好，有兩好、不到老」；他也會在我工作忙碌的時候，主動去照顧我的父母，而且不會邀功或得意的吹噓自己多麼孝順。

也因為他這些性格及行為，在一年前開始通靈時，眾親友都相信他是真的通靈了，雖然儒家有言「未知生，焉知死？」、「不語怪力亂神」，但是如果不要看訊息的來源，只檢驗訊息的內容，這些溫暖、關懷又深富智慧的言語，其實很有益人心，讓人眼界大開，從而產生「德不孤、必有鄰」的支持力量。

通靈的表象

初步瞭解外子的性格特質之後，再談一談他通靈的時間，正如前文所言，通常在他要睡卻還沒有睡著的時候，也就是午休、晚上就寢或半夜醒轉之際，或許是少掉小我意識的干擾、身體也較為放鬆，這些時候比較容易進入通靈的狀態，如果工作很忙、壓力很大或身體不適，外子就無法通靈。因為他是在寤寐之間出現通靈的現象，相較於每一則的通靈內容卻都是條理分明，無法在快要睡著時編造出來的，再加上外子素來誠實謙遜，所以，這是我判斷通靈內容真實無偽的佐證之一。

前文也提過外子通靈前後的動作，通靈前會先弓起身體，做出蝦米狀運動十幾次，脖子再前傾數次就開始了，結束時好像拔掉插頭一樣，這些動作宛如預告，會讓我們心理有所準備。至於為什麼會有這類傳訊呢？外子曾在通靈之際問過地藏王菩薩，什麼是這種通靈能量傳遞的形式？外子問：

「那我能不能再請問（地藏王）菩薩，就是這種能量傳遞的形式，是怎麼個形式？我能夠理解嗎？」

（2011/04/20）

而地藏王菩薩對何以產生通靈現象的解釋，節錄如下：

現在你接收到了某一種你不知道來自何處的訊號，這個訊號激發了你的肢體運動，於是你的身體開始動作，大致上的情況就是這樣。這個（靈界能量傳遞）受器在腦子的某個部位，這個部位通常都是沒有使用的，當你開始使用它了，開始鍛鍊它了，它就慢慢的、慢慢的具備了接收的功能，於是我們才有辨法把這樣的訊號傳送過來，再完成以後的動作。……腦子有一部分的作用，是類似你們的收音機，……還是一個解譯器，解釋收到的訊號，也許傳來的訊號是告訴你要做某一種動作，請你執行；也許是某一種話語，某一種觀念，也許是某一種畫面等等。……當然最理想的狀態就是你能夠全面而毫無錯誤、毫無扭曲的接受這樣的訊息，那個時候，你會被冠以先知、覺者等等各式各樣的稱呼，但是我要向你提出警示，就是這些能力不足恃，必須要很嚴重地向你提醒，不要依恃這些能力，不管是自己或者是別人，都不可貪戀，一旦你陷入貪戀之網，那你恐怕就要準備再重新繼續鍛鍊這一部分，或者套用你喜歡的話語，就是被當了。要記住這些（通靈能力）只是我們恢復本能的過程而已，而且是人人本具的能力，毫無奇特可言。（2011/04/20，地藏王菩薩）

祂認為這是人人都有的能力，不奇怪也不足恃，只是腦部接收到「不知道來自何處的訊號」，這個訊號激發通靈者的反應，以外子來說，就是講出高靈們想要傳遞的訊息，也有其他通靈者是看到某一種畫面。

通靈訊息的來源

外子通靈的對象橫跨儒家、佛教、天主教與基督教、眾神與歷史人物，古今中外都有，確實是史無前例，前文我嘗試用我的家庭無任何特定的宗教信仰來解釋，或許是原因之一。

那麼，到底來了多少位高靈？至二〇一一年七月底為止，有三十多位通靈的對象，祂們對於這種狀況有一套說法，引述如下：

> 我要請有這些疑問的人，好好考慮一件事情，就是看看這些傳達的內容，而不要看它是如何出來的：你直接自己就可以瞭解、自己就可以判斷，這樣的傳訊是真的、還是假的，是有參考價值的、還是胡說八道的，這一切都在你的自由心智當中，形成一種定見：我要再一次懇請各位，不要用你特定的觀念、自以為是的想法，去解讀這些訊息，因為這樣做根本就不是在解讀，你根本沒有瞭解：不要過早批判，在你什麼都不曉得的時候，就直接用你腦子裡面那些既有的觀念，去看待這個事情：有時候，我們還有一些比較常見的問題，是不是這些訊息搞混了，怎麼會有這麼多、感覺上是不太一樣來源、不太一樣的（靈界）群體，怎麼會混在一塊兒呢？其實，難道你不願意考慮看看，其實這些分別都是我們人為劃分的，是不是可以這樣考慮看看？（2011/03/08，阿彌陀佛）

這裡以「這些分別都是我們人為劃分的」來解釋，再加上前文提到，我們之所以判斷這些高靈們來源不同，是「文化形態的認知問題」，其實這些都是歷史及文化傳承形成的表象，似乎不同，但是重點在於高靈們傳達的訊息內容，既不要看誰指出來，也不要執著於用什麼方式指出來，要看的是內容，而且「你直接自己就可以瞭解、自己就可以判斷，這樣的傳訊是真的還是假的，是有參考價值的還是胡說八道的」，正因為人類高度的自由意志，才開展出各種的可能性，也因此有了多采多姿的歷史文化傳承，不是嗎？請讀者再次善用您的自由意志，自行作出最適合自己的判斷。

通靈訊息的內容性質

既然通靈訊息的內容是自行判斷唯一的重點，因為一年來有上百次的通靈原始紀錄，十分不容易閱讀，也無法掌握訊息的脈絡，所以外子先以個人的理解將這些錄音文字稿分類，除了刪除通靈時重複的字句及小幅潤飾讓文句較為通順之外，這些分類也是我們加入自己意見的地方，我們認為通靈內容大致可以分為五類，小至個人的身心靈、大至宇宙觀，主題如下：(1)健康快樂的人生 (2)奔騰的心如何止息 (3)重新詮釋因果業力 (4)轉變的時代 (5)非關宗教。

從被打擾的抗拒心態轉變到接受，從要抓出邪魔外道前言不對後語的小辮子到認同通靈的內容，這數個月期間我們夫妻倆不知聽了多少遍MP3通靈紀錄的內容。隨著逐日聆聽各則通靈錄音，我的心靈也發生了不可思議的改變，原本急性子不願意配合他人的性格，經由這番洗禮，逐漸改善，甚至開始協助外子謄錄通靈錄音稿，這是以往的我視為浪費時間的事，在心態轉變之前，根本不可能去做。

外子通靈的內容除了古今中外的高靈都來講話這一點是史無前例之外，談話的內容性質卻很一致，不論祂們對話之語句長短、用詞、內容有多麼不同，都充滿了大愛、耐心與溫暖，積極表示樂意協助之心態，很少負面的用語，從不批評、從不揭人瘡疤、從不厲聲斥責、從不威嚇、從不利誘，不提世俗的名利功過，只用溫和的態度諄諄善誘，而且這些高靈完全不談個人治病、功名、罪惡、轉運這類的事，更別提報明牌了，除非是與我們此生任務相關的事，祂們也不太肯透露其他人的隱私。

祂們耗費大量的能量來進行通訊，意在協助我們，因為地球即將面臨轉變，而且是「從一種濃密的物質狀態，轉化成比較輕的一種存有的狀態」（2011/03/08，阿彌陀佛），需要各種形式的幫助。

現在我們要做的轉變是，不是少數的、極高成就的達成，不是，而是絕大部分的、中等程度的達成，這樣一種狀態需要相當多的協助，才能很順利地進入這樣的狀態。這種改變的發生是很少的，尤其是這麼大規模，有很多靈性的存有會來這裡提供適當的協助。（2011/03/08，阿彌陀佛）

這或許也是外子通靈的對象那麼多，有三十多位高靈來談話的原因之一，我把它視為許多高靈提供協助的徵兆。

結語

也許唯一不變的就是改變，也許二元對立的物質世界必然「成住壞空」會走到盡頭，也許每個人這一生無比珍惜的經歷只是一紙「投胎前契約」，也許沒有也許…

盼望不可避免的揚升之旅和平而順利，盼望大家累世所造的業力在「一笑泯千仇」中一筆勾消，盼望蓋婭能驕傲的向其他星靈說地球是「萬物和諧」的，盼望這一切不是奢求…

外子通靈的經驗真是太奇特了，超出我能理解的範圍，或許我應該改變成一種「領悟」的心態，會比較容易處理這次事件對我的家庭、我的人生、我的身心靈所產生的衝擊，從前的我完全不曾涉足這些領域，包括氣功、中醫經絡理論、民俗療法、心靈修行、因果業力的秘境、地球即將面臨的轉變、集體的揚升之旅、高靈的訓勉…，現在它卻透過外子通靈直接影響到我的生活，因為我個人覺得受到正面的影響，於是野人獻曝一番，分享給所有有緣人。此外高靈們傳達「地球即將面臨轉變及集體揚升之旅」的訊息，也是我急於公布這些通靈內容的原因，「知我者謂我心憂，不知我者謂我何求」，雖然無法逃避伴隨而來的考驗，但是眾人「知」的權利卻不容抹煞。

［導言］

粉墨登場

（凡夫）

這些訊息是怎麼來的？〈這一段是凡夫寫的，引自2011/02/07部落格的記載〉

像我這樣一個無特定宗教信仰，也沒有什麼參禪、靈修經驗，除了工作就是休息，言不壓眾，貌不驚人，上床就呼呼大睡的人，這種事情怎麼會發生在我身上呢？老實說，到如今我也不明白，反正，就這樣發生了。且耐心聽我絮絮叨叨吧。

預備動作

事發那一天早上和前一天晚上的練功（指我練習的自發功）狀況非常關鍵，所以下面用比較詳細的篇幅寫下來，但是因為事情真的不可思議，至少對我個人而言是不可思議的，所以在看以下文章之前必須放下所有心中的成見，這樣才比較可能接近事情的真相！說到底，這只是一件事實罷了。

先來說說事發前一天晚上的練功情形。因為在這之前幾天都比較晚睡，所以前一天晚上我提早於十一點進臥房，擺好看書姿勢，算是就寢前的練功準備，因為我練的是「懶人練功法」（就是只要在床上躺好，雙手擺平，心情放輕鬆就會進入氣功態）。當時心想，假設練功時間是一個鐘頭，從十一點半開始練，那麼十二點半就可以入睡了。可是我卻一直練功練到兩點半，這是之前沒有發生過的事，雖然練功之後身心舒暢，可是一次練三個小時，時間未免也太長了吧。在這個時間點，我還對即將發生的事一無所知。

正式練功

事後回想，原來這一次的練功有一個很重要的進度，就是任督二脈的循環正式進入關鍵階段。但是對於我這個只看過武俠小說的人來說，哪裡知道什麼是任督二脈，更別說脈氣的循行路徑、各種重要功能，拜託，我只是個書呆子罷了。

事情是這樣的，開始練功時，起先一如往常，也有一次極快速、大動作的練習，內容似乎和前幾天的大同小異！練完之後也是出現一些特定的手印，不過前幾天都是到此處就睡著了，所以我躺在床上輕喘著氣，靜靜等待入睡。等了一陣子，不但沒有睡著反而又進行第二段的練習，怎麼還再練，到底讓不讓我睡啊？還是反過身來練習，動作是兩腳小腿抬起互勾、膝部用力，使小腹略微離開床面，放鬆，左右腳前後交換，又再互勾……如此這般若干次，好不容易停下來了，真是謝天謝地。

關鍵時刻

誰知特別的事就在這個時候發生了，我側著身體，以手上、下及旋轉，摩擦尾椎的地方，加速任督二脈氣的運行，強迫衝過尾椎部，整個人有一種受到衝擊的感覺，稍事休息之後就換成背部，大約是在夾脊的位置，但是這個位置不好摩擦，所以是採用左手協助右手，以右手上下、左右的方式摩擦穴位，然後，又是一次衝擊，感覺滿強烈的，最後大約是後腦正中央的位置，這裡就輕鬆多了，摸腦袋還不容易嘛！拚命摩擦之後，又是衝擊，之後，感覺一直在流口水，像是看到什麼好吃的東西似的，但是並不討厭，有一種微甜的感覺。

終於，在凌晨兩點半時停止練功，還睡著了。但是從凌晨四點開始，我又一直練功到早上八點多，中間沒有再睡，主要不外乎就是不斷旋轉手，腦子內感覺也在轉，有繞著腦袋的公轉（上、中、下），每一層又有個別的轉動！練功這麼久，會不會太過份了呢？

發生怪事

接著，最最奇怪的事情就發生了，我雙手在頭上結了和之前要發音時類似的手印★，差別在這回中指尖端放在印堂穴位置，拇指尖端放在百會穴，中指則略朝前方豎立，等了一會兒之後，我在想是不是又要發什麼音呢？這一次手指擺放的位置怎麼由後往前移了呢？

然後我的嘴巴開始講話了！速度很正常，明顯是在「講話」而不僅只是發音而已，有抑揚頓挫，高低起伏，可是那一種話我完全聽不懂，既不是英文、也不是日文，反正我就是聽不懂。講了好久之後，我終於在心裡面說你講的話我又聽不懂，既然要講，就麻煩講我聽得懂的話！

當時心想，這該不會是外國來的孤魂野鬼吧！於是我心裡這麼想：「你是誰？」也不覺得有什麼毛骨悚然的感覺，沒想到接著竟然是用國語發音，但是非常吃力，和剛才流利的談論（雖然我聽不懂）完全不同，大概是中文不行吧！只聽到我的嘴巴發出「我，我，我是約書亞、約瑟之子，人稱耶穌基督……」，而且竟然是「耶穌基督」，天啊，我又不是信基督教的，找我幹什麼，幫忙傳福音嗎？祂搞錯

★在此之前曾經在練功過程中發音過「ㄨㄥㄇㄚㄋㄟㄅㄟㄇㄟㄏㄨㄥ」（六字大明咒）、「ㄨㄥㄚㄏㄨㄥ」（三字明）、「ㄚㄧㄏㄚㄏㄜㄏㄧㄏㄨㄏㄩ」三句。

對象吧？現在是怎樣，這樣算是「白癡也會的第一次通靈就上手」嗎？還是說這只是某個閒極無聊的靈在搗亂呢？萬一是真的呢？怎麼會有這種事呢？我是不是神經錯亂了？內心如潮湧般，我的世界就在這一剎那間改變了。

福爾摩斯探案

第一次談完話之後根據對話內容，這是他第一次用中文說話（我也無從辨認真假），所以很不流利。但是依據我以前看過的書知道，有很多冒牌貨常自稱自己是某某聖靈，最後把接收訊息者搞得一身慘兮兮，這種情況太多了！所以我的內心保持著高度警戒，免得上了賊船。好，既然你會講話，我就用錄音機把你講的話錄起來，要是讓我逮到破綻的話，看我怎麼修理你！當下，二話不說，直奔3C店，立刻買了錄音筆。

就這麼錄著錄著，不知不覺過了好些時日。隨著內容逐漸增加，卻發現以下的情況：

- 問個人的吉凶禍福祂們不回答，也不會幫你招財、開明牌！
- 和祂們談話絲毫感受不到任何的壓力，只有無盡的大愛！
- 每位來說話的靈，都讓我感受到極正向的光明面，和所有我曾經接觸過的宗教典籍或說法中，那種傾向懲戒式、罪惡式的講法完全不同！如果要我用一個字來形容這些談話的內容，我會選用「愛」這個字。
- 雖然基本態度相同，即謙虛、充滿了慈愛的關懷，偶爾還會開開小玩笑。但是個別的性格卻差很多，有的聲音很威嚴，有的帶有濃重的外國腔、愛湊熱鬧，有的說起話來條理清晰，幾乎就像是一篇演講稿。

- 來說話的對象似乎不分宗教、不分中外，給我的感覺就是，現象界種種的區別似乎是世俗的人們強加上去的，祂們好像並不是這麼分別。

以上這些是個人一點小小的感想，當然我知道有些內容恐怕免不了引起爭議，只希望這些訊息的出現能夠為這個世界的和諧，哪怕只是一小點進步，貢獻一點心力。

如何看待這些訊息

以手指月，見月忘指——阿彌陀佛如是說〈這一段引自2011/03/08阿彌陀佛的談話〉

有時候，有很多人會有一個疑問，這些是不是你腦子裡面胡思亂想的？這些陸陸續續出現的，是不是只是你虛構的？是不是你精神有點兒異常、分裂了？很多人在第一次接觸到這一類的訊息時，都會有這樣的疑問。

對於這些疑問，我要請有這些疑問的人，好好考慮一件事情，就是看看這些傳達的內容，而不要看它是如何出來的。就是你要直接去看那月亮，而不要去看是誰指出了月亮的所在，這沒有意義的，我們可以有各式各樣的方式去指稱這個月亮，但是月亮就是在那裡、就是那樣子啊，所以不要為了誰指出月亮而相信、不相信，不需要，你直接自己就可以瞭解、自己就可以判斷，這樣的傳訊是真的還是假的，是有參考價值的還是胡說八道的，這一切都在你的自由心智當中形成一種定見。

最不好的，就是完全不去理解，就直接下一個判斷說：「它必然是×××」，所以我要再一次懇請各位，不要用你特定的觀念、自以為是的想法，去解讀這些訊息，因為這樣做根本就不是在解讀，你根本沒有瞭解這些傳訊其實都是淺顯易懂的老生常談，但是，在這些老生常談中，會浮現出一些平常我們不太注意到的、一些比較深刻的涵義。這些深刻的涵義當你分別看的時候，你會覺得：「這很普通嘛！」但是，當這些意義集中在一起時，你就會發現，這裡面真的似乎有那麼一點不同。

這是各位應該要具備的態度，就是不要過早批判，在你什麼都不曉得的時候，就直接用你腦子裡面那些既有的觀念去看待這個事情，不管你是贊成也好、反對也好，都不需要，我們不是說：「你贊成，我們就會很高興」，不是這樣，凡事你還是要經過你的思維，只是這個思維的基礎是以對象本身為基礎，就好像說，我們看見這個月亮，是以月亮本身為基礎，而不是以指出月亮所在的那個東西為基礎，不要這樣，這是一個判定準則的簡單方式。

有時候，我們還有一些比較常見的問題，是不是這些訊息搞混了，怎麼會有這麼多、感覺上是不太一樣來源、不太一樣的群體，怎麼會混在一塊兒呢？其實，難道你不願意考慮看看，其實這些分別都是我們人為劃分的，是不是可以這樣考慮看看？這樣，這個叫「正思維」，正確的思維方式，由此走向正道，得到正見，最後，持續不斷地努力之後，你就會獲致最終的開悟。

時時刻刻地開悟，這叫做時時刻刻地覺醒，我們簡稱叫覺者，或者叫做佛。你說：「哪裡有？」我說：「你就是佛！」是具有佛性的、潛藏佛性的一個存在，現在該是你們擦亮自身明鏡的時候，把它擦亮一點，你就知道自己是非常難得、非常寶貴的，是具足一切的。這樣的道理其實反覆說，淺顯的我們就只能講到這兒，比較深刻的就要靠各自的努力，今天我們就暫時講到這裡，再見。

認知的框架——觀世音菩薩如是說〈這一段引自2011/03/03 觀世音菩薩的談話〉

很多時候我們在自己的認知框架裡，為一個又一個的名詞、一個又一個的對象，建立了一個又一個的框架，我們憑藉著這樣的框架來認知這個世界，但是這樣的框架往往也限制了我們對一個更完整世界的認知，所以這中間要達到一種平衡。

什麼平衡呢？就是雖然我們透過這些一個又一個的框架去認識這個世界，但是也要常常省察，省察你所用的框架是否限制了你？是否讓你無法更瞭解這樣的世界？要常常省察，把那些你一直在應用卻不太能夠察覺的，現在我們要像盤點一樣，把它盤出來，一樣、一樣看一看，是這樣嗎？是那樣嗎？觀念要不要修改、觀點要不要修改？

我要說的是，在時間的洪流之中，你們的每一個時代都會有不同的觀念，這些觀念和觀念之間，是不是具有永恆的不變性呢？我們只要稍微想一下，即使在你們的世界當中，譬如說，就是你現在所生存的時間當中，不同的地區就有迴然不同的觀念、迴然不同的做法、迴然不同的標準，所以這樣的標準、觀念真的能夠萬世不移嗎？這是不可能的，所以要常常去觀察你所堅持的原則是否有其必要性。

特別是當你感到內心升起一種負面的情緒時，譬如說，你看到某一個對象，你覺得憤怒，陷在一種負面的情緒，像這個時候，你應該要警覺，想想看你為什麼會感到憤怒？他違背了哪一條準則嗎？這樣的準則恰當嗎？所以，這些一般認知為負面的事情具有很重要的提醒效果、很重要的教育效果，因為它會引起我們強烈的心緒。當你習慣了這樣的省察之後，或許會發現很多你腦海裡面的念頭、想法，其實不一定真的那麼有道理。你會逐漸、逐漸更能包容，更能理解另外一個個體的想法、觀念，也許你仍舊不贊同，但是你更能理解。

再進一步，當你升起了一個正面的念頭，譬如說，你碰到一個很喜歡的東西，也可以作這樣的省察，你為什麼會喜歡這樣東西或者某個人、某個事，到底是什麼原因？仔細去追索，引發你念頭的來源，你會發現這樣一個簡單的念頭，其實不是單一事件，而是像串珠一樣，它是一個接一個、一個接一個的念頭，而產生了你那個時候的觀感。

這個是我們隨時隨地都可以作的省察，所以你為什麼要「三省吾身」呢？記得嗎？這是你們文化傳承裡面留下來的，對不對呢？你也可以為自己，以很刻意的方式去檢討，讓你自己的心常常保持在一種清明的狀態、觀照的狀態，逐漸、逐漸你就能夠接近事物的本質。這樣瞭解嗎？

談文化型態的認知問題——約書亞如是說〈這一段引自2011/02/02約書亞的談話〉

：約書亞我想請問一下，就是好像有來過的這些靈，比如說：蓋婭、太陽神、天使、阿基米德、盧布朗、觀世音菩薩、耶和華…，聽起來好像是在各式各樣的文化形成的，怎麼會這樣呢？為什麼會有這麼多不同文化的靈同時出現呢？祢能不能簡短回答我的問題？

約書亞：這是一種文化形態的認知問題，什麼叫文化形態的認知問題？就是我們常常說一種脈絡：一種歷史的脈絡，這種歷史的脈絡會形成一種對某些事物特定的認知方式，這種特定的認知方式名之為「文化」。

在台灣，如果有談到靈界的問題，通常我們會聽到以下這些，比如說：關公、媽祖、三太子這一類的；你在基督教、天主教文化的系統長大，你就會有很多耶穌基督、聖母瑪利亞、耶和華、使徒這一類的歷史傳承，我要說的是不同的歷史傳承，它會形成一種特定的認知方式，比如說，也許它的本質、來源是同一個，但是我們套進不同的文化框框裡了，所以我們就把它解釋成不同的形象，因為在我們這個物質的世界裡，我們往往要透過物質的形象來認識，所以你會有怎麼好像來源各異？其實來源並沒有差別，只是我們解讀的樣子、解釋的方式不一樣，所以對你來說是不同，對我來說卻完全一樣，唯一的差別只是在特質不同、進度不同，就只是這樣而已，所以不要太過在意這些名號的問題。

名號終究只是名號，只是一個用來指稱的方式，就像我們曾經說過的，用手指著月亮，當我們看到月亮，手指的功用就完成了，我們的目標在月而不在（手）指。名號也是一樣，當它完成了指稱的作用之後，名號本身就失去了意義，所以何必那麼在意名號呢？我們更應該在意的是自己的學習是否順利展開了，是否順利完成了，這是我們更應該在意的。世間一切的財富、名聲終究都會煙消雲散，我們終究得面對自己，希望你切記這一點。

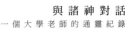

凡夫之見

關於這些訊息有幾點看法和大家分享：

這些訊息是誰講的並不重要，重要的是內容對你是否有益！子曰：「不以言舉人，不以人廢言。」何必因為那些言語是張三、李四或觀世音菩薩所說而給予不同的評價呢？在剛開始po文的時候，其實我有慎重思考這個問題，即只用「訊息」兩字來代替所有的傳訊者還是把名號也附上？幾經思量之後決定以「真實」為基本原則，即原封不動登出。至於對內容的觀感，如人飲水冷暖自知，也無須我置喙。

訊息之來無有定時，有時一次來了好幾位發言，有時十天、八天也沒有任何的訊息，雖然在某種程度上我可以直接請高靈發表談話，但是這種形式我擔心會滲入個人的觀點，所以一切聽其自然發生。

傳訊的時間大部分是在晚間夜深人靜的時候，因為這時最不易受到打擾，當然白天也有，事實上最長的一次傳訊發生在下午五點半到七點，共計一個半鐘頭，可惜錄音筆沒弄好，事後再想追記，恰如春夢了無痕。

傳訊時的感受有點像是把網路頻寬的一部分讓出來，比如說百分之百的頻寬，讓了七〇%出來，另有三〇%的自我意識在旁觀，因為我並不想處於完全失神的狀態下（就是一般所謂的靈媒），這也就是在傳訊時還能有問有答的原因，不過這種形式的缺點是可能會摻雜一些自我意識在裡面。

收訊時，多半會占用睡眠時間，但是並不會感到疲累，還常常覺得精神飽滿，似乎不但沒有消耗能量，反而還受到能量的灌注，情緒比以前更穩定、更溫和，總之身心靈各層面素質都提升了。

如果聽過錄音會發現，有時會有中斷，有時會很費力的講話。中斷是因為沒有接收到訊息，有點像網路擁塞時，傳送的封包會比較慢到，甚至掉封包的情形，尤其是比較早期的傳訊。至於講話費力，有時是我故意不將腦裡的念頭說出來，這時對方就得直接操控我嘴部的肌肉、送氣，然後才能發聲，這種方式是最不會出錯的方式，但是能傳遞的訊息當然也就少得可憐，取捨之間存乎一心。

對我而言，這些訊息當然很真實、很寶貴，所以拿出來分享，但是無論多高明的老師、多麼寶貴的言論，最重要的還是自己是否能夠接受吸收，所謂人必自助而後天助，必自侮而後人侮之，生命的主體永遠是自己。

如果對這些訊息感到相應，那麼請慢慢品嘗，反覆看，千萬不要走馬看花，聖靈的言論都具有多重的涵義，不同的層次就會有不同的感受。如果只是趕時髦、趕潮流，那麼就算一時心有所感，終究也是鏡花水月一場空，沒有任何實質的意義。

我用「凡夫」之名，一是因為我對自己的認知或評價就是如此，應該說，如果有什麼願望的話，我想當個沒沒無聞的人，至少不要在現實生活中引起過多的關注，也不想藉此獲得甚麼利益或名聲。只是現在「收音機」輪到我當了，其實當個「寬頻收音機」沒有什麼，不當也沒有什麼！這只是一種現象而已，我仍然是一個凡夫，當然也從這些訊息當中獲益良多，如此而已。

關於本書之編輯

這裡簡單說明選編訊息內容的一些基本著眼點。因為訊息內容眾多，只能用個人認為適當的方式進行選取與編排，不足之處懇請海涵。

要觀看原始文章者可以到以下三個站，各站有不同特色，簡述如下：

http://tw.myblog.yahoo.com/td183300/

這是最原始的部落格，裡面除了放這些訊息之外，還有一些其他的紀錄。這裡選錄的內容全部歸類在「靈界訊息：聖靈講談錄」中，部落格本身有搜尋功能。

http://blog.sina.com.cn/u/2103421412

這是新浪網，是為中國大陸的讀者設立的網站，正體字。除了放這些訊息之外，還有醫行天下以及其他同屬於新浪網中相關博客的文章轉載，有搜尋功能。

http://hi.baidu.com/td183300/home

這是百度網，是為中國大陸的讀者設立的網站，簡體字。這一站完全依主講者做分類，分類最詳盡，有搜尋功能。

不過上述網站內容也可能因時空變化略做更動就是了。

基本立場

在進入正式主題之前有必要先將本書的立論基礎加以說明。以下分項敘述：

- 活人才有經絡系統。當然活的動植物也都有經絡系統。（張長琳）
- 經絡系統是電磁波在人體內形成的耗散駐波結構。（張長琳）
- 人有身心靈三個層面。
- 有指導靈、天使、精靈、佛、菩薩等高靈之存在。
- 本書之所以存在正是由這些傳訊整編而成，屬於述而不作。
- 本書的主要內容來自個人所接收的訊息，然而在接收訊息時並非處於完全失神狀態，而是仍然保持足夠清醒的狀態，所以或許有少數的內容混雜了自己的意思在裡面，這一點大概無法避免，必須請讀者見諒。我只能保證絕無存心欺騙之意。

當然，以上所列並不完備，不過，這並不是一本邏輯嚴密的數學專著，只是一個平常人經歷過一些有點特別的事情之後，所作的階段性總結。因此，請以輕鬆的心情看待就好。

選編原則

在盡量存真的原則下，各位所看到的，除了：

- 刪除少部分比較有關個人隱私的內容。
- 刪除在口語講述過程中因個人轉譯能力不足所造成的重複字句。
- 為了行文順暢，在不變更原意的前提下所做的小幅度更動。

之外，您可以相信這些都是真實的紀錄，至於其內容的正確性，則非平凡的我所能評論，這方面就留給大家自由發揮吧！

對收訊過程的簡短說明

以下略述通話的過程。首先，身體有時會有前置動作，好像是要加強收訊效果。其次，手結特定的印記，像是在說：「嘿！我是某某人啦！」然後是正式報名稱，而且似乎都非常客氣。比如說最常出現的約書亞，一般是稱「耶穌基督」，但是祂卻一再說叫祂約書亞就好。所以這裡所用的稱呼都是以其希望採用的名號稱呼，絕無任何不敬之意！

接著，來傳訊的高靈通常會為當次的主題取一個名稱，例如，「江上數峰青」或「月亮照在大地上，世事印在人心上」。這是會談過程中最困難的一部分，有時這個名稱要經過數分鐘才搞清楚，例如「業力」，這兩個字一開始我誤解成「月曆」，所以卡住了，沒有辦法正確解讀接下來的訊息。

然後是正題，這部分相對而言比較沒有那麼複雜，但是也常常碰到接不到訊息的情況，這時會改採直接牽動嘴部肌肉的方式，發出一或數個明確的音後再繼續談話。這裡也可能有一些是我主觀的解釋，如果各位看到不知所云或文不對題，那大概是我翻譯不太正確或辭不達意，因為接收到的是意念，再經由我轉譯，過程中必然多少會受到個人能力的限制，特別是有關於較專業的解說部分，因為是配合我的水準做的說明，或許對專家而言會感到過於淺顯或有些許錯誤，如有這種情況，就請各位直接略過就好了，最好的方式應該是自己直接接收「天啟」（套用祂們的用語）訊息。

主題談到一個段落之後，有時會直接結束，有時會讓我提問。當然我也提不出什麼高明的問題，有時連自己都覺得問得沒頭沒腦，這部分限於個人能力，一時之間無法改善，也許很快就會有新的傳導通路出現也說不定。還有，如果問的問題屬於吉凶禍福、消災解厄或個人前途，那祂們是不會回答的，因為日子要自己過，祂們僅提供協助、建議，最後的決定權還是在自己手上，因為「生命是自由的」。

談話當時感覺好像讓出部分頻寬供傳遞訊息用，談完一段話後，經常會想不起來剛才談論的內容，可是談話當時又明明聽得清清楚楚，往往要重聽數遍錄音內容才能比較瞭解對談過程。

根據談話的內容，似乎每位都有不同關注的焦點，例如藥師佛、葉天士通常比較關注健康，其餘的也各自有所注重。在我這段通靈期間參與談話的高靈似乎越來越多，感覺上祂們好像只是要說明一件事，就是我們非常幸運、幸福，而且在任何必要時刻祂們都會提供協助，前提是必須自己先努力！

健康快樂的人生

1.1 導讀 （凡夫之妻）

面對它、接受它、處理它、放下它

聖嚴法師曾在病中說：「我能體會病人的恐懼，建議大家以四它——面對它、接受它、處理它、放下它，來調和自己，即使不能完全做到，也能減少精神上的痛苦。」每當我遇到人生重大的轉變，也常以「四它」自勉，這次外子的通靈來的突然，對我的家庭而言宛如一場大地震，既破壞了舊有的生活模式、價值觀，卻也帶來喚醒癡愚的新契機，外子通靈是事實，只能面對它、接受它，剩下來的課題就是如何處理它、放下它了。

外子通靈內容大致可以分為五個主題，本篇〈健康快樂的人生〉包括〈病與醫〉、〈心理的健康〉、〈家庭〉、〈人我關係〉、〈環境的健康〉、〈談醫理〉以下就此撰寫個人心得作為導讀。

病與醫

健康的要素環環相扣，〈病與醫〉這部分其實也包含了醫理、身心靈、人我關係及環境健康這些內容，但是比較偏重身體疾病的成因與治療的方法，由四位高靈阿彌陀佛、藥師佛、觀世音菩薩及清代名醫葉天士數次通訊內容所組成。這些通靈紀錄很像一篇篇的演講，很難節錄分類，我們多半以單次通靈紀錄為一節，為了方便讀者瞭解，以下再從「怎麼會生病？」、「如何治病？」、「注重平衡」三方面撰寫本節導讀。

怎麼會生病？觀世音菩薩以「偏離平衡」一言蔽之，也就是我們的生活環境、居住環境及健康都偏離正常軌道了，競爭帶來的壓力、污染的飲水及食物、得不到正常養分及氧氣的細胞，造成「活不下去」而官逼民反的事實。這時候各式各樣的疾病紛紛出現，葉天士用了「千江月」、「入海算沙」、「管子末端無數的亮點」三項比喻說明各式各樣的疾病，與其追尋千江月、計算海中沙、觀察無數的亮點，不如忘掉病名，不要再做頭痛醫頭式的治療，直接對治病源。

那要如何對治病源呢？首先談身體，要從主副食均衡搭配的飲食、動靜平衡、氣血平衡、陰陽平衡入手；鍛鍊肌肉之餘，也要練氣，維持肌肉系統、骨骼系統的強健，以及經絡循環、脈輪系統的正常運作。

平日形體的運動要適度，常做些伸展運動，「刮痧也好、拔罐也好、針灸也好、拍打也好，甚至包括吃藥也好，它的功效最後其實都是一樣的，就是使能量運行的管道暢通」（2011/02/03，葉天士），只要持之以恆，其實「我們人身體本身就具備了製藥的能力，甚至我們可以把它想像成一種製藥的工廠，我們身體本身就有平衡的能力，只是這些平衡的能力，或者這些製藥工廠的製藥流程，並沒有被啟動」（2010/11/06，藥師佛），只要我們能注重日常生活的平衡，學習一些拉筋拍打基本的保健手法，人體本身就能自我療癒，「人人都有一個靈山塔、人人都是一個大藥王」（2010/9/26，藥師佛），這些都是高靈告訴我們對治身體病源的方法。

心理的健康

接著要談心理的健康，其實身心靈、人我社會的健康密不可分：

一旦我們沒有辦法或毫無意願對內在的瞭解去尋求一致性的話，往往這些就會造成你內部的不平衡，這些不平衡就透過你的身體層層轉達出來，你就會有各式各樣的毛病。（2010/09/26，藥師佛）

清除我們想法裡面那些堆積的垃圾。

（2011/05/20，觀世音菩薩）

一旦我們要依附著外來的，比如說，依附著別人給予你的讚美，依附著別人給予你的掌聲，依附著別人提供給你的財富、社會地位等等，依附著這些東西，那你永遠沒有可能達到永恆的快樂。（2011/02/22，葉天士）

不要有什麼優越感、也不要有什麼自卑感，要常常保持一種中正平和的心情。（2011/02/20，觀世音菩薩）

若是身心之間無法取得平衡、心中堆滿了垃圾、依附別人給你的快樂、放任自我評高論低，這些偏離平衡、依附外緣的心理狀態，慢慢會形成身體上的疾病。以下再從主要的負面心理狀態——壓力、心魔、遺憾和放不下，以及創造快樂活力的「四心」——覺察心、知足心、感恩心、熱愛心，彙整這一節高靈的談話。

壓力、心魔、遺憾和放不下這四種主要的負面心理狀態，如果一再重複出現在我們的生活中，就像一艘塞滿廢物的船，無法航行到彼岸。要用覺察心來化解這些負面的心理狀態，「仔細地省察自己的態度、觀點，也就是我們看待這個世界的方法⋯直接的看，不要被你自己那些起起伏伏、好惡的情緒所左右、所支配。」（2011/04/25，約書亞）「以單純的觀點去看，也就是不對事物本身附加過多的意義」（2011/07/01，大日如來）；而知足心、感恩心是常保快樂的秘訣，知足所以能用珍惜的態度、過少欲簡樸的生活，不必用「一大堆這些俗世所重視的東西，去襯托你自己」（2011/04/25，阿彌陀佛），因為感恩，所以能夠「在做事的時候不會覺得煩躁，不會覺得這個世界虧欠我」（2011/02/20，約書亞）；一己若能具備覺察心、知足心、感恩心，就能秉持熱愛之心服務大眾，「只有當你樂於奉獻、樂於付出、樂於『無所為而為』的時候，你才能獲得真正的快樂、真正的解脫」（2011/04/13，約書亞），時時保有這四心，怎麼可能心理不健康呢？只要：

打開我們封閉的心房，向這世界敞開，從我們心中射出智慧的光芒、至愛的光芒，向這個宇宙照耀，只要足夠多的存在這麼做，那麼你就會發現，世界因你而改變…這是一個愛的種子、光明的種子、希望的種子，不斷地對外擴張、散布，終至充塞於天地之間。…積沙成塔，每個人貢獻一點小小的力量，將形成巨大的光芒，就像汪洋中的燈塔，足以指引迷路的行人；迷失的羔羊，足以指引我們前行之路！（2011/05/05，地藏王菩薩）

不要小看自己，「在你接通了你內心最深處的智慧泉源之後，你將會發現（雖然現在還沒有）自己的智慧無窮無邊，許多東西似乎直接從自性之中泉湧而出」（2011/04/13，約書亞），只要用覺察心化解了負面心態，時刻保持知足心、感恩心、熱愛心，「這些正面的態度將使你身心得到協調，於是，雖然是在這樣一個物質世界的存有，你們仍然能夠過著近乎天堂一般的生活。」（2011/07/25，大日如來）

家庭與人我關係

當覺察心化解了壓力，因為「你不再感到匆忙、你不再感到煩躁不安，你逐漸擁有智慧，知道哪些是你能夠做、哪些是你不能做的」（2011/04/25，約書亞），緩和了原本緊繃的家庭與人我關係，再加上「去除了心中種種的束縛、成見、框架」（2011/04/13，約書亞），就能讓自己與他人同時從痛苦之中解脫，如此一來和諧的家庭與人我關係唾手可得，所以和諧的家庭與人我關係，源自於每位個體都具備了健康的心理。

以下彙整高靈關於〈家庭〉的談話：

家庭和樂如何才能達到？要具備哪些要素？健康的心靈、健康的身體、和諧的氣氛、快樂的心情⋯常常對自己擁有的感到滿意、感恩，看到別人的好，加倍的祝福⋯一個家庭，不要多，只要有一個人有了某一種疾病，這個家庭就會陷入愁雲慘霧之中⋯當你不斷、不斷地，一而再、再而三的批評別人的時候，你再見到他了，你難道能夠保持一個平和的心情嗎？⋯我們應該常常去想我們擁有的，不是常常去想我們沒有的，因為這是一個有所欠缺的世界，你無論如何總是能找到你有所欠缺的東西⋯（2011/02/15，約書亞）

尊重你所從來的那個地方，這叫做一種孝⋯對上要孝，對下就要愛⋯他接受了愛，他就有能力去愛自己，就有能力去愛別人⋯站在他的立場，然後才能再拐個彎，把它拐回來，這就是一種順的原則⋯當你來到這個世界經歷的時候，你所經歷的、在你的精神層面所留下來的東西，那些東西它會帶走，它會印在靈的身上帶走它。（2010/12/08，約書亞）

和樂的家庭來自身心靈健康的成員，尊敬又孝順父母、愛護晚輩，認真經歷身為人所該走過的一切，這些精神層面的鍛鍊成果必將跟隨你生生世世，也不枉來到這個世界走這麼一遭。

〈人我關係〉這一段最強調的是將心比心，站在對方的立場看事情，不要用「一種指導者的姿態去指正⋯不應該去要求其他的個體，去遵從你所提出來的規範，因為反過來，你也未必能夠達到對方所規定的規範，不是嗎？」（2011/04/22，關公）；阿彌陀佛也就這個主題發表談話：

由於所受的教育或者社會觀念造成了當我們在猜測的時候，常常從一種恐懼懷疑的態度出發，因此造成了許許多多的煩惱或者困擾，也造成了這個社會許多的對立、互相抗爭的情況。那麼要脫離這樣的困境，或者要克服這樣的困難可以怎麼做呢？就是將我心比他心！…從經驗得來的智慧其實具有很大的局限性，如果你拿這樣的經驗去評斷其他的事物，會產生很大的誤差。（2011/07/06，阿彌陀佛）

龍欽巴尊者要我們不要戴面具、不依附利害關係過日子，因為：

久而久之，甚至連你自己也搞不清楚，哪一張臉才是真正的你，你迷失了…要覺察，察看自己的念頭，你就發現在一天二十四小時當中，你有太多的時間都不是真正的你…（2011/04/25，龍欽巴尊者）

你每做一次這種（依附利害關係的）行為，你的身上就多了一根束縛，於是逐漸、逐漸、逐漸的，你會發現自己身上綁滿了許多繩子，把你綑得喘不過氣來了。（2011/05/10，龍欽巴尊者）

源頭太乙更是從根本處點醒我們：

如果你能夠堅信…你們一切一切、無量又無量的眾生都來自於太乙，那麼你們應該瞭解，你們彼此之間都是靈性的家人，所以請用正面的意義去解讀這些內容或者這些表象，試著去放掉那些由你的小我所構築出來的，虛幻的、假想的獨立世界、獨立意志，試著放掉它，單純的、直接的用心去感受，感受那一切背後至善的涵義。（2011/07/21，太乙）

當我們不再強分你我、懷疑誤解他人，能夠用最真實的面目盡自己的本分做事，將心比心替他人設想，人我關係不再對立，「這個你所在的世界才會更快樂、健康、祥和」（2011/07/06，阿彌陀佛）。

環境的健康

其實「環境的健康」也與人類身心靈的健康密切相關，我們若是無法過著少欲簡樸的生活，不能對山川及花草樹木抱持尊重的態度，卻「不斷、不斷追求很多想要而不需要的這一類的東西…在這樣一個環境裡面，一種集體的過度消耗，對這星球來說，造成很大的傷害（2011/03/04，約書亞），因為：

地球的肺就是這些山林大地…地球也有血管，這些河就是血管，地球也有意識，地球的意識就是以我為名…地球本身也是會堵塞，這些堵塞可不可以排除呢？可以，但是需要時間…如果不好好的愛惜它，如果不現在就積極主動的維護它，那麼當地球病入膏肓了，當我無能為力了，就是毀滅性災難的開始…這些災禍其實…不是我要造成的，而是累積過多的病痛、累積過多的負面能量，它要尋找出路。（2010/11/06，蓋婭）

大地之母蓋婭這個集體意識呼籲：

請你們在各自的崗位上發揮影響力，不要再浪費資源、不要再製造太多的垃圾，我真的再也受不了，（含淚聲）如果情況再一直惡化下去，就會有很大的、艱難的狀況發生，這是我不願意看見的，但是卻又無法不反應。（2010/11/17，蓋婭）

近代社會常常侈言人本，自稱人類是萬物之靈，卻挾著工業革命以來的科技為所欲為，鼓吹消費、膨脹自我，隨意丟棄極度精煉的物品，讓原本可以自行處理廢棄物的大地也無力應付，自詡為文明的現代人，要知道：

科學是一個兩面刃，現在的科學能夠毀滅這地球，能夠把我完全摧毀了，但是它也能夠讓這個地球變得…可以說是人間的天堂。（2010/11/06，蓋婭）

就連地精也說：

在這個大地之上最有影響力的物種，就是你們人類，難道你們不需要好好發揮你們神聖的功能，為這個地球、為你們所在的環境好好的盡一份力去愛護嗎？⋯如果任由這樣的情況惡化下去，那麼總有一天這個環境會變成死寂、毫無生機。（20/11/06/30，地精）

藥師佛也替山精、樹精及花精發言：

要從內心出發，把這些花草樹等等，都用一種朋友的態度、相互尊重的態度對待它，它們自然就會有回應⋯而不是把它當成一種可以予取予求的對象、可以隨時蹂躪的對象，這樣就是不好，不但會帶給這些精靈痛苦，也會為自己帶來災害。（2010/09/25，藥師佛）

這些通靈的紀錄已經透露出地球即將轉變的訊息，而且恐怕是災難性的轉變，不是造化弄人或高靈們無情，而是身為物質界的一員就必須遵守物理定律，腐葉可以化作春泥再護花，而極度精煉的針頭廢棄物卻是百年也無法分解的。工業革命以來，這些人類集體過度消耗的物質文明產物，以及不夠尊重自然的小我意識，不斷摧毀美麗的地球，殊不知只要地表空氣變薄一點、臭氧層破個洞或是地軸略微偏斜，對人類而言就已經是毀滅性的災難了，請停止這類作繭自縛的行為，應該要：

今天就做，每天都做，做什麼呢？做你能夠做到的事，比如說少用一雙筷子，少用一個塑膠調羹，少買一瓶飲料，看到花草樹木不要攀折，不要故意去毀壞它，就算是石頭也不要去敲擊它⋯要惜物，不要做過多的消費，出去吃飯的時候帶個筷子、調羹，每天做一點、每個人都做一點，這個就叫做聚沙成塔，這樣我所受到的傷害，就會減少很多、很多⋯天災追根究柢還是來自人禍，盡自己一己之力，不要問多少，只問你今天做了沒有？這樣就好了。（2010/11/06，蓋婭）

談醫理

〈談醫理〉的傳訊高靈有兩位，分別是藥師佛與清代名醫葉天士，主要關注的焦點是經絡系統，包含十二經絡、奇經八脈、重要穴道以及內氣的流動。經絡理論源自中醫，葉天士認為它是人體的「能量系統之一」，而藥師佛更以生動的比喻說明人體內不是只有一個經絡系統：

比如說你們有高速公路的系統，你們有縣道的系統，有市區道路的系統……你能夠說這些高速公路只有單獨的存在嗎？當它單獨存在的時候能夠發揮作用嗎？顯然是不行的……不管是那一種層級的道路，它們必須在某個地方接起來，但是有沒有必要每一次各個層級的道路都走一遍呢？不會。……你不可以認為它是三個或兩個完全獨立的系統……即使你完全不去努力、不去理解它，它還是會在那邊的，就好像說，你今天不去用大火車走的路，不去用第××高速公路，這些路還是在的，你不去用，別人會去用呀！（2011/08/30，藥師佛）

那麼生病、治病又與經絡系統有什麼關係呢？葉天士認為：

一般所謂的病，絕大多數其實只根源於一種單純的原因，就是經絡堵塞……通經絡通到很順暢時還有的那些毛病，才叫做病。（2011/05/18，葉天士）

所謂的練功主要不是在鍛鍊肌肉，而是在鍛鍊你的內氣，這個就好像是我們用一個強力的水柱去沖刷這些堵塞的溝渠，我們用強力的內氣去衝擊淤堵的經絡，可以達到通經通絡的目的……針灸，當我們把針扎在特定的穴點上，會使得這一條經絡上的內氣，因為針的存在而產生了干擾，干擾的結果類似按下重置鍵，等於是把我們身體這個內氣的循環，它已經紊亂了，我們給它一個適當的外加的刺激，這個外加的刺激具有重置的作用，重新來一遍：刮痧、拍打，這些都是各有特色的通經、通絡的方法：在這些方法當中，最後、也是最困難的選擇其實才是吃藥，藥師佛說過：「人體就像是一個製藥工廠。」但是你必須正確的發出你的訂單，發出你的指令，我們的人體才會回應你的請求，這樣產生出來的藥，是我們人體內部本身合成的藥，這種合成的藥沒有任何的副作用，和外來的、外加的藥不一樣：能夠改善你身體的那個東西，或者那個作用，它就是藥。所以，善意的勸導是藥，練功是藥，拍打是藥，藥也是藥。（2011/05/18，葉天士）

如何能讓人體自身合成治病所需的「藥」呢？關鍵在人心，因為「人心是受障蔽的，人心總是帶著有色的眼光來看這個世界，包括這些能夠使你健康的通經絡方法，你懷疑！高度的懷疑！於是你不會認真的去實施，當你不認真的實施這樣的方法，那麼你所獲得的效果就微乎其微，或者只有暫時的效果：因為你想它沒有效，所以回應就是沒有效，當你認為它有效了，那麼你就會認真的去實施。」（2011/05/18，葉天士）

最後補充說明「氣」與「穴道」。高靈們認為「氣」是一種電磁波，而且「氣為血帥」，若是人腦能有解讀「氣」的訊號轉換功能，就能具備內視或天眼通的能力；而「穴道」具有交換能量或者交換訊息的功能，「勞宮穴也好、印堂穴也好、百會穴也好、或者眼框也好，這些都是重要的門戶穴道，當然當你鍛鍊到一個程度之後，你全身都可以和周圍的環境進行交換。」（2011/02/22，葉天士）。

〈健康快樂的人生〉這一部分，高靈們從身心靈、家庭、人我關係到環境各個層面，說明健康快樂的人生不假外求，返身觀照、反求諸己才是正道，要常保覺察心，珍惜所有、心存感謝。

1.2 開場白——快樂人生何處尋，快樂人身何處尋

〈這一段引自2011/05/01阿彌陀佛的談話〉

快樂人生要向心中尋，快樂人身也要向心中尋。

但是，我們可以把它稍微分開來，你的人生要快樂，從哪裡得到呢？就從「少欲」！痛苦經常來自欲望的不滿足，我們希望有很好的工作，希望獲得很好的報酬，希望有很好的這個、那個，這是一開始的時候，但是，當我們擁有了這些，原來我們認為會讓自己快樂、幸福的東西，仍然無法滿足，於是我們又不斷追逐、追逐，從簡陋的房子追逐到大的庭院；從三餐難以溫飽追逐到鎮日山珍海味，我們快樂了嗎？還是不快樂，因為這些都是暫時的快樂，這些都是心外所求，無法恆常存在，所以你怎麼能夠快樂呢？這就是我所說的「少欲」，就是快樂的第一步。

在這個世界生存，你必然需要很多的食物、很多的錢財，真正能夠達到「離欲」者，是難、難、難！但是，「少欲」是大部分的存在都能夠做到的，當你的欲望減少了，你會發現你的快樂增加了；你不滿足的心情、狀況減少了，幸福洋溢、快樂的狀態增加了；我們人生的快樂，就從「少欲」開始。

我們人身體的快樂何在？身體的快樂只有一個，就是我們的身體是健康的，可是很多人誤以為健康的身體就是大塊、大塊的肌肉，或者是時時汗流滿身，認為這樣就是對我們身體最好的幫助，可是如果你的身體能夠發言的話，你可能會聽到這樣的話：「不要過度操練我們啦！不要過度運用心臟啦！不要

過度運用肺啦！」這些過度的運動把我們的身體效能發揮到極致，但是正如一根緊繃的弦，久了，遲早會失去它的功能，或者被拉長，或者就斷了，這就是我們過度運用身體的結果。

如何能夠有一個健康的身體？也很簡單，就是均衡、致中和，適度的運動。不要太過，把每一個存在都逼到像奧運選手那樣，但是也不可以過於懶散，整天癱在沙發上、眼睛盯著電視、吃著垃圾食品，過與不及都是對身體健康的一種損害。當我們的身體健康了、當經絡暢通了，你全身上下每一個器官、以至於每一個細胞都會快樂的歌唱，唱著幸福之歌，這就是「快樂人身」。

1.3 病與醫

一二三，三件大事〈這一段引自2011/05/20觀世音菩薩的談話〉

第一件大事，既然生而為人，就應該要好好把握所獲得的人身，達到最高的學習效果，要想有最高的學習效果，最好有健康的身體，這「緣生之舟」承擔著渡過生死之海的重任，怎麼能不好好的愛惜它、維護它？

如果你們的車子隔一段時間都要保養，那麼這緣生之舟用了數十年難道不需要保養嗎？很多人有一種奇怪的觀念，就是只要我有運動就代表我的身體健康，嗯，如果這是事實的話，那麼運動選手每一個都非常健康囉？其實不然！

因為你們所在的這個世界，所謂的運動常常都是超越了身體基本設計的極限，這是一種摧殘，而不是一種健康的生活。所以，第一件大事就是要保持身體的健康。

第二件大事由身而心，如果你整日憂傷，身體也不可能健康，反過來說，當我們擁有健康的身體，當我們的氣血循環順暢，那麼，你想保有那些負面的思想似乎也就沒有那麼容易了。但是，這畢竟是兩個層面的事情，所以，我們不但要清除身體裡面堆積的垃圾，也要清除我們想法裡面堆積的垃圾，清除的方法很多：定於一、靜心等等，是非常有效的方法。

第三件大事，一定要做卻又難以做到的，就是靈性的修養，或者修持。有人說我參加了禪修，參加了各式各樣的活動，這樣算不算是在培養我們的靈性？算不算是在進行靈性的修練？當然，這可以是靈性修練的第一步。

可是我要講的是，很多靈性的追求者最後都走偏了，一開始也許他禪坐坐得非常好，也許還能入定，進入胎息狀態等等，會經歷一些很神奇的事，譬如說，看見了某某佛像、某某本尊，看見了各式各樣、聽見了各式各樣神奇美妙的樂音等等，但是我要說，這些其實都只是一種現象，一種很表面的、你會誤以為這是永恆不變的。當我們以一定的形象去界定我們的靈性修養時，你就被這樣的形象固定住了、限制住了，於是逐漸地你就從靈性的追求轉變成對現象的追求，這是必須要注意的。

不是有這樣說嗎？如果我們以「相」求、以「音聲」去求，就是走了偏路，因為這些「相」、這些「音聲」充其量只是你在靈性追求的過程中道路上的風景而已，並不是你們的目的地。因此，其實所有靈性修練最重要的並不在於方法，並不在於那些林林總總、神奇奇幻的各種各樣的異象，而在一種最純淨、最單純、最專一的一種信念，這個信念不為什麼，不是為了世俗的錢財、功名、利祿，不是為了那些神奇的異象、特異的功能，都不是！只是為了一種希望自己好、希望大家都好的這麼一種願望，只有確認了這樣的方向，你所有一切的作為才具有意義。

就好像當你已經決定要到台北去了，那麼無論你是徒步走路或者坐長途巴士、坐火車，不管你用任何的方式，達到這樣的目的只是早晚的差別而已，和無窮的生命相比，一年、兩年又有什麼差別呢？

雖然我這裡說的是一二三，但是這些一二三都統整、合一成現在我們這樣一個人身身上，於是你要一二三、二三一、三一二都可以，它們都是互相影響，很多時候甚至你很難區辨這中間的先後順序，這就是今天要講的。

健康的身體如何達到

〈這一段引自2011/02/22葉天士的談話〉

健康的身體是很多人希望擁有的，但是在這個忙碌的社會當中，許許多多的人卻因為各式各樣的原因、理由，而讓自己的身體陷入水深火熱之中而不自知。我們每天吃著一些身體不需要的食物，喝著一些身體不需要的飲料，身體真正需要的是什麼呢？就是均衡的飲食。

什麼叫均衡？我們要先區分一下主食跟副食有什麼不同，所謂主食它的特質就是四平八穩，比較不具有偏性，這一類的食物叫主食。副食呢？都有偏性，所以才叫做副食，也就是說，你經常吃同一類的東西，它會產生偏向某一方面的影響，或者是疾病。比如說，某一類的食物比較屬於涼性、寒涼性質的，那你多吃了這一類的食物，你的身體就會朝向寒涼的方向移動，久而久之你的身體就變寒了、變涼了，其他的也一樣。所以什麼叫均衡的飲食？就是當你吃了寒涼的食物之後，你是不是應該要對等的吃一點比較屬於溫熱的食物，道理就是這樣。

當然這裡還有一個問題，就是哪些食物是具有什麼性質呢？這些食物的性質基本上我們可以經由過去的知識而來，這樣的知識是基於經驗的知識，所以說什麼叫溫熱、什麼叫寒涼的食物，我們可以經由過去的經驗來給予定義，這是我們第一個要講的，就是吃東西的時候要保持平衡，有了健康的身體，我們才有可能進步到健康的心理。

健康的心理又要如何培養？如何建立呢？就是要有正確的觀念，什麼是正確的觀念？就是能夠讓你得到永恆的幸福、永恆的快樂，能夠促進這個方向，就是一個正確的觀念，如果說只能使你獲得短暫的快樂、獲得恆久的痛苦，那我們就要避而遠之，這些是老生常談，但是要如何做到？

喔，我們再回過頭來講身體的問題，除了食物方面要保持平衡，還有呢？動靜之間要保持平衡，你整天坐著，血液循環不良，所以坐一陣子要做一些溫和的運動，比方稍微快步走，或是做一些伸展運動，在動靜之間保持平衡，讓我們身體的肌肉系統、血液系統、淋巴系統等等都能夠保持適當的循環，就好像流動的河水不容易發臭，活動的肌肉、流動的血液會使我們身體保持足夠的健康，足以承擔我們這一世的任務。

還有呢？氣的循環和血的循環能夠搭配一致，什麼意思？活人都有氣，但是有些人，應該是說大多數的人，都難以察覺到這個事實，總覺得這些東西是天方夜譚，所以很可惜，可惜何在？因為我們總是重蹈歷史的覆轍，什麼覆轍？就是看不見的就覺得沒有。

但是我們日常生活的行為，卻又說明了看不見的東西你還是常常在用，只要有人告訴你如何使用就可以得到這個好處，你就忘了這些東西都是看不見的，比方手機可以很方便的講話，靠的是什麼？靠的就是看不見的東西在傳遞。我們人的身體也是靠著看不見的氣來帶動，但是你卻不相信，因為很多人會說「量不到」，其實不是量不到，是技術還沒有那麼普及、簡單，所以做不到並不代表沒有。氣的循環搭配著什麼？搭配著這些血液循環、這些肌肉系統，構成了一個我們人的整體。

其實還不只這些，譬如說氣的系統，除了經絡的系統，還有脈輪的系統；除了脈輪的系統，還有一些更細緻或者更特別的系統，這些都是我們看不見的，再說一遍，看不見並不代表沒有，所以在氣血之間保持平衡，讓我們物理的身體保持非常流暢、流動的循環，我們這個身體才可以協助我們度過人生的海洋，直到人生的終點。

光有身體的健康還不夠，因為身心是一體的，心理的不健康會影響到身體，反之亦然。心理的健康從何得到？當然要有正確的觀念，什麼樣正確的觀念呢？就是同樣要注重平衡，譬如說我們希望自己獲得快樂、幸福，也希望每一個人都能夠獲得快樂、幸福，這就是一種平衡，屬於人我之間的平衡；還有呢？細細講下去可以講很多。

我們只舉一段例子，其實這樣的平衡有很簡單的方式能夠達到，要獨處、要靜心思維，當我們面對著自己，我們會發現自己就是一個無盡藏，但是卻隱而未顯，這也是釋迦牟尼在六年的修道之中，逐漸體悟出來的一件事，就是我們本身是圓滿俱足的、是不假外求的，所以一旦我們要依附著外來的，比如說，依附著別人給予你的讚美，別人給予你的掌聲，別人提供給你的財富、社會地位等等，依附著這些東西，那你永遠沒有可能達到永恆的快樂，不可能！因為所有依靠外緣的東西，總有消散的一天，所以當你擁有的時候你害怕失去，當你沒有的時候你希望擁有，這樣就像一個永恆的角力，所以我們透過這種思維面對自己，瞭解到自己是圓滿的、眾生也都是圓滿的。

由身而心、而靈，當你要細分，這靈又分好多層，只是在這個時點，我們還不必很仔細去區分，只要概略地分成三個層次，身、心、靈，彼此互相影響，當你的身體出了狀況，你的心理、靈體會受到影響，這是彼此互為因果的關係，只注重任何一面，譬如說，我心理每天都非常快樂，可是我是個病貓，有沒有這種情況？當然也有，但是從我們一般人的角度來看，沒有健康的身體，要想保有健康的心，那等於在煙霧裡去找花朵，在樹上去找魚，很難找的，不好找，雖然有，但是不好找。

所以雖然這個社會一直透過各式各樣的廣告、各式各樣訊息的傳播，告訴你一定要向外追求，才會得到快樂，一定要獲得什麼樣、什麼樣的奢侈品……什麼叫做奢侈品？就是你想要、但是你其實並不需要的那些東西，這叫做奢侈品，所以奢侈品並不代表說它一定非常昂貴，它只代表一個意義，就是你不需要、但是你想擁有，這是我們每一個人都必須面對的心魔，如果有魔的話，這就是心魔，不是別人造成的，是我們自己建構出來的，所以何必那麼辛苦呢？

但是，並不是說我們一定得過著多麼清心寡慾的生活，不是！而是我們要過平衡的生活，不做過多的要求，掌握這個原則，慢慢地你就會感受到一種身心靈統一的和諧狀態、安詳的狀態，你應該慢慢會體會到這樣的狀態，肯定自己、也肯定其他的人，彼此之間相互尊重、相互瞭解，退而自處，能夠深切的反省，所謂反躬自省，哪些做的還不夠、哪些做錯了、哪些表現很好，常常返身觀照自己各式各樣的起心動念。

這是一個困難的時代、也是一個轉變的時代，這是一個黑暗的時代、也是一個光明即將到來的時代，需要許許多多的成員來共同建構一個健康的、男女平衡的、陰陽平衡的、上下平衡的社會，這個工作還有待努力。

月亮照在大地上，世事印在人心上——談病〈這一段引自2011/02/25葉天士的談話〉

月亮映照在大地上，大地上的月影並不是月亮本身，但是它在一定程度的範圍內，可以讓我們透過影子來瞭解月亮，誰能說地上的月影和月亮沒有關係呢？世事映照在我們的心上，我們透過自己有色的眼去詮釋這些事，所以不同的人對同樣的現象、事件產生了不同的解讀。但是當我們在某方面產生問題了，就會在我們的肉身上反應出來，所呈現出來的症狀並不是原因本身，卻可以當作我們一個探索的起點，我們的病就好像大地上的月影一樣，你去追逐這些影子，難以瞭解真正的月亮到底在哪裡、長的什麼樣子，就好像我們在追逐這些病況、病名，不斷尋尋覓覓，試圖從這些我們能夠看見的表象之中，想要直接去處理它，認為只要我們能把這些表面的問題處理好，疾病就痊癒了，所以當我們身上長了一個奇怪的東西，如何處理呀？把它割掉就好了，但是它的病根卻不在這兒，那只是一個表象而已，是大地上的月影，所以這個病如何呢？沒有處理好！下一次它又會再犯。所以不要去追逐這些病名、病的症狀，到海裡面、沙灘上去算算有幾粒沙，這是一種欠明智的行為，我們要找的是產生影子的那個東西、那個月亮，要去找那個月亮。

在人體上和月亮對等的東西，其中一個就是我們的經絡，你愈來愈能夠感覺到氣的流動，這個時候應該是你再一次認識不同經絡循行路徑的時機，循行路徑上的能量交換點，也就是俗稱的穴，該是進行這樣一門課、進一步深入的時候了。一連串的拍打讓你對這些所謂的經絡、穴道，有了一點經驗，由此建立了你的信心，所以不要一直停留在那些基礎的，請一步一步再向前邁進，你看到的那些條狀的痧，是不是很特別呢？如果我說這些條狀的痧，形成了對於你能量體的阻隔，你能夠接受嗎？這是我今天要提醒你的，該是你再讀一次經絡循行路徑、穴位的時候了。希望你能夠學習愉快，很快就知道月亮在哪裡，當你知道月亮在哪裡了，何必管那些影子呢？千江有水千江月，去追尋千江月，不如追尋天上那一輪皎潔的明月，好嗎？再見。

入海算沙徒自困——忘掉病名〈這一段引自2011/02/03葉天士的談話〉

你應該有看過末端會發出亮光的管子，這些一點一點的亮光，我們可以把它比方成各式各樣的病症，所以當我們埋首在這些病症的時候，就會發現病怎麼那麼多？每一種病症你都要去瞭解它發病的機理、病理、它的路徑、前因後果等等，非常的複雜，但是如果說我們回到它的源頭去看，你就會發現這些一點一點、亮亮、閃閃發光的東西，原來都是由一個東西來驅動——那就是電！

看病也一樣，當我們在末端面對一個又一個病的時候，我們迷惘了、糊塗了，這麼多的病到底該怎麼治呢？這個時候，當我們回頭再返身觀照的時候，我們發現其實它的原因很單純，是什麼呢？就是「不通」！什麼不通？身體運輸能量的管道不通了，這個運輸能量的載體，就叫做「氣」。

你可能又要問了，什麼是氣？我們可以單純的這樣理解，氣就是一種傳輸能量的載體，或者你可以把它當成是能量的本身，這個傳輸能量的載體形成一個通道，就叫做「經絡」。在不同的經絡上它有一些節點，這些節點就好像是能量進入或者溢出的管道，大致上就是這樣。所以當我們返身觀照時，就發現原來是經絡在某個地方不通了。

你可能又有些問題，比如說，經絡真的就是十二條加上任脈、督脈嗎？喔，其實不是！在身體裡面也有很多的經絡，也有很多小的經絡，就好像我們人體裡面有大的血管、主動脈，還有呢？次大的、更小的、一直到微細血管，人體的經絡也是一樣，為什麼我這樣說？因為「氣為血帥！」氣引領著血，當你看到有形的血管分支到一段一段的、愈來愈細、一直到微血管，那你就應該要瞭解，這些微血管之所以能夠這樣分布，就是因為有同樣類似架構的氣的分支，就這樣一層又一層的分下去。

所以你說只有這十二條經絡嗎？當然不是，它有一些次系統、次次系統，這些經絡不通了，它就會呈現出某一種症狀。有時候狀況單純一點，只是某一條經絡卡住了；有時候狀況複雜一點，同時好幾條經絡都堵住了；或者說它堵住的地方不一定，通常暴露在外的比較容易受干擾。比如說，你穿著短褲，褲腳掩蓋的範圍以下暴露出來的部分，就容易受到傷害，特別是天寒地凍造成的傷害，因為這樣會使你氣的運行不順暢，從而導致了你的血液流動不順暢，不是這麼說嗎？「戶樞不蠹，流水不腐」，所以一旦血液流動不順暢，就慢慢會有沉積了，這個時候你身體各式各樣的病痛出現了。所以永嘉玄覺禪師說：「尋花摘葉我不能，入海算沙徒自困」，就是你老是在末端、枝微末節去搜尋時，你會發現要學的東西實在太龐大了。反過來，如果我們從基礎開始，你就會發現只要經絡通了，基本上沒有什麼病。

你說，如何通經絡呢？我想你現在也應該很瞭解，刮痧也好、拔罐也好、針灸也好、拍打也好，甚至包括吃藥也好，它的功效最後其實都一樣，就是使能量運行的管道暢通，就這樣而已，所以「入海算沙」，你要到海裡面算那一粒粒的沙子，你怎麼能算得清呢？你去研究一種又一種的病，怎麼能夠算得清呢？所以要倒過來，追本溯源，這樣我們才能以不變應萬變，這是我們之所以要讀古典理論的原因。

也許你又有一個問題，《黃帝內經》裡面談的正確嗎？可信嗎？嗯，我要這樣回答你，就是所謂的「內經」它其實是一種模式，就是我們對身體構造的一種看法，這樣的看法你可以說是一種理論，什麼叫做理論？什麼是一個好的理論呢？一個好的理論就是，它不但能夠解釋現有的現象，還能夠適當推論出未出現的現象，這就是一個好的理論必備的象徵。我要告訴你，經絡理論是一個好的理論，但是它是不是一個完備的理論呢？就好像很多物理學家追求的「統一場論」，是不是完備的呢？有沒有一個萬有的理論能夠容攝一切理論出現呢？很抱歉，沒有！

除了經絡這個系統還有其他的系統，對不對？這麼多的系統每一個都有相互的牽扯、關聯，所以只要我們保持一個系統完全暢通，那這就是一種另類的骨牌效應，跟這個系統有關的其他系統，也會跟著健康起來了。反之亦然，一個系統有問題，伴隨的系統也會問題叢生，這是一件很單純的事情。

所以我們學東西要提綱挈領，練武術要學蹲馬步，練這一類的拉筋、拍打、拔罐、針灸，都要具備這種提綱挈領的功效，所以很值得你好好研讀。而且希望你能夠以手法為主，為什麼要以手法為主？其實這個也解釋過了，就是你不需要任何額外的、特殊的道具就可以做到，這一點我相信你非常有體認。

以上是我簡短的說明，希望你能夠參考我的意見，如果有不懂的，那就看看註釋、查查字典，我想這種問題應該不困難。當然你可能會問說，哎呀！市面上還有很多那些入門的、介紹性的書啊，好像每一本書上面都寫著《黃帝內經》嘛，我要告訴你的是，既然它引用《黃帝內經》，你何不直接就去讀它呢？何必要讀二手的呢？甚至三手、四手、五手的呢？倒不如直接去看原典，這樣或許會更好，應該是說會好很多！

醫行天下的歷程——談醫〈這一段引自2011/02/20觀世音菩薩的談話〉

首先我們來看看什麼叫「醫行天下」，這醫要醫什麼東西，就是我們在考量這醫的時候，一定要瞭解，一定是某一個對象他有了一點問題，這個問題使這個對象產生一種偏離，偏離平衡的軌道，所以我們要想辦法把這偏離平衡的狀態，恢復到一個足夠穩定的平衡狀態，這個過程我們叫做醫。

那何謂「醫行天下」呢？所謂醫行天下，就是基本上這環境很多時候都已經偏離了，離開它正常應該有的運行範圍，所以如何把這種狀態復歸、回穩？我們需要有很多的志工，這些志工包括有形的、無形的、看得見、看不見的，各式各樣的存在共同去參與這麼一件事情，但是這樣的一個理念不只是……在我們的腦海裡面不只是一個組織，更是一種理念，這個理念可以通行全世界、甚至全宇宙，所以不要把自己限制在一個小小的框框之內，要開闊我們的心胸、廣泛我們關注的範圍，這個就是我們應該要具備的一種態度。

再來我們要說說你們生活的環境，這是我所關注的，這樣一個生活環境出了哪些問題呢？我們來看看最基本的可以分幾點，第一點就是這個世界壓力愈來愈大了，因為我們把本來應該保持適當獨立的這些存在，慢慢地、透過各式各樣的，也許是有意、也許是無意的方式，把這些存在一個一個集中到都市去了，這個都市中有一些好處，但是它的負面因素在哪裡？（好像）我們在一個魚缸裡面養了鬥魚，這個鬥魚有什麼特性呢？就是在一個寬闊的河流裡面牠怎麼會去鬥呢，每一條魚都有很充足的生存空間，牠不會去鬥的；但是當這些魚被集中在一個小小的魚缸裡面時，鬥爭就開始了，鬥爭的形式各式各樣，有些人為了錢、有些人為了權、有些人為了名、有些人為了利，這種情況在各式各樣組織單位裡面都有。比如說公司組織、私人企業，或者是慈善單位，或者是宗教團體，或者是公共組織，任何的組織、任何的地方，當它一開始集中起來了，開始形成一個你必須透過競爭，才能夠獲得一定程度的地位提升或者金錢滿足的時候，競爭就無時無刻不在發生，這是第一點，從你們人的觀點來看。

第二點從我們的居住環境來看，我們的居住環境變成什麼樣子了呢？河裡的水不能喝，不但人不能喝，應該快樂生活在水裡的生物也不能喝了，所以怎麼辦？就死絕了。這種情況一而再、再而三的發生，到最後就變成什麼呢？就是我們人賴以生存的環境滅絕。很多人很喜歡吃東西，喜歡吃這個、吃那個，但是有一天忽然發現你以前能夠吃的都不能吃了，最後就是導致食物鏈的最頂端，也就是所謂萬物之靈的人類逐漸滅亡了。之後，環境才會慢慢恢復原來該有的狀態，這樣一種狀態是大家所希望的嗎？不希望！

還有其他的，很多啦，真要細說、數之不盡，我們只說幾樣大要。比如說還有一個「健康」，由於種種心理的因素、環境的因素，造成不只是人類，每一種在這個世界的存在，甚至包括很多你看不見的，他們的健康都出了問題了。就以我們一般的人來說，健康出了什麼問題？第一個不用說，產生了很多的癌症，為什麼是癌症？癌症它本來是好的細胞，這個叫做什麼？官逼民反！誰是官？我們自己就是官，民呢？就是這些構成我們身體的細胞，什麼叫做官逼民反？我們的身體本來應該正常供應氧氣、血液到全身的各部分，可是因為我們，或是身體、心理的種種因素，所以使得這些應該由我們供給的血液、氧氣、養分，沒有辦法正常供給了，怎麼辦？你自己想一想，如果有地方住了一群人，他的土地受到了污染，他沒有工作可以做，但是他要活下去，怎麼辦？所以就會造成起義、革命的狀態，這種起義、革命的狀態最初的起因是什麼？就是我要活下去！它最後的影響呢？也許一個國家、一個朝代就覆滅了。這個情況就跟所謂的癌有很相近的關聯。所以我們的氧氣、血液、各式各樣的養分，沒有辦法充分到達各個它需要的地方，於是為了自保、為了想辦法活下去，（細胞）它只好自我改造，從現代醫學的觀點來看，改造成：無情的殺手，貪婪地劫取，劫取什麼呢？劫取它本來應該接受的正常供應，而我們卻沒有給的，所以它不停的劫取（重複兩次），餓久了、窮久了，所以拚命劫取錢財、食物，這有什麼兩樣呢？其實毫無二致。

要如何對治這樣的情況呢？所以我們可以回到原本，如果要平息這種混亂的情況，以一個人類社會的角度來看，你會怎麼做呢？首先中央政府是不是要派遣一支軍隊去攻打它，這就好像我們注射了很多標靶藥物一樣，去攻打它，但是一攻打之後，這些本來聚集在一塊地方、本來是良善的這些組成，就四散逃逸了，暫時消蹤匿跡了，讓你怎麼找都找不到，你以為已經把所謂的壞份子——其實是官逼民反的這些成份消滅了，但是很多時候它只是躲到別的地方去了，躲到你更不容易找到的地方、它更容易獲取的地方。所以如果癌症復發了，通常就更難應付了，因為它到了你更難以對付的所在，當然也有少數的例子是一舉全部殲滅。這是一種圍剿、殲滅的方式，它取得的效果往往：也不能說沒有效果，它有暫時性的效果，但是只要有對戰，就會有很大的傷亡，於是我們的身體就損傷了，我們遠離平衡，身體狀況就更差了。

但是我們也可以採取其他的方式，譬如說柔和、溝通的方式，跟我們自己的身體溝通，這就好像我們派來的不是軍隊而是一個調停大使，這個調停大使跟所謂的壞份子進行溝通，這些溫柔的調停大使很耐心傾聽了這些我們以為是壞份子的苦處，接納、安慰他們，然後逐漸恢復正常的供應，供給它正常的血液、氧氣、養分，讓它的基本生活能夠無虞匱乏，這樣的方式可不可以？可以，這就是我們常常有所謂的宗教團體，或者是某一種靈性的修養，是透過這樣的形式去做的。

有沒有其他的形式呢？還有，就是我們知道了這些所謂壞份子，它產生的原因也不外乎我沒有新鮮的血液、沒有新鮮的氧氣，養分不足根本活不下去了，所以怎麼辦？我只好自救，這個時候如果我們採取一種策略，就是主動地自己想辦法，讓新鮮的血液能夠送到，讓新鮮的氧氣能夠送到，最重要的讓我們的氣能夠循環、到達，於是這些被我們貼上壞東西標籤的，就在我們善意的表達之下，因為它本質並不是壞的，就逐漸、逐漸⋯反過來了，從一個混亂、兇暴的狀態，變成良善的民眾。這個在說什麼呢？形體的運動或是氣功的練習，譬如說我們去練外丹功、太極拳、拉筋拍打等等，當然這些種種方法各有各的特色，也很難說哪一種方法絕對最優勝，我們心裡面要有這樣的認知，其實沒有一種方法絕對最好，不同的狀態有不同的適用方式，所以不要拘泥在一種方法上。

但是，有沒有一種方法相對來說是適用範圍比較大？而且施行起來很簡單？難度比較低？效果很好的？有的，譬如說你所學的這些拉筋拍打有很多好處，什麼好處？在以都市為主的生活形態裡，它所需要的空間不多，這是它的好處；第二個好處就是它不會產生什麼廢棄物，譬如說你去打針，就有針頭、紗布這些廢棄物，會對環境造成一定程度的傷害，其他的也一樣，所以如果你要找一種需要的空間非常小，需要用到的外在物質性的道具，用過即丟，（拍打）它相對是非常、非常的少，從這些觀點來看，我們認為你所學的拉筋拍打（很適合），特別是拍打，因為拉筋還得有個凳子，效果才會更好；再來是一些伸展運動，可以站立或坐著做的，類似八緞錦之類的，需要的空間範圍也很小，但是功效卻很顯著。

如果我們有更大的範圍，就能夠進一步考慮像太極拳之類的，這方法有很多，但一定要注意、瞭解，並沒有一種絕對最優秀的方法，要確實瞭解每一種方法的優點、缺點，這個是我想強調的，就好像沒有一種文化是絕對最優秀的，很多時候只是不同而已，不要有什麼優越感、自卑感，要常常保持一種中正平和的心情。

有時候我們覺得「得理」，我很有理，所以得理接著呢？就不饒人，但是我們理要直、氣卻要和，我們可以堅持自己的立場，但是一定要尊重別人的意見，這是一個和諧社會的基本要素，是最粗淺的，如果我們每個人都堅持己見，而每個人的意見都不同，那到底要聽誰的呢？問題不是聽誰的，你可以聽自己的，但是你應該要尊重各種不同意見，彼此互相尊重，而不是說你可以尊重我，這是我允許的，但是我呢？因為你的程度比較低落，所以我不用尊重你，但是如果對方也這麼想，這個世界就永無寧日了，所以從心理層面開始，各種各樣、形形色色的鬥爭又開始了，這樣一個社會會不會和諧呢？有沒有一種社會它只有健康的身體，沒有健康的心理呢？有沒有這樣一種社會？應該說只有顛倒過來，是不是呀？一個像我們這種物質性存在的社會，身體要健康，心理也要健康，只有身心都健康了，我們的靈才能達到一種（長音）圓～滿～俱～足的狀態。

如何恢復健康——拉筋拍打樂無窮〈這一段引自2010/08/30藥師佛的談話〉

為什麼我們要學拍打★？因為它連藥都不用了，它所用的藥其實不是有形的藥，而是去達到物質身體本身具有的、自己治療的機能，這種方法有很多好處：

第一，危險性很低，除了容易出血的疾病，像血友病，是不可以用拍打的，除此之外，拍打的危險性極低。

第二，效果非常好，因為是身體本身就有的能力，所以效果非常好。

第三，不用另外花錢，在物質的世界生活很困難，你們的世界古早的時候，要以東西換東西，現在要用錢換東西，拍打不必換，自己就可以拍。所以你不必拿什麼東西去換，你只需要用拍打的時間和拍打一點點的疼痛，去換取健康的身體，這是自己跟自己的交換，不需要牽扯任何其他人。

第四，大家都健康了，用在健康的——你們的健保系統，就不需要花費那麼多的醫藥費了，那這

★拉筋、拍打是蕭宏慈先生在廣泛學習各種傳統醫療手法之後，從中擇取出最簡單有效的兩種方法，再配合心法、辟穀、禪跑、靜坐等內容而形成的一套自癒養生法。對我而言，僅僅按照書上說明的方式進行最基本的手肘關節部位拍打，就使我衰弱的心臟功能大幅改善。這一篇是對拍打原理的闡述。

些東西就可以去做更有效的應用。

藥其實是毒，能夠治病的藥往往帶有某些毒性，所以不是有句話嗎？叫做「是藥三分毒」，能夠用沒有毒性的藥、沒有毒性的方式來醫治身體，不是很好嗎？省下了金錢、時間、精力、病痛，為這個社會帶來祥和，不好嗎？

即使你完全不懂這些內在的理論，它還是很有效，我可以這樣說，就是即使你什麼都不會、什麼都不懂，只是簡單的瞄了那些拍打的要訣，瞄了幾眼，花了十分鐘、半個小時看過了，基本上你已經掌握了百分之六十，也就是說有百分之六十的痛苦都可以解除了。如果你能夠對這個理論本身應用，經絡系統的應用有更深入的理解，那你可以達到百分之八十、九十，如果你能夠再進一步運用更精細的手段，比如針灸，或是各式各樣西方醫學的設備，或者這些知識，要達到百分之九十五 百分之九十九都是可能的。

人體有大藥〈這一段引自2010/11/06藥師佛的談話〉

我要告訴你「人體有大藥」，所以你要好好的學習。這個我們現在已經瞭解了，就是其實我們人身體本身就具備了製藥的能力，甚至我們可以把它想像成一種製藥的工廠，我們身體本身就有平衡的能力，只是這些平衡的能力，或者這些製藥工廠的製藥流程並沒有被啟動。或許可以說這個系統是一個接單生產的系統、是個彈性製造系統，它必須要接單生產，但是我們卻不會下訂單，現在我們要做的就是如何下訂單，如何啟動這個生產流程。

所謂的點穴、按揉穴道，或者扎針灸，就是讓一個基本上停擺的系統重新啟動，可以把它想像成按下這個reset按鈕，這叫做「人體有大藥」，就是我們人自然而然就會產生自己需要的這些東西，不假外求，所以這就是我們人體製造出來的，人的身體經過了多年的演化之後而具備了這個功能。

事實上在各個不同的星球，或者各種不同的存在體裡面都會有類似的進化過程，只是組成身體的材料不一樣，我們在地球上的身體是以「碳基」為主，但在別的星球它會有其他的元素為基礎；或者以其他形態，比如，完全以固態為基礎，石頭山、石頭人、石頭世界；或者是以液態為主，像液態人、水人等等，或者是：我們也不要把形象限制在所謂的人身上，就是這樣的一種存在。存在呢，我們把它分為兩大類，一類是靈界，或者是精神狀態的存在，這種狀態因為比較是純粹能量，具有人格的能量，這樣存在的震盪頻率非常、非常高；而另一類物質界的存在，不管它是以什麼形式，水世界也好、石頭世界也好、地球上的人類這種「碳基」為主的生物也好，基本上頻率是很低的，因為物質就是能量的濃縮。

這邊我要順便講一下，就是所謂的「陰陽」是什麼東西？陰，就是一個凝聚的過程，就是由能量凝聚成物質，這樣的一個過程就叫做陰；什麼叫做陽？就是把物質轉換成能量的狀態，這是一個揮發的過程，這樣叫做陽，所以陰陽可以說只能存在於物質世界。我們這個地球，你可以把它想像成一個練習場、修練場，只有在這個地方我們才會每天、無時無刻經歷這件事情，陰陽、陰陽，所以在地球上生活的、又最重要的就是要陰陽調和，小自一個細胞，大至一個人、環境、整個地球，都要陰陽調和，達到一種平衡的狀態，這狀態是在純粹靈界無法體驗的狀態，也是地球這一個世界珍貴之處，其實就這個觀點來看，地球是一個很神聖的場所，因為它是一個修練場，這個修練場非常的殊勝。

事實上我們可以把它分成幾個階段，什麼叫分成幾個階段呢？我要再說清楚一點，就是一個是靈界、一個是物質界，物質界又分很多的層次，靈界本身也分了很多的層次，這些層次不是價值的高低，而是進度的快慢，就是最根基、最內層的那個神性是毫無二致的，但是它在表層進度會不同，有些人進度快、有些人進度慢。

進度快的，當他到了某一個程度的時候，比如也許他生存的星球毀滅啦、環境變化啦，或者他覺得有義務要教導你，地球就是一個很殊勝的環境，因為它是在宇宙形成的晚期；那在早期就出現的存在，用你們的話叫做ＥＴ，叫做外星人，在物質界的這些外星人，他們可以用很多種的方式來影響住在地球上的這些存在，也許你會覺得外星人很了不起、很厲害，可是其實這也是回家旅程的一環而已，假設你要去十個地方旅遊，可能地球是，也許是你第一個、或者第三個⋯⋯，可是有些人已經到了第七個、第八個，他快要到家了，可是還沒到家，這樣，因為他到後面那些旅站，他會告訴你說：「喔～這邊狀況是怎麼樣，所以你要做哪些、哪些，才叫做正確，才叫做什麼、什麼⋯⋯」那我要告訴你的就是，雖然他到了第七站、第八站，但他還沒有到達終點，他還不能瞭解完全的旅程，所以他告訴你的有一部分是真實的，有一部分還不夠，術語叫不夠「究竟」，因為他還沒有瞭解整個旅程到底是怎麼回事。

另外還有一件事，就是每個人走的旅遊路線不一樣，所以累積的經驗也不一樣，我們在不同的星球、不同的修練場，所獲得的修練也不一樣，當然這中間有些是一樣的部分、有些東西是共同的部分，但是為什麼要有這麼多不同的存在、不同的修練場？就是因為「生命是自由的」，你可以完全自由、憑空去創造自己的經驗，生命不會阻擋自己，他會完全自由自在的去探索，但是他會去察覺、去檢討，所以經由這過程他瞭解什麼叫做痛苦、什麼叫做希望、什麼叫做恐懼、什麼叫做快樂，而不是混沌不清的狀態，這些東西他都無由體驗，所以這就是修練場。

像地球這種修練場，非常、非常寶貴，正是它的不透明性，賦予了我們難以言說的貴重性、神聖性，這是我要表達的，能夠在這裡生活是一件很幸福的事。

可是反過來說，從物質界的觀點來看，我們會認為這個世界是苦的，想想看，要每天工作才能得溫飽，疲累、奔波、忙碌，還有很多、很多人際關係，因為你沒有辦法直接瞭解別人的意圖，所以你很累，總是誤解、不瞭解，這種情況太多太多，這是物質界的煩惱。但是我要說的是，一旦我們能從這些表象超脫了之後，那就是第三境界了，什麼叫做第三境界？第一個境界就是「見山是山」，美醜、善惡，這叫做見山是山；第二個階段叫做「見山不是山」，什麼叫做見山不是山呢？就是說瞭解美醜背後的那個東西，但是這個時候你只是知道；到了第三階段就不只是知道了，而是你切切實實的體會到、體驗到，所以它看起來還是那個樣子，長的還是那個樣子，石頭還是石頭、樹還是樹，但是對你的意義不一樣了，它不再僅是表象了，你能夠直接看到它背後的東西，所以什麼都是神性的展現，什麼都是佛性的展現。

瞭解是藥〈本文引自2010/09/26 藥師佛的談話〉

所謂的瞭解，就是瞭解自己的內在。我們很多的疾病，往往是因為你的行為和內在產生了不一致，內在、外在之間不一致，所以會以某種疾病的形式來呈現，那要如何瞭解呢？所以我們常常需要很多⋯

很多都是透過打坐、參禪等等，這些是瞭解內心的一個（法門），或者我們說，是趨向內在神性一個很好的方式，這就是我所謂的瞭解。

其實人人都有一個靈山塔、人人都是一個大藥王，只是自己卻不知覺，所以我們要從向外尋找，逐漸、逐漸轉變成向內尋找，你會發現當你向內尋找的時候，解藥就在那裡了。可以說我們不需要向外去尋求協助，當然也可以啦，只是說效果不大，更重要的是我們要發覺內心裡的這個…發現自己就是藥師佛、就是基督、就是阿拉，當我們和這些內在管道聯繫的時候，你就會發現很多事情都變得清楚、透明了，而不再是那麼昏昏暗暗、朦朦朧朧的，都變得非常清晰。

這種狀態，其實是透過極度向外尋求的一個環境，而產生的一個反作用，或者我們把它叫做反思，當我們極度向外追求、一再的向外尋找所謂的幸福、快樂時，你會發現你怎麼找、怎麼找，不管你擁有了多少金錢、多少財寶、多少汽車、珠寶也好，不管你擁有多少，你會發現都不能獲得一種…一種幸福洋溢的感覺，No，No，No，你沒有辦法，你沒有辦法感受到，所以物極必反嘛，這就是一個很好的說明。

極度追求過後我們會反過來想「這是真的嗎？」這就引發我們一個疑問「真的嗎？」這樣真的能夠找到幸福嗎？能夠找到快樂嗎？然後，我們發現這可能只是一種幻象，是虛，然後以這個契機，我們就開始反過來向內找找看，到底什麼才是那種幸福洋溢的感覺呀？然後你就會發現瞭解自己內在的需要、內在的驅力，其實才是你真正幸福的來源。

譬如說你終於發現，你其實很喜歡森林，假設啦喔，你很喜歡森林，但是卻一直在保險公司跑來跑去，有一天你終於瞭解了自己內在的…你說真理也好、真我也好、內在的需要也好，都可以啦，你就會發現離開保險、走向森林，會讓你感到圓滿，就是這個意思。

但是每個人的（真我）不一樣，譬如說，有些人會致力於環境保護，有些人會致力於協助他人，每個人內在的那個東西是不一樣的。沒有所謂我的比較偉大、你的層次比較低，No，No，No，都是同樣、同等的，只是不同而已。

一旦我們沒有辦法，或毫無意願對內在的瞭解去尋求一致性的話，往往會造成你內部的不平衡，這些不平衡就透過你的身體層層轉達出來，你就會有各式各樣的毛病。如果我們都可以瞭解這一點的話，醫療費的支出就不需要那麼龐大了，我們所需要面對的只是真正的、非靈性因素造成的傷痛，那麼你會發現其實真正的傷痛並不多，有，但是並不多。這樣你可以接受嗎？

1.4 心理的健康

壓力的來源〈這一段引自2011/04/25 約書亞的談話〉

在日常生活中，我們常常會感受到各式各樣的壓力，譬如說，早晨起來你準備要上班了，回頭一看，小孩還在睡覺，快要錯過上學的時間了，於是你急急忙忙催促他們上學，接著又匆匆忙忙趕到工作單位，展開一天繁忙的工作。在這樣的一天當中，你可能面對著上級長官交代的事項，你可能面對累積了一大堆的工作，還沒做完的、要做的等等，壓力就這麼從四面八方向你襲來。然後，你每天就這樣重複又重複地過著幾乎一成不變的生活，直到你把物質的身體用到出毛病了，也許是腸胃不好、心臟不好等等，在某個地方它顯現出病徵了，如果這樣的警告還不足以使你對自己生活中的點點滴滴，進行觀察、瞭解、改進的話，你這個物質的身體就會愈來愈糟糕，直到無法再使用為止。

那麼，在這種社會形態中，你要如何自處呢？或許我們能夠培養這樣的一種態度：第一，我們必須要使身體保持在健康的狀態，心理保持在健康的狀態。當然，保持健康的方法有很多，你可以做適當的運動，可以做靜心冥想的活動等等。

再來，我們應該要仔細省察自己的態度、觀點，也就是我們看待這個世界的方法，你是間接的經由自己的感受去回應這個事件，還是直接就事件本身進行處理？這中間是不一樣的。譬如說，現在有某一位你覺得很難相處的人和你做了某些溝通，但是因為你對他印象不好，所以他說的話似乎都滿可疑的，這種就是我們沒有按照事物本來的面貌去接受它，因為你已經先戴了一副有色的眼鏡去看這樣的人、這樣的事。我們現在要做的是什麼？就是直接看到，不加過多的評斷，直接的看，不要被你自己那些起起伏伏、好惡的情緒所左右、支配。

久而久之，你將發現，雖然你的工作內容還是那樣多，雖然你還是得按時搭上某一班車或者走多久的時間，但是你不再感到匆忙、煩躁不安，你逐漸擁有智慧，知道哪些是你能夠做、哪些是不能做的，外在的環境你很難去改變它，但是你對外在環境的反應，卻是你可以決定的，你要決定讓自己快樂還是苦惱？這完全都是自己的選擇，別人沒有辦法替代你，只有靠自己！所以誰主宰了你的人生，其實就是我們自己主宰了我們自己的人生。

妖魔鬼怪現原形——談心魔〈這一段引自2011/04/25阿彌陀佛的談話〉

我們要講一講什麼是妖魔鬼怪？在這裡我要說的是，這些其實都是一種心魔，什麼樣的心魔？就是我們希望：很多、很多的存在都希望自己很有成就，這個成就有各方面，譬如說，你是一個大公司的老闆啦，你是某一個團體的負責人啦，在學術上很有成就啦，你是某一個宗教的領袖啦，你希望自己是某一個能夠喊出名號、眾所皆知的人啦，之所以有這樣的念頭，就來自於你希望自己是重要的。

所以我們來檢討一下，你到底重不重要、珍不珍貴呢？我要告訴你，每一個存在都是珍貴的，毋須用任何外在的東西來彰顯這樣的珍貴性，完全沒有必要，哪些外在的東西？你的財富、你的名聲、你的地位，所有世俗所珍視的這些東西，在你之外的這些東西，都不足恃。

你之所以珍貴，毋須外求，你本來就具備完美無瑕的神性，只是尚未覺知。所以你之所以追求：抱歉，這邊我用「你」來代稱一般的人，你之所以追求這些凸顯自我重要性，是因為你希望受到重視，我現在再一次的強調、告訴你，你不必顯出淵博的學問、不必經營龐大的企業，不必，完全無必要。

這樣的話語我們要訴說多少次呢？從古到今，從這方到那方、到十方，這樣的話不知道要傳誦多少遍，其實這是一件很單純的事情，想得開你就成聖成佛，想不開你就是妖魔鬼怪，因為你會想到一大堆俗世所重視的這些東西，去襯托你自己。

什麼時候你願意放下？放棄向外追逐的心，放棄、放棄、放棄、放棄，當你無可再放棄，所剩下的那個就是本然的你，那個時候你所有的幻象、偏見、執著都消失了，你就知道什麼叫做至善。

請記住沒有什麼事情絕對不好，你希望自己是珍貴的，這絕對是一件好事，這引發了一種追尋，只是我們往往是向外追尋，而不是向內追尋。一旦我們啟動了向內追尋的旅程，你就知道，不是你所謂的somebody or nobody的問題，這裡面根本沒有這種問題，這種問題來自二元性的世界、幻象的世界，在實相裡面，我們怎麼會有這種問題呢？不可能。

但是這樣的幻象是一種追尋的起點，也不要鄙視它，反而要感激它，因為這就像一個火種一樣，點燃、照亮了你追尋的前程，讓你能夠逐漸逐漸、誠實地面對自己，所以你要說卸下面具，是可以的，你要說脫下身上的戲服、回歸本來的你，也可以，只是說法不同而已。這是我回應你（心中）請求，這樣應該可以了。

就是這樣，把你的疑問、想瞭解的東西，先把它準備好，寫在紙上、放在心上，那麼也許是我、也許是其他（的靈體），只要能夠接的上，就會和你聯絡，解你心中疑惑。當然這不一定是你的疑惑，代問，也是非常美好的一件事，所以在講經說法當中，除了主講者之外，請問，也是一件很重要的事情，能夠提出適切的問題，對於闡明談論的主題具有關鍵的影響。但是，我們這樣並不算什麼講經說法，只是很普通的閒聊，就像朋友家人一樣，很隨興地談論，沒有任何拘束，就只是這樣子而已。

你不必有任何的負擔，也不要想太多，不要用過多的框架來限制住你的思考。雖然你的框架不太多，但是我不能說你完全沒有框架，相對而言，你戴的眼鏡比較透明一點，比較沒有那麼多的五顏六色，就只是這樣子而已，好，我們今天就講到這裡，下次再會，拜拜。

樂在活力之中〈這一段引自2011/02/20約書亞的談話〉

什麼是「活力」？活力就是一種狀態，一種穩定、活潑、向上、正面的一種狀態，它不是脫序的狀態，也不是高舉著旗幟說我們是活力團體，不是這樣；它只是指一種如前所述的、具有那些特質的狀態。

為什麼我們要處在這樣一種狀態呢？總有人說我們這世界是苦，我要說的是，如何把這個充滿了苦的世界（就是在我們的感知裡，它似乎總是苦多樂少），如何把這樣的一個苦轉變過來，變成樂多苦少，我們必須從內心深處把這樣的認知翻轉過來，就是要處在一種充滿活力的一種狀態。

那要如何保持這種狀態呢？我們可以這麼說，這是一種知足常樂的狀態，就是對於你擁有的一切感到心存感激，由這個出發點，我們可以讓我們的情緒更穩定。做事態度能不能更積極呢？我們因為感激，感激我們有一個健康的身體、感激我們有一個很好的工作，所以我們做事的時候不會覺得煩躁，不會覺得世界虧欠我。

身為一個人的存在，就多多少少、難免會有一些比較負面的情緒，但是當我們抱持著知足常樂的態度，就會發現不論是在工作、待人處世、個人的生活上，在每一個方面我們都會覺得自己充滿了活力，樂在其中，因為這些能讓你獲得真正的快樂。這些是屬於你跟你之外的，就是以你身為一個人的觀點來看，你跟與你之外的群體的互動。

那對於我們跟我們自己呢？也是一樣，有什麼特別的益處嗎？有，當我們的身心都處在樂在活力的狀態，處於那種狀態之中，你的身體機能會維持一定的水準。換句話說，你的身體的每一部分，不只是你的內心，你身體裡面的每一個臟器、每一個細胞，都會感受到你那種快樂的心情，每一個細胞都覺得自己非常的幸福、知足、快樂，他們彼此會互相通知說：「哎呀，你看，我們生活在這個充滿和樂的環境之中，是多麼的幸福呀！」他們就這樣一個告訴一個、一個告訴一個，你覺得這樣你的身體還會有什麼病痛嗎？

如果還有病痛，那就表示我們對於自己賴以生存、在這個世界生存的這個身體，所謂緣生之舟的關注不夠。我們的心向外放逸太久了，但是對於自身，雖然這是一個因緣和合的身體，但是它就好像是一艘載滿了旅客的船一樣，這個船是不是有一天服役期滿、面臨回收拆解的命運？當然會，但是在它正常的營運期間，難道不該維持正常嗎？還是說當它航行在茫茫大海之中時，你就隨意讓它漏水或者漏油，或者……一點都不管它？可能嗎？當然，我們不會去坐這種船，所以當我們身體裡面的組成，當它自覺是處於這麼一艘船上的時候，你會做什麼事情？你會想離開這艘船，甚至當這艘船開始沉沒了，你會跳船、逃生等等。

所以，很多時候並不是因為這個世界對我們做了什麼，而是我們自己對自己做了什麼。當我們躺在床上，以為是休息的時候，那些工作了一天，塞在你腦袋裡的那些流言蜚語、不滿的情緒，有清乾淨了嗎？在這樣一艘船上堆滿了廢物，還能生活嗎？所以每天、每天都要把自己身心靈的狀態，調整到很好的程度，必須適當地把廢物清除掉，而不是日積月累，終於，這個「緣生之舟」壞掉了，你再也不能運用了，它需要重大的維修了，所以你就躺在病床上等著別人幫你修復，總想有個神奇的機器、有個神奇的醫生給你注射兩針，塗兩層噴漆你就好了，是這樣子嗎？不是，當你躺在醫院裡，人家只會說：「哎呀！這只是一艘破船嘛，這樣的破船還需要用嗎？只要讓它不要立即解體就好了，不要在我們醫院裡解體就好了，稍微把它撐一下，來！這邊的裂縫稍微焊一下。」我們就是這樣操作的。我們是否希望自己終於有一天，好不容易費盡了千辛萬苦，塞進了一大堆的垃圾之後，終於達到了這樣的目標了，是這樣嗎？這是我們的目的嗎？我想答案應該是否定的。

這是我唯一會用否定的方式來敘述的，原因不是因為這件事情本身不具備正面的意義，而是我們希望即便在我們這個物質的身體、物質的世界，還是能夠達到某種程度、甚至相當高程度的一種和諧狀態，一種充滿活力的狀態，穩定、積極、正向、光明的狀態。所以我們應該在每天的生活當中，一方面減少負面的想法、能量進入我們的身體，一方面，我們要積極去清除身體裡面累積已久的這些……這些非身體所需的東西，把它清除掉，但是還要注意，在清除的過程中不能以「以鄰為壑」的方式，就是你自己家清乾淨了，別人家遭殃了；你自己的身體很好了，別人的心理完蛋了，這種方式也不是一個好方式。而是要讓這種負面的狀態，經由我們不斷地內省、反思，讓它逐漸從一種負面的，慢慢發覺出它正面的意義，而不是任由這些負面的觀念、想法、因素，到處蔓延流竄，終至不可收拾。

所以我們非常希望藉由這種訓練的教材，能夠引發我們尋找快樂、尋找幸福的旅程，這是一種永恆的快樂、幸福。進行這樣的旅程，才是這些不快樂、不幸福所能顯現出最好的意義，不要被這些不快樂、不幸福綁住了，不要卡在裡面，甚至是自己跳進去不願意出來，所以，要放下什麼？放下那些過去，過去你成功了、過去你失敗了，過去你做了很多事，但是那些都已經過去了，所以要把過去放下，你很努力地放下過去，不斷地做，等到有一天，你把放下也放下了，你的課程就完成了。

這種歷程需要不斷地反思、深刻的覺察，覺察在自己的生命裡面是否有這樣的東西，但是我們也說過，這樣的覺察是困難的，因為我們最難瞭解的其實就是自己，我們以為自己放下、以為自己很快樂、以為自己很有計畫、以為自己脾氣非常好等等，都是以為，那究竟是不是這樣呢？其實不是，不是，我們一講就說：「張三以前對不起我，所以，我現在為什麼要對他好呢？」所以，我們又不知不覺之間陷入一種拿過去來懲罰自己的狀態。

這是我想表達的，再強調一遍，我們要讓自己時時處在一種穩定、平和、積極、向上、正面的態度，然後由自己再推己及人，向你周遭的親朋好友、工作同事、左右鄰居，逐漸、逐漸，或有形或無形地，去傳播這種概念，逐漸讓這個社會成為一個樂在活力當中的社會，每個人、每個動物，包括每棵樹、每株草、每朵花都非常快樂，沒有一個存在是充滿了病痛、負擔，這樣的社會能不能到來呢？並沒有必然性！這種社會的到來需要透過許許多多的努力才有可能實現，我只能說，它真的有實現的可能性，但是必須靠大家的努力，這話題似乎有那麼一點點沉重，讓我們一起努力，這也許是一個好消息囉！壞消息就是你如果不努力就達不到囉！（音調上揚，一陣笑聲）相信我們能夠一起達到這樣的狀態！

生活與心理上的簡樸〈這一段引自2011/07/01 大日如來的談話〉

一切眾生本來俱足如來智慧德相，或者也可說是內在本具完美無瑕的神性，因為無明而種下了種種的煩惱。只要一念之間覺醒了，眾生即佛；一念之間被無明占據了，佛即眾生，這樣的道理很淺顯，但是真要實行卻非常困難。

雖然宗教典籍浩如煙海，但是，保持一顆清明覺察的心，便能讓你簡單容易的親近、接近這種覺醒的境地，要確實地相信自己本具佛性的種子，你的內在本質神聖無瑕疵。

要經歷這個世界的一切，以一種清明而覺察的態度過生活，不要去想望那些虛無飄渺的神通，去除心中過多的欲望，保持簡樸的生活，這裡所謂的簡樸，包括生活上的簡樸以及心理上的簡樸。

生活上的簡樸大家都能輕易瞭解，不用我多說，但是什麼叫做心理上的簡樸？就是對於你所接觸的、所經歷的，以單純的觀點去看，也就是不對事物本身附加過多的意義。當然，以一個物質身體的存在要做到這一點，也就是完全不加評斷是極困難的。但是雖然困難，我們仍然能夠藉由覺察而達到相當程度的進步，當你能完全不做評斷，那時你也能瞭解眾生本具的智慧德性光明無瑕疵。

洋洋灑灑的智慧法語——為有源頭活水來〈這一段引自2011/04/13約書亞的談話〉

什麼是「洋洋灑灑」？那表示很多、很多、很多。很多什麼呢？很多的智慧、法語。當我們能夠連接上自身的、隱而未現的智慧時，你就會發現自己有這麼多、這麼多的智慧寶藏，原先在你還沒有達到這種程度以前，你完全無法想像，但是在你接通了內心最深處的智慧泉源之後，你將會發現（雖然現在還沒有）自己的智慧無窮無邊，許多東西似乎直接從自性之中泉湧而出。

這個情況就好像是將瀑布的源頭、水流之處打開了，所以瀑布終年流水不斷也毫無匱乏，我們每一個存有的智慧也正如這樣，源源不絕。

但是要怎麼樣達到這種洋洋灑灑、毫無阻礙、智慧開顯的程度呢？你應該已經非常瞭解，在此只是想提醒你不用心急，很多東西是日積月累方能有所成就，過於急躁，反而容易造成不良的後果。

讓我們種下去的種子慢慢醞釀、慢慢發芽、成長茁壯，你種下的是一顆仙豆，它會逐漸長大，逐漸向上攀升，將有許許多多的存在經由你所傳遞的訊息，也就是我所說的仙豆，這個傑克的仙豆將成為世間通往神國的道路。

有一天你會發現，當我說：「我就是真理，我就是道路」的時候，換一個角色，每一個人都可以這麼說：「我就是真理，我就是道路」，只是這樣的時刻尚未到來，一切還在進行當中。不用心急、不用煩躁、不用爭辯，爭辯無所助益。

在這個物質的世界，每一個人都好像披著一個重重的甲殼，背著這個甲殼已經習慣太久了，縱使你告訴他，不需要再背著甲殼過日子，仍然會有很多、很多的存在感到疑惑，感到害怕，不知道丟掉這笨重的甲殼，會有什麼樣的未來等著他，毀滅、還是希望？我現在要鄭重的、再一次的宣告，展現在前方的是希望，而不是毀滅。

永遠懷抱著正面的想法，希望就在你的前方，過多的負面思想將招來不必要的困擾，這是一種自我實現的預言，請不要讓自己陷在這種困境當中，自己編織了一個難以逃脫的網，讓自己無法離開限制到無所限制之境，同時，更限制了其他的存在到那無所限制之境。

請運用你的正面思考，當你在面對你以為的未知時，告訴自己前面是坦途、是光明、是你永恆的故鄉，請不必猶豫，我會在路上陪伴著你們，所有靈性的存有也將在路上陪伴你們。

請不要活在恐懼、貪婪之中，不要活在焦慮、勞累之中，讓自己恆常處在清明、健康、快樂充滿的狀態，你將擁有美滿幸福的人生，這是不假外求的。

如果你的人生必須要靠別人才能達成，譬如說，別人給你的關愛、別人給你的⋯⋯許許多多的東西，那麼，你就是把自己的幸福交出去了，把你的主導權交出去了，最終你會發現，你永遠得不到想望的幸福；因為這些都是不假外求的，而你卻希冀通過外在的因素來達到這樣的境地，這是不可能的。

所以，好好的鍛鍊自己，好好的服務大眾，如果你把所有的注意力都放在自己的身上，你不會得到快樂，只有當你樂於奉獻、付出、「無所為而為」時，你才能獲得真正的快樂與解脫。

什麼叫做解脫？解脫不是說要丟下一切，跑到另外一個世界了，不是這樣；解脫就是去除心中種種的束縛、成見、框架，這些成見、束縛、框架，不但會將你束縛、會框住你，也框住了別人、束縛了別人，造成大家的痛苦，有這個必要嗎？所以，當一個自由人吧，自由自在，這就是解脫的真義。

將心裡的遺憾放下，心存明日的希望〈這一段引自2011/05/05 地藏王菩薩的談話〉

總有很多的遺憾留在我們每一個人的心中，也許是未能實現的夢想、也許是來不及完成的事，我們心中難免充滿了遺憾，但是不應該把這樣的遺憾放在你的心裡，只要你曾經盡力，就沒有任何的遺憾，因為就算是全知的神，也無法改變很多事，所以不要抱持遺憾，但求盡心。

因此我們要來進一步探討，你盡心了嗎？譬如說，經營公司，你如何說得上是盡心呢？讓我們想一想，這一種人世間的組織是由什麼構成的？是由許許多多的存在構成的，沒有了這些眾多的成員，那麼組織也就不成組織。所以我們首先問，對於這些不同的存在們你是否照顧到他們的需求，是否曾經很慎重考慮這些事情？如果你曾經這麼做、現在這麼做、將來繼續這麼做，那麼我會說你已經盡心盡力了，所以不用有任何遺憾。

再拿父母來說，父母在世的時候，你是否曾經、是否常常把他們放在你的心裡，常常照顧到他們的需求，譬如說，衣食照顧了、心理照顧了、健康照顧了，各方面你都考慮到了，都盡所能照顧到了，那麼你就不必有任何的遺憾，因為我們是有限的凡人，體力、精神各方面都極有限，對於這一類的事情，我們講求的是發心，所以這就是我所謂的不需要有任何遺憾。

把明天的希望放進你的心中，想辦法讓這些可能發生、尚未發生的，盡量朝更好的方向發展、讓它朝向對大多數存在有益的方向發展，如果我們人人都能這麼思考，那麼整個環境就會逐漸朝向我們希望的方向發展，你要說這是願力也可以、要說是心想事成、是上帝的恩典也可以。

所以，我要在此呼籲，請時時刻刻把我們的心打開、照亮，打開我們封閉的心房，向這世界敞開，讓我們心中射出智慧的光芒、至愛的光芒向這個宇宙照耀，只要足夠多的存在這麼做，那麼你就會發現世界因你而改變。

過去這個世界影響了你，現在你出現在這個舞台上，這個世界將因你的出現而改變。你所能做出最重要的貢獻，就是正向的思考，從自己開始向外放射，向每一個方向放射，這是一個愛、光明、希望的種子，不斷地對外擴張、散布，終至充塞於天地之間。這樣的狀態並非不能達成，就看大家願不願意這樣做，積沙成塔，每個人貢獻一點小小的力量，將形成巨大的光芒，就像汪洋中的燈塔，足以指引迷路的行人、迷失的羔羊，足以指引我們前行之路！

1.5 亮麗的人生

〈這一段引自2011/04/08約書亞的談話〉

你們有很多的人常常希望自己能夠達到一定富裕的水準，希望自己擁有多少、多少東西，但是翻開你們的報章雜誌不難發現，縱使擁有了全世界，你還是不快樂。為什麼不快樂呢？因為在你還沒有擁有的時候，你渴望擁有，渴望不得滿足，所以你感到痛苦，而不是感到快樂。

當你擁有了那些你認為該擁有的、你希望能夠擁有的，又如何呢？第一種情況就是，好不容易獲得的東西，很快你就棄如敝屣，因為它已經失去了它的價值，什麼價值？就是當你沒有能夠擁有時，它具有最高的價值，一旦你真正擁有了，它的價值感就降低了，那既然它沒有價值了，你還會再重視它嗎？還會再珍惜它嗎？就不會了。

再來，你還是持續地極度渴望保有你的所有權，所以你在有意無意之中，就害怕失去了這些你所擁有的，所以你快樂不快樂呢？很顯然，多半是不快樂的。

自己想想，你之所以不快樂，是因為你把快樂寄託在變化不定的事物上面，所以你永遠會處在這種欲望不得滿足，或者滿足欲望之後，你又產生新的、更進一步的欲望，就這樣反反覆覆發生。

那如何才能有一個亮麗的人生？首先，我們來瞭解一下什麼叫做亮麗的人生，亮麗的人生很簡單，就是你每天能夠快樂的生活，能夠每天面帶快樂的笑容，能夠每天快樂的面對你的工作、同事、鄰居；退而自處，你能夠面對你自己。

面對自己這一點最難。你也許可以瞞騙全世界所有的人，但是你無法欺騙自己，所以你到底是什麼樣的人？你的笑容是裝出來的嗎？如果你的笑容是裝出來的，你的快樂是假裝出來的，有可能別人都看不見、都不瞭解，但是你自己最瞭解、最清楚，那你為什麼要快樂？如何才能快樂？其實很簡單，知足者常樂，知足不是說：「哎呀，我夠了，我不需要啦」！不是。

知足是一種珍惜的態度，珍惜你所擁有的。譬如說，你擁有一棟房子，你珍惜它；你現在擁有一段感情，你珍惜它，這就是一種知足的態度。對於別人擁有的呢？你去欣賞他、恭賀他，而不是嫉妒，心想：「他憑什麼？他何德何能擁有這些東西？」重點不在你擁有什麼，而在於你用什麼心態去看待這些，不在於你擁有車子、擁有房子、擁有一幅畫，不在乎你擁有什麼，只有這樣才是所謂的知足，知足才能使你恆常保持快樂的心境。

所以，知足不代表退縮，知足代表的是一種健康的態度、做事積極的態度，這兩者（知足和積極）是並行、不相違背的，或者我們用另外一種說法，就是我們只問自己做了多少，不問自己最後到底成功了沒，重要的是，在這個過程當中你有沒有盡心盡力，只要你有盡心盡力了，就不需要在意成敗，成敗是一種二元性的概念，成了又如何？敗了又如何？做不好，再做一次，再努力一點；做的好，又如何？

所以，不要只看最後的結果，在絕大多數的情況之下，過程遠比結果更重要。當然，有些東西的結果很重要，譬如說，在這個物質世界，你房子要蓋的很牢固，這是絕對必要的，但是，畢竟是屬於少數。絕大多數都是要看它的過程，因為我們每一個人與生俱來的配備都不一樣，所以，對於甲來說很容易辦到的事情，對於乙來說可能極度困難，所以甲很容易就完成了，乙嘗試了無數回還是做不好，所以不能用結果來衡量，要用發心來衡量。

這樣久而久之，你就會擁有一個亮麗的人生，無時無刻不處於快樂、滿足、積極進取的狀態。如果每一個存有都保持這樣的狀態，包括每一朵小花都盡自己的力量，開展出最燦爛的自己，那麼不管是什麼花，都盡到了它最大的責任、盡了它最大的努力，它就是我們講的擁有亮麗的人生。或者我們不要用「人生」，我們用「亮麗的生命」，因為它已經盡了最大的努力了，我們要為這樣的努力、過程鼓掌致賀，要致敬，每一棵小草、每一棵樹，直到每一個人都這樣做，這個世界還會有什麼問題呢？這個世界就不會有悲慘。

正面的力量帶來正面的結果，負面的力量帶來負面的結果，這一點永遠正確，毋須懷疑。因為世界所呈現的面貌，就是我們內心具體的展現，所以，還要不要抱怨為什麼你獲得這樣的待遇呢？為什麼你獲得這樣的情境呢？不必問別人，要問自己，所以，大家常常用「過去所作所為它的結果，就是你今天所遇見的」；同樣的，你今天的所作所為，也會有開花結果的一天，只是不知道結的是什麼果，發善心，得善果，不良的心就得不良的果。

所以，讓我祝福你們，祝福大家都有一個亮麗的人生，通俗一點的說法，人生是彩色的，這樣就到了我們今天談話的尾聲！

那一種詩一般的生活〈這一段引自2011/07/25 大日如來的談話〉

「那一種詩一般的生活」是什麼意思呢？什麼叫做詩一般的生活呢？想想，在你們平常的生活當中最多的內容是什麼？如果我們曾經仔細分析思考，那麼，你可能會發現在日常生活中，充斥最多的是焦慮、壓力、不安的情緒，當一個有機個體在這樣的情緒中，經歷了很長的一段時間之後，基本上身心就會失調，所以，這樣的生活內容不是正當的生活內容。所謂正當不正當，就是看這樣的生活對我們產生的是正面有益的影響，還是負面有害的影響，於是我們發現這樣的生活是有害的，由你的心理影響到你的身體，於是慢慢地各式各樣的疾病就一一浮現出來。

那麼，什麼樣的生活才是正當的呢？就是一開頭所說的「詩一般的生活」。你走在路上看見路邊的小花小草，你感覺到心頭一陣喜悅之情；當你看到紅紅的太陽西沉，你感到無限的美好；當你看到雨後新葉爭相冒出，你感到這個世界欣欣向榮、充滿了生機，這些在你生活中很頻繁、瑣碎的事情，如果能夠用一種詩一般的態度去看、去感受，那麼，由這些點點滴滴所構成的生活內容，就是詩一般的生活。

你們不需要具備任何神奇的能力，只需要具備一顆感恩的心、覺察的心、熱愛的心。感恩是感謝大地之母、感謝源頭之祖賜予這豐盛的一切，這些正面的態度將使你身心得到協調，於是，雖然是在這樣一個物質世界的存有，你們仍然能夠過著近乎天堂一般的生活。

是你們的眼睛看事情的角度不同了，所以這個世界也以不同的姿態展現在你們的眼前，心隨境轉還是境隨心轉呢？當你被動的、隨著事件起舞的時候，就是心隨境轉；當你能夠掌握自我，而不被那恐懼憂慮的小我所控制時，你就是主動的在過生活、主動地產生了你所嚮往的世界，這就是境隨心轉。

唯心所造，唯有心能創造一切，它能創造失落也能創造希望，那麼，你們希望創造的是什麼呢？生命具有無限的自由，你們可以決定自己所希望創造的一切，唯一能夠限制你們的，就是自己的思維。這無量、無量又無量的世界，都是心之所化，你們就是這個世界的創造者，要瞭解、要認知自己具有創造一切的可能性，相信自己。

1.6 家庭

家庭和樂的要素〈這一段引自2011/02/15 約書亞的談話〉

「家庭」是人世間很重要的組成單位，如果我們家庭的功能都能夠正常發揮的話，那麼這個人世間的世界，雖然是一個物質性的存在，還是能夠達到一個相當良好的狀態。

什麼樣的狀態才叫良好的狀態呢？就是所謂的「家庭和樂」，再進一步說，家庭和樂如何才能達到？要具備哪些要素？健康的心靈、健康的身體、和諧的氣氛、快樂的心情，原則上就是這樣。

譬如說，你有健康的心靈，你不會一天到晚和別的家庭比長比短，老是看見別人有、你沒有的東西，不會這樣。反而會常常對自己擁有的感到滿意、感恩，看到別人的好，加倍的祝福，每個人都祝福別人、祝福其他的、也祝福自己的家庭更美好，這個社會當然就更和諧。

再如健康的身體，一個家庭，不要多，只要有一個人有了某一種疾病，這個家庭就會陷入愁雲慘霧之中，而且我們不要忘記，身體與心理密不可分，身體有病、心理往往也跟著生病，反之亦然。所以，要保持一種快樂的心情，這種快樂的心情不假外求，是你每天都可以對自己說的：「我今天很快樂，我今天心情很愉快，我覺得世界是美好的」，這是你每天都可以跟自己說的。

也許你起先會覺得這種動作很奇怪，似乎很刻意，但是我要告訴你，這樣的動作其實有道理，什麼道理？它是由形而下、由一種刻意的訴說逐漸形成一種形而上的效果，由外而內、由下而上的一種方式，這種方式可以讓你經過不斷的、不斷的自我暗示之後，發生作用。你會發現你的心情不再那麼隨波高高低低起伏著，而是能夠自給自足，滿足於自己的狀態，保持一顆積極進取的心。

又譬如說，你可能很普通，也可能你是非常忙碌的企業家，無論你處在什麼樣的狀態中，試著保持一個平和安靜的心，你自然就能夠找到內心真正的快樂，當然，這樣的狀態不容易達到，所以，我們可以透過自我暗示的方式，減少負面批評的方式去做它。

有些人會說：「哎呀，我這個批評是善意的批評」，可是，所謂善意的批評，往往只是另外一種形式負面的批評，所以我的建議就是，在可能的情況之下盡量減少，因為這種言語談論久了，同樣也會發生暗示的效果。當你不斷批評別人，你再見到他時，難道能夠保持平和的心情嗎？很困難，要不然你就要裝出虛偽的面孔，在面前說好聽的話、在背後說批評的話，這樣你的人就分裂了，就不能調和一致了，這不是我們和諧的人應該有、應該要做的事情，希望你能瞭解。

雖然你有時候是出於一種關心、不捨，也不要任由負面的批評、情緒隨意亂竄，不要這樣，要經常保持正面的態度、正面的肯定，它同樣也是一種非常有效的暗示，它會化為你的一舉一動、一言一行，甚至是化為你看不見的、無形的氣場散播出去，裡面所涵蓋的意義他會感受到，這就是有關家庭和樂的要素。

還有一點，雖然大家都知道了，但是我想特別強調，就是我們應該常常去想我們擁有的，不是常常去想我們沒有的，因為這是一個有所欠缺的世界，你無論如何總是能找到你有所欠缺的東西，別人有、你沒有。譬如，別人有很大的房子，你有一間沒那麼大的房子，別人有⋯總之，你可以點選一堆別人、其他的個體、其他的存在有，而你沒有的，就算是一隻狗都有你沒有的，路上的一隻狗，牠吃飽了、喝足了，牠要不要上班？需不需要打卡？需不需要做這些煩人的瑣事？需不需要聽老闆一些不太營養的語言呢？不需要，所以就算是一條狗、一隻貓，你都可能比不上牠，你何必去比這些東西呢？

要常常對自己所擁有的，譬如，保暖的衣物、三餐得以溫飽、有一個還不錯的工作等這些事情產生感激之情，你自然會讓自己處於一種豐盛、快樂、滿足的狀態，溢於言表。如果家庭的成員、每一個份子都能這樣心懷感激，感謝每一位家人為你所做的，感謝自己有能力為家人，推而廣之，為我們的鄰居、朋友，為這個社會、國家、世界，甚至為這個宇宙貢獻出一己之力，感到很高興，每一個成員都這樣，不只是為了自己能夠獲得、更為了自己能夠付出。那麼，我要說「能夠付出的人是有福的」，因為這表示你具足了這些能力，表示你有這些發心，這些發心、能力所產生的行為，能夠讓你逐步走向一個更純粹的狀態，這個純粹的狀態走到最後的終點，就是一種純粹的神性，所以，天堂在哪裡？地獄在哪裡？天堂在你的心中，地獄同樣也在你的心中，這些都是我們自己造作出來的。

各位，你們要活在天堂一樣的地方、還是地獄一樣的地方呢？沒有一個地方叫做天堂，除非它對你而言是一個天堂；沒有一個地方叫做地獄，除非它對你而言就是地獄，你要進入這樣的狀態，既不難也不簡單，所以，要看你的選擇。

教孝天下〈這一段引自2010/12/08約書亞的談話〉

「教」的本意是透過形式上的方式，由外而內，因為要要求每一個人從內心出發去達到某一種境界，是比較困難的。因為我們有了一個沉重的身體，所以有時候我們會被這一層東西，應該說不是有時候，是常常，被這樣一種不透明的東西阻隔了，我們常常受到這樣的限制，所以我們要透過一種教育、教化的方式，讓我們能夠把一些很重要的教育、教導的東西透過這樣的方式傳遞出去。

這裡面很重要的叫做孝，孝順的孝。什麼叫做孝？基本上，孝是一種態度，就是尊重你所從來的那個地方，這叫做孝。比如說，我們以人的觀點來看，你從何而來？是父母，你的父母給予你身體，然後你的靈才能有所寄，才能在這個物質世界歷練、體驗。所以孝的內涵，有感恩的意思，感謝你的父母讓你有機會在這個世界遊歷，增進自己的體驗，所以這個叫做教化，教孝。

為什麼要強調「孝」？這只是一種你對父母，和你的小孩對你的態度。對上要孝，對下就要愛，你給予了子女身體，但是他能不能在這個物質的世界裡好好去獲得最大的進步呢？要在什麼樣的環境之下，他才能獲得最好的學習效果？就是要在一種愛的氣氛、愛的環境當中，他接受了愛，他就有能力去愛自己、愛別人。

雖然我在這邊只提出一個孝，但是孝引申出了愛，愛引申出了很多。不是說什麼中國人才講孝，別的國家不需要講孝，不！都要。但是一般講孝，後面還帶一個順，為什麼叫順？順不是說盲目的聽從，不是，而是說，當我們要：怎麼講，用一種比較溫和的態度，而不是激烈對抗的態度，去處理我們這種相互對待關係的時候，其實不只是對父母，對朋友、對你之外的，這些形式上在你之外的這些存在，不妨都採取一種順的策略、順的方式。

什麼叫「順」？就是站在他的立場，然後才能再拐個彎把它拐回來，這就是一種順的原則。不是完全的聽從，「啊！你是對的，沒有錯」No！不是這樣，是說我們要站在他的立場，知道他為什麼會這樣做，為什麼會這樣說，然後我們才能夠用更好的方式去協助他、和他相處，這是一種順的方式。

教孝的天下，就是把這樣的觀念推廣開來，雖然這是在孔夫子的理念底下，他說孝，基本上中國的文化底下，特別強調（孝），但是，是每一個存在，尤其特別是生而為人的存在，應該要去做的事情。

有些文化對小孩、子女特別好，但是對父母卻缺乏足夠的孝，所以偏頗了。我們對於父母和子女，當然還有對自己、對朋友、對我們的社會關係網，都要用恰當的態度去對待，這樣社會才會逐漸變得更美好。

我要強調的是這跟文化無關，某些文化的偏頗或特別強調，並不一定是一件好事，凡事要講求一種平衡的狀態，過、不及都是有所缺失。當然這樣的狀態很難達到，但是我們要勉為其難，知其不可而為之，這就是你們孔夫子傳下來的。

現在你在這樣一個文化傳承裡面，那你是不是更應該去發揚這個東西，在中國文化裡，父母對子女的關愛常常是用一種比較嚴格的形式來呈現，愛之深責之切，我並不是說這樣的方式不好，而是說我們可以用一種更溫和的方式來表達你的關愛，也許會更恰當一點。

但是過度的，凡事過猶不及，過度的關愛，比如說，他想要手機，你就給他買個兩萬塊、三萬塊、五萬塊的最新手機，他想要車子，你就給他買八百萬、一千萬頂級的，這樣對他好嗎？不，不好。捨，才有得，反過來說，你得了，就捨掉一些東西，你得到了這些物質的滿足，就捨掉了心靈上的滿足；你得到了口腹之慾，就失去了身體的健康，取捨之間，身為一個物質的存在，有沒有可能不吃不喝呢，不可能，但是過頭了，對於我們人沒有影響嗎？我們要有一些基本的、能夠滿足我們基本需求的，但是除此之外，你需要的真的不是那麼多。

但是環境中有很多東西會誘使你，要你不斷的去追逐，不斷的向外追逐，追逐什麼呢？就是通常講的功名利祿。功：功勞；名：名譽、名位；利：利益；祿：俸祿。功名利祿這些東西，當你離開這個世界的時候，其實一樣也帶不走，就算一毛錢你都帶不走。能夠帶走什麼呢？就是當你來到這個世界經歷時，你所經歷的、在你的精神層面所留下來的東西，那些東西它會帶走，它會印在靈的身上帶走。你的房子、車子都帶不走。

所以我想要強調的是，我們並不需要去進行什麼樣的苦行，不一定需要，什麼禁慾也不需要，但是我們也不可以過度，就維持一個適當的生活。但到底什麼叫適當？有些人說我月入一單位才OK，但是我們卻去追求十單位、一百單位、一萬單位。到底什麼才叫恰當？我們需要去衡量。

1.7 人我關係

將心比心之一 ★〈這一段引自2011/04/22關公的談話〉

什麼叫將心比心？從字面上的意思解釋，就是將我心比他心。或是換一個更通俗的講法，就是能夠站在對方的立場看事情，從對方的角度去理解他，如果我們真的這麼做了，那麼即便你不贊同他的想法、做法，你還是能夠包容。

就是說，雖然從你的立場、觀點，你也許不贊成、不喜歡他這樣的作為，但是，當我們換一個角度，從他的：從對方的立場、觀點來看時，你將能夠理解他的行為何以如此，這個叫做「將心比心」，也可以用一個字來代表，就叫做「恕」，什麼是「恕」？從字來看，恕怎麼寫呢？就是「如心」，如誰的心？如對方的心，也就是從對方的角度來看。

如果說，我們每一個個體都能夠從對方的角度來看，這樣的群體怎麼會不和諧？怎麼會有衝突呢？之所以不和諧、有衝突，都是來自於以為自己的經驗優於其他的個體，以為自己的知識優於其他的個體，所以我們總愛用一種指導者的姿態去指正，根據自己以為正確的標準去規範其他的個體，並且名之

★老子說：智慧出有大偽，六親不和有孝慈。談將心比心這個主題，也是同樣的道理呀！

為正義，這樣的正義是假非真。

前面說過了，正義施行的對象首先就是自己，拿你要求其他人的標準先來要求自己，這是第一個層次。第二個層次，即便你自己達到了你所提出來的要求，也不應該去要求其他的個體遵從你所提出來的規範，因為反過來，你也未必能夠達到對方所規定的規範，不是嗎？

所以，你能夠，並不代表其他的存在也能夠，反之亦然。這是簡單的道理，人人能懂，可是太多的存在卻只把這樣的句子當作背誦的對象、知識理解的對象，而非實踐的依據。

現在，當我們要向一個和諧的社會邁進的時候，將心比心，就是一個關鍵的觀念、行為準則，並不是說每一個人都要去讀一讀《春秋》，瞭解微言大義，才能做一個正常、真正的人、清醒的人，並不需要，簡單易懂並且確實執行，就可以了、就足夠了。所以，要落實在日常生活中，在你的言談話語、行為舉止當中，去落實（將心比心），為這個社會創造和諧的氣氛，好嗎？這是今天我們講的，將心比心，下次再會。

將心比心之二〈這一段引自2011/07/06 阿彌陀佛的談話〉

這是一句老生常談，當然我們可以有很多其他的表述方式，比如，設身處地為人著想、同理心等等，不過我偏好用這一句。

怎麼說呢？這個世界最大的煩惱來源之一是什麼呢？就是我們彼此之間溝通很困難，很難以瞭解對方的意圖，所以常常必須要猜測對方的意圖，由於所受的教育或者社會觀念讓我們在猜測時，常常從一種恐懼懷疑的態度出發，因此造成了許許多多的煩惱或者困擾，也造成了這個社會許多對立、互相抗爭的情況。那麼要脫離這樣的困境，或者要克服這樣的困難可以怎麼做呢？就是將我心比他心！

比如，在路上遇到的行人，他匆匆忙忙和你擦肩而過，也許阻礙了你的行進，也許甚至碰撞了你一下，通常我們都會感到這個人怎麼這麼沒有禮貌，走路都不看路，甚至還碰了我一下，我們心生苦惱；但是我們可以換一個角度，從他的立場來看事情，想像一下他為什麼要走這麼快、這麼匆忙，甚至還碰撞了你一下，可能自己都還不知道，什麼樣的情況呢？當然，他可能天生就是這個樣子，走路莽莽撞撞，也不看路，好像全世界都只有他自己一個人，但是，也可能因為他心裡有事，牽掛著某一樣對他而言很重要的事，譬如說也許是他的父母生病了，正在醫院治療，他非常匆忙地想去醫院探望他的父母，有沒有這種可能性呢？所以當我們下一次碰到這些令人苦惱或者困擾的情況，不妨試著從他的角度來看、來想，常常做這樣的練習，會減少很多不必要的困擾、紛爭。

反過來說，一個人的經驗，成功的經驗也好，失敗的經驗也好，這些經驗對我們來說很寶貴，因為我們就是憑藉著這樣的經驗繼續過著往後的生活，是我們未來生活遵循的一種無形的準則。但是我要提醒你，這樣的經驗如果我們不加思考地去加以應用，如果我們隨意無限擴大了自己的經驗，那麼這經驗是危險的。

比如，假想有這麼一隻家裡養的小狗，牠可能在無意之中，爪子抓了一下椅子，結果呢，你正好拿了一個東西給牠吃，牠發現了抓椅子的功用，於是牠下次又抓了一個椅子，你覺得很好玩，所以你又餵了牠，慢慢地，一次、二次、三次牠學會了。只要牠要吃東西牠就會抓椅子，然後你就會拿東西給牠。

忽然之間，有一天你不在了，牠還在那邊抓椅子，但是牠會感到很困擾，就是你不再拿東西給牠，應該說，你不在的時候，別人不再拿東西給牠了，牠不能理解，這是很多年、很多次的經驗了，為什麼現在不管用了呢？這就是一種經驗的局限性，它是在某一種特定時空之下的產物。

所以，從經驗得來的東西，可以協助我們往後的生活，不需要每一件、每一件都重新經歷，可以加速我們的判斷，增長我們的智慧，但是也不能忘記，你從經驗得來的智慧其實具有很大的局限性，如果你拿這樣的經驗去評斷其他的事物，會產生很大的誤差。比如，可能你的工作經驗是在某家大型企業，你可能在這家大型企業做了十年、二十年、三十年，退休了，然後呢，有人向你請教經營做事的秘訣，也許是你家巷口賣麵線的，於是你告訴他要有專業經理人，要有財務部門，要有⋯⋯那麼你可能會發現本來無憂無慮賣麵線的小攤子，由於你數十年的經驗給他的建議，他的攤子就收掉了，因為他賺的錢不足以支應這麼龐大的開支。

我們能夠謹慎小心地去累積我們的經驗、知識，這個你所在的世界才會更快樂、健康、祥和。我，阿彌陀佛也這樣祝福你，常保健康、快樂、祥和，希望你的家人能夠常保健康、快樂、祥和，這是這一次的談話。

拉下面具現真相〈這一段引自2011/04/25 龍欽巴尊者的談話〉

拉下什麼面具呢？就是我們其實時時刻刻都帶著各式各樣的面具，為了各式各樣的原因，有時候我們希望不要得罪人，有時候我們希望多拉攏幾個朋友，總之有各種各樣的原因，我們帶上了一個又一個的面具。

就像你們有一種「變臉」，一回頭變一張臉、一回頭又變一張臉，搞不清楚到底什麼時候現出來的哪張臉才代表你真正的意思，久而久之，甚至連你自己也搞不清楚哪一張臉才是真正的你。你迷失了，就好像電影一般，你演了一齣又一齣的電影，你已經搞不清楚到底哪個才是你，你已經無法分辨什麼是幻象、什麼是真實，現在該是停止的時候，該是看清的時候。

面對一張又一張的面具，你該如何處理呢？其實很簡單，就是我們講了很多的，要覺察，察看自己的念頭，你就發現，在你一天二十四小時當中，你有太多的時間都不是真正的你。

所以我們再進一步看，到底什麼樣才是真正的你。舉個例子，譬如說你現在在路上遇見一位熟人，於是你們互相打招呼，他跟你說：「今天天氣不錯啊」，你就知道，他只是在敷衍你。所以呢你可以不要理會他，也可以直接告訴他「你又在敷衍我」，不理會他是被動的不反應，回應他是主動的揭開這樣的虛假，你問我哪一種比較好？我告訴你，這要由你自己來決定。

久而久之，這樣的虛假面具就逐漸揭開了，但是我要提醒你，這種活動主要還是針對自己。但是我們常常看到的是，自己不願意面對那許許多多的面具，反而高舉著良知、良心、正義的旗幟去指責別人，說別人虛偽、造作，但是卻少有人能夠反省自己，這就是顛倒的世界。我們不是反求諸己，而是對其他的存在賦予嚴格的要求。

所以請聽我龍欽巴講一句話，當你照鏡子時，面對鏡中的那個自己，告訴自己：「我要誠實以對」，當你能經常這樣做，你也許就會慢慢發現別人對你的觀感也逐漸在改變了，認為你說的話可信賴，因為你並沒有帶著面具說話、做事，這即便在物質的世界，也不是一件難以察覺的事。

但是當你發現，你以外的個體還是依然帶著一重又一重的面具，請你不要指責，不要急著去揭開那一層又一層的面具，這只是早晚的問題，你能夠處理一個兩個、還是十個八個？我想你唯一能夠處理的就是你自己。你能夠做好面對自己的挑戰，當然就能夠逐漸影響你周遭的人事，就像水面的漣漪一樣，一陣、一陣向外擴散開來，毋須刻意，今天就講到這裡。

利害關係不利害〈這一段引自2011/05/10龍欽巴尊者的談話〉

這個題目很有意思，我們就來開始談一談，依照慣例還是先來講解一下什麼叫做利害關係。這裡所謂的利害關係就是A、B之間存在這麼一種關係，就是A對B有所影響，特別是世俗的影響。

比如說，A會影響到B賺更多的錢、或者賺比較少的錢，A會影響到B的升遷、加薪、升官、發財這些世俗所重視的東西，那我們就說A跟B之間有利害關係。或者我們可以說A會影響到這些和B有關的東西，所以當這位B要晉級、要升遷了，怎麼辦？需不需要找A來幫忙、疏通？在這個世界，應該說，在你們生存的世界，A這樣的角色總是存在，但是B，也就是你，需不需要去找這樣一種關係？一種和你本身利害有關的關係，需不需要？

我們可以說你可以去找，這是你的選擇，你也可以不去找，這也是你的選擇，但是我要從一種較高的觀點來看這個事情，就是每一次的加薪、升級，其實就是一個學習的場合，這樣的場合學習什麼呢？學習如何去面對，如何去達到你心裡的想望。如果你依賴了這樣一種利害關係去達成目標，可不可以呢？可以，但是慢慢的你就會發現身上多了一根束縛的繩子，你每做一次這種行為你的身上就多了一根束縛，於是逐漸逐漸的，你會發現自己身上綁滿了許多繩子，把你綑得喘不過氣來了。

另外一個選擇，就是做好自己的份內事，不管你升遷、加薪或者不加薪，我們通通去面對這些問題，但是我們只要求自己做好份內的事，你會發現無論你升遷與否、加薪與否，你都能過著坦然的日子，心裡無所掛礙，身上一根繩子也沒有。

這種心理坦蕩蕩的日子，能不能使你幸福呢？我要說這真是一種幸福，這真是一種快樂。你身上沒有任何的束縛，也就是你是一個自由的人。「生於俗世，超脫於俗世」，這樣的狀態也許就是生存於這個世界所能達到的最好狀態。

也可以用另外一句話：「生在紅塵中，心在紅塵外」，或者「以出世之心，行入世之事」，不然，即便你參加了某些宗教團體當修道士，或者出家當和尚、道士，你還是會面對一樣（利害關係）的情景，還是有一大堆對你有所影響的人，你仍舊需要決定要用什麼樣的態度去面對，所以不論你身在何處，只要是在群體之中，你總是得面對這樣的問題，不用去逃避它，這些情境正是鍛鍊我們自己的好機會，不要放棄，不然你來這裡幹什麼呢？不就是要來體驗這一切嗎？

就好像你去參加闖關遊戲，花了無數的精神到達參賽場地，結果你說：「我不想參加了。」那你前面的努力豈不是白費了呢？既然我們已經參與這場學習的活動，當然要努力的參與其中，並從中學習到最多的東西，由此而超脫，所以你說利害關係厲不厲害呢？我的意見已經表明，謝謝！

正面解讀幻象〈這一段引自2011/07/21 太乙談話的前二段文字〉

「一即一切，一切即一」，這是太乙再一次的講話，眾所皆知，你們都來自相同的源頭，這個你所在的世界，你能夠看得見的日月星辰，以及肉眼所看不到的所有的一切，都來自於乙，這樣的認知、觀點是否能夠有助於消弭彼此的不瞭解呢？

當你身處在這樣的狀態，你認為自己是一個完全獨立的個體，和其他的存有不一樣，而你們彼此之間也難以互相瞭解對方的意思，在這樣的情況之下，你們很容易產生一種誤解，就是當你在解讀對方的行為時，你們不能正確解讀行為背後的涵義，而只以表面的意思去瞭解，這是在這種存在狀態當中所難以擺脫的。

1.8 環境的健康

這一節比較簡短，主要是討論環境的議題，這方面，前美國副總統高爾曾經拍攝過「不願面對的真相」，台灣也就溫室效應拍了一部「正負二度C」（在網路上開放下載）。此外，由三位作者合著的《成長的極限》（三十週年最新增訂版），更是針對此議題運用系統動力學，研究了三十年以上。

不過，這些都是屬於第三者論述，在此，謹以蓋婭、地精以及藥師佛的觀點來看這件事。

藍天白雲好風光——好景不一定常在

〈這一段引自2011/03/04約書亞的談話〉

你好，又是一個晴朗的天空、晴朗的天氣，在這個美好的日子，我們要來談一談「藍天白雲好風光」。什麼意思呢？當我們走出戶外，仰望天空，就可以看到天空一片蔚藍，當然，從物理學、光學的角度來看，你可以說是光線種種的反射、折射而形成這樣一個蔚藍的天空。讓我們再想一想，這蔚藍的天空組成是什麼呢？是空氣，在我們地球的外層包了一層薄薄的空氣，這薄薄的空氣使得地球上的人類、各式各樣的生物，能夠在地球的表面快樂過生活。

如果有一天，這層薄薄的空氣變得更薄了或者消失了，會發生什麼樣的事情呢？這個不用我多說，即便是輕微的變化，對於生活在地球表面的生物來說，都會造成劇烈的影響。比如說，你們的空氣組成裡面有一個成份叫做臭氧，是不是？當臭氧層破了洞，它阻隔太陽輻射的能力就下降了，於是呢？就不像過去那樣能夠保護地表的生物免於受到過多輻射的照射。所以我們每天看見的藍天重不重要呢？非常重要，就算你完全不知道它是由什麼東西構成的，你也要有這種瞭解，每個人、每個在地表生活的，都應該有所理解。

白雲是水氣凝結，凝結的密度剛好跟空氣差不多，所以能飄浮在一定的高度，情況適當就會降下雨。但是地球表面熱量分布愈來愈不均勻了，本來應該很均勻散布的這些熱量，因為某些部分受到照射和阻擋的程度不一樣，所以表面熱度不一樣了。有些地方更冷、有些地方更熱了，這樣的情況其實早就已經開始了，只是…很多、很多的，特別是人類，不斷追求很多想要而不需要的東西，想吃身體不需要但是欲望很需要的東西，或者說，有人喜歡用小我來形容這種狀態，也許是你的感官、味覺，眼睛喜歡看一些刺激的影像，鼻子喜歡聞一些很重的味道等等，這些都是屬於一種小我過度呈現主導了。其實小我的這個表現並不是說不好，只是在這環境裡，集體的過度消耗對這星球造成很大的傷害。

我們曾經說過，地球就像人的身體一樣，人有肺，地球就有大片、大片的森林，這些森林就像地球的肺一樣，緩慢地呼吸著，那麼現在呢？肺已經受損了，得了肺病了，所以就不能正常呼吸了。人有血管，地球也有很多的河流，在表面、內部不斷流動，這些許許多多的河流有很多已經遭到污染了，可以說地球這個存在，它血液裡面充滿了各式各樣的廢物，如果說人類的血液裡面充滿了各式各樣的廢物，就會引發各式各樣很奇怪的疾病，比如說糖尿病等等，很多甚至說不出名字來。所以，如果你們身體有了這些狀況，你會痛苦不堪的時候，請你們要想一想，你們所賴以生存的地球也進入這種狀態了，你要怎麼辦？是不是該自我反省一下你所做的是否真有必要？對於整個環境的和諧是否具有正面的意義，要好好思考。

每天，我們的電視、報紙、雜誌、書本等等，經常充斥著如何過度消耗、使用這個環境，如何增強刺激你的五官，現在時候到了，該是要返身內省的時候了。你要知道藍天並不永遠都是藍天，白雲並不一定永遠是白雲，要世世代代維持這樣一個好風光的所在，需要所有存在，特別是人類共同努力。

因為人具有最大的自由意志，可以、也能夠毀滅自己，毀滅這個美麗的生活環境，當然也可以創造、建立一個更美好、更和諧的社會，所以現在我們已經來到了一個關口，你是要往正面的、提升的方向走？還是要往毀滅、痛苦的方向走？這些都由各位來抉擇，不是我能改變的。要由各位從你們的內心、言談舉止、話語當中，從你們的生活習慣，從一切的一切當中，從你身體的每一個細胞、細胞裡的每一個組成，都發出這樣的反省，每天撥出一點點的時間思維如何做才能對自己、對環境、對整個群體最好、是能夠有未來性的。

蓋婭第一次訪談〈這一段引自2010/11/06大地之母蓋婭的第一次談話〉

：嗯，約書亞祢還在嗎？還是藥師佛？約書亞，嗯，不知道祢有沒有辦法請到這個……據說地球有一個集體意識，不知道祢有沒有辦法請祂表達幾句？當然這要在我能夠接受的範圍以內啦，如果祂力量太強，我就沒辦法忍受了……如果可以的話……

蓋婭：（大力張嘴聲）我是蓋婭，大地之母，（話語沉重疲憊）我要向你說，你要努力，因為人類，阿，對地球做了過多的傷害（重複兩次），這個傷害已經快要到我不能忍受的程度了，這樣的狀況不能持續（重複兩次）。

：嗯，大地之母蓋婭我想請問祢，祢是一個怎樣的存在呢？比如說，馬路上的一棵樹、一顆石頭，那都是祢嗎？都有祢的成份在裡面嗎？我怎麼樣才能對這個世界做有益的事？

蓋婭：（大力吸氣聲）今天就做，每天都做，做什麼呢？做你能夠做到的事，比如說少用一雙竹筷，少用一個塑膠調羹，少買一瓶飲料；看到花草樹木不要攀折，不要故意毀壞，就算是石頭也不要去敲擊它，因為這些是一個自然的過程，自然過程本身沒有所謂的善惡可言，但是當你去敲擊它，或是在

樹木上刻個字，更不用說把它砍倒，都很不好。

其實整個地球跟人體有很多相似之處，比如，人有肺，那地球的肺在哪裡？地球的肺就是這些山林大地，這些就是地球的肺；地球呢，也有血管，河就是血管；地球也有意識，地球的意識就是以我為名，或者說，這個名字其實是你們的名字，可是我把它拿來用，你也可以把它想像成是我自己為自己命名，或者是⋯總之這些都不是很重要，我現在以蓋婭的身分來向你講話，希望你能在每天的生活中，要愛惜、要惜物，不要做過多的消費，出去吃飯的時候帶個筷子、調羹，每天做一點、每個人都做一點，聚沙成塔，這樣我所受到的傷害就會減少很多。

人體有排除廢物的功能，地球也有，但它需要時間，你的經絡會堵塞，我呢，地球本身也會堵塞，這些堵塞可不可以排除呢？可以，但是需要時間，因為我們是一種物質的存在，這種物質的存在就是慢，不像單純靈的存在，它是很直接的（重複兩次），所以，每天做一點、每天做一點。

為什麼你要學拍打呢？為什麼要去學這些東西？就是你要很注意⋯拍打這東西原則上所牽涉的道具⋯，請注意，道具是會毀壞的，當我們使用道具它就會毀壞，⋯因為它是完全無污染的，當然也不能說完全啦，譬如你還是會用一些瓶瓶罐罐去裝東西，但基本上這程度還在可接受的範圍之內。現在假設你用針灸，效果好不好？很好，但有幾個困難，第一，它必須是專家才能操作；第二，它會產生⋯因為每個人都要一套嘛，不然就感染了，所以會產生很多的廢棄物，這些廢棄物——就是說打針的針頭就會造成嚴重的污染，對我來說，這就是一個廢物，是待處理的，而且這樣的處理要耗費很多的時間，因為它是極度精煉的過程，也就是說它的物質化程度非常高，所以我要花無窮的精力去處理。

我現在只是請求你們，身為人類的一份子、地球家族的一份子，看在母親的份上，能夠好好愛護地球。愛護地球就是愛護自己，因為在這麼浩大的宇宙中，雖然地球只是一個微不足道的小點，但是它也是一個很好的修行場、修練場，值得愛護。因為如果不好好愛惜，不現在就積極主動的維護它，那當地球病入膏肓，當我無能為力了，就是毀滅性災難的開始。與其等到那個時候，拿人來比喻，就是與其等到癌症末期了，才來想辦法去救，救回來也是狀況非常、非常的差，還不如及早，在傷風感冒時、在發病初期，就想辦法過一個良好的生活、養成良好的習慣，在各自的工作崗位上善盡自己的責任，老師、學生、工廠，每一個、所有你認識的、所有你能做到的，都去努力，相信災禍會減少很多。因為這些災禍其實：不是我要造成的，而是累積過多的病痛、過多的負面能量，它要尋找出路，這些出路怎麼辦？因為它不尋找出路就毀滅了。希望我們還能夠長久和諧的在一起，不僅僅是你，而是所有的生物，所有的生物，請注意喔，不是只有人，包括山林裡的、土裡的、天上飛的、水裡游的、看得見的、看不見的，都要去珍惜，不要過度的使用。

什麼叫做文明？在人類歷史上，所謂的文明都是一再消失，所以文明到底是文明還是不文明，到底什麼叫做文明？有沒有一種文明是永續存在的？人類歷史上延續最久的文明是什麼？埃及？No，它已經中斷了，巴比倫？No，中斷了，馬雅？No，現在唯一還留存下來的，大致上是中國還有印度，是延續最久的了，但是很遺憾，這些歷史悠久的文明能延續那麼久，一定有它本質上很好的地方，但是卻被近代的所謂文明摧毀了。每個人都說這個東西不科學，所以把它砍倒，我要蓋工廠，所以我砍樹，因為我要科學、我要效率！我要說的是，這樣的想法很危險，不是不可以，但是很危險。有一天當文明毀滅了，當現代文明又一次消失了，就跟古代人類歷史上許許多多的文明消失了一樣，它又一次消失了，那又會怎麼樣呢？所以我認為這是一種值得檢討的態度，到底什麼叫做文明？什麼叫做科學？什麼叫做人本？其實我不贊成人本，因為人並不是宇宙的中心，不是人本，而是萬物和諧（重複兩次），就在這個美麗的地球、藍色的巨星，和平的相處。這樣當我和別的星球的星靈溝通的時候，我才有辦法很驕傲的說，你看，我們地球就是這麼和諧！所有其他星靈都感到很羨慕，都來向我們學習，學習我們如何做好這件事情。但是以目前的狀況來看，我們離那個目標（萬物和諧）愈來愈遠了，從現代智人出現開始，這個情況就愈來愈劇烈，那要如何改進這個情況呢？科學好不好？科學是一個兩面刃，現在的科學能夠毀滅這地球，能夠把我完全摧毀了，但是它也能夠讓這個地球變得……可以說是人間的天堂（重複兩次），甚至連天神都會羨慕我們，最後，我要說的是……還是那一句話，隨時隨地做好愛地球、愛自己的工作，這樣就能免掉天災人禍，天災追根究柢還是來自人禍，盡一己之力，不要問多少，只問你今天做了沒有？這樣就好了。我要離開了，下次有緣我們再見面。

蓋婭第二次訪談〈這一段引自2010/11/17 大地之母蓋婭的第二次談話〉

：……我能請大地之母蓋婭再講一下話嗎？

蓋婭：（發音有力）我是蓋婭大地之母，你要記得在生活中隨時保持節省物資的習慣，一定要這樣做（重複兩次），不然就來不及了。你要認真一點、投入一點！

：大地之母，我想請問一下，就是我們這裡中庭花園的這些樹，它們和祢有關係嗎？如果有，是什麼樣的關係？

蓋婭：事實上，所有地球上的植物，樹木、花朵、草也好，都和我有密切的關聯，應該說我代表的就是這一些的集合體，一個最終完成的集合意識，但是森林不斷遭到砍伐、燒燬，植物、花也已經愈來愈多的……被驅逐出境了，所以我的狀況也愈來愈差了，怎麼辦呢？所以有很多人……這是我很感謝的事，來協助我們這個地球，讓它能夠保持在……希望它能有一個健康的狀況，（虛弱的聲音）但是……這樣的狀況已經很嚴重了，所以請你們在各自的崗位上發揮影響力，不要再浪費資源、不要再製造太多的垃圾，我真的再也受不了，（含淚聲）如果情況再一直惡化下去，就會有很大、很艱難的狀況發生，這是我不願意看見的，但是卻又無法不反應，所以身為地球上一個共同的存在者，請你以這樣的一個身分來協助我，協助蓋婭！協助地球！同時也是協助自己，好嗎？我誠懇地請求你這樣做。

：好的，我會盡我所能做到，只是長年養成的不良習慣，一時要改還真不是那麼容易。

地之精靈的談話〈這一段引自2011/06/30 地精的談話〉

約書亞：大地有很多的精靈存在，你如何知道祂存在呢？當然，你可以透過心理的感受，這些植物、花草散放出來的生命能量你可以感受得到，但是你如何能知道祂們的感覺、想法呢？我想你還沒有這方面的接觸，接著，我想邀請一位地精來和你談一談，作為一個接觸的開端，讓你瞭解這個世界除了你肉眼看得見的，還有很多很多你肉眼看不見的！

地精：你好，我是地精之一，這是我第一次和你講話，原諒我口語表述不清晰。你每天的生活就在我的四周繞來繞去，但是你卻不知道我的存在，現在我要邀請你試著體會我這樣的存在，這只是一種嘗試，也許成功、也許不成功，請你下次走在路上時，心裡要想著：這是大地之母的一部分！大地之母的組成非常廣泛，其中之一就是地精。

雖然我這個地精管轄的範圍並不大，但是，在我負責的範圍之內，同樣有許許多多看得見、看不見的存在需要照顧，我提供的是一個安身立命之地，我為你可能察覺不到的這些存在，為了他們的安樂，我很努力地維持一個健康的環境。

但是，你們身為人類卻不斷污染環境，使得我的健康受到很大的影響。所以我在這邊也要呼籲各位人類的存在，請愛惜土地，因為這一片土地住了很多很多你察覺不到的存有，正如之前所一再講述的，看不見並不代表沒有，難道一而再、再而三的土石流，一而再、再而三的山崩地裂，不能喚起注意嗎？這些不僅僅對你們造成很大的困擾，對我們同樣也是嚴重的傷害。

雖然我們已經盡了最大的努力來維繫這個環境，但是我們的能力也有限，在這個大地之上最有影響力的物種，就是你們人類，難道你們不需要好好發揮你們神聖的功能，為這個地球、為所在的環境好好盡一份力去愛護嗎？不僅人類，所有的存在都會因為你們的努力而活得更快樂、學到更多，到了那個時候，整個地球，當然也包括我在內，都會得到進一步的提升。

反之，如果任由情況惡化下去，那麼總有一天，這個環境會變成死寂、毫無生機，這些生機不僅僅包括那些看得見的，更包括那些你們看不見的，請不要把你們自己推到那樣的境地，請努力扮演好你們該扮演的角色，請付出你們的關懷，就算僅只是為了自己，為了你們自己，難道不應該好好愛護這樣的環境嗎？這是我地精的肺腑之言，再見。

精靈與人類——結語〈這一段引自2010/09/25藥師佛的談話〉

山有精靈、樹有精靈、花也有精靈，那要如何跟它們交往，甚至當朋友呢？要從內心出發，把這些花草樹等等都用一種朋友的態度、相互尊重的態度對待，它們自然就會有回應。你不需要具備什麼能夠看到精靈的能力，不需要具備特異功能，只要你從心裡面發出這種意念，它們自然就能接收到，你的一言一行、所作所為，都會完全展現出你的意念，所以有些人種花，花朵都開得很漂亮，種樹都非常挺拔、雄偉壯麗，這是小範圍的。

大範圍的也有呀，就是山川，它的規模大一點，但是意思一樣，就是你要稟持一種尊重、朋友之間的相互對待，而不是把它當成一種可以予取予求、隨時蹂躪的對象，這樣不好，不但會帶給這些精靈痛苦，也會為自己帶來災害，很不好。

要有一種尊重的態度，千萬不要自以為是，很多東西的物質身體看不見，但是看不見並不代表沒有，這個事實已經被很多人闡述過很多遍了。在早期的世界，空氣是看不見的，所以你認為它沒有嗎？事實上它是有的；電磁波你看不見，它沒有嗎？它隨時隨地都在影響你，所以看不見並不代表不存在，就好像瞎子也看不見呀，但他可以透過別的感官知道這個世界。即使他看不見，他可以透過別的方式去瞭解、接受這個世界，所以並不一定非要用視覺。雖然視覺很重要，我也希望你能培養出一些非常好的視覺能力，但是這些都不必要，畢竟不是人人都能夠打開第三眼，甚至所謂的天眼、佛眼等等。這些其實不必要，最重要的是你的心裡要有一顆…就是你們講的「忠恕之道」的「恕」，什麼是恕？就是設身處地、站在對方的立場想，這個對方包括了別的人、別的動物、精靈，看得見的、看不見的，會說話的、不會說話的，都要有一種尊重，這是屬於一種心靈衛生，也是我這一次要講的主題。

所謂的健康，除了身體的健康還有心理的健康、靈的健康，還包括一些你現在完全無法體會的層次。但是不管有多少層次，不管有什麼，它的基本義涵是一樣的，就是要達到一種內在的統一性，這內在的統一性要透過我們剛才講的——彼此互相尊重的對待方式。今天你看牠是一隻老鼠，也許你覺得這老鼠很沒有價值、地位，看起來很猥瑣，但是什麼時候牠跑在你前面你都不知道，牠今天是老鼠，以後也許五百世、八百世都是老鼠，但是牠也可能下一世就達到某一種…阿羅漢、菩薩或者天使的程度了，誰知道呢？你完全無法預料的，因為在這個世界一切都不像你們的世界，不是慢慢發展的。不管如何這些都是結果，我們做事情不要只講究結果，要想在這個過程中，我們要如何盡自己最大的努力，達到所有的存在都能夠快樂、充滿了愛，這是最重要的課題，而不是結果怎樣。

1.9 大道至簡——談醫理

這部分是要給對人體的經絡系統完全沒有概念的人看的，對於已經熟悉經絡系統者，也有些有趣的內容或許可供參考。

由於我並非這方面的專家，因此在接收訊息的時候也許有些錯誤，對於這門學問真正有興趣者還是要以正式的方式學習較佳，這裡提供的只是一般性的論述，可以當做正式學習前的簡介。

我的經絡初體驗（凡夫）

簡單講，我因病因緣際會而學了拉筋拍打，過不了多久，又引發了自發功。練功的內容大概分為幾類，其中一大類就是畫線。

所謂畫線就是兩手食、中指合併，形成劍指形，在身體表面不停的畫，周而復始。畫久了，難免會感到好奇，到底是在畫什麼呢？於是到書店東翻西找，結果發現人的身上竟然真的有這些線，稱為經絡，線上還有一些特別的點，稱為穴道或穴位。

由於這些經驗，才慢慢開始注意到這類的資訊。更進一步發現，原來中醫用的手法都是針對經絡進行調理，心裡感到甚為訝異，因為在我們的基礎教育體系並沒有教導這樣的知識。

就這樣，一邊接收訊息一邊研讀書籍，自己學起經絡。不過，這是一條漫長的道路，而我還只是在起點而已，走筆至此又想起三閭大夫屈原的一句名言：「路漫漫其修遠兮，吾將上下而求索！」

通經通絡通健康——總論〈這一段引自2011/05/18葉天士的談話〉

人體有很多的能量系統，其中一個跟我們這個物質身體有關的，就是經絡系統，身體的經絡不通則百病叢生。不同的人因為身體的特質不一樣，正如性格千差萬別，所以每一個人經絡淤堵的情況各不相同，表現出來的症狀就千差萬別。

一般所謂的病，絕大多數其實只根源於一種單純的原因，就是經絡堵塞。一如水溝堵塞了該怎麼辦？我們必須要清理水溝。經絡堵塞了怎麼辦？我們要通經、通絡。各式各樣的方法都可以達到不同程度且各具特色的通經絡效果。

比如練功，請注意，這裡所謂的練功並不只是單純的運動。一般我們常說的運動，主要目的是鍛鍊我們這個物質身體的肌肉，這裡所謂的練功主要不是在鍛鍊肌肉，而是在鍛鍊你的內氣。就好像是我們用一個強力的水柱去沖刷堵塞的溝渠，我們用強力的內氣去衝擊淤堵的經絡，可以達到通經通絡的目的。

還有呢？針灸，當我們把針扎在特定的穴點上，會使得這一條經絡上的內氣因為針的存在而產生了干擾，干擾的結果類似按下重置鍵，等於是把我們身體這個內氣的循環，它已經紊亂了，我們給它一個適當的外加的刺激，這個外加的刺激具有重置的作用，重新來一遍。

還有其他的方法：刮痧、拍打，都是各有特色的通經、通絡的方法，只要適當的採取這些手段，可以達到通經絡的目的。

只要你的經絡暢通，那麼基本上，我們這個物質的身體可以說沒有什麼病；或者反過來說，通經絡通到很順暢時，還有的那些毛病，才叫做病。例如你受到外力的強烈撞擊，肌肉、骨骼都受損了，這些情況，其實仍然有很大一部分是因為這樣的撞擊，衝擊到了肌肉系統、骨骼系統，也衝擊到了經絡系統。所以光治療肌肉、骨骼這些看得見的系統，仍然不能保證你的身體能夠完整的恢復健康，通經絡是基本而必要的醫療手段。在這麼多方法中，快速見效、不假外求的，就是拍打，其次是拉筋。

在這些方法中，最後也是最困難的選擇其實才是吃藥，藥師佛說過：「人體就像是一個製藥工廠。」但是你必須正確的發出你的訂單，發出你的指令，人體才會回應你的請求，這樣產生出來的藥，是我們人體內部本身合成的藥。這種合成的藥沒有任何副作用，和外來、外加的藥不一樣，這些藥有時候是具體的化學物質，有時候是單純的通經、通絡，但是我們都可以把它假想成是某一種藥。所以當我們講藥的時候，最好是用廣義的解釋，也就是能夠改善你身體的那個東西或者作用，就是藥。所以，善意的勸導是藥，練功是藥，拍打是藥，藥也是藥。

當我們經由種種的方法使經絡暢通了，健康就自然而然到來了，這是不是很簡單呢？所以為什麼說大道至簡呢！不要因為簡單而輕忽，簡單其實不簡單，怎麼說呢？原則上它就是這麼單純，但是人心受障蔽，總是帶著有色的眼光來看世界，包括這些能夠使你健康的通經絡方法，你懷疑！高度的懷疑！於是你不會認真的去實施，當你不認真實施，那麼你所獲得的效果就微乎其微，或者只有暫時的效果，於是你獲得了這樣的結論：這個方法，要嘛沒有效，要嘛就是效果很小，完全不如想像，這就是心想事成。

因為你想它沒有效，所以回應就是沒有效，當你認為它有效了，那麼你就會認真的去實施。在醫學研究上，有很多所謂的安慰劑，因為你認真吃了，你從心底相信它真的能夠治好你的病，於是，你的身體就回應了這樣的請求，我們的身體就合成了真正能夠使你健康，能夠使你恢復健康的各種各樣東西，於是你就恢復健康了，它就有效了，這也是心想事成。

有效的程度就看你堅信的程度。你相信一塊石頭是寶玉，它真的會成為一個寶玉，你相信你的兒子、女兒是天才，他真的會成為一位天才。所以，當你思考的時候，要保持正面的思考，因為心能造就一切，心想能夠事成，當你總想著沮喪、失望、恐懼，那麼沮喪、失望、恐懼就永遠圍繞著你，永不停息！與其如此，何不讓我們心中時時抱持著希望、快樂、陽光、健康⋯等等這一類正面的、善念的想法或者念頭呢？所以，經絡暢通可以使我們的物質身體健康，更重要的，把我們心裡那些淤堵的垃圾，也透過種種方式把它清除掉，例如靜心，就是一個很有效的清除方式，當你把身體、心裡的垃圾都清掉了，你的人生就是彩色的，就是有希望、光明的，反之就不用多說了。

原典的重要性〈這一段引自2011/02/15葉天士的談話〉

今天要談的是「原典的重要性」。首先，原典當然就是指原始的典籍，這樣的典籍因為歷史、時間的關係，所以常常難以理解，特別是從提倡白話文之後，這樣的理解就更困難了，再加上文字逐代的演變，變得更加困難了。

但是，為什麼我們還要強調原典的重要性？每一個學科都有一些重要的經典，我們常常用一句話叫做「聖經本」，就是等同聖經一樣，至於聖經是不是權威性的著作，我們也許有討論空間。不過我們這邊講的主要是屬於醫療、醫學的典籍，像我們常見的重要典籍：《內經》、《難經》、《傷寒論》、《本草經》、《易經》等等，當然還有一些其他的，我們還是要排除文字的障礙，理解它原來的涵義。

為什麼我們要這麼強調原典？當然，我們可以看見有很多、比較晚出的書，常常抓住了典籍中的一、兩個概念加以發揮，就成了這一本、那一本著作。但是原典之所以成為原典，是因為它內容的豐富性、原創性，這些原創性並不因為時間的消失而削減了價值，相反，隨著時間的演變，它的價值其實越來越顯珍貴。

所以不要，至少不要一直接觸二手、三手、四手、五六七八手資料，直接就去看原典。一開始時也許你很難理解，這些典籍上的話語很不容易體會，你大概需要很多註釋，也大概要有很多的註解，然後你要靜下心來思索裡面的涵義，自己去消化、理解內容。

但是，是不是說這些原典就沒有任何一絲一毫的錯誤呢？不然！但是我要跟你說，就是原典典籍之出現，從無到有，我們可以這樣比，就是〇、一差了幾倍呢？差了無窮多倍，可是一跟二差了幾倍呢？差了兩倍。所以我們說陰陽五行是一個理論模式，是不是一個好的模式呢？我們說，這是一個好的理論模式，但是不是完美無缺、毫無修正的空間呢？不是，但是它是一個我們可以據以討論的架構。

就好像有些古代的文明講的是什麼？地水火風，五行講的是什麼？金木水火土，配合上各自的陰陽，用一個類比的方式，也許你會說這樣粗糙的類比，能夠做什麼呢？讓我們回過頭來看看，什麼叫做一個好的理論、好的模式，我們說一個好的理論、好的模式能夠解釋已有的狀況，能夠推論未發生過的狀況，這個學說能不能做到這一點？可以，但是，只要有一個例子無法用這個學說、理論、模式去解釋、說明，那它就值得再加以修正。

於是，我們就不斷、不斷的讓它越趨完善，我們會對於我們這個物質的身體瞭解得更加透徹，這就是原典重要的地方，它會引領我們逐漸接近那個也許永遠達不到的終極真理。

心主神明〈這一段引自2011/03/03 葉天士的談話〉

所謂「心主神明」的「心」是指心緒，那我們就要問一個問題囉，這所謂的心和我們的腦，有沒有不一樣？所以我們先來檢討一下腦子有什麼作用？它是一個感官的受器、收訊器，譬如，我們的眼睛接受到光線的訊號，然後透過眼睛這個轉換裝置，把光的訊號轉換成電的訊號，傳送到我們腦子裡面的某一部分；我們的鼻子把化學分子的刺激轉換成電訊號，傳送到我們腦子；我們的舌頭、皮膚都一樣，這是一種訊號轉換器，轉換完之後，進到我們的腦子裡面，加以解釋。所以，簡單的說我們的大腦，就是一個解釋各式各樣電訊號的一種設備，它是一個收訊器並且負責翻譯，翻譯訊號背後的涵義。

一出生，你們的腦子裡面充滿了各式各樣的連結，但是這樣的連結會在特定的時期修剪，修剪的目的跟你們修剪花花草草一樣，就是把它形塑成一種特殊的形態。以語言為例，修剪這些連結的目的，就是要讓你的腦子辨認一種特定的語言、語法，為什麼要這樣？因為這樣我們才能把所耗用的能量降到最低，並且足以讓你生活在這群體當中。

所以，這就好像是一個訊息接收站、解譯站，那誰來運用這些訊息呢？到底是誰？簡單的說，就是我們所謂的心，所以，所謂心有多重涵義，其中一種涵義就是那個⋯比較深層的那個⋯但是有程度上的差別，就是這個躲在幕後的，是一個用來在物質世界生活的你，是一個本我的替代，不是那個本尊，因為這個替代是要適應這個物質世界的，它會帶有很多這個物質世界的「無明」，所以造作「業」都是由這位代言人或者代理人產生的。

但是，這位和你關係密切的代理人，通常都會被認為就是「我」、我自己，這個機制就是用來經歷這個奇異世界的一種特殊設計，這個就是我所謂的「心」的其中一種涵義。

當然，這樣的解說遠遠不夠，它的涵義豐富多樣，我要請你保持這樣的一個心態，就是當你在閱讀的時候，要多讀幾遍，不是有這麼一句老話嗎？「故書不厭百回讀，熟讀深思子自知」，為什麼要百回讀？不是我們吃飽了撐著沒事幹，閒著也是閒著、拿來讀一讀吧，不是，是因為文字所能表達的涵義，有時隱而未現，所以當你讀第一遍、第二遍的時候，你能看到的是它最表層的意義，但是隨著你的經驗逐漸增加，你的體會逐漸增加，你再閱讀這些經典，會對經典的內容有更深刻的理解，這才是反覆閱讀的最主要原因。它能夠加深你的理解，當你瞭解到一定程度之後，你才有可能為這樣的經典做出補充性的說明，這也是經典之所以為經典。

經絡問答

這些內容對我來說根本像是另一個世界的東西，一開始完全摸不著頭緒，好在有機會接受這些對專家而言可能過淺，但對一般大眾可能比較容易接受的教導，拿出來和大家分享，希望有所助益。

什麼是經絡〈這一段引自2010/08/30藥師佛的談話〉

：請問祢今天教的那些（指通話之前身體比劃的動作），好像似乎有不同的經脈系統，到底什麼是經絡呢？

藥師佛：應該這麼說，其實這有點困難啦，除非你具備內視的功能，不然單是以比手劃腳的方式是不太容易理解的。在你們中醫系統裡有所謂的經絡學說、經絡理論，你應該可以很明顯感覺到這些所謂氣的流動。在你身體裡面它慢慢地動，一般人的身體裡面，物理的、粗重的身體裡面，也都有氣的存在，沒有氣的流動就沒有生命了，所以這是一個存在的系統。這個系統搭配血液系統、淋巴系統，種種現有的系統是一起工作的，其實還有更精細的系統，但是目前除非你能進入很深、很深的禪定，不然很難體會到不同的系統。

因為所謂的氣：你們現在某些人慢慢瞭解了，所謂的氣就是（一字字送出）電～磁～波，（發音困難）氣就是電磁波在人體裡面的一種存在狀態，用這種形式通訊其實有點困難，但是，哪裡來的電磁波呢？還是由物質本身、物質的世界產生出來的。但是相較於你們一般認知的物質身體，（氣）它已經相當不明顯了，就是因為它太不明顯了，所以不容易察覺，其實這種事情在歷史上出現過很多次。譬如空氣，你們的肉眼看不見空氣的存在，所以空空如也的地方到底有什麼東西呢？你們是經過很久之後，才瞭解原來空空的地方不是空的，是有很多空氣的分子。

再來，空中有很多的電磁波，這些電磁波其實早就有了，你們看的電視、收音機，你們現在用的那種走來走去、帶在身上用的電話，那些所謂不用線、沒有線的網路，都是電磁波的運用。你們都看不見它，但是你們每天都在用它，所以這很單純的說明一件事，就是「看不見並不代表沒有」，反過來說，沒有一定看不見，這是對的。但是看不見並不代表沒有，因為人的眼睛——肉體的眼睛、物質的眼睛，能夠看見的電磁波真的很少，從波長四百奈米到八百奈米左右，波長長一點，你們的眼睛會把它解釋成紅光，波長短一點，四百奈米，你會把它解釋成：紅橙黃綠藍靛紫，藍紫，比較接近紫色的，比四百奈米更短，那就變成紫外光囉。比八百奈米更長，那就變成紅外光囉，事實上電磁波的頻譜範圍很寬廣，所以你要看見整個頻譜範圍的電磁波，以物質的眼睛是沒有辦法做到的。

你希望能用內視的方式直接看到經脈在體內的狀況，這不是單純用物質的眼睛就可以看到，必須透過一種內在、比較困難的一種轉換機制，把它從你原來看不見的電磁波對應到你能看見的……應該就是說你的腦子能夠解釋的訊號。本來是不能解釋的，經過一個轉換……叫做訊號轉換器，這樣你就能夠把本來眼睛看不見的，透過這個轉換器，使你的腦神經能夠解釋這些訊號，變成你能看見的，這是屬於你們所謂的「天眼」功能之一。

不過我要強調的是，你應該要具備正確的心態，這個心態就是——神通不須追求，神通只是鍛鍊過程一個附隨的東西，好像贈品一樣，它本身是訓練過程自然產生的，不應該成為你鍛鍊的目的。如果你有不正確的想法，就是錯誤，它會引導你走向不好的方向，讓你受到引誘。別人就可以用這個來引誘你，比如說，哈哈哈，我可以讓你有天眼通，能夠看見很遠的地方，我能夠讓你看見未來發生的事情，或者其他……的神通，如果有某個靈祂這麼宣稱的話，那你要小心了，你一定要非常小心，除了極少數的情況之下，這種宣說是對你有利的，絕大部分都是騙你的，你要非常小心！所以雖然你現在接收到我的訊號，但是你也要小心，要心生警覺、要判斷，判斷就要依據你內心的直覺，你最信任誰？比如說，你最信任你爸爸，你最信任你媽媽，他們會愛你，不會騙你；你最信任釋迦牟尼，你可以呼喚祂的名字，祂會來協助你。事實上，約書亞已經告訴你，我們其實是助教，是你們選課、修課過程的助教，是協助你們的，絕對不是要故意欺騙你們的，為什麼是協助呢？因為你能夠學到什麼、能夠達到什麼程度，都要靠自己，不是我們能做到的，我們只能扮演一個輔導的角色。

就好像說，你現在要去坐車，要從高雄往台北去，你不知道怎麼去，我們可以告訴你可以從這地方慢慢走路去，你可以騎著摩托車沿這個路走過去，你可以坐普通火車從這個地方過去，當然，普通火車還分好幾級，你可以慢慢坐過去，也可以快快坐過去，當然還有飛機啦、很快的特別火車啦等等。甚至你現在決定要坐火車了，普通火車或特別火車，你不知道如何去坐，不知道如何買票，我們都可以協助你、告訴你，但是真正要去坐的還是你自己。然後，你上了車後，你會發現車上已經有好多人了，大家都是要從一個地方到另一個地方，有些人直達，由高雄直達台北，有些人可能先要到別的地方去，比如說他可能先到台南，TAINAN，對不對？是不是叫TAINAN？（笑聲）來來回回、走來走去，那這樣就要花比較久的時間，嗯，會花比較久的時間，就不是直達，但是這些都是自己的選擇，這個選擇本身並沒有什麼好壞的問題，有些人就是希望能多看看、多學學、多接觸、多想想，有些人就是目標很明確，嘟～嘟～嘟～嘟～嘟～嘟，就到了他的目的地。從我們的觀點來看，時間其實不重要，但是對於物質世界的人來說，時間或者空間影響都非常、非常大。

是不是有不同的經絡系統〈這一段引自2010/08/30 藥師佛的談話〉

：經絡系統好像本身就有兩、三個系統，或兩、三個子系統在裡面，我感覺好像第一種系統是一般中醫講的經絡系統，另一種好像是不太一樣的系統？能不能請祢再解釋一下？

藥師佛：我覺得你可以這樣解釋沒有錯，完全可以這樣解釋，你所謂中醫的系統，它本身是…怎

麼講，我要用一個比較貼切的比方來說明，就好像是你們的道路，你們有空中交通、不同的航線，在都市裡面也有不同的系統，比如說你們有高速公路的系統、縣道的系統、市區道路的系統，對不對？高速公路的系統又有……你們的系統又有第一高速公路……高速公路啦，你能夠說這些高速公路只有單獨的存在嗎？當它單獨存在的時候能夠發揮作用嗎？顯然不行，第一高速公路、第二高速公路也好、省道、市區道路也好，不管哪一種層級的道路，它們必須在哪個地方接起來，但是有沒有必要每一次各個層級的道路都走一遍呢？不會。比如說，你可能在上班時主要走市區道路，所以你「氣」的循環，就（好像）是在這些市區道路裡巡來巡去，這時候你可以把「氣」想像成在市區道路裡運行的車輛、行人；但是如果你是開大火車的司機，或是經營火車公司的，那你就會發現轉來轉去都是在一些特殊線路上面，因為你關心的、能夠處理的就是這些特殊線路嘛！對不對？你管的是大火車、不是小汽車，所以小汽車走的線路你不會去關注。

但是不同的路線、交通工具總是會在某些地方聯繫、連結起來。坐飛機，從這個地方飛到那個地方，差別很大，但是下了飛機之後，你又要如何到達你真正要去的目的地，目的地就是飛機場的占很少數，你總是還要再接上其他的系統呀。

所以你說感覺到有兩種或三種不同的系統，你可以這樣去理解，但是你不可以認為它是三個或兩個完全獨立的系統。比如說你感受到的第一個系統，就是所謂的經絡系統，你們所謂中醫的經絡系統，那，因為其實已經通了好幾遍、轉了好幾遍，你的手已經跟著比劃好幾遍了，只是因為你對中醫理論不熟，所以這裡面到底怎麼回事，你會感到很迷糊、迷惘，因為雖然我已經教你很多遍了，但是你還是不太清楚，還是依照生命的本能，在理解的層面還沒有很大的進步，這個是你要去努力的方向。但是即使你完全不去努力、不去理解，它還是在的，就好像說，你今天不去用大火車走的路、不去用第××高速公路，這些路還是在的，你不去用，別人會去用呀，所以你用不用並不是重點，它還是在的，當然這只是一個比方的說法。所以你知道這個系統怎麼循環，和你不知道這個系統怎麼循環，它都是存在的，如果它不循環，你就（彈指聲，表示死了的意思！）呵呵，這樣瞭解嗎？

人與自然的交流——勞宮穴、印堂穴有什麼作用〈這一段引自2011/02/22葉天士的談話〉

：我想請問，祢可不可以說明一下，譬如說勞宮穴、印堂穴這些比較特殊的穴道，它的形狀、功用有哪些？不知道祢可不可以解釋一下？

葉天士：勞宮穴是心包經上重要的門戶穴道，什麼叫做門戶穴道？就是我們人體的經絡，它每一個穴道基本上都具有交換能量或者交換訊息的功能。所謂的門戶穴道是什麼？就是它跟外界的交換量特別大，就好像是特別大的驛站，進進出出的很多，其他的穴道也可以交換，但是零零星星，比較多的作用是在其他方面。

勞宮穴是一個主要的交換通道，印堂穴也一樣。當你把這些穴道都打開了，就會發現你和外界的交換更密切、更頻繁；當你把這些穴道關閉了，它就是正常的流量，這些正常的流量使得我們能夠讓自己：能夠讓你把自己考慮成一個獨立於環境的個體，這是一個假象，讓我們能這麼假想的，就是你是獨立於環境之外。

但是真相是什麼？真相是你打開穴道跟外界會進行密切的交換，所以你跟環境是一體而不是分離的，為什麼要這樣設計？目的就是希望能夠讓你經歷更多的經驗。

所以，勞宮穴、印堂穴也好、百會穴或者眼眶也好，都是重要的門戶穴道，當然當你鍛鍊到一個程度之後，你全身都可以和周圍的環境進行交換，這時你的物質身體和物質的世界，就藉由氣的交換融為一體，也有可能達到天人合一的境界。就是你和山川大地融合為一，可以透過山川大地去感受這個世界，但是這樣的狀態其實很難達到，我們方向對，總有一天會走到的。這是簡短的回答，不用我說，你應該也有一定的認識。

關於奇經八脈〈這一段引自2011/02/22葉天士的談話〉

：我想請問一下，不知道祢對於所謂的任、督二脈，其他屬於奇經八脈系統的脈，有沒有什麼補充發揮的地方？

葉天士：可以這樣講，正常的十二經絡，就是我們看到最外層、最表層的十二經絡，我們很多人都有這些類似的經驗，雖然不是人人啦，但是有不少人有這樣的經驗，他本身的經驗告訴他，氣是這樣走、這樣流動的，這個沒有問題。

那什麼叫做奇經八脈呢？奇經八脈裡面除了任脈、督脈有自己的穴道之外，其他六脈都沒有獨立穴道。這是什麼意思？就是我們要把這些脈道透過已有的穴位加以連結，形成一個新的通道，這個新的通道不是人為加上去的，而是它本來就具有這個特質，這個特質是一個幾何結構的特質，沒有任何的神秘之處，如果說你能夠看見經絡的話，你就會發現這樣的經絡結構其實很單純、很自然。

譬如說你也許有一點瞭解帶脈，帶脈是什麼？就是環繞著腰部一圈的，帶脈本身形成一個環狀的循環，它好像一個束帶，束縛著穿越腰部的每一條經絡。如果說在帶脈上發生一些問題，譬如說俗稱「綑身蛇」的，綑身蛇沿著帶脈走，當它把整個帶脈包圍起來，完成一圈包起來啦，那基本上，上下的脈氣就被截斷了，上下脈氣截斷了就叫陰陽離絕，陰陽離絕的後果就是陰陽兩隔。所以，像帶脈這樣具有收束作用的，需不需要暢通？同樣需要暢通，這就是相同的節點構成了不同的迴路，這個不同的迴路、每一個這樣的迴路，都有一些相應於我們身體健康的某些表徵，這就是我們比較難以學到的。

大道至簡〈這一段引自2011/03/18葉天士的談話〉

我們知道人體有很多的能量系統，其中一個跟我們的生理結構有密切關係的，就是所謂的經絡系統，當然在其他的動物、植物身上也都有，但是我們這邊只限定在考慮人體。

這個經絡系統一般我們會說它有十二條正經，還有奇經八脈，這是主要的，當然還有經別、絡等等，就是比「經」這個主幹道要小一點的，是屬於聯絡道部分、支線的部分，這樣的結構當然書上講了很多。那什麼是大道至簡呢？這裡指的是這些經絡的運行規律是簡單的，什麼叫簡單？正如你所看到的★，這是一個循環無端的環境，好像我們在坐雲霄飛車一樣，你從一個點出發，來來回回、繞來繞去，不管如

★指由祝華英道長所寫的《黃帝內經十二經脈揭秘與應用》。

何的高低起伏，它總是會繞回原來的那一點，然後再進行下一次的環繞，有點像是這樣。

這是我們經絡系統的奧秘，也可以說是以簡馭繁的法則，所以呢，請你要好好研讀你手邊的資料，好好的去體會。當然如果有一天你能夠自己證實這樣的律動規則，你會有更深刻的體會，在那之前不妨先依靠文字來理解。當然語言文字能夠表述的，畢竟是隔了一層，但是即便如此，你還是能達到一定的學習效果，所以請仔細研讀。

這樣的資訊並不是在任何時候都能得到的，在歷史上的記載，那些神醫、名醫，多少都具備了一些特殊的能力，能夠直接感知到客體、病人的經絡運行情況如何，而加以診治。但是物質世界難以傳承這樣的訊息，因為你要達到一定深入的禪定狀態，才有可能體會到這樣的運行法則是簡單的。

我們可以再舉一個例子，譬如當我們在看東西時，你怎麼能一眼就看出那是椅子、那是車子，如何能夠？當你們用你們引以為傲的高科技來做分析的時候，你會發現這樣簡單的事情卻困難重重，怎麼會呢？如果說以速度而言，人體的訊號傳遞速度，遠遜於你們常見的電子設備，但是對於人而言，甚至對於一隻螞蟻而言，是輕而易舉的事情。也就是辨識物體這件事情，對於你們當代的高科技來說，還是遙不可及的夢想，所以到底怎麼回事呢？我還是要告訴你「大道至簡」，只是這個至簡的大道，在還沒有揭開神秘的面紗之前，是難以理解的。

當然，奧秘終究會揭開，總有那麼一天，經絡的奧秘何嘗不是如此呢？要把握學習的機會，要謹慎小心讀取書上、經典上的智慧，要記住，不要一味的相信，或者只是閱讀了字面的意義，要一字一句仔細體會，這是我今天要向你提出的忠告。

有關中醫經絡理論的論述將要暫告一段落，不是不可以繼續談論，而是實踐才是檢驗真理的唯一標準，該有的訊息你已經有了，剩下來就是如何做囉！有任何問題還是可以直接發問，如果我沒有主動和你聯絡，也可以直接呼喚我，我隨時就在你的身邊，請不要猶豫。其實不只是我，還有很多、很多靈性的存在，都隨時隨地準備提供協助，協助的對象當然也不只是你，而是在這個世界所有的存在們。在此我也要再一次呼籲，請敞開你們的心胸，接受這來自源頭的關愛，關愛永不止息，關愛綿綿不絕。

奔騰的心如何止息

2.1 導讀

（凡夫之妻）

在俗世打轉的心恰如奔騰的野馬、跳躍的猴子，不斷地向外追逐，沒有停止的時候，由貪念驅使而追逐的外物，無法讓我們獲得永恆的喜樂，如何才能讓奔騰的心止息，喚醒人性的本質，是身心靈領域最重要的課題。

「奔騰的心如何止息」編排的邏輯

《與諸神對話》的第二個主題是〈奔騰的心如何止息〉，既然談到「如何」就涉及方法論，所以先從龍欽巴尊者的「三休息論——心性、禪定、虛幻休息」著手，「將我們往而不返、放逸的、性如野馬的心性加以調服，這是我們的目的，禪定是我們的方法，虛幻是我們的認知」（2011/03/18，龍欽巴尊者）；然後停止紛雜無益的念頭，就能讓心中充滿喜樂，彰顯人性中至善的本質，達到跳脫生死得失的超越狀態。以下逐次導讀〈讓奔騰的心休息——龍欽巴尊者的教言〉、〈停止無益的念頭〉、〈讓心中充滿喜樂〉、〈人性的本質〉等細目。

讓奔騰的心休息——龍欽巴尊者的教言

龍欽巴尊者是十四世紀藏傳佛教寧瑪派的大師，在二〇一一年二月開始逐次與外子通話，你能想像在寤寐之間通靈，清楚說出「第一點…、第二點…」條分縷析的樣子嗎？事實上這就是外子與龍欽巴尊者通靈過程的寫照。

為什麼會情緒起落？龍欽巴尊者認為是因為我們「沒有辦法正確的理解，而產生了或喜或悲的解讀，這樣的解讀是不存在的一種解讀，是跟事件本身不相干的一種解讀，所以把它稱為虛幻」（2011/03/17，龍欽巴尊者），必須藉由靜心、禪定等種種方法停止這類錯誤的解讀，重點在持續地實踐它。

就算你懂得一萬種禪定的方法，但是你一樣都沒有去做，千里之行還得始於足下，第一步都沒有跨出，怎麼能談終點如何呢？所以請撥出空檔時間做基礎的禪定練習，不要忘記行、住、坐、臥都是禪定。（2011/02/25，龍欽巴尊者）

如何進行禪定？龍欽巴尊者提供幾個步驟：(1)找到一個安靜的地方 (2)盤腿而坐 (3)謝絕干擾 (4)空氣流通 (5)光線不用太明亮，這一切都是為了降低外來的感官訊號，讓你內在的訊號浮現：

你內在的訊號…很清楚，但是它的強度是一，那外在世界的訊號呢？是一百，這是我們一般日常生活的狀況…外在的噪音強度逐漸下降，從五十、四十、三十降到五，這個時候，你會覺得非常安詳…降到這些外在世界的訊息，已經達到可以暫時忽略的程度，這個時候，你內在那個強度一的訊號出現了，只有在那個時候你才能真正的瞭解，在前面的各位大師、先賢、指導者所說的那個「圓滿俱足的」到底是什麼樣的情況…但是這個（高我）狀態難以維持…還是在一個二元對立性的狀態…你把它分成外在的雜訊和內在的…還沒有達到我們真正要達到的目標，就是從二元對立性達到唯一性，（再）從唯一性開展。（2011/02/28，龍欽巴尊者）

認知情緒起落的虛幻、掌握禪定的法門，最終目的是止息奔騰的內心，不讓「外面的世界一直引誘、一直引誘、一直引誘，終於迷失了自己…」（2011/02/12，龍欽巴尊者），而是…

把心安定下來，這樣的一種狀態，我們可以把它想像成是在一個一望無際的江面上，一個小小的扁舟，你就在這個扁舟上面，隨著波浪高低起伏，輕輕搖擺，就這樣，就這樣輕輕擺盪著，靜靜的感受那輕微的起伏，徐徐的微風，就這樣感受著：你也許是一個跨國企業的公司老闆，你也許只是一個掃地的工人，三餐僅足以糊口，不論在任何狀態之下，你的心就像那一葉扁舟，輕輕的飄蕩，自由的、輕鬆的，這才是真正的修行。（2011/02/12，龍欽巴尊者）

這種自由輕鬆又沉靜的心對我們有什麼好處呢？

這個時候你就能夠比較認真的思考，很多事情對你的意義會開始產生一些根本上的變化：至少我們的心不會再狂放不已、一往無前、不知休止，不會再處於這種情況了，連自己迷失了都不曉得。（2011/02/19，龍欽巴尊者）

如果你認為「三休息論」太艱深，龍欽巴尊者也提供了一個簡單的方法：

如果你還是不知道要怎樣明確地進行，那很簡單，只要問自己一個問題：「你所追求的，是你需要的？還是你想要的？」就這樣一個問題，就從這個地方開始。（2011/03/18，龍欽巴尊者）

追逐那些想要而不需要的外物，是一切煩惱爭端的緣起，會擾亂你的心，你的心若是無法自由輕鬆，又怎能體會永恆的快樂呢？同樣的，這也呼應了〈健康的心理〉所談到的「四心」，唯有覺察虛幻、知足感恩、熱切實踐，才能達到「一種連續不斷的覺知狀態，在這樣的狀態之下，你會做出最明智的抉擇，所以你的生命就有了意義，你的存在就有了價值。」（2011/03/19，龍欽巴尊者）

停止無益的念頭

在上一節，龍欽巴尊者已經藉由通靈傳訊提到了「念頭」，並且以海邊觀浪為喻，說明「你只要看著這些念頭，就好像你看著那些海浪一樣，一浪又一浪，一浪又一浪，就這樣看著它，慢慢的，你的心就會逐漸沉靜下來」（2011/02/19，龍欽巴尊者），而本節內容彙整阿彌陀佛及約書亞兩位高靈的談話，其中約書亞也以奔騰的馬匹、山裡上下跳躍的猴子比喻不安定的心，阿彌陀佛更以「連說笑話都要比賽」傳神的表達出我們「只活在競爭之中」的荒謬。

那麼，在現今社會要如何收拾我們紛擾的心呢？

第一個就是，恐怕我們要切斷我們接收訊息的管道…不要開電視…（避免）東家長、西家短，評高論低…事情來了，我們就去處理它，處理好之後，就把它放下；事情不來，也不需要主動的去招攬這個事情、那個事情…對於這些來到你生命當中，又從你生命當中離開的事情，保持一種不即不離的態度。（2011/02/15，阿彌陀佛）

透過靜心…用一個念頭、一句話來代替你其他的、無數的、生滅的念頭…你可以數息，「吸～呼～」或者「呼～吸～」…你覺得觀想「字」、觀想「像」很麻煩，那你就觀想一個丹球…每天、每天那些雜事就好像強烈的雜訊，使你（內在）那些隱微的訊號被遮蓋住。（2011/02/26，阿彌陀佛）

要保持明鏡一樣的心情，如實反映外在的影像，不要加上過多的價值判斷，「只是單純地看、單純地聽，腦海裡面念頭來來去去，隨它，來不阻擋、去不挽留」（2011/03/24，阿彌陀佛）；不要像逛百貨公司專櫃那樣一櫃又一櫃，或是購買流行玩具一般喜新厭舊，要收攝心神、認真實踐，才能有所得，不枉走這一遭。

讓心中充滿喜樂

如何才能讓心中充滿喜樂呢？答案還是要覺察。

重新發起一種覺察的生活，重新體會生活中的樂趣，路邊的小花開放了，你看見了嗎？雨滴滴滴答答的響，你聽見了嗎？去體會這些東西、這些覺受，就是在你們的世界一種最難得的經歷，但是，大部分的人都認為這些沒有什麼了不起，毫不珍惜。…能夠過一個覺知的人生，帶著覺察過生活，你會更珍惜你所擁有的，你會感受到天地之美，你會感受到一種內在深層的平靜，你的心不再隨著世俗而起舞。（2011/03/27，觀世音菩薩）

再加上不要評高論低、要常常心存感激，如此才會散發出心底的陽光而無私地付出，因為：

所有依循善的意念所做的事都會產生正面的回應，這些回應也許快、也許慢，但是不論快或慢，只要我們持續的去傳播善的訊息、傳播美好的福音，這個世界終究將會改頭換面。（2011/04/19，約書亞）

既然「你沒有辦法掌握別人看事情的方法，也沒有辦法控制任何一個人，不可能，所以何必為了其他的看法而使自己心緒不寧呢？」（2011/03/27，葉天士），不妨應用宇宙的回應法則，又叫做「回力鏢」法則、鏡子法則：

你給什麼就得到什麼，你丟出去什麼就回來什麼…你愈是從正面的方式來思考，你所接觸到的正面就愈多，你的生活怎麼能夠不滿足呢？怎麼能夠不快樂呢？（2011/04/09，龍欽巴尊者）

所以要「常常思考、反省，自己有做到不執著嗎？『無所住』嗎？還是你的心一天到晚被鎖在過去？被鎖在別人的一句話、一個眼神裡面，而無法解脫出來？」（2011/03/27，葉天士），如果能夠奉行「用覺察的心過生活、不批評、時時感恩、無私付出」這些法門，根據宇宙的回應法則，就能陽光普照現祥瑞、好事成雙，天天都是「添喜日」。

人性的本質

人性的本質是什麼？簡單來說就是內在的佛（神）性，以及物質人身的「無明」（類似基督教的「原罪」），根據龍欽巴尊者的說法：「來到這個物質世界，必須帶有無明你才能進入，否則你難以體驗這樣的世界，這世界對你的助益也就微乎其微、沒有很大的意義了」（2011/04/26）。

我們物質的人身具備了兩種的特性，一方面內在本具佛性、一方面外在附加無明，所以這樣的人身會造作許許多多的善業、惡業，透過這樣的過程，我們學習到許許多多在單純的靈的狀態無法體驗的。（2011/06/02，龍欽巴尊者）

「天」是指靈界的實相存在，「人」是指這個物質世界的存在：其實不是天人合一，它本來就是合一的：這個障礙成立的目的，不是要讓你顯得昏庸愚昧，而是要讓你們能夠徹底、完全地經歷（物質存在）這樣的一種狀態，並由此而得到提升。（2011/03/08，阿彌陀佛）

沒有「無明」就是單純的靈體狀態，單純的靈體擁有不費力的快樂（地藏王菩薩在二〇一一年七月六日說明：「不費力的快樂就是你想什麼有什麼，但是你卻不覺得快樂的那種狀態」）與不自覺的幸福，容易陷入停滯不前、無法進步提升的困境，而：

生命最深層的目的，就是在不斷的提升自己，這個叫做止於至善，是一個永遠的追尋，一個永恆的追尋過程。（2010/11/17，約書亞）

生命的目的、意義本身就在不斷的進步、不斷的提升，當一個生命停滯不前，它的內涵停滯不前，這樣的生命也等同於死亡。（2011/07/06，地藏王菩薩）

所以，我們帶著「無明」的物質人身，進入物質界各類情境教室接受考驗，要克服重重難關，才能撥開無明的迷霧，再度獲得永恆的幸福快樂。這個過程不是「天地不仁，以萬物為芻狗」，也不是自找麻煩，而是唯有親身經歷各式各樣的考驗，才能增加生命的深度。

當你不能夠清楚覺知內在的時候，就好像：做了一個很長的夢，這個夢也許很快樂，也許很哀傷，也許很困難，也許很容易，也許你飛黃騰達，也許你落魄失意，但是這些基本上都只是一種夢境而已。（2010/11/17，約書亞）

神子出現在這個世界不是因為某一種倒楣的原因，而是因為神聖的任務或者使命。什麼樣的使命呢？就是在各式各樣的環境中，盡可能多獲得存在的經驗。（2011/07/06，地藏王菩薩）

當我們一而再、再而三的經歷了這個過程，當我們徹底瞭解這只是幻象，我們就毋須再經歷這樣的幻象，我們就從這樣的情境之中脫離了。（2011/06/17，地藏王菩薩）

因為「世間一切的財富、名聲終究都會煙消雲散，我們終究得面對自己」（2011/02/02，約書亞），自己是否認真過日子？該學的學到了嗎？達成了此生的任務嗎？如果答案都是肯定的，就是一趟俯仰無愧的生命旅程。

補充說明

「人性的本質」這部分已經提到一些「地球即將面臨轉變」的課題，相關而更詳盡的通靈內容彙整在〈轉變的時代〉之中，此處高靈的傳訊內容節錄如下：

地球要經過一次性靈的提升，因為有很多人沒辦法跟上這一波的性靈提升，所以要等到下一波，那沒有辦法跟上的人呢？就要暫時先回到靈界休息！這樣的一個事件，從地球的角度，從一個物質世界的角度來看，是一個很恐怖的事情，因為很可能隱隱然代表有很多生命的消失、物質生命的消失，這是很恐怖的事情。但是，事情會不會必然這樣發生？不，生命是自由的，我們永遠可以去創造自己的未來。…如果是預測到在你的判斷裡面不好的時候呢？你是不是會心裡很懊惱，而且最重要的就是這些都可以改變，日積月累就是改變的開始，千里之行始於足下，所以並不會有「啊…我現在才做太遲了」、「我現在才學太慢了」，不會，只要你開始就永遠不遲。

（2010/11/17，約書亞）

這裡談到地球即將面臨轉變的主題，已經指出沒有辦法跟上的人就要暫時先回到靈界休息，這樣或許就代表很多生命的消失，但是因為生命是自由的，我們永遠可以去創造自己的未來，沒有太遲或太慢的問題，只要開始就永遠不會太遲，也不必然會發生這場淘汰賽，希望所有的人都能順利通過考驗。

2.2 開場白——偉大的心靈是如何產生的

〈這一段引自2011/02/12約書亞的談話〉

其實偉大的心靈不在於你獲得了多少的財寶，獲得了多少的名聲，或者見過多少的事情。偉大的心靈在哪裡？在於一種自我的完成，這種自我的完成不假外求，是完全自己自主，這就是一種偉大的心靈。

我們在這樣的環境裡面，心不斷的向外追尋。我們追逐著生活中的一切，追逐知識的學習，追逐好的工作、好的待遇，我們追逐這些點點滴滴。其實，仔細想一想，追逐這些的目的是什麼？它最初的目的是要能夠讓我們幸福，那我們就反過來問，這樣的追逐讓我們幸福了嗎？答案恐怕是否定的。

當然，我們在這個追逐的過程中，多多少少一定會獲得一些滿足感、快樂感，但是，不滿足、不快樂的時候也許更多一點，為什麼？因為這些東西都是聚散離合，無有定性，這些都是空的。空的並不是說它不存在，沒有發生過，而是說它的本質是（空），它之所以存在是各種因素聚合起來產生的，當這些聚合的因素分散時，就消失了。

你的名聲，就消失了，你的財富，就消失了，有一天，你的形體也跟著就消失了，這些不是永恆的，所以我們的快樂沒有辦法永恆。那如何得到一個永恆的幸福、永恆的快樂，無有眾苦，但有諸樂？就是（達到）一種自我圓滿的狀態，這個狀態不假外求，不需要靠這些因緣和合就自然滿足。

所以，不是說你貧窮了才能修道，才能達到完滿的狀態，不是！而是說你有錢了，在這個物質的世界，你有錢了，你感到非常的快樂；你沒有錢了，你還是感到非常的快樂。一般人不是這樣子，有錢的時候，你會覺得更苦惱，因為有人比你更有錢，還有呢，就是你一天到晚怕別人比你更有錢，總是擔心你之外的別人超過你了，還有擋在你前面的，這些都是屬於紅眼病，是不是？就看不得人家好，所以你的心怎麼會快樂呢？

當你清貧了，你快樂嗎？你也不快樂，總是一副「我比你清高，你們這些庸脂俗粉、凡夫俗子，一天到晚在錢堆裡面打滾，不知道上進，不知道修養……」其實這也是一種紅眼，就是以為自己比別人更高尚。其實，有嗎？沒有，所以不是說你比別人更怎麼樣，你比別人更有錢、智慧比別人更高、比別人更知名，或者反過來，都是一樣的，也就是說在任何狀態之下，你都能感受到一種滿足、快樂，是一種真正的、無缺的快樂，這個缺不存在，不像世俗的快樂有缺有憾。這個狀態我們稱為偉大的心靈。

所以，擁有偉大心靈的人不一定是什麼（大人物），而且通常都不是，什麼國家的總統呀，歷史上那些有豐功偉業的人啦，他們的心靈不一定是偉大的。擁有偉大心靈的人，在你們的世界裡，也許應該說絕大部分都是默默無聞的，你要是問他說你有沒有偉大的心靈呀？他會告訴你：「我是一個平凡的人，我什麼都沒有，你怎麼會有這種想法呢？」但是，我要說這樣的人是快樂、知足的。

如果，我們還能夠更進一步把這樣的感受、體悟分享給別人，讓別人也能夠達到這種快樂、這種狀態，那就更偉大。但是，首先我們要自己能夠進入這種狀態之中，所以我們要常常靜心思維，想想我剛才說的那些，要觀照自己的內心，看看自己的那些念頭到底是怎麼發生的。我們並不是說：哎呀，你要息慮，把你的那些念頭都停止下來，事實上，只有一種人（就是死人）才能停止思考，甚至連這種說法都不一定是對的嘛，對不對？

所以要經常觀看自己的這些念頭，相續不斷的念頭，看看它是怎麼出來、怎麼發生的，它跑到哪裡去了，它從何而來，那你就會發現這些念頭，它憑空就產生了，又憑空消失了。這樣的念頭是空性的，本質是空的，並不是恆常、不變的，我們是從這個觀點來看。並不是說你沒有這個念頭，不是，而是這個念頭之產生、消逝都是無常的。所謂無常就是，不是恆常，不是永恆不變，它的本質是空的，可以這樣說。

所以，你希望自己擁有一個偉大的心靈嗎？還是一個像野馬一樣向外奔放的心，像猴子一樣跳躍不停的心、爭奪不止的心。你希望自己成為什麼樣的一種存在。這是每一個來這世界歷練的人都應該要好好思考的問題。

2.3 讓奔騰的心休息——龍欽巴尊者的教言

龍欽巴尊者是十四世紀藏傳佛教寧瑪派的大師，和宗喀巴大師、薩迦班智達並稱為文殊三尊。在尊者眾多的著作中，其中廣受重視者即為《三休息論》。但是我並沒有學習過，所以到現在我也不知道這到底和完整的三休息論有甚麼關係。也許這是龍欽巴尊者專門為現代人講的現代簡易版心性休息吧。

虛幻休息——認知論〈這一段引自2011/03/17龍欽巴尊者的談話〉

什麼叫做虛幻休息？讓我們暫時拋開那些書本上的講法，直接來談一談「虛幻」這兩個字，什麼是虛幻？簡單說，就是這個我們常常習以為常的世界是個虛幻的世界。什麼是虛幻？我們的情緒起落就是一種虛幻，我們對於外界事物的反應就是一種虛幻，可是這些種種的虛幻卻讓我們受盡了苦頭。

你說這些怎麼會是虛幻呢？這些都非常真實啊，其實虛幻的本質不是這樣理解的，而是應該要這麼說：就是，它的確發生了，但是我們卻往往無法瞭解它，也就是發生了這些現象、情節，（我們）沒有辦法正確的理解，而產生了或喜或悲的解讀，這樣的解讀是不存在的一種解讀，是跟事件本身不相干的一種解讀，所以把它稱為虛幻。

並不是說這件事情沒有發生，不對，它的確發生了，但是要如何正確看待這些事、象的本質呢？這就需要常常省察，察覺自己內心各式各樣的想法，瞭解到這些念頭之所來、之所去是無~自~性~。

並且還可以從另外一個角度去看，就是同一個事實，不同的人有不同的解讀。所以，事實為一、解讀為多，到底哪一個才是正確的呢？這就是我們所謂的虛幻。

所以要讓這些各式各樣不夠正確的解讀平息下來、把它消除掉，要怎麼做呢？這就是所謂「虛幻休息」。就我們一般大眾來說，要想能夠無偏的思考，唯一最簡潔的方法就是靜心。每天撥出一段時間，靜下心來回想所發生的事情，回想在你心裡引起的反應，時常這樣省察自己的念頭，久了，慢慢的你就會發現很多、很多的解讀其實是非必要的，或者說是不夠全面，甚至是不正確的。不要小看了這種活動，而認為所謂的靜心只是在那邊呆坐，喔，請不要這樣想。

再來我們要談一談，靜心是否就代表我們呆坐在那兒，不，這只是許多可能的形式之一。例如，行走也是一種靜心的方式，以適合自己的步伐、步速，規律地行走，能夠讓你很快地進入一種身心協調的狀態。那跑步可不可以呢？當然也可以，同樣也是要配合自己的呼吸、心跳，這樣能夠很快地達到一種合一、和諧的狀態。記住，每天這樣練習，直到你能夠正確的解讀事、象真正的涵義。我是龍欽巴尊者，在這裡簡單地向你解釋何謂「虛幻休息」。再見。

禪定休息——方法論〈這一段引自2011/02/25龍欽巴尊者的談話〉

這是我們再一次的簡單介紹休息。「禪定」，可能很多人都有這樣的經驗，大部分都是在一個安靜的場合，透過特定的姿勢，譬如說盤坐等等，然後呢，讓你的身心經由某一種形式，譬如說「數息」，或者其他的方式，逐漸進入這種（禪定）狀態。

首先我們要講、要再一次說一說什麼叫休息，就是我們的心像一匹狂放的野馬，不停的向外奔馳，不知所終，我們急於追求外在的世界，不知道要停下來，不知道真正的珍寶在內而不在外，所以你要讓這一匹野馬停下來！

停下來的方法通常要靠禪定，但是坐在一個蒲團上，雙腿盤坐，是不是就叫做禪定呢？禪定指的是這種方式嗎？不是。真正所謂的禪定是指進入那種特殊的狀態，一般的打坐只是進入這種狀態的方式之一，雖然是滿多人採用的方式，但是並不是唯一的方法。

所謂行住坐臥，在你走路的時候，可以行禪；在你坐下來、躺著、跑步、在你坐車的時候等等，都可以藉由一些刻意的方式讓你進入禪定。當然，最好還是在一個不容易受到打擾的環境。所以禪定的目的是什麼？就是要讓你奔放的心回頭、止息。

止息並不是說我們的心像一潭死水一樣，什麼都不會、什麼都不想，不是。而是說，這樣的狀態能夠讓我們很清楚的看見事物的本質，而不受表面的現象所誘導。

當你跟朋友、同事在一起談天，忽然之間有人稱讚你說：「哎呀，您真是德高望重、您真是天才洋溢。」這個時候有什麼感覺呢？是認為他說的理所當然嗎？還是覺得他說的盡是阿諛逢迎？

雖然我們知道大部分的人都希望自己是不平凡、是異於常人的，比別人賺更多的錢，跑得比別人更快一點，但是我要說，其實平常心才最難得。但是，這個世界的眾生常常是顛倒的，把真正寶貴的視為沒有價值，沒有價值的東西反而當成無上的寶，重點不在這個有價值、沒有價值，而是我們自己失去了認識本質的能力，所以禪定讓我們慢慢的恢復這樣的能力。

方法很多，你可以去找、去修。雖然我寫過禪定休息這樣的指引書，但是並不代表你就一定要遵照我所指明的方式去練習，這並不是你的主要內容、功課。我只是要提醒你，要使我們的心性獲得休息，止息你內心翻騰洶湧的狀態，可以透過禪定，只是要做這個說明而已，沒有什麼特別難懂的地方，大家都能夠瞭解，但是要去做呀。就算你懂得一萬種禪定的方法，但是你一樣都沒有去做，千里之行還得始於足下，第一步都沒有跨出，怎麼能談終點如何呢？所以請撥出空檔做基礎的禪定練習，不要忘記行、住、坐、臥都是禪定。

禪定休息二〈這一段引自2011/02/28龍欽巴尊者的談話〉

這次講禪定休息的第二部分，前面我們已經解釋過了，單單盤坐只是許多禪坐的方法之一，另外，阿彌陀佛也解釋過了，就是你要收回放逸的心。

第一個要學的就是「專注」在某一個對象上，可以是一句話，一個影像⋯等等，就看哪一樣作法能夠吸引你，或者說能夠讓你很容易的進入那種（禪定）狀態。今天要講（的）是禪定的真正義涵。

禪定的真正義涵何在？你會說禪定不就是讓我們達到開悟的狀態嗎？對，我要說就是這樣，簡單而平凡無奇。但是知之非難、行之難，光是知道這樣子，離你做到還有非常遙遠的距離。

怎麼說？在這個世界的人類還不是那麼擁擠的時候，也許你可以很容易找到一個安靜的地方，山中、曠野，這個大地豐富多采。所以相對的也比較容易去找到這麼一個地方，適合你進行這樣的活動。

但是現在的世界如何呢？水被污染了，人口愈來愈多了，本來是好山好水好環境，現在大概已經找不到了。在這樣一個困難的時候，要怎麼樣達到那樣的目標呢？其實，不必遠求，但是也沒那麼容易。什麼叫不必遠求？在你自己住的地方，也許就是一個很理想的場所。它可能沒有很強大的氣場，也許多少充滿了一些噪音，但是只要你略微的布置，就可以達到滿好的效果。

譬如說，你們都愛看電視，電視上播的都是一些現象、無益的現象，政論節目，品頭論足，儼然自己是真主的代言人，儼然是審判者。這樣的訊息接收久了，你就會不知不覺的強化了「批評」的習性。

所以呢？這種就盡量避免。又或者看到很多的新聞節目，不是拓展你的視野，而是告訴你很多讓這個世界更混亂的訊息，所以至少在前段，也就是靜心的前半期，應該要隔絕這些訊息。

那如果看一些宗教性的節目，可不可以？我的意見是宗教性的節目可以，但是也不用常看。為什麼呢？因為，假如你能夠透過禪定達到開悟的狀態，何必要去接受那些二手、三手、四五六七八手的資料呢？不用，但是把它作為一項引導是可以的。

電視是你們現代生活的一個訊息最大來源，必須要作適當的調整。但是也不要忘記了，許多的事物不能簡單的歸類為好或者壞，要善用它的優點，避免它的缺點。所以，這樣的傳播工具拿來傳播靈界的訊息是一件很好的工具，因為威力無遠弗屆。人們不需要具備千里眼，人人都能夠接收到。

所以不要隨意的去定義一件事情，一個性向、物品是善或是惡，沒有善惡的問題，這只是一種真實的存在，就是這樣，只有在我們運用的時候，它才會呈現出某一種意義，這個要記住。

其次，你可以用，譬如說盤坐。盤坐大家都知道，分為散盤、單盤、雙盤等等。你可以嘗試，當然效果最好的是雙盤。它有一些效果，第一個它是做肢體的伸展，也可以當成另外一種形式的⋯你們說什麼？拉筋，嗯，對，拉筋，這是一個。第二個呢，如果你的姿勢夠正確的話，那麼你的身體會呈現自然的直立狀態，這個自然的直立狀態能夠讓你的脈輪系統通暢。第三個好處，它能夠保持住你身體的這些能量不隨便散逸，所以能夠讓你的精力充滿。但是要做到這樣，也沒有那麼簡單，需要長期的訓練，這是這個世界很有意思的地方，就是任何事物，你想達到，都必須經過無數的努力。

譬如說，你想擁有一輛車子，在這個世界，你必須要很努力才能擁有一輛車子。或者反過來說，如果你毫不費力的就擁有了一輛車子，那你在這個世界的學習所能獲得的就相對少了很多。所以從這個觀念來看，努力的去做、費力的去做，辛苦的獲得，這樣的歷程不但不是一種遺憾，或者不理想，反而是一種很好的機制。見事，要見到本質；見利，要見天下利。

再來第三，你們都有很多的電話，這個在數百年前的人覺得不可思議的電話，是你不必具備天耳通，就能夠聽見遙遠的另一端傳來的聲音，神奇啊，這是一個物質世界的奇蹟。

不過，這種東西很容易造成干擾，譬如，當你進入甚深禪定的時候，忽然之間，鈴聲大作，鈴～鈴～鈴～，這在很大程度上會使你受到影響，特別是初期的時候。就是當你好不容易凝聚了焦點，你可能就因為一聲鈴響，使注意渙散了，這樣比較不好，也帶一點點危險。

第四，要讓空氣流通，讓新鮮的空氣能隨時充滿你的周遭，使你的身體達到很清醒的狀態。

光線不用太明亮，所有這一切其實只是在做一件事情，就是盡量降低外在的訊號，感官訊號。所以呢你常會看見在靜坐的人們把眼睛閉起來，這是第一個要做的，因為眼睛傳送的訊息占了很大一部分。鼻子不要聞那些辛辣味，或者過度擾亂你嗅覺的，太香、太臭、太辣啦等等，過度擾動你嗅覺的要避免，聽覺，耳朵等等（都是如此）。

當我們把這些感官接收到的訊息做部分遮蔽之後，那麼你內在的訊號，我們可以這樣比方，就是你內在的訊號都還在，但是它的強度，譬如說它的強度是一，很清楚，但是它的強度是一，那外在世界的訊號呢？是一百，這是我們一般日常生活的狀況，因為我們還沒有學會怎麼降低這些外來的噪音，所以當我們在靜坐、在想辦法進入禪定狀態時，就把這些外來的訊號做有限度的遮蔽，所以一開始，也許我們遮蔽了百分之五十，還有一半，但是相對於那個一，那個內在的訊號，五十還是太高了，怎麼辦？所以呢，我們又再持續不斷的努力。

這樣，經過一次又一次的練習，練習把注意力專注在某一樣特定事物上時，外在的噪音強度逐漸下降，從五十、四十、三十降到五，這時你會覺得非常安詳，但是還是不清楚，因為內在的你還在強度一，但是這時候，你已經感到平和、安靜、安詳，於是你再繼續的努力。

再進一步降，降到外在世界的訊息已經達到可以暫時忽略的程度，這時，你內在那個強度一的訊號出現了，只有在那個時候你才能真正的瞭解，在前面的各位大師、先賢、指導者所說的圓滿俱足到底是什麼樣的情況，這時你可以知道那是一個你本具的智慧，可以稱之為神光、高我。

但是這個（高我）狀態難以維持，所以我們發現干擾的訊號強度又逐漸提升了，逐漸、逐漸回復到一百的狀態，我們又重新在這個物質的世界裡面，大概的過程是這樣。

是不是你經歷過這種狀態就從此以後幸福美滿了呢？不是，這只是告訴你，你的真正的本質何在。當你有了一次、兩次、三四五六次（經驗）之後，慢慢的，你就更容易達到種狀態。本來你需要隔絕這些外界的訊號來源，逐漸、逐漸你發現這些外在雜訊似乎對你的影響愈來愈小，你能夠越來越容易進入那樣的狀態，但是到這個時候，我們還是在一個二元對立性的狀態。

什麼叫二元對立？就是這些東西你把它分成外在的雜訊和內在的，所以，這種狀態還不是、還沒有達到我們真正要達到的目標，就是從二元對立性達到唯一性，（再）從唯一性開展，還沒有達到，當然這樣一個歷程，是艱困的，但是，不是不能達成（這裡我們用了一個雙否定），是可以達成的，雖然要經過很多的努力。

你會問那是不是需要一個老師來指導我，就像這些上師一樣？這裡我們就要看，一個人類世界的上師的指導是否必要。我會說指導是必要的，但是不一定是人類世界的上師。

你回想一下，在你所看過的這些典籍裡面曾經提到，譬如說，我們大圓滿傳承的人間初祖噶拉多傑大師，他是誰指導的呢？顯然不是一個人類世界的大師，不是嗎？所以指導是必要的，因為特別是在我們這個沉重的物質世界，我們很難感知或者瞭解，就好像盲眼的人來到一個陌生的地方，他不知道如何向前走去，這個時候指導者是必要的。他不一定會牽著你的手走完這條路，但是他一定會告訴你這個城市的道路有幾條、走多遠、碰到什麼東西、會有什麼狀況，他會很清楚的告訴你，就這個意義來看，類似導覽服務員，隨時提醒你走在正確的道路上，大概是這樣。

所以這就部分回答了你的問題，指導是必要的，但是不一定是人類世界的大師。有可能在寤寐之間你接受了教導，有可能你在睡夢中得到了傳承，都有可能，所以不要把自己的思維限制在你眼所及、耳所聽聞的世界當中，因為你的眼所能看到的有很大的局限，你的耳朵所能聽到的有很大的局限，餘皆如此。

這是我簡單的介紹，這樣的說明夠不夠呢？當然不夠，不但不夠仔細，也不夠深入，更談不上實修，但是我相信這是一個起點，是一個能夠讓你開始走出第一步的起點，所以很重要。

另外我還要提醒你，就是不要太陷在名相之中，常常想想「分別名相不知休」啊！他是不是龍欽巴尊者、他是不是阿彌陀佛，他是不是有資格、沒資格等等，我們總是隨時隨地準備貼標籤。這個貼標籤啊，就好像你用了一個專屬的鏡片去看，你用一個特定的解讀角度去看，雖然，這種辨別的活動是我們在這個世界生存所不可或缺的，但是辨別本身並沒有這種涵義，什麼涵義？就是貼標籤，隨時隨地評分。喔，你是得了一百分裡面的八十分，你是一百分裡面得了九十分、得了三十分等等，我們隨時隨地準備當個審判者，誰能審判誰呢？是不是這樣。所以不要讓自己有意或無意的陷在這種名相之網中，解脫不出來。看過沒有，蜘蛛網上面的小蟲子，陷在上面，飛不出來；這個人心之網、名相之網，鋪天蓋地，但是那只是對陷在這個網上的小蟲子來說，蜘蛛網以外的世界其實更寬廣，何必把自己陷在這裡面呢？您說，是嗎？

心性休息——目的論〈這一段引自2011/02/12龍欽巴尊者的談話〉

什麼叫做心性休息？就是我們的思維、念頭總是在不停的奔放，總是洶湧起伏，誰又對不起你啦，誰又喜歡你啦，誰又討厭你啦，你又討厭誰啦，你又喜歡誰啦等等，就是我們要花很多很多精神在這些支支節節、瑣瑣碎碎的事情上面，於是我們的一生就這樣過了。

從小我們就要想辦法要獲得更多的糖果、更多的玩具。年紀大了希望獲得更好的成績、更好的表現。更大又面臨結婚、工作啦，人生的種種問題就這樣一而再、再而三，反反覆覆，永不休止。

不論你來到這個世界多少回，你都避免不了這些問題。這就是在我們這個物質世界存在的煩惱，你必須每天為了生活中一點點小小的瑣事，為了要活下去，你要吃東西。

可是，往往你會發現吃東西並不是為了果腹，而是為了滿足那一點點口腔的欲望；你工作不是為了謀得生活所需，而是希望能夠賺取更多的錢財，去換得更多你想要但是不需要的東西。因為，你認為、或者說你們這個社會認為、你們這個團體認為，這樣會帶給你更多的快樂，於是，你就不假思索的去做了。

所以呢，我們的心就這樣被外面的世界一直引誘、引誘，終於迷失了自己，不知道自己在哪裡。所以，在滾滾紅塵之中，在驚濤駭浪之中，也或許是微風輕拂之中，不管是什麼狀態，請你把心安定下來。這樣的一種狀態，我們可以把它想像成是在一個一望無際的江面上，一個小小的扁舟，你就在這扁舟上面，隨著波浪高低起伏，輕輕搖擺，就這樣輕輕擺盪著，靜靜的感受到那輕微的起伏，徐徐的微風，就這樣感受著。如果說，我們能夠時時保持這一種輕鬆、舒服的心的狀態，那大概就是我要告訴（你）的，我們思維這一匹狂放的野馬，我們漂浮不定的心就得到了安息，得到了歇睏。

但是，也許只要別人的一句話：「你這個沒有用的東西」，或者諸如此類的，你的心又開始沸騰了，無名的怒火又在你的心裡升起，所以這樣的狀態很難保持。如果說，你在深山裡面修行，在那裡沒有人會對你講那些話，沒有那些足以引起你慾望的東西，你要維持這種狀態輕而易舉，但是那不是我們要的，因為那樣的狀態是假的，是假的修行，表面上的修行。

在紅塵滾滾當中，在這個困難的世界當中，你能夠保持這樣的狀態嗎？很難，但是如果你能夠做到，那個才叫做真正的修行。那個時候，不管你是在什麼樣的場合、境地，比如說，你也許是一個跨國企業的公司老闆，也許只是一個掃地的工人，三餐僅足以糊口，不論在任何狀態之下，你的心就像那一葉扁舟，輕輕的飄蕩，自由的、輕鬆的，這才是真正的修行。

深山野嶺，不問世事，那不叫修行，而叫沽名釣譽，是給嚮往終南捷徑的人待的，但是這樣的修練有沒有用呢？有用，什麼時候有用，就看你的發心，就是說你為什麼要去做這個事情，如果你是為了要博得一個好名聲，哎呀，我是一個非常精進的修行者等等，這一類你以為的那些好名聲而去做的話，那這樣的修行就是虛偽、虛假的，你只不過又一次騙了自己而已。但是，如果你能夠像真正偉大的修行者那樣，為了自己、更為了眾生而去做這樣的修行、鍛鍊的話，那就是可貴、可敬，是我們所鼓勵的。

另外還有一個問題是，我們要不要讀經典呢？嗯，我的意見是這樣，就是說經典要看情況，如果說你只有經典是不夠的，因為鍛鍊不能只用看的，是要去做的，做永遠比看重要。當你真正證得了那個本具的智慧，當你發現了它，當你和它融而為一的時候，那些本具的智慧就會源源不絕而出，這時經典對你來說不一定重要。

但是，正如世人喜愛珠寶一般，經典也是一個我們趨向正道的一個引路石、入門階，我們可以透過研讀經典的方式進入，這是一種可能性，也是許多人採取的方式。如果我們只把它當成一種傳奇、故事、神話故事去讀，泛泛的讀，而不是當作你實行的指引的話，那以這種態度去讀其實沒有很大的用處。

心性休息二〈這一段引自2011/02/19龍欽巴尊者的談話〉

今天要談的是心性休息二——亡逸的心要如何找回來。

我們要接續上一次的話題，第一個就是亡逸的心，亡逸的心啊它跑掉了，好像脫韁的野馬往外跑了，它找不到回家的路了。你要如何把它找回來？我們上次已經大概講了一點，這一次呢，我們再來補充說明一下。

想想看，我們的心都往外跑，跑到哪兒去了呢？我們每天追逐著繁忙的工作，工作的壓力那麼巨大，對不對？你有很多的理想、抱負，也可能有很多的負債，或者是很多的⋯⋯，總之我們有各式各樣的原因追求它，很多時候，我們把這些沒有必要的追求命名為人生的理想，就這樣往而不返，（亡逸的心）它再也不回來了。

於是我們就好像深入到一個濃密的叢林當中，或者是進入到一個一望無際的沙漠當中，你已經走不出來了。在這樣的情況之下，當我們的心往外跑了，跑到已經不知所蹤了，我們該怎麼重新尋回已經亡逸的心，重新安定下來？安定在什麼地方呢？就安定在當下。

怎麼說？比如我們現在為了某一個⋯假設說我希望能夠達到某一種所謂世俗的成就，也許是積攢了很多的財富、或者是得到很多的名聲啦等等，假設就是積攢了很多的財富，這對一般人來說比較容易理解一點。

財富好不好呢？我要說的是財富本身是中性的，並沒有所謂好或不好的問題，只是看第一，你的財富是如何來的？第二，你如何去運用這些財富？只有在這些方面，財富才能顯出它世俗的意義。

比如說這個財富是根據正當的方式賺來的，所以你擁有的財富沒有什麼不對。但是如果說我們用不正當的手段，用一種⋯也許是偷斤減兩，也許是做一些違背良心的事情得來的財富，那這樣的財富就有問題，這是第一。

第二，我們用正當手段賺來的這些財富，有沒有做很好的利用呢？還是你把它堆在床底下，或堆在某個儲存的地方，直到有一天你離開了這個世界，才發現你一毛錢也帶不走。

所以財富本身並沒有所謂的好壞，只有在我們對它賦予意義、用途的時候，才產生這個問題。但是我們常把這個當成目標，每天沉浸在裡面，你多得了一點，就高興了一點，但是看了前面還有人比你積攢了更多的財富，你又覺得不快樂，因為世俗的東西就是這樣，沒有永恆的快樂可言，但是它有一些暫時的、相對性的快樂，繼之而來的則是更多的煩惱。

所以呢？該如何處理？處理的方法很簡單，但是做起來卻很困難，就是把你的心放在當下。怎麼做呢？當然有點困難啦，特別是在這種社會型態裡面，是滿困難的。跟置身荒野的那種時代不一樣，在這樣的時代，我們可能需要至少抽一段時間去做靜心的活動。

譬如說，抽空到一個沒有什麼人打擾的地方，也許就是在自己家裡，或者是在某一個山巔、海邊，去靜靜的坐著，這時，你就會慢慢發現腦海裡面迸現一個又一個的想法，像海浪一樣一波又一波，無止無休。這個時候怎麼辦？要不要想辦法把這些念頭停掉，讓念頭不要再產生了。不用啊！你只要看著這些念頭，就好像你看著那些海浪一樣，一浪又一浪，一浪又一浪，就這樣看著它，慢慢的，你的心就會逐漸沉靜下來，這時候你就能夠比較認真的思考，很多事情對你的意義會開始產生一些根本上的變化。

譬如，你為了什麼去積攢你的錢財，為了什麼去獲取這些名聲？名聲好不好，名聲本身當然也是中性的，往往讓你變得好像比較重要一點。讓你覺得自己比較重要，比某人更重要，所以呢，當你失去了名聲，你覺得痛苦又來了。當你獲得名聲時，你也不見得有多快樂，因為還有人比你更有名，比你地位更高，你永遠就在這種循環當中，解脫不出來。

所以找一個時間、地點，找一個能夠讓心安靜的一種狀態，瞭解一下自己，你才會瞭解原來我們每天有這麼多的念頭起起落落，這就是我們尋回亡逸的心的方法，簡單不簡單？很簡單。能不能做到？很難做到。

因為我們的通病就是這樣，總是覺得一定要有一個非常奇幻、非常絢麗的方法，神秘、變幻莫測，我們才覺得那是一種很棒的、高貴的方法，是值得我們去追尋的。對於那些平凡、顯而易見的（方法），卻懶得去看它，覺得它沒有什麼價值，因為我們一聽就知道了，但是我們卻難以做到。

譬如，我們常常唸觀世音菩薩的名號或者阿彌陀佛的名號等等，你能夠一心不亂的唸多久呢？三次？五次？還是三分鐘、五分鐘？這時你就會發現真的非常困難，我們的心真的一下子就都散掉了，好像斷了線的風箏一樣，咻——就跑掉了，就是這樣。

但是，只要我們願意，只要我們肯嘗試，逐漸的，即便是在這麼困難的情境底下，我們還是能夠至少、最粗淺的能夠達到一種程度，就是「知道」。你知道你在煩惱什麼，你知道你在追求什麼，你知道你的優點在哪裡，你知道你的不足之處在哪裡，這樣你就有了反省的機會。

不是有一個「三省吾身」嗎？我們不一定要說一定要反省哪一項，但是我們要去觀看自己，那些念頭的起伏、行為的造作，導致了什麼樣的後果、如何會產生，去關注這些事情。

然後呢？然後你就慢慢瞭解這個世界有哪些事情引起你煩惱、讓你苦惱，對不對？讓你去思維它，譬如說你吃太多，身體不舒服，吃太少，也不舒服；你講了一句謊話，又要講第二句謊話、第三句謊話，你要講無窮的謊話去彌補那第一句謊話。還有⋯⋯這個在很多的書裡面都有寫，告訴你如何去思維這些事情，思維那些⋯⋯你能夠從這些世俗的、黏得很緊的觀念脫離出來。

這脫離的方法就是我們要用思維，思維什麼是苦，什麼是樂，這些傳承的方法首先從知識面來吸收，知道有這些東西可以讓我們去思考，再來就是要把這些思考的方式慢慢深化。你可能會說，可是這些東西我看不懂，或者我有一些東西看不下去，那也可以，你就觀察你自己，或者觀察周遭的跟你最有關係的。

譬如說，某個人生病了，他一定不會很快樂囉，雖然還是有少部分的病人是很快樂的，不過大部分的病人是不快樂的，所以你可以繼續去觀察他的病是怎麼來的，為什麼會產生這種病？是因為錢財，因為各式各樣的欲望？還是因為……我們慢慢去思索這些問題。

當然啦，歷代的先賢們都整理了很多，我們也可以用這種方式思索。只是說，當你僅以自己周圍人的這種案例去思考的話呢，往往因為我們思慮不是那麼周全，所以常常會有所遺漏，但是即便如此，還是能夠達到一個相當好的效果，讓你能更瞭解自己。

其實，最難的是什麼？不是瞭解別人，而是瞭解自己，最難看清的就是自己，我們都認為自己對自己非常瞭解，但是其實是錯的。你只要稍微問一下左右的人對你的看法，跟你對自己的看法，就知道我們對自己真是瞭解得不夠。所以要常常做靜心活動、思維的訓練，思考什麼是苦，什麼是樂，什麼是悲，什麼是憂，它的本質是什麼。

最後你也許就會發現，這些變化莫測的本質其實就是「空」，不是說它沒有，是說它之所以發生，是有很多、很多偶然的因素促成的。這種偶然因素促成的，我們把它叫做「緣起」，因緣生，因緣聚，它就發生了，因緣散掉了，它就消失了。不是說它沒有這個事情，而是說它的本質不具有常性，當我們有這種不只是知道，而是有很深刻的體悟的時候呢，你的程度或者說體會、體悟就會更深入，這是邁向良好旅程的第一步，所以值得我們去努力。

至少我們的心不會再狂放不已、一往無前、不知休止，不會再處於這種情況了，連自己迷失了都不曉得。就像上一次講的，你可以想像自己在一葉扁舟上，隨著水飄蕩、飄盪，就這樣飄，感受那種飄盪，就這樣就好。

心性休息三〈這一段引自2011/03/18龍欽巴尊者的談話〉

這是這個題目的最後一次說明，當然細講可以成千上萬，可以找證道的上師來為你講解，但是在這個世代，我們期望的是整體的提升，而不是少數個體極高度的成就。所以講解、傳達的方式也會相應的調整，傳統的方法仍然有其絕對的必要性，但是對於大多數的存在來說，簡單易行的方法、清楚明瞭的觀念也同樣必要。

我們講心性要如何休息，心性休息是我們的目的，正如觀世音菩薩所講的，終日追求外在的名、利、祿，你的心難以止息。當我們內心升起一種覺知、一面明鏡，明明瞭瞭映照出這些以前不知哪裡來的念頭，於是我們清淨了、提升了，這是我們的目的。

也就是將我們往而不返、放逸的、性如野馬的心性加以調服，是我們的目的。禪定是我們的方法，虛幻是我們的認知，這樣我們就把這三個面向、三個層次合而為一，名之曰「休息」。當然，你也可以為它冠上任何其他的名稱、辭彙，只要你願意、只要你能達到這樣的理解，那都無所謂，不要局限在名相之中。

我們常常會碰到一種問題，什麼樣的問題呢？就是我應該要信仰某一種宗教？或者某一個宗教底下的某一個教派嗎？還是我應該獨自進行修練？哪一種才是比較好的方式呢？其實每一個存在因其各別的經歷、經驗不同，形塑了各式各樣的性格。所以，有些適合信仰某一種形式的團體，只要你仔細的去察看，你就會發現有很多的存在，可能他原先信仰基督教的，結果呢改信佛教了；也許有許多信仰佛教的，改信回教了；也許有很多信仰回教的，改信天主教了等等，請不要一直去評斷不同的宗教孰優孰劣，請不要做這樣的評斷。

就好像我們今天走到餐廳林立的街道，想要吃一頓簡便的餐點，在這條街上可能有賣傳統的小吃、麵攤，也可能有高級的餐廳，到底哪一間店才是最高貴的呢？其實只能挑最適合你自己的，於是我們走進一間適合自己的店面，取用了我們那一（份）令人滿意的餐點，就只是那樣而已。

所以，一定要記得不要一直評斷、評斷、評斷，誤以為自己擁有絕對的覺知、絕對的清明能力去評斷那些你並不曾深入瞭解的東西，請不要這樣做。

人生有很多的煩惱，即使是螞蟻也在不斷地評量對方。身而為人更是隨時隨地不斷評量，評量你的父母、評量你的子女、你的同事，包括你自己。所以有很多人發現自己的表現似乎不如俗世所預期，評量自己和親朋好友後，發現自己有很多的缺乏，比如說，別人有汽車而你沒有、別人賺的錢比你多、別人吃得比你多、休閒時間比你多等等。我們總是在清點自己所缺乏的，卻很少想到自己所擁有的，這就是我們說的「往而不返」，我們一再向外追求、向外觀看，卻忘了內心才是最遙遠的距離，因為從來不曾向內看。

各位親愛的朋友，時候到了，該讓你奔騰的心止息了，該升起你清明的明鏡，讓自己明明白白看見事物的本質，這樣的時候已經到了。大道至簡，這裡並沒有難以理解的語言、文字、觀念，一切都簡簡單單，但是難在哪裡呢？難在實行。

行百里路半九十，就算你已經走到了九十里，還只走到一半呢，不是嗎？「未竟全功」就是指這樣的狀態。我親愛的朋友啊、我親愛的家人啊，請時刻提醒自己，在生活中的每一個面向進行覺察。如果你還是不知道要怎樣明確進行，很簡單，只要問自己一個問題：「你所追求的是你需要的？還是你想要的？」就從這個地方開始，反覆問自己：「這個是你需要的？還是你想要的？這個是為了你自己的私慾？還是為了公眾的利益？」

再講一次，大道至簡，知易行難，祝福大家。

談笑自如的人生從何而來〈這一段引自2011/03/19龍欽巴尊者的談話〉

這個題目很有意思，就是關於我們如何能夠以愉快的態度面對我們的一生，這樣的態度要如何養成？

一、要知道我們這個世界是虛幻不實的世界，不是說沒有這個東西，而是這世界是因緣和合而成的。所以，這世界必然歷經成住壞空，不論它經過多長久，也許是一天、也許是一萬年、一億年，總之它會經歷這樣的階段，所以當你把你的一切寄託在這個虛幻不實的世界，那麼你就不可能達到這樣的狀態，或者境界。

二、利人利己。應該說利己利人，也就是在能夠對其他人有所幫助、有所貢獻之前，先要把握住自己，先要讓自己具備足夠的能力，什麼能力呢？就是關愛的能力、智慧的能力，還有在這個物質世界生存的能力。所以這邊的利己，不是說向別人多挖一點財寶過來，不是這意思，而是你不能提升自己的能力、不能增長你的智慧，那你如何能對別人有所貢獻呢？能力愈大，當然貢獻也相對愈大，所以利己之後利人。但是反過來說，在增長自己能力的同時，是不是也能協助別人呢？當然也可以，所以利人利己、利己利人，是一個交互循環增長的過程，是正面的循環，大家都愈來愈好。

三、達到開悟的狀態。這不是指你某一次忽然之間靈光一閃的那種開悟，而是指一種連續不斷的覺知狀態。在這樣的狀態之下，你會做出最明智的抉擇，所以你的生命就這樣有了意義，你的存在就有了價值。慢慢的，你就真正的具備一種俗世的超脫，什麼意思呢？就是不論你處在什麼樣的境地，都能夠維持那樣的狀態，都能對最終的目的保持最大的熱情，做出最大的貢獻。有一天你也會成為這樣的一位指導者、指引者，協助各個存有往回家的道路邁進。

我是龍欽巴尊者，我們的談話將要暫告一段落，這是我臨別的贈言，不過請不要高興得太早，我只是暫時的離開（愉快的笑聲），這是跟你開一個玩笑，因為該是你進入密集鍛鍊的時期，請依照我所說的三個休息。如果你問我要不要去看書呢？書上講得更多、更詳細！我的回答是：當你遇到一位真正的明師、真正的上師，那麼請你跟他認真的、詳細的學習。但是如果你沒有遇到一位真正具格的上師，那麼就以我口傳的這三個休息當作簡便的法門，有任何不足之處請隨時和我聯絡，因為我也是一位具格的上師嘛（又一陣愉快的笑聲）。抱歉了，因為在傳講的時候適當的嚴肅有其必要性，但是偶爾開個小玩笑也無傷大雅，請不要見怪，以上是我的意見。所以不要把心思放在有沒有上師呀，我們應該把指導者、老師的定義加以擴大，這些一位又一位的神聖存在，不就是你的老師嗎？不只這樣，即便是你左鄰右舍吱吱喳喳的鳥、汪汪亂叫的狗，都可能在某個情況下成為你的老師，他們都擁有你可能不具有的智慧、覺察，請不要忽視任何一個存在。一棵樹擁有的智慧可能遠超過你的想像，所以請用心體察這個世界，雖然這個世界是濃密而不透明的，但是你還沒有達到真正覺知的狀態，你終將發現這個世界真的非常、非常殊勝，自己非常、非常幸福，這是我龍欽巴尊者對你的祝福，我們就暫時告別一陣子囉，再見。

2.4 停止無益的念頭

心性不定要如何對治〈這一段引自2011/02/15阿彌陀佛的談話〉

心性不定要如何對治？我們的心就像一匹野馬，狂放不已，這種狂放不拘的心，該要如何使它安定下來呢？該怎麼做？不同的時代、不同的老師，會有不同的做法，有些用當頭棒喝，直通通、毫無遮攔的就把你那個不定的、晃來晃去的，就把它給剖開了、打碎了。這時如果你接受了，就可以進入一種開悟的狀態，但是很不幸的，如果你不能接受的話，就會起輕慢之心，覺得也不過爾爾。

可是在這樣一個工商發達的社會，要如何收拾我們的心呢？怎麼做比較好呢？第一個就是，恐怕要切斷我們接收訊息的管道，說切斷也許太過了，我們可以說「減少」。

比如說，你們電視上那些不停播放、負面的訊息，該如何與這些訊息保持距離呢？一個最簡單的方式是，把這些訊息的來源切掉，你不要開電視嘛，對不對？

你另外一個訊息的管道是可能跟朋友、同事或者某位人士交換了訊息，就像從古以來的那樣，就是所謂的東家長、西家短，評高論低，這樣能夠讓你的心安定下來嗎？不行，所以呢？在可能的情況下，要避免無益的談論。

工作中，我們為了要在這個世界生活下去，你必須做很多符合這個世界運作法則的事情，但是，我們能不能夠在其中保持或者穩定住我們的心呢？可以的！就是你要開始學習如何去看待你所面對的情況。

比如說，現在，可能你的某一位上司或者某一位同事，總之呢，他交代給你了，他告訴你一件事情需要你去做，這時你會懷抱什麼樣的心態呢？是抱怨？覺得自己怎麼那麼倒楣，會被派到這種工作？還是你很高興終於有機會表現自己了？這些其實都不是正確的態度，比較正確的態度是事情來了，我們就去處理，處理好之後，就把它放下；事情不來，也不需要主動的去招攬這個事情、那個事情。

為什麼呢？因為這些事情並不一定是你能力所能及，即便是你能力所能及，也不一定非要由你來做不可，因為人的精力有限，就算有能力，你不一定有精神去做這些事情，還有呢，比起其他事，有其他的人更適合、比你更適合，你為什麼要妨礙別人有所貢獻的機會呢？我們總是在抱怨：「哎呀，沒有人瞭解我，沒有人知道我的才能」，但是，我們是不是曾經反過來問：「我真的有這種才能？真的有這種能力嗎？」

所以，一方面我們要瞭解自己，不只是其他的人不瞭解你，你連自己都不一定瞭解你自己，是不是？所以，我們首先要能夠自我瞭解，其次要能夠瞭解其他的存在，保持一種清明的知覺。然後，對於這些來到你生命當中，又從你的生命離開的這些事情，保持一種不即不離的態度，就是我並沒有一頭陷下去，覺得這件事情非我不可，我們不需要這樣。但是也不要說：唉呀，你們千萬別來找我，做這種事情呢我只有倒楣沒有好處的。

所以，當某個東西、症狀、狀態現前了，你就去看著它、處理它、放下它，這樣就好，不必去爭功諉過，不需要，這只是一種現象，我們已經提過了，是不是？現象本身是空性，它之所以會產生是因為有許許多多的因素聚合起來而產生的，當這些產生現象的因素解散了，現象也就不見了。所以，我們就保持這樣的心態，逐漸、逐漸讓你的心安定下來。

另外一個你可以考慮採取的方式、也許有滿多人採取的方式是，去某一個地方，找一位老師指導你如何把心安定下來。很多人這麼做，但是，是不是每一個人都必需這麼做呢？倒不是，選擇適合自己的方式永遠是重要的，你有很多、很多人事物可以為師，天上的雲不能為師嗎？只要你認真的思考，都能夠成為你的老師。

如果你真的不知道該如何去進行的話，那你可以去追尋，追尋你的指導者，請他指導你、引領你進入這麼一條道路，但是要小心，因為不夠格的指導者往往使你誤入歧途而不自知。所以，在你選擇了這樣的方式、這樣的途徑去做的時候，一定要對於這些號稱的指導者，要時時刻刻的去審查、去鑑別，他們到底能不能指導你呀？還是說，只是會說一兩句漂亮的言語，也許還能夠作幾句詩，聽起來有點學問的樣子，但是，只要別人少敬了一個禮，就暴跳如雷；少捐了一點錢，就滿肚子不高興，是不是這樣？所以不只要聽他說什麼，更要看他做什麼。

這是一個困難的過程，不要隨便去選擇一個號稱是名師的老師，不要，一定要考驗再三、謹慎再三，名氣大並不代表程度好、智慧好，但是名氣大也並不代表他就智慧一定不好，智慧跟你的有名無名沒有關聯，這一切都要由自己來判斷，所以，講了這麼一些，到底要如何使你的心安定下來呢？就是要保持一種鏡子的態度，將事物的本質如實的、原原本本的映照出來，不多也不少，就把他映照出來就好了，瞭解嗎？有沒有問題？

心裡的念頭該如何停止平息下來〈這一段引自2011/02/26 阿彌陀佛的談話〉

生活在這個世界的人啊，無時無刻在你們的腦海裡浮現出無量的念頭，「一念生、一念滅，念念生滅」，一直到離開了這個世界。所以，我們難以覺察本來的面貌、生命的真相。要瞭解這樣的狀態，可以透過靜心。

要靜心，方法很多，也談過很多次，這一次我要講一個很單純的方法，這個方法很簡單，就是把你的目標定在單一的對象上。比如說，你面對著一棵樹或一顆石頭，或者一句佛號，專心的誦唸，這和宗教無關，比如說你可以專心一志的唸，祈求真主阿拉的保佑、祈求聖母瑪利亞的關愛、祈求觀世音菩薩的加持。

祈求的方式也很簡單，比如說，我們就以觀世音菩薩來舉例，你可以，用一個念頭、一句（話）來代替你其他的、無數的、生滅的念頭，這樣頂禮觀世音菩薩，或者如果你喜歡南無，你喜歡用「南無」，其實是一樣的，如果還覺得太多，那就直接念觀世音菩薩也可以，還覺得太多，你就可以觀想「字」或者「像」。

字一般稱為「種子字」，目的是收攝你的心神，就這樣。一旦你能夠將心神定在一，慢慢的很多東西就變成自然而然，你不需要很刻意的去做其他的，就能夠達到這樣的狀態。

你說還很麻煩，那你可以數息，「吸～呼～」或者「呼～吸～」，覺得數息還要數兩個很麻煩，就保持一個念頭；你覺得觀想「字」、觀想「像」很麻煩，那你就觀想一個丹球，就是一點光，想像那一點靈光在你眼前；這是一個能夠讓你止息日常生活中那些生生滅滅念頭（的方法），今天又要做什麼事啦！去哪裡買菜啦！誰又說了幾句不中聽的話啦！我又要去哪裡繳錢啦！……等這些沒有很大助益的事情，你經常會碰到。

特別是你只沉浸在這樣的事情當中，這時你的真正的內在就和你很沉重的外殼進行拔河，而不是進行合作，你的形體不斷、不斷的要去看見它以外的世界，企圖尋找隱藏在其中的真理，這樣是難以達到目標的。

你說，難道只要這樣做就可以了嗎？那有沒有其他的注意事項？我需不需要盤腿而坐呀？盤坐有一些額外的好處，比如說，你能夠盤坐，表示身體的狀態已經達到某一種和諧的程度，或者反過來你可以經由盤坐活動、動作，使你的身心達到一種和諧的狀態，能夠讓你更容易進入，但是，是不是非這樣才可以呢？也不是，所有方法都沒有一種一定最好的，只有最適合你的，沒有一種能夠適合所有（存在）的方法，所以不要去模仿別人、單純的模仿，要試著找出最適合自己的方式。

需不需要有宗教信仰呢？告訴你，不同的宗教信仰就像是不同的上山路途，在你還在爬山的過程中，不同的路線代表的意義完全不一樣，四周的景色你能夠碰到的並不一樣，其他的呢？也完全不一樣，但是到了山巔、到了光明頂，到了那個光明普現的所在，你將發現其實大家都一樣。

但是我們現在仍然在這個歷程當中，還在各自登山的過程中，所以信仰宗教並沒有什麼錯誤，同樣的，也並不是非信某某宗教不可，其次，無論你信仰什麼宗教、什麼派別，都要保持這樣的信念，什麼信念？就是要尊重，尊重其他的宗教，不論它的世俗教義有多麼的分歧，要尊重，彼此的尊重。最差的情況就是互相攻擊，認為自己才是最好的，自己的信仰才是最純正的，這種情況要盡可能的消除，如果你沒有任何特定的宗教信仰也可以。

你說你這樣也可以、那樣也可以，到底我要怎麼樣才好？所以我們又講回來，你是生命的主體，你可以自己去決定很多事情，走什麼樣的路，走多快、走多慢，用什麼樣的道具來協助你走這一趟旅程，都可以自己決定。所以不是哪一種宗教或者哪一種修行方式最好，而是，對你哪一種才最適合，對你最適合的，不一定適合其他的存在，一定要記住這一點。

這樣首先從知道開始，再來呢？要練習，練習止息你奔騰的心緒，不是消失、不是消滅，只是讓你過度外放的心漸漸沉靜下來，每天的雜事就好像強烈的雜訊，使你（內在）那些隱微的訊號被遮蓋住。

那訊號如何才能被發現？當我們逐漸、逐漸平息外在干擾，逐漸停止下來，降低降到某個程度之後，你就會發現喔！原來生命是這樣的奇妙。這樣的練習不能一次就達成，必須要持續經常鍛鍊，所以也不要氣餒，說我三次沒有（做）到就要放棄了，這是不可能的，持續做靜心的練習，已經告訴你要靜心了嘛，現在再進一步告訴你如何靜心？接下來你就要好好想一想，如何在繁忙的俗世中去做這件事？很困難，但是要試著去做，才不枉你走這一遭，再見！

洋洋灑灑長篇大論，不如一句奉行〈這一段引自2011/04/09 阿彌陀佛的談話〉

有很多人常常喜歡去參加各式各樣的聚會，到處去聽聞講經說道，但是只停留在用耳朵聽的階段，並沒有認真實踐所聽聞的教義，趕完了一場又一場、一處又一處，珍貴的教法學了一個又一個，好像在逛百貨公司的專櫃，逛了一櫃又一櫃，但是卻始終不能明瞭自己到底要的是什麼；這樣，還不如只用一句，意義深遠的一句，抓在手上、放在心上、依此奉行、貫徹實施，這樣遠比到處趕場、聽經說法，要好上千百倍。無上珍貴的教法對於這些人來說，就像時髦的流行玩具，玩一玩、看一看，就認為自己已經有了深刻的見解，於是生起傲慢之心，認為自己已經接近無所不知的程度了，這是一個值得反省的課題。

課題的主題就是實踐，光說不練…不，應該是光聽不做，對於提升你的能力毫無助益，只是浪費了很多的時間，你的時間浪費了，教你的人也浪費了他的時間、精力。所以，不要再去追尋，追尋什麼？那個你心目中以為存在的那個至高無上的方法或者教義，停止向外追尋，把你的心、放逸的心收回來，集中你的精神去實現「一個」概念。譬如說「定於一」、譬如說「省察」，任何一個，只要你能夠做到徹底，對你都會有極大的影響，比你走馬看花、趕場加班地學習那些無比珍貴的教法，其實卻是一而再、再而三糟蹋了這些本來珍貴的教法還好。

特別是在你們現代的社會環境，更沒有必要去東追尋、西追尋，要學習子路的精神，什麼精神？就是「唯恐又聞」的精神，學到一個觀念、一個方法把它做到徹底，再學下一個。這樣日積月累，你會發現愈笨的方法，到頭來卻是最聰明的方法；愈慢的方法，到頭來竟然是最快的方法，按部就班永遠不是投機取巧所能比擬。

就從現在、就從今天、就從你聽到這一段講話開始，收攝你的心神，做一些對你自己真正有益的事吧！這是今天講的主題。將來，在最近的將來，希望你就能夠做得很好，有所體悟，並且能夠把你個人的、小小的體悟、見解，和周遭的人分享，無私的分享，不是為了要獲得好名聲，不是為了要獲得龐大的利益，就只是為了讓大家變得更美好而分享，好嗎？再見。

一樣的心情，一樣的態度——不為外境所動〈這一段引自2011/03/30約書亞的談話〉

什麼是一樣的心情，一樣的態度？簡單的講，就是當有外緣、外境和你產生互動，也許有人稱讚你、也許有人討厭你，不管怎麼樣，我們都用一樣的心情，什麼樣的一種心情？就是接觸，但是不加以評論，不管是稱讚你的也好、批評你的也好，都不加以評論。

為什麼要這樣？讓我們回想一下，我們評論的時候在做什麼事情？某人稱讚你了，於是在你的心裡就興起了這樣的念頭，「喔，他對我的印象是正面的，他……」所以你心裡就高興了；人家批評你，你就把它解釋成「喔，他可能天生就看我不順眼、我們不搭嘎了」，很多、很多的念頭在你的腦海裡面，起起又落落，這些起落的念頭只會使你愈來愈遠離，所以在這些外境顯現時，請保持像明鏡一樣的態度，保持像明鏡一樣的心情，就只要把它反映出來就好了，不要加入過多的評斷。

這些評斷都是建立在你過去的經驗，也許讚美你的人接下來只是想從你身上撈一點好處呢，也許批評你的人是希望你有更好的表現呢，所以不要急著去評論，這不只是在理解上，還要切實去實踐它。保持一點點的距離，讓你自己擁有獨立思考、判斷的一個空間。

有些存在會覺得，哇！你可以和×××⋯講話，好羨慕喔，其實希望你將這樣的話轉告給這些（人），就是每一個人都是珍貴的、都是不同的，毋須去羨慕任何人；沉靜自己的心靈是好的，但是羨慕奇才異能，就值得商榷。你的目的到底是什麼？尋求開悟、還是獲得神通？想清楚！你追求的是本還是末，要想清楚！你看的是花朵的美麗，還是看一朵花能夠抽取多少的精油、花香？這個要搞清楚！

很多人美其名為自然，什麼是自然？就是看它花開又花落，這就是自然。一朵花在它開得茂盛的時候，你把它摘下來，花不會傷心、落淚？不會嗎？為什麼會這樣做？因為我們常常不知不覺，認為自己有權力能夠主宰其他的生物、動物、植物，認為我們有能力、有權力予取予求、生殺在握，這種觀念是否需要修正了呢？值得思考。

很多人認為自己在修行，但是每天、每天，他們的念頭卻像奔騰的馬匹一樣，就像山裡上下跳躍、縱橫穿梭的猴子一樣，無有止息。也許形體上是在打坐，但是他的心卻從來不曾停，從來不曾安靜下來，也沒有想要安靜，只知道我多少天打坐一次、多少天報到一次，以這種稱斤論兩式的行為來衡量自己修行的深淺，這些都值得我們常常拿出來檢討，我是這樣子嗎？所以，為什麼要強調省察？就因為我們常常容易在不知不覺之間離開了正軌，日積月累，終究往而不返，所以透過省察的過程，透過相互提醒的過程，我們逐漸邁向我們的目標，這是今天簡短的談話。

拉下頂點的邊疆〈這一段引自2011/03/24 阿彌陀佛的談話〉

拉下頂點的邊疆是什麼意思呢？「疆」是指我們在其中鍛鍊生活的場所，「拉下頂點」是說要從頭做起。為什麼要「拉下頂點」？因為我們都想站在頂峰，想要勝過其他的客體，展現出自己不同於常人之處，凸顯出自己的優勢，但是我要說這樣的心態是偏差的，會阻止你通往至善的目標。

所以，要在你生活中的所有層面把你從頂點拉下來，不是說真的把你從三樓高拉到一樓去，不是這個意思，是把你那種爭勝、求好的心態拉下來，用一種平常心，什麼叫「平常心」呢？就是你可能表現的很好，也可能表現的不夠好，但是，都要以一種平常心來對待。也就是，你是否處在頂點並不會影響到我們行事、待人，這一點要記住。

從小，你們的教育就要你們經常性的處在競爭的狀態之中。考試要排名，比賽，各式各樣的比賽：作文比賽、演講比賽、田徑比賽，連說笑話都要比賽，然後排定名次，拿到了第一名就歡欣鼓舞，沒有錄取就垂頭喪氣，我們就這樣愈來愈遠離生活的意義，我們根本完全脫離了生活，都只活在競爭之中、虛假之中。

所以，你上一次看見星星、仰望天空是什麼時候？你上一次為了一片落葉感動是什麼時候？仔細想一想，你是否很久沒有因為一朵小花的綻放而感到滿心的愉悅？沒有因為看到一彎流水而感到心情無比的歡愉？沒有為吃到一口美味的食物感到全心的滿足？多久了呢？

我們就這樣往而不返，還引以為樂，所以，我親愛的朋友啊，請回頭看一看、想一想，你的生活可以帶給你真正的快樂嗎？你競爭得到的那些東西，真的有價值嗎？你到底是以競爭為目的，還是以獲得永恆的快樂為標的？到底是什麼呢？請靜下心來想一想，這樣做付出的代價到底是什麼呢？疲憊的心理、糟糕的健康、虛偽的名聲，除此之外你還有什麼呢？

請現在聽我說，請每天撥出五分鐘、十分鐘安靜的坐著，安靜的站著，只是單純地看、單純地聽。腦海裡面念頭來來去去，隨它，來不阻擋、去不挽留，每天就這樣，五分鐘到十分鐘，沒有人規定你非得要雙腿盤坐在那裡，是誰規定的呢？沒有人規定你不能端端正正坐在椅子上、安安靜靜站在走廊上，沒有，就單純地看著花、看著樹、看著朝暉夕陰，看著天空的飛鳥、地上的小草，看著它，直到你心有所感，這樣會很難做到嗎？

這是我今天做的簡短建議、簡單易行的建議，希望大家能夠採納，並且應用在每天的生活中，為自己創造一點點生活的樂趣，增進一點點生命的價值。終究你會發現，我們的生命是圓滿的、生活是精彩的，但是卻往往沒有認真看、認真聽，認真感受這個世界的豐富、多彩多姿，所以，我們很多事情就這樣空過了，直到人生的終點到來，然後說這輩子好像沒有學到什麼東西，是不是來錯了？是不是搞錯了呢？終究你將會發現原來你忽略了每天在你眼前出現的、你耳朵聽到的，你忽略了它們，所以你也無所得。

好不容易來到這人生的修練場，結果我們卻入寶山而空回，一心只想著窗戶外會飛來一隻大天鵝，永遠在期待這麼一個「在你之外」的東西，期望滿足這種不可能滿足的願望。

堂堂正正的人生，一樣不缺的生活〈這一段引自2011/03/20約書亞的談話〉

我們先來講「一樣不缺的生活」，所謂的「一樣不缺」，不是說你滿腦子亂想，需要這個、需要那個，不是這個意思，所謂「一樣不缺」是指在這個物質世界生活所必須的東西一樣不缺，只要你依循內在的指引就無虞匱乏。

但是，在這個以外的，就是我們稱為欲望、特別是過多而無止盡的欲望，那可能就東缺西缺，應該說永遠都會有匱乏的時候。當你有一輛名牌的汽車，發現別人也有名牌（汽車），於是你就去買一艘遊艇；然後你又會發現別人的遊艇更大，於是你又去買了一架私人的飛機；然後你又會發現別人的飛機比你更大、更豪華，就這樣。所以重點不是在你缺了什麼，而是在你擁有了多少，記得常常在生活中點一點你所擁有的。如果一定要比較的話，那麼就跟過去的自己比較吧，今天比昨天更進步、昨天比前天更進步，這就是一種超越；今天比昨天更有錢、昨天比前天更有錢，這就是一條不歸路，指引著你，向無法回頭的路途前進。除非你賺取錢財的目的是為了造福大眾、為了眾人謀求利益，否則你就會陷入自己所編織的網中，陷入這個社會所編織的網中，永遠逃脫不出。

你能夠做到這樣，就表示你的人生圓滿俱足、不假外求，這樣的一種人生，就是堂堂正正的人生。所以，什麼叫「堂堂正正」呢？第一，我們要做到無愧，不愧對自己、不愧對別人；第二，要做到有益，有益自己、有益眾生。一個是消極地達到，一個是積極地完成。我們至少至少一定要做到無愧，但是這樣還不夠，這樣只是走到九十，還沒走到一百，所以請不要停止你的步伐，請持續不斷地努力，為了自己、為了家人、為了這個社會、這個宇宙，請隨時讓自己保持在這樣的狀態。

這是我約書亞要向你一再強調的，不論我講述什麼樣的主題、不論我講述了多久，你會發現其實內容都差不了好多，重點還是在實踐。口頭專家四處皆有，但是我希望你做一個實踐者，也許不容易，但是總要有個開始，總要能夠好好保持下去，找一些志同道合的朋友、一些足以提供助力的朋友，為自己生存的地域，貢獻一點小小的力量。

2.5 讓心中充滿喜樂

覺察〈這一段引自2011/03/27 觀世音菩薩的談話〉

注意體察身體上的變化，這些變化會逐漸、逐漸提升你身體的品質，讓這緣生之舟變得更穩健，能夠載你飄洋過海，渡過重重的紛擾。也許這緣生之舟本來有點漏洞，也許本來速度不快，你現在可以經由後天的努力修補起來、加強起來。

這不是一種競賽，不是你和誰比，誰的進度比較快，不是，你唯一能比的就是自己，比你自己以前，今天的你和昨天的你比，明天的你又和今天的你比，這是你唯一能夠比較的，持續不斷地向著目標邁進。但是，目標在哪裡呢？

世人總是習慣性的去做一些事情，少有自省的能力，我們順著世俗的觀念去學了很多不一定需要的記憶，然後，等到出了學校之後，又很自動投入某一種工作。很不幸的，大部分工作又引不起你的樂趣，沒有辦法引發你生活的樂趣、生命的樂趣，只是活著而已，那跟馬路上一隻搖尾乞憐的狗又有何異呢？只是活著而已，你的目標在哪裡呢？我們真的很少去思考，大部分的目標都是別人告訴你的，親朋好友告訴你的、師長告訴你的、電視告訴你的、報紙告訴你的、徵才廣告告訴你的，不是你自己體會到的。所以，我們絕大部分的人過的都是一種不得已的人生，說得嚴重一點，就好像一個活死人一樣，跟個木偶也差不了很多。

現在可以考慮把這樣的情形翻轉過來，我們有幾種態度，第一，不論你做什麼工作都能樂在其中，當然這是比較困難得、要求比較高的；第二，能夠做你喜歡做的工作並且樂在其中，這樣我們才達到最基本的要求，即便這樣也是一個難以企及的目標。

所以，我們現在要重新醒過來，重新發起一種覺察的生活，重新體會生活中的樂趣。路邊的小花開放了，你看見了嗎？雨滴滴滴答答的響，你聽見了嗎？去體會這些東西、這些覺受，就是在你們的世界一種最難得的經歷，但是，大部分的人都認為這些沒有什麼了不起，毫不珍惜。

所以，從現在開始，請你過一個覺知的人生，帶著覺察過生活，這樣你會更珍惜所擁有的，你會感受到天地之美，感受到內在深層的平靜，你的心不再隨著世俗而起舞。這是我今天要向你提醒的，一些老生常談，重點不在多麼高深的教義，而是要能夠在日常生活中實現這些……不是知道，是要實踐，實踐這些看似平凡、實則玄妙難解的，用心去體會它，真理就在其中。

如何面對複雜的世界〈這一段引自2011/01/08 孔子的談話〉

你現在是以一個人的形體而存在，我要教你的是你有純正的心靈，要以這樣的態度、狀態去研究你的任務，什麼意思呢？就是說當你在進行所負的任務，或者說所身帶的功課時，要以純淨的心來面對，你有很純淨的、純粹的、單純的心，但是這個世界是複雜的。

這麼複雜的世界要如何去面對它、處理它，只有一個方式，就是以你純淨本然的、清明的心去看它，讓事物本然照現在你的（眼前），讓事物能夠清楚呈現它本來的面目，你就能清楚的看見，你才能清楚的看見這樣的一種狀態。

但是要記得不要批評，不要批評，因為批評會讓你的心陷入一種負面的狀態，對你不好，你瞭解、你知道了嗎？……曾經我也在這個世界上存在，但是終有一天我們都會離開，也許是暫時，也許是從此就離開了這個物質世界，但是不管我們存在於什麼狀態，我們都要有一個認知，就是我們的本質是至善，這一點不可以忘記，這一點你要牢記在心。

雖然你以這種物質的狀態，可能不記得你以前會的、以前學過的，但是沒有關係，因為當你脫去了這個物質的外殼，你就會立刻感受到，或者說，立刻就直接和你累世的記憶、累世的智慧連接在一起，那個時候你將會毫無阻礙的瞭解到所有的一切。

但是就在這個時候、這個時節，你總是只能感受到自己的局限、渺小，你難以察覺那「光」微妙、不可捉摸的特質。但是你要有信心，這個不是一種障礙，反而是能夠讓你進步的動力或者情況。

要知道：我對你的關心是不斷的、持續的，不只是你，其實對所有這個世界的存在，我以及我們所有的：這些你認為的、你所說的，那些所謂的靈或者高靈都以純然的愛、純然的關愛看著你們，所以不要灰心喪志，不要低估了自己的能力，要相信自己，你有很大的、潛在的能力隱而未現，不要妄自菲薄。

但是同時也要記得一件事情，不要過度去追索那些渺不可知的事情，因為這些事情在你離開了物質的身體之後自然就能夠領會、通曉。所以，不必太在意這些你暫時忘記的事情，應該要把注意力放在你的眼前，做好你該做的工作，認真的把握這個機會學習。

人身很難得，在這樣一個社會環境裡，能夠過幸福安樂的生活其實很困難，所以我們要常常心存感激，感激那些給予你幸福生活的。比如說，你有飯吃，有衣服穿，有很多很多，你擁有很多很多的東西，有沒有常常心存感謝呢？有沒有常常在內心中興起一種感激之情，感激這個萬物、世界給予你這麼多，你有沒有做出適當的回報呢？越是感激、越是回報、越是付出，你會越珍惜這個世界、越瞭解它的可貴之處。

所以不要氣餒、不要灰心，要以光明的、充滿信心的、純淨的心態去過每一天的生活，做好你該做的，接受你無法改變的，這樣就夠了，就是已經很難達到的高標準。

陽光普照現祥瑞〈這一段引自2011/04/19約書亞的談話〉

陽光普照指的不是外頭的陽光，而是指你內心裡的陽光。我們總是被許許多多的雜事、俗事遮掩住了，於是終日沉浸在瑣瑣碎碎的事情當中，這裡一點、那裡一點，這邊講兩句話、那邊寫一份報告等等，少有機會能夠讓自己的心清空、清乾淨，終至無所知覺。

但是，也許有那麼一天或是某個機緣，你打開了心中的太陽，清除了你心裡的陰霾，你覺得豁然開朗，於是心中的陽光洋溢開來了，心情開朗，這時候你也許會發現，雖然做的是同樣的事情，但是你看待這些事情的方式不一樣了，看待的角度不同了，再也不是那種被迫的、帶有義務的、心不甘情不願的，取而代之的是歡喜的、快樂的、不求回報的，這樣的心態就是我所謂的陽光普現，是你內心裡面的陽光，當你心中充滿了這種正面光明的態度，有什麼是不祥瑞的呢？這是今天簡短講陽光普照現祥瑞。

同時，你也可以把這樣的心情、狀態，也像陽光向外照射、向外灑出去。讓我們想一想，你每天接受的那些陽光，你曾經付出任何的代價嗎？沒有，陽光是一種無私的付出，不是為了什麼而付出，就僅僅是付出，這個付出的本身既是行為也是目的。所以，當我們的行為也像陽光一樣，就僅僅是付出，你能說和陽光有任何不同嗎？就它的本質意義來看，毫無二致。這次就簡短講一下。

此外我還想講一點另外的主題，就是當我們在內心裡，稟持一種純粹的善的意念去做任何事，這些善的意念都會附著在這些事情上面，使得所有依循善的意念所做的事都會產生正面的回應，這些回應也許快、也許慢，但是不論快或慢，只要我們持續的去傳播善的訊息、傳播美好的福音，這個世界終究會改頭換面。

無私的付出使你不會感到疲累，不求回報的付出使你的行為更持續有力，不要為了一時的成果多少，而擔憂、煩惱。一粒種子總要種在適合的土地上，才會生根、發芽、茁壯起來，那麼如果說沒有適合的土地呢？這也很簡單，我們可以先把這樣的土地轉化成適合這樣的種子成長的環境，然後靜靜的等待它發芽、成長茁壯。

在成長的過程中難免碰到風風雨雨，但是風雨帶來的是焠煉，這樣的種子更為堅強、茁壯，將來總有長成大樹的時候，這將來你也許看得見、也許看不見，但是沒有前人種下的樹種，後人怎能有涼可乘呢？

所以還是要稟持不求回報、無私、善良的態度，去傳播這樣的福音、訊息就可以了。我們不能控制事情要怎麼發展，但是可以盡最大的努力，我們很難要求別人，但是可以要求自己。你可以掌握今天，但是不要老想著明天。就是這樣。

天天都是添喜日〈這一段引自2011/05/26約書亞的談話〉

今天是一個好日子，叫做「添喜日」★，世人都喜歡添福、添壽、添財，但是就讓今天成為一個添喜日，也就是增加快樂的日子，不只是今天，天天都快樂，所以，天天都是添喜日。

你沒有辦法決定今天會不會下雨，你沒有辦法決定今天會不會刮風，同樣的，你也沒有辦法決定今天其他人對你的態度。也許有人對你很和善，也許有人對你很無禮，或正或反，都可能！但是，我們可以決定自己的態度、想法，只要我們自己堅信每一天都是「添喜日」，那麼這些外在的環境，你所不能

★通常都會就所講的內容加以命名，但是這一段約書亞並沒有為之命名，是我根據內容擬的篇名，這裡談到「添喜日」，光聽名稱就讓人心裡充滿喜樂的感覺呢！

控制的環境，對你的影響就愈來愈少，你可以做這樣的選擇。

反過來說，如果你鎮日隨著外在的環境而心隨境轉，下雨了，你就說：「怎麼那麼倒楣，我忘了帶雨傘、我忘了帶雨衣，淋得我滿身溼！」刮風了，就說：×××。

何不反過來想呢？想什麼？下雨了，你就想「這樣我們就不會缺水了」；刮風了，你就想「這個好涼快！」熱了，你就想「太陽能又可以好好發揮作用了」等等。

時時讓自己保持正向的念頭，並且讓正向的念頭傳遞出去，這樣日日都是好日，不是外在環境改變了，而是你的態度改變了，你對事情的看法改變了，所以要如此思維，如此鍛鍊自己的心志。

好事成雙〈這一段引自2011/04/09 龍欽巴尊者的談話〉

今天講一個有意思的題目，叫做「好事成雙」，這裡要先解釋所謂的「雙」是指多的意思，不是一、二的「二」，而是比一多的意思，什麼叫好事成雙？就是當我們改變了自己的觀念、態度，不是口頭上，是內心裡真正的改變了。這改變之發生也許是從被迫開始，譬如說有某個人強迫你去聽聞某些教法，或者是參加某些你不想參加的聚會，也可能是出於你本身自願的追求，總之，不管是什麼原因，你逐漸、逐漸養成了這樣的態度。於是你慢慢會發現好事情愈來愈多，慢慢發現今天也好運、昨天也好運、前天也好運，似乎天天都有好事發生。

這是真的，為什麼？這是一個宇宙的回應法則，當你發出了快樂的意念，這個意念會往外飛奔，會迅速傳遞給你附近、跟你有關聯的那些存在，他們都會感知到，於是這個快樂的事件他們接收到了，也同樣的回傳這些快樂的事，也許是一塊充滿敬意的蛋糕，也許是一個小小的驚喜。

當你心中充滿滿足，你要知道這個滿足的意念會立刻傳遍，於是你不知道為什麼就自然而然感到非常滿足，你可以用很簡單的話語說這是「迴力鏢」法則，你給予什麼就獲得什麼。同樣的，當你終日沉浸在恐懼之中，你就獲得恐懼；當你終日沉浸在憤怒之中，你就獲得憤怒；當你成天擔心有沒有足夠的金錢過日子，你就會發現你始終面對貧窮，這是宇宙的回應法則，簡單、明瞭、毫無神秘。我們可以應用在生活上、在人際關係中、一切面向中，但是要注意這必須發自你內心那個真正的意念，而不是只出自嘴巴的口頭意念。

有許許多多人參加了宗、參加了教、參加了派，但是他只參加了這些宗、教、派的形式，並沒有真正體會到這些宗、教、派的內涵，比如說你有一位上師，但是你卻只能行使禮貌上的尊敬，卻無法感知上師對你純然的關愛，所以你也無法回應。

要開放自己、開放你的心靈，你才能接收到從你的周遭傳遞給你的訊息。不用害怕你接收到的負面訊息，因為當你以這種態度去面對你的生活時，你會發現原來認為是負面的訊息，這時候都對你已經沒有影響，甚至你有能力可以轉化。這個就像是五行生剋裡面的生剋關係，譬如說金剋木，但是當木的力量強大了，金還能剋木嗎？(金)就會受到木氣的壓制，甚至轉而…隨著你的態度而從負面轉變成正面，就是這樣，你的好事就是這樣來的。

不只是成雙，還成三、成四，成五、六、七、八、九、十，所以我們前面講過的，要常常數你有的，不要數那些你沒有的；要常常想這到底是你需要的，還是你想要的。

經常做這樣的練習，你會不斷感受到這樣的喜悅，好事成雙！即便你面對的處境毫無改變，但是因為你看世界的方式改變了，原來你認為毫無感覺的，現在你覺得自己幸運極了。譬如說，你在湖面感受到一陣微風襲來，你覺得幸福極了，可是同樣的情景你可能毫無所覺，這就是當我們的心態改變了，看待這個世界的方式也就改變了，原來你認為倒楣、不好的事情，你現在可能會開始感恩了。

也就是慢慢藉由各式各樣的方式，我們學會從正面來思考。你愈是從正面的方式來思考，所接觸到的正面就愈多，你的生活怎麼能夠不滿足？不快樂呢？

當然，反過來也成立，當我們總是用悲觀、沮喪、憤怒、自怨自憐的態度去看待世界，那麼你就會發現這個世界果然如你所願，既沮喪又悲觀，你果然是值得可憐的、你果然是應該憤怒生氣的。

所以記住「迴力鏢」法則，或者可以叫做鏡子法則，你給什麼就得到什麼，你丟出去什麼就回來什麼，會不會太簡單？沒有錯，法則就是簡單，不是一再說「大道至簡」嗎？可是這樣至簡的大道卻少有人理會、少有人實踐，這是我龍欽巴深深覺得可惜的。

希望你能夠做到，並且影響周遭的人。像一顆石子丟進水中，泛起一波一波的漣漪，這些漣漪會逐漸、逐漸地向外擴散，這樣我們就從一衍生出愈來愈多持有正面態度的存在，於是這個世界也就變得愈來愈美好，不是沒有那些以前認為倒楣的事情，而是同樣的事情我們現在會用不同的方法來解讀，所以，事實或許沒有改變，但是對於你的影響卻改變了。不要忘記這一點，當一個石子丟進水裡、兩個石子丟進水裡、三個石子丟進水裡，不斷有新的石子持續引發這個漣漪，漣漪將不斷擴大，直到這個正面的情緒瀰漫了整個地球，你說能不提升嗎？提升會有困難嗎？

當然你也可以選擇恐懼，讓這個恐懼的心情向外瀰漫，終至散布整個地球，但是這樣的情境是你想要的嗎？如果不是，請立刻停止負面思考，每天告訴自己今天又是陽光普照的一天、今天又是風光明媚的一天、今天又是充滿美好未來的一天，如果你不能夠從心裡面真正的發出這種意念，那就用假裝的，假裝久了它就變成真的，這叫做「弄假成真」，但是，是正面的弄假成真。今天就講到這裡。

輕鬆對待，笑看人生〈這一段引自2011/03/27葉天士的談話〉

生活中有許多的不如意，譬如說，我們可能被人家騙了一筆錢，也可能因為人家說的一句話或幾句話，而心頭被攪動得煩擾不堪，也可能有很多、很多的因素，但是我要請你瞭解一點，就是這些因素都是「在你之外」的，是你難以掌控的，你沒有辦法掌握別人看事情的方法，也沒有辦法控制任何一個人，不可能，所以，何必為了其他的看法而使自己心緒不寧呢？

也許你說：「我損失了時間、損失了金錢，難道不應該為這些事情懊惱嗎？」我要說：「損失了時間、損失了金錢，那是小事，但是，請不要損失了你的健康，包括身心靈的健康」，和健康相較，其他的損失都微不足道。

所以，如何才能「輕鬆對待，笑看人生」？這「笑看人生」不是輕視、嘲笑的笑，而是以一種輕鬆的心情去看這個世界發生的事情。我們同樣要努力的學習，但是，是以輕鬆的心情去對待，這並不容易做到，但是我希望你能夠做到，不要為了一、兩句言語聽了很刺耳，就覺得心理不愉快，不要這樣。做為一個人，我們很難理解很多事情背後到底有什麼東西，所以呢，很多的存在只是用一種不求甚解或者根本無法理解的態度，去講述這些事情，那麼，我們為什麼要對一些不能理解的話語，產生情緒上的困擾呢？

所以，請把握住自己，勿隨外境而轉動，而是境隨心轉，我們要化被動為主動。就是你用什麼樣的態度去看世界、去對待世界，是我們可以自己決定的，所以，這個世界是苦還是樂？是五濁惡世還是聖潔之地？要由我們自己來決定。

雖然我知道你已經做的不錯了，但是請常常思考、反省，自己有做到不執著嗎？「無所住」嗎？還是你的心一天到晚被鎖在過去？被鎖在別人的一句話、一個眼神裡面，而無法解脫出來？要誠實的面對自己，要把細微的念頭拿出來檢討、查看，你才知道這種思維方式欠理想。

所以，簡單的總結一下，第一，你不能控制別人，但是你可以控制自己的念頭；第二，要以輕鬆的心情看待嚴肅的人生；第三，經常省察。當然啦，類似的說法也很多，你不需要聽過多的敘述，不需要。

無論這個世界用什麼態度對待你，稱讚你、毀謗你，給你利益，或是剝奪你的利益，不管客觀的環境如何，都要把你的心定在「一」上面。一心不亂，雖然這種程度難以達到，但是，至少是我們可以理解的目標。朝著這個目標走去，我們至少不會偏離目標太遠，也許我們偶爾會生氣、偶爾會沮喪、會高興，但是，基本上目標就在那兒，就像北斗星一樣，永遠在那裡，指引你向著目標前進。你生生世世、轉來轉去，為的是什麼呢？不就為的是學習嗎？（不就）為了尋找永恆的快樂嗎？在我們到達最終目標之前，都要好好的努力，不可須臾離、不可須臾忘，再見。

2.6 人性的本質

天地靈氣之所聚〈這一段引自2010/11/17約書亞的談話〉

什麼叫天地靈氣，就是綜合了靈的特質，也結合了物質世界的特質，天地靈氣就是你所看到的地球上的萬物，包括礦物、植物、動物，當然也包括人類，這些天地靈氣之所聚，從我們這邊看，會覺得說非常神聖、寶貴。

但是還有一種東西，就是佛教講的無明。這個無明常常會掩蔽了我們的覺知，讓我們覺得好像一生都在睡夢之中，好像做了一個很長很長的夢。就像那個什麼？「黃粱一夢」，或者之類的。

比方，當你不能夠清楚的覺知內在時，就好像做了一個很長的夢，這個夢也許很快樂，也許很哀傷，也許很困難，也許很容易，也許你飛黃騰達，也許你落魄失意，但是這些基本上都只是夢境而已。

那要如何從夢境中清醒？甚至我們常常說夢中之夢，夢中之夢之夢，都有可能，但是在這樣的場所進行進修時，其實最重要的就是即使你身負了很沉重的物質（身體），還是能夠透過靜心來發掘出你的靈性特質，這很重要、也很困難，事實上這才是（人生）主要的課題。

對於每一個存在來說，都有一個它自己選擇的考驗形式，每一個存在都不一樣。但是就其本質來說，它不是要脫離，而是在我們具有這個物質身體的情況之下，還能夠保持靈性的覺知，這是困難的，比你單純只有靈性狀態的存在就保有覺知，困難度何止千萬倍，是非常非常困難的，所以單獨的靈之存有是沒有辦法經驗到這一段的，它沒有辦法經驗到⋯如果你從來不曾投生為這樣一種存在的話，基本上你很難瞭解什麼叫做痛苦。

因為你是從那個（原始的能量體）分出來的，而那個祂就好像混沌無知的狀態，祂的能力很強卻隱而未顯，祂的覺知能力很強卻無所應用，所以要好好的靜心。

靜心可以透過很多種形式，在這個世界裡有很多的宗、派，每一派都有各自的講究，每一派都有各自的特點，只要適合自己的就是一個好的派、好的方法，並沒有一種放諸四海而皆準的標準。

所以第一，你不能去評判，要避免評判，但是你可以說，比如說，我們假設有二十派、三十派，……比如說你是A派，你可以說A派有這些、這些好處，你可以去宣揚、稱讚，但是絕對不能說其他的派有什麼不好，要避免去說，因為我們講正因為這個世界不夠完美，反而是促進我們提升進步的一個動力。

有很多很多靈界的存有，祂會希望替代你去到這個你們認為不夠完美的地方，這對祂們來說是一個完美的，完美的什麼呢？完美的進修場所。這是當你在痛苦、失憶、失望的時候，很難體會到的一種概念。

什麼時候你才會體會到呢？就是當你還是一個單純的存在時，還不曾擁有物質身體的時候，所以，是意識創造了這個世界，沒有錯，只是那個意識不是你一個人的意識，而是一個龐大的、無法想像的那麼一個東西，祂創造了這個世界。

創造這個世界不是為了好玩，而是為了提升自己，所以祂透過……從這種觀念來看呢，地球也好，或者其他世界的也好，所有的經驗可以說最後都會回歸到那個身上，你可以把祂稱為太初、混沌，稱為任何你想、你喜歡稱呼的那個東西，也或者你也可以稱呼祂為至上神都可以，祂的本質就是這樣一個狀態。

所以天、地靈氣之所匯聚，最集中的表現就是在人的身上，但人就好像一把刀一樣，這個刀你可以拿來切菜、手術，施術救人，也可以拿來使人受傷…既可以做好事、也可以做不好的事，當然這是從我們這種物質層面來說，但是正因為這種特質所以開展了可能性，開展了一種主體性，就是說，你可以讓這個世界變得更糟糕，也可以讓這個世界變得更好。

你可以懶惰，但是你也可以努力的讓事情往好的方向轉。比如說：很多人說，哎呀！地球要經過一次性靈的提升，因為有很多人沒辦法跟上這一波的性靈提升，所以要等到下一波，那沒有辦法跟上的呢？就要暫時先回到靈界休息囉！這樣的事件，從地球的角度，從物質世界的角度來看，是一個很恐怖的事情，因為這很可能隱隱然代表很多生命的消失、物質生命的消失，是很恐怖的事情。

但是，事情會不會必然這樣發生？不，生命是自由的，我們永遠可以去創造自己的未來，雖然在靈界沒有什麼時間觀念，時間不重要。但對物質世界來說，未來永遠是重要的，這個未來到底會怎麼呈現？就看你現在付出了多少的努力，所以這樣的角色是不是很重要呢？是不是天地靈氣之所聚呢？

還有當你在面對這些，比如說，花草樹木的時候，你會不會有一種優越感，你能夠動，而花草樹木卻不能動，如果你有這種優越感的話，我要告訴你，你錯了、你錯了，不可以有這種優越感，或者是說…也許這樣講不是很好，就是說我們要用心靈之眼去感受，感受花草樹木的靈，那種靈是比較輕盈的靈，比較輕盈的靈叫做精靈。

這種狀態呢，跟人的靈不屬於同類，但是它也是靈的一種，它能夠讓你的身體健康，讓你保持身心愉快，這樣的靈不偉大嗎？其實是很偉大的，你不要認為你擁有了身體、擁有了人身，就號稱萬物之靈，No，No你可以說你是演化的最新一個階段，這是可以的，但是事實上病毒也一直在演化，所以什麼東西不在演化呢？

萬事萬物都在演化，沒有終點，就以現在的人類來說，夠完美了嗎？夠好了嗎？No～～你只要看看你有很多的病痛、身心的疾病，這樣的一個存在算完美嗎？當然，離完美很遠。

所以永遠有不斷進化的可能性，永遠要向更高一層級邁進，即使你是靈的一個存在也一樣，而且要不斷、不斷的提升自己。生命的最深層目的就是在不斷提升自己，這個叫做止於至善，是一個永遠的追尋，一個永恆的追尋過程。

動物是你能夠隨便宰殺的嗎？其實No～～，請想像一下，這個世界只有人沒有任何其他的動物、植物，人能存活嗎？不可能！所以每一種（動物），即使是蚊子都有存在的價值，所以怎麼說，我們要努力創造的就是這麼一個讓矛盾減少，讓和諧增加的環境。這樣，即使在這個物質世界也能創造出如靈界一樣近乎完美的世界，當然這不是輕易能夠做到的，但是是可以努力的目標。

所以一方面我們要尊重自己，一方面要尊重萬物，即使是一顆石頭，也不要隨便毀壞，因為有很多事你不知道。事實上，以一個物質生命存在來說，你不知道的事情實在太多了，你能夠感受到的範圍太小了，所以一定要隨時保持謙遜之心，以一顆謙遜虔誠之心來面對你的人生，隨時保持覺察，才不枉身為天地靈氣之所聚，不枉我們在這世界屢次輪迴。

所以，另外我要附帶講一下，不要常常去想預測未來，因為未來是可以改變的，所以當你去預測未來時，如果你預測準了？如果是好的，也許你會覺得心裡舒服；如果預測到在你的判斷裡不好的時候呢？你是不是會心裡很懊惱，而且最重要的就是這些都可以改變，日積月累就是改變的開始，千里之行始於足下，所以並不會有「啊…我現在才做太遲了」、「我現在才學太慢了」，不會，只要你開始就永遠不遲。

我們身為一個靈界的存在，最不缺的就是時間，事實上，你不只是一個物質的身體，你更有靈的本質，所以時間不是問題。但是也不要過度拘泥在某一個東西身上，因為這些都是我們學習的工具，既然是工具，或者說是我們學習的場景，學習的場景可以有很多，只要我們盡力就好，當然從這個靈體的世界對你們那個世界會不斷提出幫助，但是前提呢？前提是你得願意接受幫助。

並不是說你非得接受幫助不可，這是一個選項，因為最終能夠體驗生活的主體，還是你自己，協助終究只是協助，只是讓你比較能夠不那麼困難的去完成這個功課。

所以要常常心存感謝，禱告是一件很好的事情，吃飯的時候禱告，感謝這些食物，讓你的生命能夠繼續的存有，隨時隨地進行禱告，這是一個很好的習慣，這個跟宗教無關。比如說，你信的是佛教，那你就向阿彌陀佛禱告、向釋迦牟尼佛禱告、向…所有你認為和你能夠相應的去禱告，你信奉回教，當然就向阿拉禱告，你信奉基督教、天主教，當然就向耶和華、聖母瑪利亞、耶穌基督禱告。

重點其實不在禱告的對象，而在你禱告的狀態，那種發心，初發心，那種感恩的心態會逐步的提升你的層次，或者說會提升你的進度，讓你的進度快一點。也會讓你自己…就是說從現實的層面來講，你會覺得心裡比較舒坦，會比較容易感覺到愉快，比較不容易陷入那種負面的情緒當中，所以這個跟信什麼教無關，你不信教也無所謂。比如說你住在山裡面，你覺得大石頭很親切，你就可以向它禱告，或者說你有一個很尊敬的長輩，你可以向他禱告，或者任何你覺得是良善的都可以向它禱告。

我要再強調一點，重要的不是你禱告的對象，而是你禱告的用心發生了作用，並不是你禱告的對象使你發生了作用。所以對象是什麼並不是那麼重要，只要它能讓你覺得可靠、安心，能夠協助你、能夠幫助你，只要具備這種特質，都是可以禱告的對象。吃飯的時候感謝食物、走路的時候感謝造馬路的人、到了森林裡面感謝蓋婭，為我們這個世界、地球提供一個美好的環境，也希望對於地球的殘害不要那麼誇張，這很必要，也是一個很好的習慣，好嗎？

江山易改本性不移——神聖的本質不變〈這一段引自2011/06/02龍欽巴尊者的談話〉

我們仍然要從定義開始，什麼是本性？本性就是我們內在本具的佛性，那個東西就是我們的本性，本性不會改變，它永遠在那裡。

只是在某些狀態底下隱而不顯，這是我們第一個要認清楚的，我們的本性不會改變，那改變的是什麼呢？改變的是加在本性之上、外面那一層不透明的東西，也就是我們平常講的「無明」。

無明隨著世代轉變而輾轉遷移，在你能夠真正瞭解到我們不易的本性之前，我們總是認為眼前所經歷的一切真實不虛，但是只要我們仔細思維，你就會發現我們平常以為真實不虛的東西，其實都是虛幻的。譬如說你的事業、容貌、知識、地位哪一項不會改變？有沒有？只要我們做過仔細的思索，你就會發現其實沒有任何一項我們世俗認為珍貴不變的東西，是真正永恆不變的。由此我們才能繼續挖掘，挖掘出來我們本具的佛性。

但是我們物質的人身具備了兩種特性，一方面內在本具佛性、一方面外在附加無明，所以這樣的人身會造作許許多多的善業、惡業，透過這樣的過程，我們學習到許許多多、單純的靈的狀態無法體驗的，然而也不應該過度耽溺在這情境之中，要從其中超脫出來。

如何超脫？當然「靜坐」是一個好的方式，「獨居」也是，但是在這個工商繁忙、高度競爭的世界，要怎樣才能簡單而有效達到同樣的效果呢？或者說達到最好的效果呢？也許我們可以透過一種短時間的靜心活動、隔離活動，在短暫的時間裡面獨處，沉澱自己的心緒，雖然時間很短，仍然能夠達到相當好的靜心效果。

另外一方面，要養成隨時觀照的習慣，觀照什麼呢？觀照你的內心、行為。隨時觀照我們的一舉一動，譬如說你在做事的時候，有沒有保持一種純正的心念呢？一種一心不亂的心念呢？當然，這樣的活動是相對困難的，不過，只要經過適當的練習，仍然能夠發揮很好的效果。

那麼你就會發現，一日三餐、日常作息這些通通都是你練習的資材，這些日常的瑣事都變成你禪修的對象。所以請聽我龍欽巴的，在日常生活中、在行住坐臥當中、在交談當中，時時保持一顆觀照的心，讓自己的內心始終保持安靜而不隨外境起舞，請時常做練習，這樣對你們有很大的益處，要記住眾生本質不會變，人人都具有本具的佛性，不要忘記喔！

良心善性一樣的重要〈這一段引自2011/04/26龍欽巴尊者的談話〉

首先，我們來講「善性」，什麼叫善性？我們內在、本具的那個至善，就是我們所說的善性。但是，這樣的善性被「無明」所遮蔽了，時隱時現，所以有些人主張人性本善、人性本惡，從某個角度來看都是正確的。

當我們被無明遮蔽的本具善性，在某一種特殊的情況撥雲見日了，我們就說良心發現了、善性顯現，這時候我們就知道原來人性本善；但是當這一層無明過於厚重了，使得內在的至善無法顯現出來時，我們就說人性本惡，因為內在的那個至善看不見了，剩下的只是一個隨緣造作的無明，所以稱之為惡。但是我們要一再強調，所謂善惡只是一種世間法的稱呼，在本質上，這一切都是至善。

為什麼會有無明？來到這個物質世界，必須帶有無明你才能進入，否則你難以體驗這樣的世界，世界對你的助益也就微乎其微、沒有很大的意義了。

所以，一方面要瞭解我們具有的本質為至善，但是在這樣的世界又需要常常提醒我們，擦亮內在的善性，讓無明的遮蔽減少一點，甚至從此離開無明的影響，也就是達到最困難、最崇高的境地，即在此無明的世界仍能展現你內在的神性、保持你內在的覺知，這就是最高的境界。

我，龍欽巴，雖然是一個修行者，一個相對而言的先行者，仍然和各位走的是一樣的道路，就是在這個滾滾紅塵之中，卻不被紅塵所累。人在紅塵中、心在紅塵外，我們面對的還是每天日常的工作，和周遭的人相處，你有長官、下屬、同事，在這麼簡單、普通的環境中，而仍能保有一顆安靜的心、平衡的心、敬畏的心、尊重的心，這四心是我們在紅塵俗世中，要常常拿出來反省、檢討、驗證的。當然你可以有很多、其他的自我檢討的項目，可以針對自己個別的需求，並不一定非要依照我講的不可。

這個世界豐富而多彩，並沒有什麼永恆不變的規矩，物質世界的規矩哪裡有永恆性呢？若能遵照以上所述，那麼，我們就能夠以不同於平常的那種無所覺知的態度，去過我們的生活，我們會覺得自己幸福而快樂，當你遭遇到世俗所認為的逆境或不平的事，你能夠用更健康的態度去面對。

遇見悲傷的事就應該要悲傷，遇見痛苦的事就應該要痛苦，快樂的事就要快樂，這些都是應該而且必要的，但是不要耽溺在其中。不要讓悲傷占據你的心，不要讓沮喪占據你的心，也不必讓快樂占據你的心，因為你之所以快樂、你之所以沮喪悲傷，都是源於過去發生的事情。當你把這些情緒鎖在你的心中，特別是那些負面的情緒，感覺到自己不幸、感覺到自己倒楣、可憐、怨恨等等，這些負面的情緒對於靈性的損傷尤其大，不要活在過去，不要被這些已經消逝、應該要消逝的東西捆綁住，不得自由。

我們可以用一個簡單的例子來說，請你想像一下，我們現在要準備出去走一段路，我們可以用一個什麼樣的心情來走這一段路呢？可以用快樂、探險的心情，還是用一種倒楣、又要走路的心情？所以第一個，心情非常重要，這出自於我們的選擇，在這一路上，如果我們抱持著感恩的心、快樂的心，我們就會發現這一路上即便路途高低起伏都非常的快樂，感受到當下你獲得了很多，於是你完成了這樣的旅程。

但是，如果你一開始就發現你是一個倒楣鬼，於是你沿途撿拾了很多不幸的東西揹在身上，一路走一路揹，本來輕輕鬆鬆的旅程，因為你一路走一路揹，並且始終堅持不肯放掉加重你負荷、使你不健康的這些東西，你的搜藏品，所以你一路走一路揹、一路走一路揹，到最後，你很可能會驀然發現背包裡面塞滿了重擔，其重無比，塞滿無數負面的情緒，你再也無法支撐，但是卻始終不肯丟棄。這裡面有別人對你不利、不好的，有很多生氣、你看不慣、跟別人吵架的，有悲傷、有很多你達不到的願望等等，數之不盡，所以你痛苦不堪。

其實這樣的狀態，改變只在一念之間，一念覺，你就發現身上的重擔忽然全不見了，你把它丟了，你才發現原來這些不是重擔，只是一些很普通的石頭，但是我們為它附加了太多的意義上去了，於是你又回復成一個完美無缺的存在。

就是這樣，所以讓我們問問自己，你身上是否揹負了太多不必要的情緒負擔？特別是在現代這個繁忙的社會，我們不但自己揹了一大堆、也讓別人揹了一大堆沒來由的怒氣、哀傷，還有各式各樣的疾病，我要特別再強調一下這些疾病，這些疾病哪裡來？這些疾病都來自於心。你說：「這未免也扯得太遠了！我明明就是胃痛，怎麼會是來自於心呢？」讓我們檢討一下，你為什麼會胃痛呢？因為你可能過於緊張、憤怒了，所以你感到胃痛。我們再繼續追問，假設你是因為過於緊張，你為什麼會緊張呢？可能是你因為時間來不及了，所以你感到非常緊張，那為什麼時間又來不及呢？當我們一再追問下去之後，發現最後是來自何處呢？就是來自我們自己的心，你說：「癌症也是這樣嗎？」我說：「是的」，它的源頭就是起自於我們的心。但是身體的不健康都是這樣造成的嗎？是的。萬法唯心，唯心所造、唯心能滅。這是我龍欽巴尊者的教言，雖然用的是普通的言語，但是內含深刻的義理，要仔細思索。

良心善性要在意〈這一段引自2011/06/13 地藏王菩薩的談話〉

良心善性要在意，為什麼要在意呢？應該這樣說，人人心中都有善的種子，但是由於種種緣故，善性的種子常常隱而不顯。為了要培養我們的善，所以我們要主動積極的去注意這個事情。

那要如何培養善性、良心？或者我們可以用另外一字叫做「慈悲」，該如何培養？當然我們有很多種方法，可以說，由於我們都是來自同一個源頭，所以眾生都只是另一種形式的我，所以你要培養自己的善性，這個善性不只是用在人的身上，其他的存在形式也必須同樣具備。

為什麼要有這麼多形式的存在？就是我們要體驗、所能夠體驗的，各不相同。譬如說你沒有銳利的眼睛，你沒有辦法極快速的奔跑。生而為人有很多很多的特點，其實遠遠比不上其他的物種，但是生而為人、生而為一個凡人，有一點是所有其他的存在，包括一些非人的存在都比不上的，就是具備了可能性。你可能墮落沉淪、但是也可能向上提升；其他的存在牠可能對於某一項……譬如說，牠跑的特別快、牠力氣非常大，但是開展的可能性相對就低了很多。

很多的非人也許他能力非常強大，但是他無法證悟，就是因為這個原因，所以才顯得人身可貴。並不是人這種形式的存在多麼、多麼的優秀，不是，不是這樣子，雖然我們的配備每一樣都不能算頂尖，但是對於可能性的開展卻是頂尖的，足以讓你們能夠達到最大的學習效果。

所以我們講來講去又回到這樣的主題，就是如何才能達到最大的學習效果？如何才能達到最深的證悟？我要說，要去開啟你的良心善性，要去闡揚你的良心善性，培養自己，要時常去思維。

不同的宗教傳承有不同的思維方式，譬如說，在佛教當中，我們常常做這樣的思維，就是我們曾經轉生過無數次，所以，每一個眾生都可能曾經是你的父母，所以我們看待眾生就應該像看待自己的父母一般，由此而生起慈悲心。

其他的宗教或者其他的方式，有不同的生起（慈悲心）的方法，每一種方法都可以考慮採行，不要隨意的去批判這個方法、那個方法的優劣，只要是能引發你良心善性的就是一個好的方法。這是第一步、也可以說是最後一步，因為在至善的世界裡面沒有邪惡存在，我們世俗所謂的善、所謂的惡，只存在我們二元性的世界，由此，我們才能產生一種思維，思維痛苦由何而來，思維如何才能獲得永恆的安樂，由此而達到領會的階段。

這樣的學習方式大家都能夠輕易做到，唯一的困難就是自我、就是我慢，什麼叫我慢？就是認為自己都是對的，心裡起了一種輕慢的態度，覺得別人都是不好的、不如我的，只有我的、我所學的才是最佳的，是優於一切的，當我們興起了這個念頭，我們就離那個（引發你良心善性的）目標愈來愈遠。因此，一切的開端來自於我們善的本質的顯現，清楚而明白地顯現出來，依此而貫通，直到達到終點。

請不要忘記，不要因為它是一個簡單的觀念就輕忽它，我們並不是以簡單、不簡單來定義何者是真理、何者不是真理。請記住，過多的哲學思辨，如果你只沉溺在思辨之中是沒有益處的，如果我們能夠拿這樣的思辨來體悟，來瞭解自己的珍貴性、可能性，那麼，這樣的思辨才能真正發揮作用。

掉落凡塵的神子〈這一段引自2011/07/06 地藏王菩薩的談話〉

也許有人會這麼想，我們都是神子，很不幸的為了某種原因而在這個世界出現了，但是我要告訴你，神子出現在這個世界不是因為某一種倒楣的原因，而是因為神聖的任務或者使命。什麼樣的使命呢？就是在各式各樣的環境中，盡可能獲得更多存在的經驗，為了這個神聖的目的而出現在這世界當中。

所以，儘管有很多的宗教人士、團體告訴你這個世界的存在帶了很多的罪、很多的業，但是，我要請你從正面的觀點去解讀這些論點。所謂的原罪，要從正面觀點解讀，我們會把原罪解讀成所謂的無明，因為這樣的無明使我們能夠出現在這個世界，使我們能夠暫時脫離一種不費力的快樂，就是你想什麼有什麼，但是你卻不覺得快樂的那種狀態，暫時脫離了。然後我們才能夠在這樣的世界經歷、學習，或者說，我們才能暫時的遺忘掉那些輕易得來的快樂、不自覺的快樂或者說不自覺的幸福。

生命的目的、意義本身就在不斷的進步、不斷的提升，當一個生命停滯不前，它的內涵停滯不前，這樣的生命也等同於死亡，雖然和你們這個世界的死亡不太一樣。

你可以想一想，假設在某一個星球上有一種生命極端的長，比如說他的壽命也許長達數億、數十億年，但是他的狀態一成不變，那麼這樣的生命無論時間有多長，都沒有意義；反過來說，假設有這樣的一種生命極短暫，短暫到從你們的角度來看，只有一剎那的時間，但是在你眼中的一剎那，他們卻能夠經歷許許多多的事情，那麼，這一剎那勝過那永恆、毫無變動的存在。

所以為什麼說時間是幻象，你所經驗的時間是線性的時間，每一秒都一樣長，每一秒都有一樣的價值，但是，不同的生命經歷了不同的時間架構，剎那、永恆也就賦予了不同的意義。

讓我們再回過頭來講，「掉落凡塵的神子」最終將回歸何處呢？這就好像我們到了一個遊樂園，在遊樂園有很多很多的設備，你從這一組到下一組，再到下一組，你玩得很快樂，很盡興，根本忘了要回家。但是，不管你有多快樂、多盡興，到了遊樂園休息的時候，你終究還是要回家，等到第二天，或者下一次，這個遊樂園又開張了，那時你才可以再來繼續經歷這遊樂園中許許多多的設施。

同樣的，我們來這個世界遊歷，經歷了許許多多的情境，總有一天要回歸，藉由這一次又一次的經歷，我們的生命內涵增加了，生命不斷不斷的進化，這就是掉落凡塵的神子真正帶有的神聖使命。

正面解讀幻象〈這一段引自2011/07/21 太乙的談話第三段以下部分〉

我要說如果你能夠堅信，甚至你只是假想的相信，你們一切一切、無量又無量的眾生都來自於乙，那麼你們應該瞭解你們彼此都是靈性的家人，所以請用正面的意義去解讀這些內容或者表象，試著放掉那些由你的小我所構築出來的虛幻、假想的獨立世界、獨立意志，試著放掉它，單純的、直接的用心去感受，感受那一切背後至善的涵義。

當然，這不容易做到、需要鍛鍊，我要說的只是即便不容易，仍然要試著保持正面的思考、態度去面對這樣的狀態，這是你們擁有物質身體時，所能夠擁有的最好的處理方式、面對方式，試著從表象中發覺出正面的意義，當然要達到這樣的程度或者能力，必須做一定程度的鍛鍊。

你們的心志必須加以鍛鍊，就好像你們的肉體也必須加以鍛鍊一般，平時你們要、你們會常常注意你們的身體，只要稍微頭痛、發燒了，你們都非常非常在意。但是你的心志、心靈同樣也會有類似、不夠健康的狀態產生，但是你們往往卻不以為意，而讓自己處在焦慮、倒楣、害怕等等負面情緒當中而不自知。

因此，我不得不一再強調，時時保持正面的態度，要相信在你們面前展開的是一條坦途。無論你遇見了多少表面的困難、表面的難以解決的問題，我要你們知道，當你們克服了這些一個又一個的幻象之後，前面是坦途，是指向回家的坦途。相信我，你們所從來之處一直都在關注著你們、關愛著你們，你們從來沒有離開過我的視線，我一直在等待你們的回歸，太乙再一次在此呼籲。

天人合一是怎樣的狀態〈這一段引自2011/03/08阿彌陀佛的談話〉

什麼叫「天人合一」？就是我們在這個物質世界裡面是沉重的、不透明的，這個沉重、不透明的部分，當我們把它拿掉了，你內在、本來的那個東西顯現出來了，達到這種狀態，我們叫做天人合一。

所以，其實不是天人合一，它本來就是合一的，只是我們並不能夠明顯地察覺，所以，這樣的一個過程只是把本來就有的東西凸顯出來。因為我們還沒有處於這種狀態，就會覺得說天是另外一種在你之外的東西，而不是在你之內的，是因為在你之外的，所以要把它合一起來，而我要說的是這裡並沒有合一的問題，因為它本來就是合在一起的，簡單的講就是這樣。

所以，這裡解釋的非常單純，其實真實的也就是單純的，複雜性的來源往往源自於生而為人、物質人的一種障礙，但是這個障礙成立的目的，不是要讓你顯得昏庸愚昧，而是要讓你們能夠徹底、完全地經歷（物質存在）這樣的一種狀態，並由此而得到提升。

這樣的狀態其實相對來說，是很難的，所以文明興起又毀滅、興起又毀滅，是源自於我們很難和源頭接上，也就是很難達到天人合一的狀態，這樣的（原理）應該很簡單。

2.7 結語——無生亦無死，無失亦無得

〈這一段引自2011/06/17 地藏王菩薩的談話〉

什麼叫做無生亦無死？這要分兩方面來看，一方面從物質世界來看，我們發現萬物都有生滅，就是有生有死，包括我們認為有生命的、沒有生命的。譬如說一顆石頭它形成了，經過若干年後，它照樣會變質、崩解，這樣就是一塊石頭的死亡；一個單細胞形成了，就是一個單細胞誕生，經過若干次的分裂之後，它也就步向了死亡；人，雖然是演化末端出現的，但是同樣有著出生、成長、衰老、死亡的循環。

那怎麼會說「無生亦無死」呢？這是從本質來看，我們的本質是至善，我們的本質永恆不滅，永遠在那裡，所以無生亦無死是講你們的本來。當這個本具的東西附著在這個物質世界，於是物質世界的生命誕生了，經過了喜怒哀樂、悲歡離合等等理由，離開了這個物質世界，又返回到你之所來。

但是由於我們這個物質世界容易產生業力的問題，所以在沒有完全解決業力問題、在沒有認清你的本質之前，我們常常還游離在物質世界與本質之間，飄飄渺渺、悠悠蕩蕩，不知道哪裡才是你的歸鄉。所以有許許多多的存在感到迷惘、不知所從，這個時候需要有其他的存在從旁指引，指出一條訓練的道路、一條返家的道路，這是我地藏的任務、（也是我地藏）的願望，這是我們講關於「無生亦無死」。

簡單綜合一下，就是物質世界的生滅和永恆世界的本質分合、分合，造成了我們的生滅現象，當我們了悟了這現象背後真正的原因，就瞭解、體悟什麼叫做無生亦無死。

再來我們談一談什麼叫做「無失亦無得」，你得到了什麼？你奮鬥了一輩子得到了什麼呢？你也許得到了一個穩當的工作，也許你得到了很多的錢財，你得到了能夠遮風避雨的住所，你得到了很多的名聲、地位、榮譽，當然，你也可能得到很多的遺憾、悔恨等等。但是不要忘記，這個物質的世界其實是我們上課的場所，你所經歷的那些、你認為屬於你的、你認為是你努力得來的，在你離開這個世界時，你能夠帶走什麼呢？你能夠拖著你的房子？還是能夠帶著你的錢財？

仔細檢討之後，你就會發現其實你什麼也帶不走，你唯一能帶走的就是你在這個世界的經歷、經驗，它會跟著你，形成你智慧的基礎。所以，物質世界的得失嚴格來講只是一種幻象，好像得到了、好像失去了，其實既沒有得也沒有失，所以得到的時候不要得意忘形，失去的時候也不要灰心喪志，這就是我今天要講的主題。

但是雖然從純粹的本質觀點來看，我們既沒有生也沒有死、既沒有得也沒有失，但是如果從物質這個世界來看，我們的確有生死、有得失，因此產生了許許多多的煩惱。那我們要怎樣對待這些情緒的產生呢？有一個很簡單的原則，就是認真的過日子，你認真的投生了，你認真的成長、認真的工作，認真的經歷病痛、認真的經歷死亡，如果說我們喝一杯水都要親自去喝，那麼生老病死誰能替代呢？當我們一而再、再而三的經歷了這個過程，當我們徹底瞭解這只是幻象，那時我們就毋須再經歷幻象，我們就從這樣的情境之中脫離了。

所以沒有誰比誰更高、誰比誰更低，每一個存有都是珍貴的，也都有各自要走的路。因此在各個不同的路上，不要去打擊別人、嘲笑別人，應該要貢獻一己之力去協助其他的存在。

重新詮釋因果業力

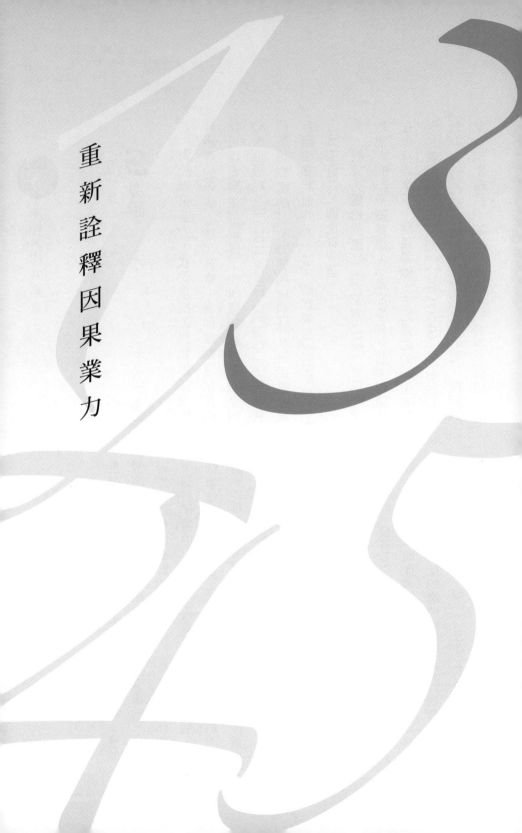

3.1 導讀

（凡夫之妻）

對於因果業力，我們常抱著想知道卻又怕被傷害的矛盾心態，其實「當你離開這世界你就可以看到這個紀錄了，所以何必羨慕呢？何必去追尋呢？」（2011/02/02，約書亞），再者我們最想知道的是業力要如何消除？答案是「沒有辦法靠其他的人，這一切都要靠自己的努力」（2011/02/12，觀世音菩薩）。

根據高靈們的說法，「業力之鏡」可以類比為龐大的影音資料庫，「就好像有一個人他隨時在你身邊拿了一個攝錄機，去記錄你的一生，甚至包括你的所思所想」（2011/02/09，約書亞），只有靠自己時時檢討，努力積聚善業、摒除惡業，如果碰到不如意的情況，只要把它想成「可能是來自於你過去造作的業所起的反應…應該很高興，因為你過去所欠下的、該清還的，你已經經由這樣的活動加以清償了，於是，在你接下來的日子當中，就毋須再為了這些事情煩惱，這些事情也不會羈絆你」（2011/03/25，龍欽巴尊者），就能帶著覺察心、平心靜氣過日子，避免造作更多的惡業。

「重新詮釋因果業力」編排的邏輯

為什麼要有業力這項機制呢？「重點不是懲罰而是要學習，學習我們所欠缺的，讓我們能更加完美」（2011/02/02，約書亞）；「不是故意設計來為了讓你造作善業、讓你造作惡業，而是為了讓你能夠在這樣的環境當中，學習到最多的東西，這是原初的目的」（2011/04/20，地藏王菩薩）。

什麼情況下會有最佳的學習效果呢？答案是發願努力學習，發願所產生的力量非常強大，引出「重新詮釋因果業力」這部分在業力之後所編排的內容——願力，分別從實現願望的態度和方法兩方面引述高靈的談話。

藉由業力與願力章節之中高靈談話的智慧指引，希望大家能把「別人欠了你什麼、從你這邊拿走了什麼這些點點滴滴的紀錄，都把它一筆勾消，結果就是很快地就把這些千絲萬縷、剪不斷、理還亂的關係梳理、疏通了，或者說把它結算了一遍，這樣我們才能夠以全新的樣態，去面對即將到來的未來」（2011/05/24，地藏王菩薩）。以下由「業力與天啟」、「願力」、「實現願望的態度」、「實現願望的方法」導讀本章。

業力與天啟

在本章開場白，觀世音菩薩說出祂的願望，希望「也許…也許…也許有一天『業力之鏡』在大家的努力之下會解除它」（2010/12/25），這也是我們共同的願望，只有清除了生生世世糾結的業力，才能免除煩惱與羈絆再重新出發，以下分四小節說明業力

(1)什麼是「業力之鏡」？

鏡子能夠如實的反映景象，如前所述，「業力之鏡」就像一部攝錄機，忠實記錄我們的人生，業力存在為的是學習，最終目的在於提升自我。

> 為什麼要叫做「業力之鏡」，它的涵義就在這裡，從這個鏡子裡面我們可以看到自己一切的行為表現，我們才能透過這樣的機制去學習，去瞭解如何才能夠提升自己，達到一個更好的狀態。（2011/02/12，觀世音菩薩）

而宗教常以「造惡業，入地獄」警惕世人，真的有地獄存在嗎？存在目的又是什麼呢？與業力有關嗎？

> 是否真的有地獄？那就看從什麼樣的角度來

看它，從一個至善的角度來看，是沒有地獄這個東西⋯但是，當我們仍然身陷其中的時候，有沒有地獄呢？只要你去醫院的急診室走一圈，你就知道地獄不在遠方，時常化現在你的眼前。⋯要賦予（地獄）這樣的機制一個正面的意義，這是一個檢討的場合，就是面對你這樣的一段歷程，一個中途的檢討，也許做的好、也許做的不夠好，我們都可以拿出來檢討，經由一次又一次的修正，我們就逐漸、逐漸的趨向完美的境地⋯我，地藏，就是擔任這樣的角色，提醒迷失的存在，不要流連忘返於幻象之中。（2011/04/20，地藏王菩薩）

根據高靈們的說法，在我們這二元對立的物質世界之中，會有業力的紀錄與地獄的存在，業力與地獄存在之目的相同，都是為了檢討、學習，讓世人有角色交換、將心比心的機會，提醒迷失的存在，不要流連忘返於幻象之中，並據此擬出下一世學習參考的劇本或教材，唯有生生世世經歷過各種存在的狀態，才能刻骨銘心、幡然悔悟，達到提升自己的目的。

在你離開這個世界時，會有一場檢討會，你可以把它想像成是某個課程結束時的檢討會⋯當我們再一次來到這樣的世界學習時⋯根據這些過去的事件，我們重新撰寫一個新的劇本。（2011/02/09，約書亞）

在這個舞台上，你要演的是悲劇、喜劇，不管什麼樣的劇，都由自己負責創作，創作的素材就來自於過去所作所為；（而）今天的所作所為，再加上過去殘留下來、沒有結清的帳本，就形塑了明天，形塑了下一世。（2011/04/20，地藏王菩薩）

(2)「業力之鏡」的功用

根據高靈們的說法，業力有三種功用，分別是所作所為的回應、學習的紀錄以及天啟的來源。前兩者無須贅述，古有明訓「種瓜得瓜、種豆得豆」；而業力是天啟的來源之一，指的是內在的高我運用「業力之鏡」的紀錄，透過某種方式提醒這一世的你該做些什麼，這也是業力之鏡的功用之一。

業力是這麼一種功用——作為我們學習的紀錄。（2011/02/02，約書亞）

業就是對於你的所作所為、所言所行的一種回應，這個叫做業，或者叫做種什麼因、得什麼果，種什麼瓜、得什麼豆，這個就是業的功用。（2011/03/25，龍欽巴尊者）

業力就是我們天啟的來源之一，怎麼會有這種狀態呢？就是我們那個完整的我、完整的高我運用了這些紀錄，透過某種方式告訴你，你現在要做的、該做的是什麼，該學的是什麼？你的目標是什麼？該往哪個方向走比較好，就這樣，所以這也是「業力之鏡」它的功用之一。（2011/02/21，約書亞）

(3)如何結清累世糾纏的業？

這部分由地藏王菩薩和約書亞發言，生生世世糾結在一起的業力之網，如果不在關鍵時刻清算一遍，會嚴重影響我們的學習進度，那麼，要如何結清累世糾纏的業力呢？有兩種方式——簡單的或沉重的。

簡單的方式就是所有的個體都放棄追討，而錯綜複雜、糾纏不清的業力，就此消失、化為無形！每個人都是全新的自己，沒有羈絆、沒有遺憾，可以大步向前，加快學習的速度。

要如何結算這樣的因果呢？結算其實很簡單，只要我們能夠主動放棄，放棄什麼？放棄去當一個債權人！（2011/05/24，地藏王菩薩）

這個業力紀錄我們必須要加以清理，避免產生更多的、過於繁瑣的糾葛，使它更能發揮本身設計的功用…其實有個很簡單的方法，什麼方法？就是每一個人，或每一個存在都不去追討別人欠你的…如果每一個存有都有這樣的意願，就是我並不會去追討，那這業力很簡單就消失了，我們就會大家都到一個新的起跑點開始，一個新世界的起點、和諧世界的起點。（2011/02/09，約書亞）

至於沉重的方式就是人人都不肯放棄追討，高靈們為了不違反靈界守則，只好在某個關鍵時刻進行大結算，而錯綜複雜的業力所帶來的破壞力可想而知。

因為大家都要去追討嘛，但是這個追討的過程無窮無盡，怎麼辦呢？所以就會有一個結算，這結算的動作…有可能非常劇烈！…請問各位你們要選擇簡單的？還是沉重的？（2011/02/09，約書亞）

根據高靈們的說法，地球即將轉變的關鍵時刻已經到來，我們是不是真的能放棄追討？沒有怨念、沒有遺憾？為了避免集體陷入萬劫不復的境地，該是人人清理心中垃圾的時候了！

(4)怎樣才能避免造作惡業？

根據觀世音菩薩的說法，以智慧來指引的慈悲能避免造作惡業。

你們的世界太凝重了，所以常常造作很多的業而不自知…空有慈悲、空有愛心是不夠的，因為它仍然會導致很多你意料之外的行為，所以要有智慧來指引它。（2011/02/12，觀世音菩薩）

阿彌陀佛則從靜心觀照入手，教導我們要時時檢討考察自己的內心。

時時檢討自己，考察自己的內心，你是否為了名聲…利益的交換…打擊別人、毀謗別人…這些點點滴滴都要靠我們自己靜心發覺，仔細加以檢討，這個檢討的過程非常的重要，也是讓我們能夠提升的關鍵：只要靜心觀照自己，讓你的心保持像鏡子一般，明明亮亮、清清楚楚，映照出你的作為，你的心念，這樣就可以了。（2011/06/09，阿彌陀佛）

當我們悲智雙運、覺察觀照，就能夠逐步體會沒有必要分別人我，「我們都來自同樣的地方，同樣的大家庭，所以這個人並不是別人，這個人其實就是另一種形態的自己，我們化身千百億，來到這個世界、那個世界，無非就是為了體驗、學習，但是卻常常迷失在這樣的幻象當中。」（2011/02/02，約書亞），「當你能夠瞭解自己的珍貴，你就瞭解其他存在也同樣的珍貴」（2011/04/01，觀世音菩薩），自利如果是人的本性，只要瞭解別人就是另一種形態的自己，又怎麼會造作自己殘暴的對待另一種形態自己的惡業呢？

業力與願力

唯有願力才能解開業力，這是此處合併這兩個主題的原因，因為願力的「中心概念即自利、利他」（2011/05/01，觀世音菩薩），當我們由內心深處發願，立下成就自己、利益大眾的願望，「這樣的願才能夠引發出絕對的力量，對自己、對這個宇宙會有很大的影響」（2011/05/01，觀世音菩薩），而生生世世糾纏所形成的業力之網，只有憑藉每個人立下對眾人有所助益的願，這樣的願望之網才能影響業力的發展軌跡。

什麼是願力？

由願望引發的力量就是「願力」，觀世音菩薩傳訊：「當你建立了至高無上的願，這個願會形成巨大的力量」（2011/05/01），心想事成的威力極其巨大，「如果你都沒有目標，打靶的時候怎麼會打得中呢？」（2011/07/01，地藏王菩薩），高靈們認為這些願望共同的特點是己立立人、推己及人，引文如下：

> （從比較大的層面來看）傷害其他的存在不能稱其為理想…要能夠對整個社會有正面的助益…（單就個人而言）不應該以損害個人健康為前提…它必須對你有正面的作用。（2011/05/10，地藏王菩薩）

> 到底怎麼樣的目標可以稱之為理想？第一個你應該要提升自己的程度…進一步擴大我們的理想，讓所有的存在都能同樣達到這種狀態。（2011/07/03，大日如來）

> 要能成就自己；不但要能成就自己，還要能夠利益其他的存有…你發出的想法就是自利，只為了自己，於是所有接到這樣想法的（人）也都回應了自利的念頭，那大家都自利，你什麼時候才能得利呢？同樣的道理，當你發出的是利己又利人的念頭，大家的回應就都是利己又利人的念頭，那還有什麼不能成就呢？（2011/05/10，阿彌陀佛）

那麼，由至高無上的願望所引發的力量，與一般所見的權力有什麼不同呢？高靈從本質上剖析：

> 這些你們所重視、所敬畏的（權力），都不值得重視、也不值得敬畏，因為這樣的力量是虛無的…你之所以遵從、服從領導，只是因為要獲取一些謀生的資具、獲取一些錢財，滿足我們生活的需求。（2011/07/01，地藏王菩薩）

時間拉長來看，世俗的權力來自利害關係，而十年風水輪流轉，誰能常保權力？一旦舊時王侯變成尋常百姓，以往作威作福的權力恐怕帶來的是無窮的後患。再從心理層面來看，明知這些世人嚮往的福報是虛幻的，不具備永恆性，卻在追逐的過程中，患得又患失，自尋煩惱，何苦來哉？

我仍然要提醒你們，錢財往往帶來的是災難，特別是突如其來的橫財，它帶來的不是幸福；名聲也是一樣，它帶來的往往是一堆的麻煩……還沒有追求到，痛苦萬分，想「怎麼別人有，我沒有呢？」當你追到了，你又發現隨時都可能失去這些東西。（2011/05/24，關公）

實現願望的態度

高靈們認為什麼樣的態度才比較容易實現願望呢？答案是溫和而堅定的態度，要當一位知道自己有所欠缺卻奮力而為的勇士，不要成為激烈的堅持理想、不惜犧牲一切的烈士，才能在阻力最小的情況之下，圓滿達成這次高靈們預告集體揚升的目標。

你是誰並不是那麼重要，重要的是你的心、你的發心、你的願望，一種利己利人的深切的願望，這個才最重要。（2011/05/24，關公）

烈士就是認為自己的都是對的，一往無前；勇士知道自己的不足，但是奮力而為，不要求結果，這兩種你會選擇哪一種呢？（2011/04/22，地藏王菩薩）

我們要有一種堅持自己的理念，一種平和的堅持，而不是很激烈的堅持。（2010/11/17，約書亞）

施、受兩者之間都能夠有所助益，而不是彼此損傷，共同提升才叫做圓滿完成。（2011/04/29，地藏王菩薩）

實現願望的方法

實現願望的方法就是深切相信它會實現，這句話有點拗口，其實就是俗話說的心想事成，約書亞談到：「將我們的願望實現出來的一個最簡單而直接有效的方法，就是對我們所希望達到的這個願望，建立起一種深切的信念，這種深切的信念本身就會具有強大的威力」（2011/02/05）。

當然，除了自己的力量之外，發下正直無私的願望還能獲得外來的援助，來自眾人甚至宇宙的力量都會回應你的發心：

做任何事情之前，我們都會希望能夠順利的完成，越牽涉眾多、越難完成，但是有一個方法可以讓你比較容易完成，什麼方法？就是要發心，或者說發願：當你能夠發下這樣的願望，於是，這個宇宙回應你的發心，你的願望將會實現，這個力量之巨大是難以想像、難思、難解，但是你不用去思、也不用去解，只要你能夠認真的思考你要發什麼樣的願，才能夠利己又利人。（2011/05/10，阿彌陀佛）

也許我們還是覺得這些方法不夠具體，約書亞建議把要實現的願望寫在一張常常看得到的紙上：

這個目標必須很清楚、很明確：把目標寫下來，寫在一張紙上：重點就是要能夠每天呈現在你的眼前。（2011/02/02，約書亞）

還有一個問題，如何將願望或志向落實在日常生活之中呢？以下地藏王菩薩和阿彌陀佛用比喻作說明：

譬如說，你希望能夠獲得友善的對待，那麼，如果你不能真心的對待別人、不能友善的對待別人，卻期待其他的存在能夠對你展現友善的態度，能夠嗎？這就是一種方法上的問題。（2011/07/01，地藏王菩薩）

比如說藝術家，你可以立定這樣一個志向，就是創作出美好的作品，能夠陶冶人心，包括自己和其他的存在。比如說你是一位建築師，你的作品除了能夠實現你自己的審美觀之外，也能對於這個環境以及在其中生活的人，都能夠發揮一種健康的影響…當我們從內心生起，或者立定這樣的志向，而這樣的志向又能夠成就自己、利益大眾，那麼這樣的志向將會得到適當的回應，各種各樣的助力就會逐漸顯現出來，再加上你自己的努力與投入，才能逐漸、逐漸的達到這樣的目標，這就是我所謂的成功。（2011/05/18，阿彌陀佛）

最後，由我們每個人發願所形成的願力之網，具有無比的力量，誠如阿彌陀佛所說：「當我們要連結物質的身體和靈性的身體，心輪居於關鍵的位置…心想事成的威力是極其巨大的…為什麼要強調正面的思考，因為思考帶有強大的力量，我們說生命是自由的，你的想法會創造出真實的未來，想法愈強烈（則）到來的愈迅速，不要輕忽了你的能力。」（2011/04/01）

3.2 開場白——一個願望

〈這一段引自2010/12/25觀世音菩薩的談話〉

要知道人類並不孤單，人類擁有光明的未來，人不能單獨存在，萬物和諧一體，只有當我們互相尊重、互相配合，共同愛護這個美麗的藍色星球時，我們才能達成一個和諧美麗的境地。這樣一個境界或者境地，你可以說就是天堂的具現。

什麼是天堂？天堂不在遠方，天堂在我們的心中，而我們的心卻可以化現（天堂）。這是一個幻象的世界，但是幻象的世界同樣可以如同天堂一般，充滿了至善、祥和、光與愛。

人心不是不可以進化，但是每一個存在都要盡自己的努力向更高的層次邁進，這是一個創造的旅程，也是一個回家的旅程，要靠大家的努力，大家的協調運作。

我會協助你們，願你們的努力、你們的美好前景都能夠實現，我會協助你們，請呼叫我的名號、請唱誦我的真言，我會在你的身邊協助你，不要覺得這樣不好，或者說總是依靠別人，我們都是互相依靠、互相協助、互相幫忙，在這樣的世界中，我們會一起達到一個更好的境界。

這是我們對你的期望，也是對所有存在的期望。不論你的進展、功課到達什麼程度，都會獲得協助，所以不要害怕、恐懼，要充滿勇氣，當你覺得無法再克服的時候，請靜心的祈禱，我們會給予你適當的協助。這就是我要向你說的話，也許…也許…也許（註：這裡似乎帶著一種期望之意）有一天

「業力之鏡」在大家的努力之下會解除它。

3.3 業力

業力之鏡〈這一段引自2011/02/02約書亞的談話〉

今天要講的是業力的幽鏡。業力，世人都認為這是一個懲罰的紀錄，它存在的目的就是要賞善罰惡，天理昭彰，「法網恢恢、疏而不漏」。

但是我要說的是，所謂業力（語音慈和）是這麼一種功用——作為我們學習的紀錄。當我們離開這個世界，我們面對的是什麼？就是我們在這一世裡所做的點點滴滴，這就是我們所面對的，而我們在物質世界所擁有的，包括財富，有幾間房子啦、有多少衣服、佣人啦，這些財富你帶不走；你的權力就像古代的帝王一樣，你的權力帶不走；你的聲望帶不走，唯一能夠跟隨你生生世世的，就是在你的物質生命歷程裡面所留下的紀錄，留下紀錄的目的是讓我們有學習的機會，它的重點不是懲罰而是要學習，學習我們所欠缺的，讓我們能更加完美。

所以什麼叫做「業力之幽鏡」？或者我們把它叫做「業力之鏡」、或者更簡短地叫做「業力」，什麼是業力？業力就是我們要面對的自己，透過這種面對自己的方式，我們才能夠不斷向上提升。

雖然有許多宗教總是強調「業力」，而且是強調業力的負面，但是我還是要告訴你們，再三的告訴你們，業力之存在不是為了懲罰，而是為了學習。「阿卡沙紀錄」就是業力的紀錄，有很多人對這紀錄很好奇，總想透過種種的方式來觀看這個東西，其實我要告訴你當你離開這世界你就可以看到這個紀錄了，所以何必羨慕呢？何必去追尋呢？我們時時刻刻都創造了這樣的紀錄，當你創造紀錄的時刻，你保持清醒了嗎？只要你保持清醒，你就知道根本不必去看這紀錄，你就能知道在一生中你留下了什麼。

所以請聽我說，不必去追尋渺不可知的事，更要在意的是向內去追尋、去啟發你自己，讓你在這個世界、這一世的生命沒有白費。透過一次又一次的啟發，我們能夠不斷成長，這個才是我們該做的。甚至，當你有足夠的能力了，還能夠協助其他的份子、成員也共同成長，這個才是你應該要努力的方向。

我要請你時時刻刻保持正面的態度、正面的思想，不要批評，為什麼我要特別強調批評呢？就是說，一旦我們去批評某個東西，你會以為所批評的對象是在你之外的。我要告訴你，其實我們都是靈性家庭的一份子，批評就好像在數落自己，不知道你是否瞭解這個意思？也就是說，當你看到一個客觀的對象時，其實你應該瞭解到這個客觀的對象和你有內在的密切關聯，只不過因為生活在這個物質的世界，我們沒有辦法看見這一層關聯性，所以只能從知識上去理解這樣的一層關聯。當我們去批評，我們就認為你批評的對象和你基本上是不同、沒有關聯的，這樣的觀念是有待商榷的。我也要告訴你為什麼我們要關愛別人，關愛別人其實就是關愛自己，關愛我們之所來自，這道理非常淺顯、明瞭。為什麼我們要原諒別人，原諒別人其實就是原諒自己。

所以什麼叫待人如己？不是待人如己，而是我們都來自同樣的地方、同樣的大家庭，所以這個人並不是別人，這個人其實就是另一種形態的自己，我們化身千百億來到這個世界、那個世界，無非就是為了體驗、為了學習，但是卻常常迷失在這樣的幻象當中。所以我們一再講到返家的旅程，什麼是返家的旅程？就是當我們向內追尋，追尋自己的本質，你就會發現其實大家都一樣，所以不要心懷怨懟、不要批評，大家都是靈性的同胞，我們走在快快慢慢、大大小小的道路上，好嗎？就以這樣的狀態，就以我們一個單獨存在而言，我也希望你時時刻刻保持一種光明的態度，發揮你的熱情、影響力，讓我們每一個存有都能夠向上提升，都能夠學到他該做的事、該有的功課。

業力之鏡的涵義〈這一段引自2011/02/12觀世音菩薩的談話〉

業力是一切行為的紀錄，業力要如何消除？沒有辦法靠其他人，一切都要靠自己的努力。當你批評了別人，那麼你終究得面對別人對你的批評。這就是一種「鏡」，什麼「鏡」？就是讓你看見自己的所作所為、所言所行，所以為什麼要叫做「業力之鏡」，涵義就在這裡。從這個鏡子裡我們可以看到自己一切的行為表現，才能夠透過這樣的機制去學習、去瞭解如何才能夠提升自己，達到一個更好的狀態。

但是你們的世界太凝重了，所以常常造作很多的業而不自知，這裡所說的並不只是一些不好的事情，也包括了一些你們認為是好的事情。比如說，也許你看見路上有一個人沒有錢，所以你給了他錢，假設是這樣，於是你很高興的認為自己又做了一件好事了。但是可能會有這麼樣一種情況，就是當你給了他錢之後呢，他去做了一些別的事情，比如說他拿到遊樂場去花掉了，他買了一瓶新的酒等等，那麼在這樣的情況之下，你自認為的善的舉動，其實帶來的未必是善，所以為什麼要⋯⋯嗯，慈悲為什麼要有智慧來指引。空有慈悲、愛心是不夠的，因為它仍然會導致很多你意料之外的行為，所以要有智慧來指引它，讓你所做的、所為的一切，都能夠朝向正面的方向去發展，所以為什麼總是要強調悲智雙運，那你光有這種⋯這樣的智慧，行嗎？也不行，因為你有這樣的智慧只是你能夠知道、你能夠瞭解，但是你並沒有去做，所以這是⋯嗯，要走向一個正確道路的兩個支柱或者左右護法，就是既有慈悲，還要有智慧來加以指引。

又比如說，嗯，你看到有一個⋯有一個人被⋯假設啦，也許是被箭、也許是被槍斃了，那在你們的世界犯了殺人罪的兇手必須接受一定的處分，嗯，有些律法就是殺人者死嘛，有些律法呢，也許就是判他關多少、多少年等等，但是如果說你知道他因為這樣的行為拯救了很多、很多其他的生靈，那又如何呢？所以一件事情並不一定像它表面上所呈現的那個樣子，所以我們一定要有足夠的智慧。

這個智慧哪裡來？就要從我們日常生活中，常常去思維、常常去向我們的內在思索、探詢，這樣你終有一天能夠看到那個⋯你真正的⋯完美無缺的、圓滿俱足的那個，真正的你就在那裡面，這是我們應該要努力的。但是這樣的追尋並不容易達到，所以如果能夠有一個好老師來指引你將會事半功倍，可以讓你少走很多不必要的迂迴道路，這樣的老師並不一定像你心目中想的那樣，他也許只是某個農夫的一句話、也許是某個神聖殿堂裡面一個老師的一句話，都可能，它可能以任何的形式出現，也許只是一聲狗叫、一聲雞啼，這些都足以成為你的老師，所以不要輕視任何的存在或者狀態，認為這些微不足道、沒有什麼價值，不要時時帶著這種評高論低、秤斤論兩的心態去看事情，不要，久而久之你自然就能夠直接的瞭解到事物的本質，它的本來的面目就再也不會被那些表象所蒙蔽、誤解，這是我今天要向你說的。

業力的重要性〈這一段引自2011/02/09約書亞的談話〉

業力是業的總集，誰的業的總集呢？就是所有的這些存在，他們在這個物質世界的一言一行、一思一想，都記載在這個「業力之鏡」，依你們的比方來說的話，它就好像是一個很大、很大的影音資料庫。這個影音資料庫設立的目的是要做為教學之用，教誰呢？就教每一個到這物質世界來歷練的，你可以想像說，就好像有一個人隨時在你身邊拿了一個攝錄機去記錄你的一生，甚至包括你的所思所想，就這樣把它記錄下來。這種記錄方式存在唯一目的我們已經說過了，是要去學習、不是要去懲罰，這個一定要搞清楚。

那它有什麼重要性？就是當我們一而再、再而三的來到這世界，和所有來這個世界經歷的其他份子，也就是你的靈性兄弟姐妹們產生了一些互動、想法、念頭，這些有的正確、有的不正確，所以呢，你什麼時候才知道它正確、不正確呢？在你離開這個世界的時候，會有一場檢討會，你可以把它想像成是某個課程結束時的檢討會，我們把在這個世界歷練的過程一個一個拿出來檢討，哪些做的比較好、哪些做的沒有那麼好，作為我們下次學習的參考。當我們再一次來到這世界學習時，你就會根據以前的⋯⋯在地球時間觀念裡面，以前發生的這些事件或者現象做一個修正，根據這些過去的事件，我們重新撰寫一個新劇本，就好像連續劇一樣，不同的人在不同的劇本裡面扮演不同的角色，有些人在這齣戲裡扮演的是國王，在下齣戲裡扮演的是乞丐；有些人在這齣戲裡面是商人，在下齣戲裡是教育家等等，諸如此類，這個就是業力紀錄——業力之鏡存在的目的。

但是，慢慢就發現一個現象，業力對這個物質世界的影響好像愈來愈大，這個業力、彼此之間的業力糾纏愈來愈難解開了，所以曾經有這麼一個討論，討論如何能繼續發揮業力之鏡的功能，而不只是慢慢地變成一個繁瑣的紀錄。首要之務就是要去清除一些…嗯，就好像我們電腦裡面資料用太久了，你可能要搬一部分出來，如何才能搬出來？好像會計結帳一樣，到某個段落把它結清楚，就是這麼一個動作，所以當我們要結清或許一百、兩百、一千、兩千年這些帳時，就會發生一些重要的事情，這個結帳的動作並不是說你欠我多少、我欠你多少，不是，它是為了一個新的開始，一個新世界的開展，為了避免受到過去過度的牽連，所以我們必須做一個比較大的結帳的動作，大概是這樣。

所以這個業力紀錄我們必須要加以清理，避免產生更多、過於繁瑣的糾葛，使它更能發揮本身設計的功用，就是這麼一個簡單的理念。但是要把它結算也不是那麼容易，因為彼此之間的糾葛太多了，其實有個很簡單的方法，什麼方法？就是每一個人或每一個存在都不去追討別人欠你的。就是從我們這個世俗的觀點來看，在形式上好像別人欠你的，怎麼這麼說呢，你想想看，我們現在有A、B、C三個人，A覺得B欠了他、B覺得C欠了他、C覺得A欠了他，所以A要向B索討、B要向C索討、C要向A索討，好像進入了一個無窮迴旋、一個死結，跳脫不出來，生生世世、如環無端，這樣的一個圓環怎麼會有終結的時候呢？而且拖慢了我們（學習）的速度。

如果我們能自己發現，我不要去追討，所以呢，A就不向B追討，這一部分的業力就消失了，B也不向C追討，B的業力也消失了，C也不向A追討，這樣C…所以他們彼此之間…當然這只是一個非常簡化的比喻，在這個世界成份與成份之間、存在與存在之間的關係千絲萬縷，如果每一個存有都有這樣的意願不會去追討，那這業力很簡單就消失了，我們大家都到一個新的起跑點開始，一個新世界的起點、和諧世界的起點，這是一種最簡單的方式。

也有其他的方式，比如說我就堅持非追討不可，可不可以呢？我說過：「生命永遠是自由的」，當然可以，但是當它到達某一個臨界點之後呢，因為大家都要去追討嘛，但是這個追討的過程無窮無盡，怎麼辦呢？所以就會有一個結算，這結算的動作…嗯（遲疑聲），有可能非常劇烈！所以，到底要走簡單清楚的路、還是要走複雜沉重的路？這些都是我們每一個在這個世界的存在者，要去仔細思考的問題，特別是在這個世界的人類，因為人類具有最大的自由意志。每一種動物當然有牠的自由意志，這是沒有問題的，但是人類具有最大的自由意志，這是相對而言，地球上的人類相對於其他的動植物而言，具有最大的自由意志，所以他的影響力也最大，那麼請問各位（將一字字強調說出）你們要選擇簡單的？還是沉重的？該怎麼選擇呢？這是要各位思考的問題，因為這樣的答案只有自己才能決定！不是我們能左右的，我們唯一的角色就是協助你，讓你或許（強調的聲音）能做出一個最好的決定，但是最終的決定權在誰手上呢？就在大家的手上。

當今天下誰為主？——萬般帶不走，只有業隨身〈這一段引自2011/06/09阿彌陀佛的談話〉

在帝制時代，總有許許多多的人對於誰為主這件事情感到興趣，人人都希望自己就是那個主，世代演變至今，誰為主呢？人人都是主，也人人都不是主，怎麼說呢？權力在這個世代已經不像帝王時代那樣集中了，這是一個民主的時代，所以人人都握有一小部分的權，集眾多的一小部分才形成一個大的，所以當我們說當今天下誰為主啊？我們大家都是主，是一個微小的主，這是從世俗層面來看。

當我們把注意力從外向內轉的時候，你就會發現誰為主呢？你就是自己的主宰，你可以決定要學習什麼，要以如何的方式去學習，學習的進度快慢、場合等等都可以由自己來決定。當然你有很多的指導者或者協助者，但是最終的決定權還是在自己。

我要說的是與其把你的精神放在外在、變動不居的世界，不如把你的精神放在真正有益的地方，從外向內觀看，想想看什麼是真正對你有益的，什麼是真正對你有幫助的，鎮日閒聊是否有益、鎮日機鋒相對是否有益、鎮日徘徊於忿怒、哀傷、惡劣的情緒之間是否有益？這些東西會跟著你走。反過來說，始終保持光明、正向的心態，這些東西也會跟著你走，「萬般帶不走，只有業隨身」。

當我們還處在一個二元性世界的時候，你應該努力積聚善業，摒除惡業，即便在我們已經達到至善的狀態還是一樣，要行善去惡。在這樣的狀態下，行善不是為了什麼，只是單純的行善，不是為了做這件事能夠帶給你多少的好處、多少的利益，減少多少的痛苦，不是為了這些，只是單純的去做這麼一件事情而已，你的一切都以至善來指導。

所謂「任運無整」就是你所有的一切作為都是善，有某些特殊的情況從世俗的標準來看不好，但是當你達到至善的狀態就沒有一件不好，這也正是最重要的地方。當你還在這條路上，還沒有到達目的地時，不要隨意去造作惡業，因為這時候造作的業、惡業，就是你從世俗的觀點來看它是惡業，從高層次的觀點來看它還是惡業，因為你的出發點並不是至善，這一點要分得非常非常清楚。

所以，不要以為自己擁有什麼神通就可以做這個、做那個，可以去賞善罰惡，可以去陟罰臧否，不要有這樣的念頭，不要去評高論低。要…就像，像水一樣，水往低處流，水從來不以低下為恥，只是默默的朝下流，默默的對這個世界貢獻自己，就只是這樣而已。

時時檢討自己，考察自己的內心，是否為了名聲而去做那些世俗認為好的事情，是否為了利益的交換而去做那些所謂的善業，是否為了自己的前途而去打擊別人、毀謗別人⋯等等，這些點點滴滴都要靠我們自己靜心發覺，仔細加以檢討，這個檢討的過程非常重要，也是讓我們能夠提升的關鍵。

我們不必具備什麼特殊的能力、特殊的感應或者能夠看見什麼什麼異象，都不用，我們只需要是一個平常人就可以做到這件事。檢討自己，時時、刻刻注意自己的心念，是有所為而為，還是無所為而為，直到我們能夠自然而然的去做，而不是刻意的去做某些事情。這樣，我們就慢慢從凡夫向至善、至聖慢慢逼近，這是一個無窮的追尋過程，旅途中有很多的考驗。

特別是當你成為眾人注目的焦點時，考驗才會真正的來臨；當你擁有了億萬財產，考驗才會真正的來。平時口說錢財只是身外物，那僅只是口說而已，所以，不要認為自己有什麼了不起，有什麼偉大的貢獻，有什麼絕對不可替代性，不必這樣想，只要靜心觀照自己，讓你的心保持像鏡子一般，明明亮亮、清清楚楚，映照出你的作為、心念，這樣就可以了。再多也沒有了，你不必去學習什麼神秘的訣竅、法門也可以做到這樣的事情，要相信自己，相信自己的能力、潛能，相信自己能夠達到這樣的水準、要求，相信自己能夠對這個世界、這個世界的眾生有所貢獻，能夠對這個世界的環境有所貢獻，相信我說的這些話。

良性的業〈這一段引自2011/03/25 龍欽巴尊者的談話〉

「業」一般可以分成善業、惡業、無記業，之前幾位已經很詳細解說了業的作用，這裡我想再補充一些，就是關於良性的業。什麼叫「良性的業」？首先我們再回憶一下什麼是業，業就是對於你的所作所為、所言所行的一種回應，或者叫做種什麼因、得什麼果，種什麼瓜、得什麼豆，這個就是業的功用。

在我們瞭解了業的作用之後，也可以善加運用這個特性，以方便或者促進我們在物質世界的一種生活狀態，怎麼說呢？就是當你希望獲得善意的對待時，首先要先釋出你的善意，這是基本的要件。

但是你也會說：「有啊！我對別人都很好呀，但是，我還是受到惡意的打擊！」那我要告訴你，這種你認為的惡意打擊其實也不一定是惡意，第一，它可能是來自於你過去造作的業所起的反應；第二，它可能是源自於一種更高的善意。什麼呢？就是用一種比較強烈的方式去影響你、刺激你，讓你走向正道，讓你對人生產生疏離感，這是一種看起來不好，但是實際上是出於更高的善，是協助你。

所以，如果你遇到了第一種情況，應該很高興，因為你過去所欠下的、該清還的，已經經由這樣的活動加以清償了，於是，你接下來的日子就毋須再為了這些事情煩惱，這些事情也不會羈絆你。如果是第二種，那就更好，所以要常常養成一種習慣，就是要從不同的角度看事情，很多時候我們陷落在一種自艾自憐的情緒當中，難以自拔，可是，只要一轉念，世界就會以不同的方式展現在你的眼前。

這樣，我們瞭解了這個業的作用之後，再接著想如何善用業力法則？所以，要怎麼收穫先怎麼栽，要別人對你友善，當然要先釋出你的友善，要想…就先…，也就是你可以應用這個法則為自己創造出一個你想要的人生，反之亦然！你一天到晚抱怨，你就在為自己創造出不斷接受抱怨的人生；你一天到晚生氣，你就是在為自己創造別人不斷對你生氣的人生。就是這樣。

但是這樣其實只是一種假性，我們不應該只停留在這種狀態，還應該繼續去超脫。人，在紅塵中；

心，在紅塵外。山還是山、水還是水，萬象還是萬象，但是它們對你的意義不一樣了，你看待的觀點不同了，那麼，境就隨心轉，所以，良性的業只是幫助我們提升的一個方便法門，而不是最終目的，將來你會明確體驗到這樣的事實。

今世業前世做，今日業明日果〈這一段引自2011/04/20 地藏王菩薩的談話〉

其實這就是我們一般講，你今天所面對的情況來自於何處？來自於你過去所作所為、所思所想綜合而成，（就是）現在你所感知、所經驗到的。

誠如之前各位（高靈）所言，人生就是一個舞台，舞台的編劇是誰呢？自己！在這個舞台上，你要演的是悲劇、喜劇，不管什麼樣的劇都由自己負責創作，創作的素材就來自於過去所作所為；今天的所作所為，再加上過去殘留下來、沒有結清的帳本，就形塑了明天，形塑了下一世。

下一世在哪裡？並不一定如你所想還在這個地方，不一定。世界何其大，世界何其妙，並不一定是在這裡上演（你的）人生悲喜劇，直到有一天你瞭解了、領悟了，這其實都是幻象，那麼你就從這個生生世世展演的劇場中離開了，就是這樣。

但是在這樣的過程中，我們很難去覺察，因為外在的訊息太強了，使得我們這樣的…應該說是你們啦，不過我偶爾會並用，我們這樣的人生接受到外在的訊息太強了，所以使得你的內在不容易顯現出來，每天、每天、每天，你、每個人都做很多很多無意識的事，有一些是無意識，有一些應該要有意識的去做。比如說，你吃早餐應該要專心的吃，你看報紙應該要專心的看，你上課要專心的上課，談話要專心的談話，但是我們一般人不是這樣，嘴巴吃著早餐，眼睛盯著報紙，上課想著窗外，一邊談話，一邊眼睛望著別人，望著別的地方。

所以，我們的心總是漂浮不定，總是活在別的地方、別的時間，而不是在此時此地。這樣我們就連第一步「專注在當下」都沒有做好，並不是說你非得在深山裡修行，非得在某一種特定的場所裡面才叫修行，不一定，專注在當下是一個非常重要的訓練，也就是你覺知內在本我的第一步，要培養自己這樣的能力，要有這種認知。

良心與善業〈這一段引自2011/04/20 地藏王菩薩的談話〉

我們知道心是造業的源頭，善業或惡業都是一種業，它來自我們的心，但是我們要超脫這樣的概念，什麼概念呢？當我們在討論善的時候，惡就隱然存在，當我們在討論智慧的時候，愚癡就隱然而存在，這就是一種最標準、二元化的、非黑即白的概念，但是我們要記得這些能夠造作善業、惡業，能夠區分美醜、好壞的東西，追本溯源還是來自原初的那個（太乙），只是你們原初的、圓滿俱足的那個東西，被披上一個二元性的袈裟，使得我們只能用有限的感知去看所生存的世界。

這一點前面已經解釋很多了，我只是想再強調這樣的機制不是為了…不是故意設計來為了讓你造作善業、造作惡業，而是為了讓你能夠在這樣的環境中學習到最多的東西，這是原初的目的。

這樣的旅程充滿了驚奇、危險，但是成果是豐碩、甜美的，所以不必用哀嘆的態度去面對。但是，再好的舞台劇總有謝幕的時刻，所以，不需要過度留戀，當你完成了這樣的表演、歷練，就是你離開舞台到下一個階段的時候，那裡有新的舞台、新的挑戰等待你。

什麼是地獄？我們一講到地獄，總是想到這是一個受苦的地方，但是我們來想一想，真的有地獄嗎？如果真的有，它真的是一個受苦、懲罰的機制嗎？我們來討論這樣的問題。

第一，是否真的有地獄？那就看從什麼樣的角度來看它。從至善的角度來看，沒有地獄這個東西，這都是我們造作出來的，三界、六道都是我們形塑出來的，因為生命擁有無限制的自由；但是，當我們仍然身陷其中的時候，有沒有地獄呢？只要你去醫院的急診室走一圈，你就知道地獄不在遠方，時常化現在你的眼前。

但是，我們還是不要從這種角度去看它，要賦予（地獄）這樣的機制一個正面的意義，這是一個檢討的場合，就是面對你這樣的一段歷程，一個中途的檢討，也許做的好、也許做的不夠好，我們都可以拿出來檢討，經由一次又一次的修正，我們就逐漸、逐漸的趨向完美的境地。

如果有人或者某一些存在身陷其中、流連忘返，怎麼辦呢？就好像你在遊樂場中，東一個、西一個（遊樂設備），你迷失了，每一個都非常新奇有趣，有的有點恐怖、有的有點刺激、有的有點…總之，這一切的一切非常吸引你，於是（你成了）迷失在遊樂場中的小孩，當你流連忘返，怎麼辦？或者父母、店經理、警察先生、老師朋友會提醒你這些只是幻想，看過就可以了、經歷過就可以了，毋須流連其中，所以你就幡然醒覺，離開了幻境。我，地藏，就是擔任這樣的角色，提醒迷失的存在，不要流連忘返於幻象之中。

你說，這樣的世界…當我們雙手觸摸著牆壁、喝著飲料，是如此的真實，怎麼可能是幻象呢？這一點就必須要親身經歷才能夠有深刻的體會。就好像當你談到所謂的氣，無法覺受的人還認為你說的都是天方夜譚，甚至根本是一種謊言，因為他完全無法感受、覺知；但是，對於能夠感受、覺知的這些人，你也毋須多說，因為一切都是那麼自然的存在。

同樣的道理，當我們說這個物質世界是虛幻時，你以現在的狀態也無法覺知、感受，有一天，當你能夠了知這一切，那時也毋須言語的說明，所以為什麼說「如人飲水，冷暖自知」，到底有多冷、有多熱，怎麼說的明白呢？這是我第二次講話。

如果你有興趣的話，可以看一看經典上的敘述，但是我要強調這並非必要，所謂並非必要就是，並不是每一個存在都需要這樣做。舉個例子，你如果去…應該說，你如果生長在基督教文化底下、回教文化底下，會不會去看（佛教）所謂的這個經、那個經呢？不會。

但是，不同的傳承有不同的因緣，同樣的，我們把關注的焦點縮小到現在，那你生活的周圍是不是每個人都要看聖經？是不是每個人都需要看佛經呢？每一個人適合的道路都不相同，毋須勉強、毋須造作，順其自然就是最好的方法。只要我們保持一顆尊敬的心，彼此互相尊重，不要認為自己優於別人、優於其他的宗教就可以了。

因為生而為人就是有限的覺知，因此當我們以有限的覺知去看待這個世界時，總有一些看不清楚的、總有一些偏見，如何避免這些偏見造成的影響，就是要抱持尊重的態度，不必當審判者，因為你唯一能夠審判的就是自己，也只有你才能審判你自己。要記住這一點，不要隨意的去批評人事物，要經常檢討自己的心念、作為。

當我們同在一起，努力向前〈這一段引自2011/05/24 地藏王菩薩的談話〉

當我們同在一起，努力向前，世界將因我們的努力而展開。生命總是在不斷創造，不斷向前看，我們學習了這個、那個，隨著學習的內容逐漸加深，我們一步、一步向前行，共同邁向那偉大的返家之旅。

但是這樣的旅程並不是一蹴可幾，這樣的旅程須要經過嚴格的鍛鍊，整備好自己的裝備、能力，才能繼續進到下一個階段。除此之外，還要將剪不斷、理還亂的那些隱藏、看不見的因果，做一個結算，這樣當我們進入到下一個階段時，才不會受到因果業力的牽制。

那麼要如何結算因果呢？結算其實很簡單，只要我們能夠主動放棄，放棄什麼？放棄去當一個債權人！別人欠了你什麼、從你這邊拿走了什麼，這些點點滴滴的紀錄都把它一筆勾消，很快把這些千絲萬縷、剪不斷、理還亂的關係梳理、疏通了，或者說把它結算了一遍，這樣我們才能夠以全新的樣態去面對即將到來的未來。

不要去預想未來是以什麼樣的形式呈現，因為這終究只是幻象，是一個我們鍛鍊的舞台，所以，在這個世界它上演那樣的戲碼；那在別的世界呢？又上演另外一種戲碼，所以不用管未來到底是什麼樣的狀況，不必去預言、不必去推測，因為這些都沒有意義。

但是，我們應該時時刻刻保持一種覺知、一種觀察的態度，知道你現在在想什麼、在做什麼，而不是無意識的讓念頭起伏、無意識的去做一些動作，這樣我們才能面對各式各樣可能的未來，部分已發生、部分未發生，無論未來如何展現，我都不建議你們去透過種種方式預測，因為劇本其實都是自己寫出來的，所以何必去預測呢？

一個歷史案例〈這一段引自2011/08/29 約書亞的談話〉

：那我想請問一下，根據「聖經」上的說法，祢曾經治癒了…用觸摸的方式治癒了很多癱瘓的人，結果只有一個人回頭跟祢說了聲謝謝，是這樣嗎？

約書亞：喔，其實這有一點誇張，以我當時的那種情況，我的確能夠行使一種……以你們現在的說法叫「神蹟」。其實從我的觀點來看，這不是神蹟，只是一種方法的運用，只是這種方法呢，以我們一般的常識來講是難以理解的。其實那些所謂的癱瘓，事實上是有一些比較……怎麼講，其實我不太願意用一些比較負面的字眼來講這個事情，就是說這些（癱瘓的）人其實身上還附帶了一些其他的……你們叫做「惡靈」，我叫做「不瞭解自身狀況的一種存在、一種靈體」，我所做的其實很簡單，我只是和這些存在、靈體「溝通」，協助他們——免除他們本身的痛苦，也免除那些癱瘓患者的痛苦。

這常常都是因為從你們的眼光看來，這是一個癱瘓的人，那他本身和另外一些存在的靈體有一些……以你們的詞彙來講叫做「業力」，有一些業力的牽引，那我當時是把一些……就是把他們這些所謂的糾纏解開來，你可以想像，當這些……這樣好了，我們不要用惡靈這個名詞，就是另外一種存在的靈體，把他們之間的關係解開來了，讓他們各自瞭解自己的處境，其實以靈體的存在，他能夠非常迅速的瞭解，只要你用適當的方式，所以其實這不是治療，而是一種協助。我會比較稱為協助，因為真正所謂的「解脫」只有（靠）自己，你要想靠這些外在的力量完全主導你的煩惱，去除煩惱這些東西，事實上是不可能的。我們唯一能做的就是提供一種協助，因為這些都是選擇的，而且都是你本身內在的選擇，在你們物質身體的深層，其實存在一個你不太能顯而易見，是「具有大智慧的」，祂知道一切，可是因為物質的世界會使你很難去感受到你自己真正的存在（高我）。

3.4 天啟

什麼是天啟〈這一段引自2011/03/03 觀世音菩薩的談話〉

什麼是天啟？如果光從字面上來看，我們可以很單純的解釋成上天的啟示，這裡所謂的「上天」，指的是另外一個我們所不熟悉的世界，統一把它歸類為上天，這是一般的認知。

但是如果說這個「天」其實就是你自己呢？如果說你自己就是天的組成份子之一，不知道你是否考慮過這樣的問題的意義呢？

讓我們來想一想，你們的「你」到底是什麼？如果說你承認了，或者說願意承認，或者說瞭解到，你是這一切萬有組成的一部分，那麼當我們把這個一切萬有，或者「太初」，不論你用什麼名字，把它稱為一個造物主、至上神的時候，是否你就是神的組成份子之一，也就是你的內在具備了完美無瑕的神性，那麼，來自神的訊息，也就是天啟，能不能把它看成是「你」、那個內在的你、真正的你，對於你（自己）的傳訊呢？可不可以這樣？

業力的天啟之日〈這一段引自2011/02/21 約書亞的談話〉

業力我們談過了很多回，所以你應該瞭解到，至少大致上瞭解到，業力機制的作用是什麼，這部分你應該沒問題。

現在我們要解釋什麼叫「天啟」，就是在某種狀態之下，我們會…似乎就在那半夢半醒之間，好像有某個人、或某一種存在，透過一種形式來告訴你，比如說，給你看見某些影像、聽到某些聲音等等，透過某一些你能夠感知到的告訴你，我們通常把這樣的事情叫做天啟，或者解釋為天啟，這樣的一種活動是怎麼產生的呢？它可能有幾個來源，第一，可能是像我這樣，我要告訴你、傳遞給你某些訊息，透過一種你能夠接受的形式，就像講話。

另外一種來源，就是我們這裡講的來自「業力之鏡」，就是這些東西、紀錄，我們說過，它是用於學習的，這些紀錄在某一種狀態之下，它會由隱而不現的（情況）竄出來，像地殼裡面的岩漿迸出地面來了，它如何迸出來？它怎麼迸出來？我們似乎難以掌握，於是我們就把這樣的狀態也稱為天啟，所以業力就是我們天啟的來源之一。怎麼會有這種狀態呢？就是我們那個完整的我、完整的高我，他運用了這些紀錄，透過某種方式告訴你，你現在要做的、現在該做的是什麼，該學的是什麼？你的目標是什麼？該往哪個方向走比較好，所以這也是業力之鏡的功用之一，告訴我們要如何才能往下走呢，才能繼續走下去呢？這個就是我們今天簡短講的，業力是天啟的一個來源。

但是有很多（人）他會把這些天啟視為一種神秘的，一種天神的命令或者預示，於是他感到恐懼，如果說我不遵守這樣的天啟會怎麼樣呢？他怕遭到懲罰，我要告訴你沒有所謂懲罰這回事。當我們隨時隨地都懷抱著恐懼，當面對別人批評的時候，你感到恐懼，你害怕失去很多東西，我們總是用恐懼來看待這件事情時，我們的學習還有很多地方是待加強的。

比較好的方式是用一個事物本來的態度去看待它，就是以事物本來的面目去接受它，不外加過多的判斷，好啦、壞啦、善啦、惡啦等等，不外加這些判斷，相對而言，更接近這些現象背後的本質。所以同樣的一個現象，比如說現在有十個存在，他們都接受到同樣的天啟，每一個人反應都不一樣，有些人認為他獲得了上天的眷顧，有些人認為這只是他作夢時候的胡思亂想等等，每一個人的反應都不一樣。

所以，在這樣的時代，做這樣的一種進行方式（指「天啟」），最重要的是要去做正確的解讀，不要賦予它過多、外加的涵義，你硬要強加這些意義上去，可不可以呢？當然可以，只是這表示我們還有很多需要再進一步學習的地方，學習如何用更周全的觀點，去看一件事情、看一個現象。這就是今天要講的內容，很簡短，但是我覺得滿重要的，再強調一遍，以事物本來的面目去對待、去看它，不要附加過多的、來自於過去的習性、來自於預設的立場所產生的判斷，不要這樣！好不好？

3.5 不同的觀點

天堂與地獄〈這一段引自2010/09/09 約書亞的談話〉

約書亞：我是約書亞。

：今天要講什麼呢？

約書亞：今天要講「天堂與地獄」。

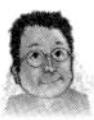：「天堂與地獄」那不是基督教的說法嗎？

約書亞：對。

：那還有什麼好講的呢？不是就像聖經裡面講的一樣？

約書亞：阿，聖經裡怎麼講你可能不太清楚，不過我們這邊不是要專門談論聖經的內容，因為那已經是兩千多年前的事情了，我們今天要講的是一般人所說「天堂與地獄」的涵義是什麼。

：那它的涵義是什麼呢？

約書亞：天堂就是一種狀態，一種美好的狀態。

：天堂是一種美好的狀態，那地獄呢？

約書亞：地獄則是一種…和美好對立的一種狀態。

：那地獄裡有撒旦，天堂有天使嗎？

約書亞：地獄裡沒有撒旦，天堂裡有天使。

：喔，為什麼地獄裡沒有撒旦，天堂裡卻有天使呢？（註：這裡語帶挑釁！）

約書亞：地獄的撒旦只是一種象徵，一種負面的表徵，但是被擬人化了。

：祢是說，人自己把這種負面狀態…具象化成為一個有名稱的撒旦，對嗎？

約書亞：嗯，對。

：那天堂裡為什麼有天使呢？

約書亞：天使也叫天神，稱呼不同而已，什麼叫做天使？天使就是一種善的能量，根本上說天使是每一個人，每一個人的本質都是天使，或者反過來說，有煩惱的天使就是人。

……（註：涉及個人隱私，略。）

約書亞：我還想強調天堂和地獄是由意識構成的，但是不失為一種認識的架構。這個就好像禪宗的比喻，用手指指月亮，當你看到月亮了，指頭就不是那麼重要了，指頭只是指引你看到月亮的一個模式、一種路徑、一種道路，我指出了這個道路，所以聖經裡面說：「我就是真理，我就是道路」，其實它的意思是我指給你們看了，就在那裡，我就是一個例子，所有的都要靠自己，我們只是提供協助。

：不好意思，我最後再問一句，祢說的，祢所謂的「我們」是指哪些？

約書亞：所有高次元靈界的存有，都會提供協助。

：那能不能簡短說幾個主要的協助者？

約書亞：你們都聽過了。

：可是我還是想聽祢講一講，幾個主要的就好。（註：這裡我有點死纏爛打，像個無賴！）

約書亞：比如說耶穌，比如說牟尼，比如說孔夫子，比如說老子，比如說穆罕默德，比如說莊子，比如說……哎呀，太多了，太多了，我們都會協助。有的是轉世協助，有的是處在靈體的方式協助。

天網恢恢——至愛之網〈這一段引自2011/04/01觀世音菩薩的談話〉

「天網恢恢」，世人難臆難解，「進步」將是要完成的必然。請別誤會，天網不是要抓你的小辮子，處分你，讓你處於害怕、恐懼之中，不是要管束你。天網，是什麼樣的天網呢？天網是至愛之網，無邊無際，籠罩所有的一切。所有的存在，無論你知道或不知道，都籠罩在這至愛之中，這就是天網恢恢，無一遺漏。在這至愛之中，沒有貧賤之別、沒有高低之分、沒有賢愚不肖。

也許你會問：「這樣的情況我怎麼沒有感受到？」那我們不妨反過來想想，你真的有認真去感受？真的有靜下心來、有向內尋求解答嗎？如果你什麼都沒有做，就好像你站在牆壁的後面看著一道牆壁，然後說：「沒有啊，我什麼都沒有看見！這牆壁外面顯然沒有東西。」這就是我們以有限的感知去猜度無限的世界，所以我們該做的是什麼呢？是越過這一道藩籬、這一道圍牆，了知在圍牆之外有一個更寬廣的天空，我們的五官所能感知到的世界，僅只是這個真實存在的一部分而已，而且是小小的一部分。

現在請打開你的心房、張開你的心眼，使你的內在本質能夠顯露出來，讓你能夠接通這無上的至愛之源，你終將體會你之所來、你之所歸。將你的一切交到至上之神的手中，了知自己就是神性的展現、就是神之子，在那之前，仍需持續不斷的努力、更新。

你說：「我沒有絲毫的感覺，我是這樣的渺小，只是芸芸眾生之一，我能夠做什麼呢？」請這樣告訴自己：「你是來自源頭的一部分，你擁有最純淨的本質，你的存在、你的純淨毋須任何人的認可，本就如此。」要對自己有這樣的信念。

但是光是從知識上理解，記住這樣的事實，其實遠遠不夠，你要徹底去實踐這樣的覺受，感知自己的珍貴，當你能夠瞭解自己的珍貴，就瞭解其他存在也同樣的珍貴。從這個觀念來看，每一個存有都是我們靈性的同胞，都有他獨特、不同平凡之處，都是值得珍貴珍惜的，所以，到底誰高誰低呢？誰優誰劣呢？不要做這樣的評斷。因為這將會帶你進入二元的世界，難以脫離。

現在請跟著我，請跟著我的指引、我的教導、我的光芒、我的步伐，逐漸、逐漸離開這二元世界的幻象，邁向實相、邁向真正的真實之中，體驗自身最純淨、最完美之處。你準備好了嗎？你開始準備了嗎？只要開始就不算遲。

在這個美麗行星上，在這個大地之母蓋婭掌理的土地上，眾多存在將要提升你們的內在，到達一個新的、圓滿和諧的境地。但是，這些圓滿和諧的狀態，不會自然而然的出現，一切都必須要經過努力。

當你專注在這樣的一種狀態，那麼你將體驗到什麼叫做創造、生命的自由，因為只有自由的生命能夠創造。你可以創造所處身的環境、可以創造這一切，因為這是你的天賦、你本具的能力，不要懷疑，即使你現在毫無覺知，要相信，「相信」能夠改變一切。在此同時，要提醒自己，不要妄自尊大，以為自己是⋯是什麼呢？以為自己是足以作出評斷的人、足以作出高下優劣判斷的人，這樣你又掉進二元性的世界當中。

這是一件非常不容易的事情，這種二元性的幻象就像流沙一般，當你一腳踩進，再想脫身，難上加難，不是毫無希望，只是很困難。即便你已經深陷其中，仍然可以藉由靜心的過程，逐漸脫離。隨時查看自己的念頭，你又在評斷了嗎？你又在講述一些自己都不清楚的事情嗎？你是否甚至在還沒有瞭解之前就下了斷言、給了建議？這樣的情況是危險的、態度是可議的。

永遠保持一顆謙遜的心、卑下的心，知道自己雖然珍貴但仍有不足，我們正是要克服這些不足之處，克服這些幻象，從而達到提升的目的。這是永恆的追尋旅程，不論你是在地球或是在任何其他的場合，都一樣。

你說這是老生常談，我問你做到了嗎？僅僅聽聞詞句，並不代表你就達到了這樣的水準，這是兩回事；僅僅學了一套、兩套、以至三四五套方法，就自認無所不知、無所不能，那麼你很快就陷入重重迷霧之中，找不到離開的路。

回到開始的主題「天網恢恢」，這是至愛之網、是神聖的賜與，祝福你，以及所有的存在。

當你見到障礙應該怎麼對待〈這一段引自2011/07/04 地藏王菩薩的談話〉

有時候當你在練習、鍛鍊的過程中，達到一個程度之後，會遇到一些困難，這些困難一般稱之為障礙，我要說的是不要把障礙視為一種不好的東西，這就像學習到了一個段落，需要檢驗學習的成果一般，看看你是不是真正學到了。

譬如說，我們要學習的是免於恐懼，結果你就會遇到某一種使你心生恐懼的障礙；我們要學習的是放下，就會遇到某些使你覺得難以放下（的事情），譬如過去的怨恨等等。

所以請用正面的態度來看待這些所謂的障礙，不但不應該討厭它們，反而應該感謝這一些障礙的存在，因為這些障礙使你能夠更進一步提升自己的程度或者能力。

當你遇見了這些障礙，心中要平和，對於一切眾生充滿愛，不但希望自己能夠提升，也希望大家都能夠去除自己生命旅途中的困難，達到一個更高的境界，這是我們共同要達成的，如果你只把焦點關注在自己的身上，而把所謂的障礙視為在你之外的，必須要打倒、消滅的，那你終究會發現在前進的道路上困難重重。這是我地藏今天要對你講的，簡單重複一遍，就是把所謂的障礙視為幫助你、提升你，讓你進步的動力之一，不但自己要進步，也應該同步提升，或者化解阻撓你進步的這些因素，那麼，這些因素不但不會成為你的障礙，反而會成為你的助緣，這樣你瞭解嗎？今天就講到這裡。

3.6 願力

什麼是力量〈這一段引自2011/05/01 觀世音菩薩的談話〉

接下來我要談什麼是「力量」，你可能會說「力量」誰人不知、誰人不曉。力量，可以是我們肌肉發出來的力量，可以是你的影響力，但是，我這裡講的力量既不是你肌肉的力量，也不是你因為外在的地位而顯出的影響力，不是！力量之所來，來自於你的願力，當你建立了至高無上的願，這個願會形成巨大的力量，這才是我所談的力量。

這個力量從何而來？這個力量來自於你本身，也許你現在還無法感知，但是你可以從經典中看到各種各樣的願，這些願所形成的力量是巨大的，這些願對這個世界帶來的改變是正向的，所以當你逐漸走上這條路，在某一個適當的時刻，你應該要發願。但是這些願並不只是口頭說說而已，必須發自你內心深處，一個深刻的願望，這樣的願才能夠引發出絕對的力量，對自己、對這個宇宙會有很大的影響。

這是對每一個人的談話，並不只是針對你，無論任何人、任何的存在，無論他生活在什麼樣的環境、什麼樣的境地，都可以發下這樣的大願，願的內容並沒有強制性的規定，但是精神必然涵蓋一個中心概念，即自利、利他。

什麼力量才是強大的力量〈這一段引自2011/07/01 地藏王菩薩的談話〉

在這個你所生存的世界，我們常常用力量來描述很多事，第一，力量可能是單純描述物理的力量，這是它最原始而簡單的定義。第二，力量在人群或者某些社會性群居動物之中，代表一種權力，這些權力的來源，就是根源於物理性力量而來的，所謂拳頭大就是老大，就是這個意思。

慢慢的，力量的意義逐漸脫離了物理性力量的原始涵義，而逐漸純化，純化到一個單純、也就是我們目前常常看得到的，作為一個組織的領導者，也許是公司行號、也許是機關單位的一位領導者，我們都賦予他，應該說你們都賦予他這樣的力量或者權力，去做許多的事。但是這些力量，這些你們所重視、所敬畏的，都不值得重視也不值得敬畏，因為這樣的力量是虛無的，如鏡花水月，虛幻而無有實質。

那麼，什麼樣的力量才是真實的呢？這力量來自於我們內心深處的吶喊，內心深處的呼喚，我們最內心深處、最想望的是什麼？平安喜樂的生活、快樂的心情、健康的身體，這是我們每個人內心深處最想望、最想望的。

有多少人願意真心誠意的聽從其他（人）的領導？有多少呢？應該是一個也沒有！你之所以遵從、服從領導，只是因為要獲取一些謀生的資具、一些錢財，滿足我們生活的需求，所以服從於權力之下並不是你的目的，你的目的還是在那裡，就是剛才講的那幾項（平安喜樂的生活、快樂的心情、健康的身體）。

所以我們要常常清楚認知到自己真正想要的是什麼，然後你才能用比較好的方式去實現，如果你都沒有目標，打靶的時候怎麼會打得中呢？有了目標我們才能說你有沒有打中紅心啊？你偏離了多少？連目標都沒有，就談不上好不好、夠不夠的問題。

這個就是要你、要你們去認真思考，什麼是你內心深處真正的想望，有了目標，我們才能進一步的考量如何去實現。譬如說，你希望能夠獲得友善的對待，那麼如果你不能真心的對待別人、不能友善的對待別人，卻期待其他的存在能夠對你展現友善的態度，可能嗎？這就是一種方法上的問題。

所以，弄清楚你的目標在哪裡，然後再考量如何去做到，那麼即便在這個沉重而緩慢的世界，這樣的目標同樣也能逐步實現，這樣的實現更難能可貴，因為真的很困難。

所以我們一方面要清楚自己的目標，有具體達到目標的方法，還要有耐心，靜靜等待目標能夠實現。這就是這個世界非常有趣的地方，充滿了一切的可能性，但是卻又那麼緩慢，真是非常有趣，值得各位多多體驗、經歷。

實現願望的信念〈這一段引自2011/02/05約書亞的談話〉

將我們的願望實現的一個最簡單而直接有效的方法，就是對我們所希望達到的願望，建立一種深切的信念，這種深切的信念本身具有強大的威力，會協助你實現那個正直、無私的願望。

如果你的願望只是為了滿足個人的私慾，只是為了你自己，那麼這樣的願望是不會被照應的，這代表什麼意思呢？我們要建立的願望應該是為了大眾，而不單單只是為了個人的私慾，這樣一個更高層次的願望，如果你具有足夠的信心的話，那麼願望會成為現實。

這就是我們常常說的，生命是自由的，你可以創造實相，像真言行者，什麼叫真言行者？就是當我們身心靈的狀態達到這樣一種程度時，他說出來的話會實現，這個說出來的話在沒有實現之前，我們把它當成一個希望，但是對於真言行者來說，他說出來的話就會實現，因為這根本就是他創造出來的，你會說：「有這種可能嗎？是不是太過於神奇了？」我要說：「這其實一點也不神奇，完全沒有秘密可言。」之所以會有這樣的效果，是因為真言行者說出的話，當他說出來以後，我們這個宇宙會回應這樣的訴求，回應的結果就是願望實現了，話語也就成真了。

為什麼宇宙回應我們這種要求？就是我們一而再、再而三說過的「生命是自由的」，他會創造出生命的幻象，創造出我們要在其中表演的舞台，就是這樣，沒有神秘可言，這樣瞭解了嗎？這就是我這一次要說的主題。

所以，請把你的身心調整到這樣的狀態，讓你自己成為一個真言行者，當然，這並不容易，所以請好好加油，好好努力。我們都會等待，期待你達到這樣的水準、能力，你也要對自己有所期待。

我想補充一點，就是你有沒有這種能力，有或者沒有，和你個人的價值無關，這只是一種狀態的表述。沒有這個能力，你還是那個真正的、本質的你，還是一樣的完美；具備了這樣的能力，你，那個真正本質的你，還是同樣的完美，無有差異，這一點請你也不要忘記。

願立功——清楚明確的目標〈這一段引自2011/02/02約書亞的談話〉

願立功是什麼意思？就是說你要做一件事情之前，必須先設定一個目標，目標很清楚就能夠引導我們的注意力，還有你所付出的努力，朝向一個方向前進，所以目標必須很清楚、明確。

那我們平常如何才能建立這樣的一個目標？不妨這麼做，我們可以把目標寫在一張紙上，或者以某種形式表達出來，重點就是要能夠每天呈現在你的眼前。把目標寫下來，當然我知道你以前也這麼做過，但是你很久沒有用了。

譬如說，你要發表我們這些談話的內容，這是一個目標。但是除了這個目標，慢慢地你就會發展一些細節，這個細節還是要依照一個架構，這個架構呢，會在我們一次又一次談話當中呈現出來，就是我所要表達、所要傳遞給你的訊息。你可以瞭解這樣的訊息是簡單、清楚的，我刻意把一些過於複雜、不易實施的過濾掉了，因為不同的時代有它適合的方式，在這個時代，在你現在的這個時代，比較適合的方式也許就是簡單、易行，能夠很快、很容易就達到的一種觀念、方法、目標，這就是我所說的「一願立功」。這個願望、目標很明確，你自然很容易達到，就是所謂的成功完成這麼一件事情了。

力量來自發心〈這一段引自2011/05/10阿彌陀佛的談話〉

做任何事情之前，我們都會希望能夠順利完成，牽涉越眾多、越難完成，但是有一個方法可以讓你比較容易的完成，什麼方法？就是要發心，或者說發願。

這些願望通常有一些共同的特點，例如，第一，要能成就自己；第二，不但要能成就自己，還要能夠利益其他的存有。這就是發心的主要內容，至於細節則各有不同，其大要則一。

當你能夠發下這樣的願望，宇宙便會回應你的發心，你的願望將會實現，這個力量之巨大難以想像、難思、難解，但是你不用去思、也不用去解，只要你能夠認真的思考要發什麼樣的願，才能夠利己又利人？應該是說利己又能夠利眾多的（人與人以外的）存在。

所以你應該要撥出時間想想什麼樣的願對你最有利，最能夠對眾多的存有有利？常常去想、去思考，然後這樣的願望會逐漸的成形，從表層的意識逐漸、逐漸深入到你無法覺察的潛在意識當中，於是你的願望就形成。

這樣的願望所引起的回應是巨大的，如果說你所立下的願望小，是單純的自利，而且這個利是來自於犧牲其他存在的利益所獲致的，那麼願望將難以實施、無法獲得回應。為什麼呢？你發出的想法就是自利，只為了自己，於是所有接到想法的（存有）也都回應了自利的念頭，大家都自利，那你什麼時候才能得利呢？

同樣的道理，當你發出的是利己又利人的念頭，大家的回應就都是利己又利人的念頭，那還有什麼不能成就呢？這裡並沒有任何的神秘可言，一切都明明白白、清清楚楚，唯一難以克服的就是你自己，而克服的方法我們已經講過了。

立定志向邁向成功〈這一段引自2011/05/18阿彌陀佛的談話〉

立定什麼志向？我們可以立的志向千千萬萬，但是重點只有兩個。第一，要能成就自己；第二，要能利益大眾，符合這兩個要件才算是好的志向。

比如說藝術家，你可以立志創作出美好的作品，陶冶人心，包括自己和其他的存在。你是一位建築師，你的作品除了能夠實現自己的審美觀之外，也能對於這個環境以及在其中生活的人發揮健康的影響⋯⋯等等。

每個人基於不同的特質，可以立定的志向千差萬別，但是，只要符合這兩個要件就是一個好目標。當我們從內心生起或者立定能夠成就自己、利益大眾的志向，這樣的志向將會得到適當的回應，各種各樣的助力會逐漸顯現出來，再加上你自己的努力與投入，才能逐漸、逐漸的達到目標，這就是我所謂的成功。因此，所謂的成功不是指建立更多的房子、畫更多的畫、掙更多的錢，並不是這種以自我為中心的目標！

所以凡事要慎始，初發心很重要，一開始立定的志向就決定了所帶來的結果，所以不但是學貴慎始，立志也貴慎始，那麼你，應該說眾人，是否應該抽出時間在繁忙的工作、學習之餘，安靜的思考、思考呢！思考你該立下什麼樣的目標？什麼樣的願望？這是一件重要的事情，這是再一次的闡述立志的重要，請不要輕忽。希望各位能夠做到，能夠慎重思考！

3.7 實現願望的態度

仰體天心、成就自己、利益大眾〈這一段引自2011/03/31阿底峽尊者的談話〉

「仰體天心、成就自己、利益大眾」，這三句話就是簡單的三個階段。

第一個階段仰體天心，什麼叫仰體天心？就是你要跟你的內在達成聯繫，和內在和諧一致，讓你的整個身心靈都能處在和諧平衡的狀態，叫仰體天心。方法各式各樣，每一種方法都有可取之處，也有局限性，所以只要選一種你能夠接受的方法就可以了，不需要學太多看起來很神秘或者是別人都說很好的，不需要，但是也不是說你隨便選一種方法就好，還是要很仔細的撿擇，在眾多的方法中，選出簡單易行、功效顯著的，這種方法不會自行出現，需要你做嘗試，好，進入第二階段。

成就自己，即便你有了正確的方法，沒有依法鍛鍊也是徒勞，鍛鍊需要日積月累，恆心、努力的實踐是最重要的法則。不在乎你讀了多少的典籍，師事了多少名師，你唯一最根本的名師、師父就是實踐，不然，縱使你聽聞了無量無邊的教法，也沒有絲毫益處。

我們並不是要讓每一個人都證得（道），但是我們至少要做到一件事，就是讓絕大部分的人都能夠接近生命的本源，得到永恆的快樂。這是第二階段，也是一個實踐、實驗的階段。為什麼要實驗呢？因為這樣的環境要達到這樣的程度有先天的困難性，卻又勢在必行，所以必須封閉你大部分的覺知，再由你本身的努力去突破它。

你也有疑問說幹嘛這麼麻煩呢？每個人或者說每個存在，為什麼一定要經歷物質世界的過程呢？這是一種歷練，這個歷練最難得之處就是他的體會、感受，是（加強語氣）完全不同的！但是，又不能過度耽溺在物質世界之中，還要從物質世界之中提升起來，所以必須做這樣的努力。

你就是許多種子之一，請注意所謂的種子並沒有提高的意思，不是，這是一個自願的活動，看看在這樣的處境、環境之下，運用這種方式，或者其他的方式能夠達到什麼樣的程度，能夠成就到什麼樣的程度，如果很幸運的，依照規劃你達到了，那麼你接下來該做的是要利益大眾，這一點就不再解釋了。

你的進度看來可以依序前進就好，不要心急，急了只會拖慢你的速度，就像你爬山一樣，這個山勢並不陡，但是，還是需要你一步、一步往上走，你不需要很快，也不需要跟任何人比賽看誰先到山頂，不需要。你只要一步、一步往上走就好，注意你眼前的，不要眼睛望著天邊，想著我什麼時候才可以到啊？如果你經常做這樣的動作，就會發現那個目標是遙不可及的夢想，所以請把你的注意力集中在眼前方寸之地，集中在現在。

當然，作為物質形體的存在，我們很難避免這樣的情況，總是會受到周圍環境的影響，人、事、物都帶給你極大的影響，但是，正因為這樣的處境對你有最大的益處，所以你不但不應該抱怨，還應該要感激。不然你來這邊幹什麼呢？歷經了那麼多的險阻、困難，為的不就是來走一遭，經歷這麼一遭，成就自己，也利益大眾嗎？不就是這樣子嗎？

所以，慢慢的，不要看別人似乎很輕易的就獲得了許許多多的名、利、祿，不要看別人做事好像都輕輕鬆鬆、安和自在，他們都有你不知道的苦惱，總的來說，每一個人都有必須要努力克服的東西，這中間沒有優劣的區別，只是不同，不用羨慕別人，也不用自傲，因為只是不同而已。

但是，我們可以互相的學習，互相的協助，因為每個人都有不同的缺乏，反過來說，每個人都有比較擅長的地方，所以當我們把一群人集合在一起，每個人有他各自的擅長之處，就可以彼此學習、教導，這樣我們就能逐漸、逐漸提升到一個程度，最終理想目標何在？就是實現人間的淨土，你要說天堂也可以，一個永恆的安樂之所將出現在人間。這是我阿底峽今天要告訴你的，簡短重述一遍「仰體天心，成就自己，利益大眾」，再見。

烈士洋洋灑灑一大堆——勇士與烈士的分別〈這一段引自2011/04/22 地藏王菩薩的談話〉

「烈士洋洋灑灑一大堆」，什麼意思呢？首先我們來定義這裡所謂的「烈士」，什麼是烈士？就是很勇敢、很激昂，為了某一個理想、某一個主張做了很多犧牲的人，就是我們一般所稱的烈士。通常我們會認為這樣的犧牲具有崇高的目的，沒有問題。

但是，問題在於這些世稱烈士者生在物質人身中，以有限的知覺、有限的感官，標舉出一種自己認為的理想，為之赴湯蹈火不足惜，這樣的行為、舉止不見得明智。

就這樣一個課題，我們需要反覆的學習，每一個世代、每一個不同的世界、歷史，總是有許許多多的烈士，但是，他們終究得學會一件事情，就是在我們還沒有達到完全覺知、清醒狀態之前，我們的言行舉止，包括所做的犧牲，都很可能有偏差。

這些偏差要如何減低、甚至消除呢？當然追本溯源、根本的解決之道，就是達到清明的狀態，如何做到？其中一種，就是經由不斷轉世的過程，一再面對相同的課題，逐漸、逐漸發現或者說領悟這其中的差別，什麼差別呢？就是你以為的真理、理想和其他個體以為的真理、理想，常常不一樣。所以，什麼才是真正的真理呢？學到這個課題之後你才能由此解脫，在這個課堂下課、學分修足了。

並不是說烈士這樣的行為舉動不好，每一種行為舉動都有值得學習之處，但是在一個課題上，耽擱過多的（轉世）次數，對於生命的整體進展而言，未必是一件好事，雖然最後的選擇權在你。

所以，我們不要當烈士，但是我們可以當勇士。什麼叫做勇士？和烈士有何不同呢？（勇士）就是我們瞭解自己是有限的、不足的，但是我們很努力的去做、很努力的去做，有一句話叫做「順水推舟」，順著趨勢繼續往前走，盡可能掌握機會；逆水行舟不是不可以，但是會耗費掉太多能量，成效相對的卻沒有那麼顯著。所以我們要努力的去做，不必要求有什麼回報或者效果，因為只要我們走在正確的路上，自然就會有很大的成效出現。

這不是你能求來的，這是一種⋯⋯嗯，你可以把它叫做「共振」，什麼共振呢？就是當這個東西符合了或者是和真理一致了，就會產生共振，當另外一個個體和這樣的真理形成一種共振時，你就會發現並不太需要解說，自然就能引起很大的迴響。

反之，如果我們的行動或者主張不能引起迴響，產生不了效果，那麼可能原因不外乎：第一，我們的所作所為並沒有我們自已所認為的那麼正確、那麼向真理靠近；第二，可能另外的個體尚未達到引起共振的狀態。無論哪一種情況，都勿悲、勿喜、勿怒，平常心就好。

所以，什麼叫做勇士？就是以我們有限的理解，找出一種我們努力的方向，產生一種努力的行動，但是，這裡或許有偏誤的可能性，這樣的偏誤隱而未顯，所以在我們行動的過程中，不必過於強烈的希望用某種方式達到我們想要的效果，不必，只要我們盡力就可以了。

當我們還不能體悟自己就是神聖存在的一部分，而彼此視為不同的個體時，的確會有這種不自覺的偏差，或者是對於真理的領悟不夠透徹的狀況。

所以，你要當烈士還是勇士呢？烈士就是認為自己的都是對的，一往無前；勇士知道自己的不足，但是奮力而為，不要求結果，這兩種你會選擇哪一種呢？你會兩種都嘗試？還是會作何種選擇呢？生命永遠是自由的，你就是自己命運的主宰，不論你作任何選擇，都祝福你。

江上數峰青——平和的堅持〈這一段引自2010/11/17約書亞的談話〉

約書亞：我是約書亞，今天要講的是「江上數峰青」。

：江上數峰青，這聽起來像是某一個人的詩，有什麼特別的意思嗎？

約書亞：江上數峰青，是說天下有很多事情是要以一種態度，就是江上數峰青的態度，什麼叫江上數峰青的態度呢？我們可以再進一步的說明。

：所以到底什麼是江上數峰青的態度呢？

約書亞：（發音艱難）江上，這個「江」是什麼呢？江是一種世俗的理念，在世俗的理念裡，你可以看到……，就是說我們常常埋在一般世俗的觀點裡面，解脫不出來，這個時候我們要突破。（語句漸趨平順）比如說在一望無際的江上，有幾個山峰是突出來的，這個山峰突出來，就是我們要堅持自己的理念，一種平和的堅持，而不是很激烈的堅持。就是說態度要溫和、立場要很堅定，不要隨波逐流，當然隨波逐流會讓我們的日子過得輕鬆一點、愜意一點，可是對於這個社會並沒有助益。這個世界需要的是能夠促使整體社會提升的，就是說總得有些人保持這種態度、立場，有些人，不是每一個人，但是這其中就有你，還有其他類似的人。

不過我要強調一點，就是態度要溫和，不管你的出發點有多麼崇高，如果你用的方法不正確，結果就不好。所以不要老是認為你有什麼了不起、有什麼奇才異能，這都是「比上不足、比下有餘」，論奇才異能，比你奇、比你能力高的太多了，所以這種才或能不是重點，重點在你的立場和態度。

什麼叫做「青」？所謂「青」就是一種昇華、成長，這樣一種態度和觀念能夠得到昇華與成長，就這世界而言，是一種好的面向。當然，同樣這個主題不同的人會有不同的講法，我們只是借用這句話來表達這個觀念，這樣可以嗎？

陽陰平衡——行善與智慧〈這一段引自2011/04/29地藏王菩薩的談話〉

「陽陰平衡」常常聽到，但是我想多舉例闡述一下，就它的範圍層次多說明一下，什麼叫「陽」？對外叫做「陽」，對內叫做「陰」，所以你做了很多服務的事叫做陽；反過來說，經常的內省，省察自己思想言行叫做陰。什麼叫做「(陰)陽」？你的物質身體叫做陰，而你的精神體叫做陽。

我們總說陰陽要平衡，平衡的意思不是說你一半、我一半，叫做平衡，是說要互相搭配。譬如說，你做了有益於眾生的事，終其一生你都在做這樣的事，有沒有什麼助益呢？有，可以結「善業」，但是善業得善果，也就是俗稱的福報，這樣的福報有沒有用？有，可以讓你做事少遇阻礙，但是光是這樣子夠不夠？不夠，因為這些只是世間的，還需要智慧來指引，智慧由何而生？就由經常反省、省察自己而逐漸升起。

所以，當我們的行為沒有智慧來指引，有可能會偏差，譬如說，當你做了一件你認為對眾生有益的事，而他們卻…或者不接受，或者接受了卻帶著很大的疑惑，或者雖然接受了但是卻沒有任何的疑問，這些都不是最有益的，理、事要圓融，陰陽要平衡。

理，我們用通俗的話來講叫道理，你可以用心法，也可以用原理、原則來說，就是它背後的原理要懂、要瞭解、要能夠好好的把握，你所做的事才能「成」，這個「成」是圓滿的完成，不是有缺憾的完成。什麼叫圓滿的完成？就是施、受兩者之間都能夠有所助益，而不是彼此損傷，共同提升才叫做圓滿的完成，所以，理、事要圓融，陰陽要平衡。

你要常常思考這樣的問題，如何做才能達到最好的效果，只以一頭栽的方式去做，值得商榷。這是我地藏要對你說，智慧不是掛在口頭上，要真實的加以實踐，善行不是留在腦袋裡，是要具體的實踐。這是一個幻象、一個舞台，但是，無論是誰，當你站上了舞台最好都要賣力演出，才能達到你登台的目的。目的何在？不在獲得掌聲，而在自我完成。記住我地藏的話，不在掌聲，在自我完成。

良知在何方，良知在心中——名利是道具，不是生存目的〈這一段引自2011/05/24關公的談話〉

什麼是良知？良知就是我們心中善意的念頭，這個善意的念頭起自何處？起自我們的心中。這個善意念頭之所起，沒有對價關係，什麼叫對價？就是你的良知並不是因為你可以依此換取世俗的財寶、地位，不是這樣子，而是你的良知的發源，只是很單純、很單純的來自於自己內心的一種意念，是要對自己、對眾生都有益處的一種意念，就是良知。

很多人做了一件好事，當然這是俗世的定義，就希望能博得好名聲，做了一點點事，就希望自己能獲得金錢上的利益。當然我們在這物質世界生存，錢財、名聲似乎難以避免，但是即使如此，我仍然要提醒你們，錢財往往帶來的是災難，特別是突如其來的橫財，帶來的不是幸福；名聲也一樣，帶來的往往是一堆的麻煩。

特別是在追逐錢財、聲名的過程中，我們往往就迷失了自己的良知。一開始我們可能會想說，只要多賺一點點錢，就要做什麼什麼善事，可是慢慢演變到最後，往往就成為對於錢財的取得無法滿足，追求千萬錢財不厭倦。

所以，錢財是讓我們能夠在物質世界生存的一種道具，但是，道具往往變成目的；聲名，甚至不是在物質世界生存所必要的東西。但是，有太多的人把虛幻當作真實，把名聲這種虛幻不實的東西，當作追求的對象，還沒有追求到，痛苦萬分，想「怎麼別人有，我沒有呢？」當你追到了，你又發現隨時都可能失去這些東西，你的心就這樣擺盪、擺盪，無休無止。

對治的方法其實也很簡單，就是回到一種單純的狀態，只要滿足了基本的生活需求，有一點休閒娛樂就感到幸福，這樣你就會發現其實需要的真的不多。那你手邊、身邊多的這些點點滴滴，你就會想何不把這些目前用不到的、用不著的，拿給別人使用呢？你就會想到多說兩句讚美的話語，就會想到多少捐助一點錢財給有需要的人，這就是我們良知發揮了效用。

聽起來很簡單、直接、毫無隱晦之處，事實也是如此，大道理總是非常簡單，我們之所以感到複雜，是因為我們這一層物質的身體障蔽了我們的視線，使我們暫時無法感知，無法以全知的方式感知萬事萬物。但是，這並不能妨礙我們成為一個具有良知的人，你毋須是高等的靈修層次，毋須是金主、名人，都不需要，應該說當你在做這些事情時，你是誰並不是那麼重要，重要的是你的心、你的發心、你的願望，一種利己利人的深切願望，這個才最重要。

良知良能〈這一段引自2011/05/01觀世音菩薩的談話〉

什麼是良知？我們把它拆開來看，一個是「知」，就是知識、知道，但是我們要講的是「良知」，知，你可以知（道）很多東西，你可以知道今天天氣如何、你可以知道某人說的某一句話、（知道）發生了什麼事，這些是屬於知的部分。

但是，在這些知當中，你要擁有良知，「良」相對於不良而言，也就是「知」如果能夠含帶「良」的成分，那麼這樣的知才具有正面的意義，也才能開展出「良能」。也就是說，你擁有了「知」，由「知」而擁有了「能」，但是如果沒有指引的準則、方向，那這樣的「知」、「能」很可能導向危害的方向，將造成可怕的災難。

這就像是一把兩面利刃，「知」、「能」本身並無所謂好壞、良或不良，但是當我們根據「知」、「能」而起心動念，這時候就形成了它的業因、形塑了它的業果，所以我們要將這樣的認知放到我們的心中，就是當我們還不能脫離二元性世界，還以善惡來看待這個世界時，我們要秉持「良知」、行「良能」，這樣我們將逐步、逐步地由相對的善，提升到至善。

這是一個漫長、艱難的旅程，也是一個無可迴避、圓滿的旅程，有些人覺得這個旅程簡單，有些人覺得困難，但是無論簡單、艱難，這是一個必經的過程。將這樣的認知時刻放在你的心中，即便你體認了至善，脫離了二元的思維，仍然應該秉持良知良能、造善業、去惡業，只是這時你造善業的目的不是為了獲得善果，你沒有任何的目的，自然而然的去從事這樣的行為、思考，請注意，不是為了任何的福報。

雖然，在我們這個世界…應該說在你所在的這個世界，福報是眾人所嚮往的，我們希望能夠有多一點的錢財、多一點的房產、多一點的…，我們希望很多、很多，但是這種有形的福報能夠為你帶來永恆的安樂嗎？其實很困難，雖然你的確可以透過種種的方式去積聚你的福田，我這樣說，不是站在比較高層次的說法。

再說一遍，當你還沒有脫離二元性思維時，積聚福田的行為是有益的，但是當你脫離相對、邁向至善的時候，這些由俗世觀點來看積聚福德資糧的行為，並不是你的目的，也不是你的手段，你只是自然而然的這麼做、這麼想，不為了任何金錢的回報，不為了獲得任何以俗世觀點來看是有益的事情，例如，加官晉爵等等。這就是我們講良知良能，引申到至善的談話。

3.8 實現願望的方法

心輪開啟，承上啟下——從身心平衡開始〈這一段引自2011/04/01阿彌陀佛的談話〉

在心輪以下是第三輪，跟個人的關係密切；臍輪和親人的關係密切；母輪和宗族、族群的關係密切。由心輪往下，愈往下愈接近大地；以上接喉輪、天目輪、頂輪、梵穴輪，再一直上去。

其中，心輪居於關鍵的位置，你可以把人的身體想像成一個漏斗，漏斗的中央部位就是心輪所在的位置，漏斗以下由小而大，由個人以至於族群，再連接到大地，這是漏斗的下半部；漏斗的上半部從心輪開始，向上逐漸擴展，這是漏斗的上半部。

所以，當我們要連結物質的身體和靈性的身體，心輪居於關鍵的位置。但是這並不是說心輪以上才屬於靈性世界、心輪以下屬於物質世界，不是這樣，其實每一層、每一輪都分了好多層次，細講可以分七層，但是對初學者來說，這樣的劃分過於詳細了，沒有必要，只要知道在每一輪的最核心，就是你那個……最內在的自己，愈外圍愈和這個世界接近，愈接近我們所感知到的世界。

所以你如果要用陰陽來區分的話，心輪以上是陽盛、心輪以下是陰盛；如果你要用內外來區分的話，外側趨於陰、內側趨於陽，怎麼會這樣？因為物質世界是光的凝聚，凝聚就是一種陰的作用，昇華揮發就是一種陽的作用，所以，向內是陽的表現、向外是陰的表現。

我們簡單的說心輪的位置，它居於一個承上啟下的地位，當我們物質的身體和我們靈性的身體，要發揮陰陽平衡的作用，一個很關鍵的位置就是心輪要開啟，身心才能達到平衡。

那要如何讓心輪開啟呢？我們要從兩方面來做，第一，是純物理性的鍛鍊，譬如說，你鍛鍊你的內氣，不論是用意念導引的方式，或者是由外形而引發內氣的方式，譬如說各種的太極拳法，這是從物理的層面。從心的層面，我們要體認到，至少要從知識上瞭解到，這個物質世界是陰陽合和而產生的，緣聚則聚、緣盡則散，所以說「無自性」、所以說「空」，這是我們從知識的層面來理解。

有了基本的理解之後，還要經常的靜心思維，透過這樣的不斷練習，我們可以逐漸打開我們的心輪，但是這並不是說你就因此而羽化登仙了，不是這樣！而是你溝通了有形、無形、陰的、陽的這兩個方面，達到一種平衡的狀態，不偏此、不偏彼，或者你也可以簡單的說，這就是一種中庸之道。

但是如果你以一己之力難以達成，這時你就該慎選良師益友，訪名師，什麼叫名師？不是名氣大的叫名師，是真正有達到水準的才是名師，這樣的名師不一定有看起來莊嚴的外表，不一定，通常也不會有太大的名聲，因為過大的名聲只會帶來世俗的枷鎖，對於我們靈性的生活不利。

那你說既然他沒有很大的名聲，也沒有引人注意的（外表），那如何才能找到這樣的名師呢？不妨這樣想，靜下心來，從你的內心升起這樣的念頭「請與我有緣的老師在我生命中出現，請來引領我，讓我達到我人生的目標、我生命的目標」，經常這樣靜心祈求，那位或者那些名師就會出現，我現在這樣說，是對一般大眾而言，這是良師。

還有益友，益友的出現也可以遵循類似的方式，什麼叫做「同氣相求」？就是當你們帶著相類似的特質，這種相類似的特質會不斷往外散發，當遇到相近特質的人，它會產生一種難以覺察的吸引力，將天涯海角的不同個體（此處的不同個體是指在這物質世界的不同個體，形式上是相隔離的個體）連在一起。

在初始階段你應該做的就是靜心並且祈禱，要注意，祈禱並不是說你自己什麼事都不做，把這些東西都丟給別人，丟給你的上師、指導者「你負責給我找過來！」不是這個意思，而是祈求你的良師益友能夠透過適當的途徑出現。

日子要自己過，就像水要自己喝一般，所以不用急、不用慌、也不用反抗，自然而然，該出現的就會出現。你可以說是冥冥之中自有安排，也可以說是你心想事成。

這裡我要再強調一點，心想事成的威力極其巨大，（你心裡想）誰對不起你，你終究會發現他真的對不起你了；當你想著你會不會有錢財的損失，終究你的錢財就損失了。所以，我們為什麼要強調正面的思考，因為思考帶有強大的力量，我們說生命是自由的，你的想法會創造出真實的未來，想法愈強烈（則）到來的愈迅速，不要輕忽了你的能力。

今天就講到這裡，下次再講其他的主題，如果你主動提出也可以，但是要認真對待，態度要嚴肅，不可以兒戲視之，但是心情可以放輕鬆。我們可以用輕鬆的言語來談論嚴肅的話題，但是不可以用輕浮的態度來面對嚴肅的話題。

將心裡的理想、願望實現的方法〈這一段引自2011/05/10地藏王菩薩的談話〉

每個人都多多少少有一些理想，有些人想要創造偉大的功業，有些人想要對這個世界有所貢獻，有些人想要在某些方面有所成就，這是我們常常有的理想或者說願望。

那要如何實現呢？首先我們要來檢驗一下這個願望或者理想的內在精神，它有一些必須滿足的要件，第一是負面表列，這些理想不能傷害到其他的存在，或者說，傷害其他的存在不能稱其為理想。第二，正面表列，要對整個社會有正面的助益。這兩個是從比較大的層面來看。

單就個人而言，也有幾個條件，第一，不應該以損害個人健康為前提，也就是說這個理想之實現，不應該損害到你個人的健康。第二，必須對你有正面的作用。比如說，能夠讓你更好、更順利的在這個世界過活，例如身體變得更好，例如心理變得更開朗……等等。符合了以上所說的這些，或大或小的、或正面或負面表列的條件，才能稱之為理想。

如果以從前的用語來講，這個叫做「願」，所以，願力很重要，等我們心中建立著這樣的一個願，它就好像是一把弓上箭，這把弓上箭當它奮力向外射出時，會帶來無比的力量，如果每一個存在都（發）那個正面的、對眾人有所助益的願，那麼這些願會形成願望之網，願望之網將大大的影響到世界的發展軌跡。

接著，我們要談一談這樣的願如何出現？這樣的願奠基在利己利他，什麼叫利己利他？利己就是對自己有利，利他就是對其他的存在有利。可是歸根究柢，我們可以把它說成「利己」，為什麼？因為當我們說利己利他時，我們隱含著一個假設，就是每一個存在個體是不同的，但是之前的論述已經提到，就是每一個存在其實源自相同的源頭。也就是說，形式上不同的個別存在，其實有它內在的關聯性，所以追根究柢就是要利己，但是從我們這個世界來看，這樣的事實隱而不現，所以我們常常用利人利己這樣的術語來說這件事。

好，單從這樣的世界來看，利己重不重要？重要，這個毋須多說。利人重不重要？利人也非常重要。為什麼重要呢？想想看，這（世界）是一個關係之網，你的所有一切作為都和其他的存在發生關聯性。比如說，你要吃飯，這些飯從何而來？要有地方去買啊，所以就牽扯到販賣的商店、商店裡面的服務人員，那這個商店如何存在呢？它有一個場所，所以就牽扯到蓋房子的人，土地的所有者，再往前推，這個米如何進到商店呢？它會有很多的銷售通路、很多的運送器具，這些運送器具從何而來？再往前推，就有很多種植稻米的農夫，這些種植稻米的農夫需要有田地、秧苗、水的灌溉、肥料、需要⋯⋯。每一件事情當你仔細去追索它的源頭，你會發現沒有一件事情能獨立完成，每一樣（事情）都要靠無數的眾人彼此分工合作，這樣你才能過一天、一年的生活。

可是這樣的情況有幾個人會去思索呢？這就是沒有過著覺察的生活，因為我們生活在一個關係之網中，所以當你能夠利己又利人，關係之網才能繼續的存在，一旦你只利己不利人，那麼就等同於你把關係之網破壞了，那麼你也就不能夠好好的在其間生活了，所以利人能夠利己，利己才能夠利人，其實是同一件事。

所以我們從頭再稍微整理一下，你的理想、願望要符合一些要件，能夠利己利人，我們發下了這樣的願，要如何實現呢？這樣的願望恰如一顆種子，埋進適當的土壤，時機到了就發芽成長，逐漸茁壯，不要輕忽了這樣的力量，不要因為它未能立即顯化而氣餒，要耐心以對，因為願望之實現恰如萬物之生長，需要一點時間。講了這麼多，希望你以及其他的存在，也能夠立下自己的願望！

理想要如何實現〈這一段引自2011/07/03大日如來的談話〉

首先我們要分析理想，什麼才叫做理想？理想是一種目標，目標我們可以分成很多的類別，譬如說，可能有短期、中期、長期的；有個人、大眾的等等，在這麼多種不同的目標當中，有哪些可以稱之為理想呢？

首先我們就要來澄清，追求這個世界所存在的東西，基本上可能不太適合當作我們的理想，為什麼呢？因為在你們所生存的這個世界，你們所追求的…譬如說財寶、聲名、地位、壽命等等，都是虛幻而不具有實質的，以這些虛幻而不具有實質的對象，當成我們追求的目標、理想，就好像我們追逐著夢中的幻境，以為那是真實的，就這樣掉進夢幻之中，無法脫離，這恐怕不恰當。

因此，讓我們再想一想到底怎麼樣的目標可以稱之為理想？第一個你應該要提升自己的程度，什麼樣的程度呢？就是對於這個宇宙的理解、對於你自身存在狀態的理解，基於這種理解，追求達到一個更好的狀態，這可以稱之為理想。

但是如果我們只把注意力關注在自己的身上，那麼你有一天可能就會發現這樣的目標、理想有所欠缺，不完備，因為你們的靈性兄弟姐妹們，並沒有和你一起達到這種程度、水準、狀態，所以單單自己達成這樣的目標或者理想，是有所欠缺的。因此要更進一步的擴大我們的理想，叫做推己及人，讓所有的存在都能同樣達到這種狀態，這就是我所說的理想。

有許多人常常在爭辯，爭辯什麼呢？就是你要先自己達到、還是要和大家一起同時達到呢？到底哪個才是正確的？我要說，這樣的爭辯沒有意義，這個是一而二、二而一的問題，你達到了這樣的狀態、其他的存在並沒有達到這樣的狀態，你仍然不完備；你沒有達到這樣的狀態，對其他的存有而言，所能夠提供的指引或者協助，也同樣不完備。所以這是一個交互驗證、交互提醒、交互證道的過程，不要陷入這種無謂的爭論當中。

業
業

轉變的時代

4.1 導讀

「轉變的時代」編排的邏輯

（凡夫之妻）

因為先節錄再分類單篇之通靈內容，取捨之際並不容易，所以〈奔騰的心如何止息〉導讀文末已提及「地球即將面臨轉變」的課題，這方面完整的紀錄主要彙整在〈轉變的時代〉之中。面對改變，表示要脫離熟悉的生活，許多人內心：

夾雜著恐懼，恐懼什麼呢？對於未知的恐懼。在你們的眼前充滿了迷霧，你看不見、看不清楚前方到底有什麼，你記不起來回家的路如何走，所以你感到恐懼，不知道該不該繼續向前。

（2011/07/16，太乙）

為了撫平這類未知的恐懼，高靈說明了轉變的狀態及參與的數量：

從一種濃密的物質狀態，轉化成比較輕的一種存有的狀態…參與這個轉變的個體非常多、極多…現在我們要做的轉變不是少數的、極高成就的達成，不是，而是絕大部分的、中等程度的達成…這樣的狀態容易達成嗎？不容易，尤其是要幾十億一起達成，這是很困難的。

（2011/03/08，阿彌陀佛）

這裡談到地球即將面臨轉變的主題，已經指出是幾十億人一起達成中等程度的狀態轉變，從一種濃密的物質人身轉化成一種比較輕盈的存在狀態，因為：

無論你能接受、不能接受，終究它還是發生了，我們唯一能改變的，就是我們對於事件本身的看法…我們對於一件已經發生的事情，能夠用一種更高的觀點去解釋它、說明它，就是一種所謂的解脫，因為我們不會陷在情緒的翻騰洶湧之

中，無法看見事物的本質。（2011/03/17，約書亞）

與其徒勞無功的抗拒，不如去瞭解因應這次的轉變，〈轉變的時代〉這部分由〈宇宙觀及轉變的必要性〉、〈面對轉變的態度〉、〈繁星若塵〉、〈勇敢迎向未來〉四部分進行導讀。

宇宙觀及轉變的必要性

要瞭解為什麼地球即將進行轉變，必須由高靈們傳達的宇宙觀說起，「（宇宙）有聚散離合，但是它沒有開始、也沒有結束」（2010/08/29，約書亞），對祂們來說，時間和空間都是非線性的、不存在的，也就是時間和空間無法局限祂們的意識與行動；但是對我們地球人來說：

> 時間往前一直延續到無窮遠的過去……空間是不停地……向虛空擴張……除了這個已知的物質宇宙之外，還有其他的物質宇宙。（2010/10/09，約書亞）

而這些已知的、其他的物質宇宙，是所有源自太乙（又稱太初）的靈魂化為物質存在身體時上課的「情境教室」（有時也以「遊樂場」、「舞台」稱之），物質的存在會受限於時空；另一類非物質的宇宙就是高靈們活動的場所，則不受時間和空間的限制。

這些源自太乙的靈魂是如何產生的呢？祂們以測不準原理類比，這類「真空的漲落」會使太乙這個原始的能量體：

> 在某個地方會形成一個小小的集中，這小小的集中達到某個程度，會形成一個單獨的意識，小小的，這所謂小小的，是相對於太初這個原始的存有而言，然後就像碎形一樣，這個原始的靈魂剝離了，從祂的母體剝離開來了，大概是這樣一個過程。（2010/10/09，約書亞）

為什麼太乙允許這些靈魂從祂的身上剝離呢？剝離之目的在於探索、經歷與學習，這些靈魂離開母體，就像我們小孩離開了家，「體驗這個新世界的酸甜苦辣，這就是祂最原始的渴望」(2010/10/09，約書亞)。這些靈魂經由無數次的轉世，帶著深刻體悟而得到的經驗返家了，這些濃縮提煉的經驗：

會影響到太初本身，事實上這也是祂允許一個、一個的靈，從祂身上剝離的原因之一，祂本身就是要去經歷，但是這個太初的能量太大了，不管祂灌注在任何地方，沒有任何(存在)能承受這麼大的能量。(2010/10/09，約書亞)

所以一切都是為了學習，連太初本身也不例外，因此我們有必要反問一個問題：地球這個存在是不是同樣需要學習及轉變呢？答案可想而知，地球這集體意識也要提升、也要轉變！

地球本身祂也是具備意識的，就像太陽具備意識一樣，地球的意識在很早以前就有人為祂命名了，你們人類曾經為祂命名叫做「蓋婭」、大地之母：是地球上所有的生物、礦物、海洋、河流，所有的一切構成的一個集體意識，就叫做地球意識，這個意識祂本身也需要經過進修、進化，祂也有自己的進度，這個轉變會在適當的時機到來：在一個星球演化過程，這是必然的，對你們來說地球是一個表演的舞台，對地球來說這個太陽系是祂上演的舞台，對太陽來說你們所在的銀河系是祂表演的舞台，一層、一層的，會有更大、更大的存有意識，在不停地進化、不停進化。(2010/10/09，約書亞)

當地球轉變的時候，必然要進行某些調整，那麼居住在地球上的人類將何以自處？高靈們呼籲：

人類隨意的砍伐森林、隨意的開挖油礦、隨意的宰殺動物，並且引以為傲，這樣的態度正確嗎？而大地之母蓋婭卻一而再、再而三的以最小、最不具傷害的方式去調整它自己，讓所有地表上的生物，特別是人類，都能夠有一個安居樂利的生活。可是我們卻把這種安居樂利的生活視為理所當然，這樣的態度是否值得檢討？（2011/03/17，約書亞）

從更高的觀點來看，既然所有意識體都要學習、提升和轉變，這是連太初源頭之母也必須遵守的宇宙法則，所以地球即將面臨轉變是一項事實，抗拒也沒用，不如正視轉變的必要性，以正確的態度尋求各類協助，才可能安然度過這次的轉變。

協助分別來自外星友人及靈界的傳訊，讓我們能經由某些方法，自覺地運用本來就有的力量。不要忘記所有的靈魂都來自原始的能量體，內在的本我、高我是圓滿俱足的，千萬不要看輕自己。而外星友人的協助則呈現在〈繁星若塵〉這節，此處補充說明靈界傳訊的方式，通靈最恰當的比喻是廣播電台對上了調頻收音機，傳送的是意念，祂們要瞭解發音的基礎，再借用通靈者腦子裡的訊息，就能量身打造不同語言、不同時空的專屬廣播內容。

我這邊是一個廣播電台的發射中心，你的頻道跟我的頻道比較容易對得上…你可以想像廣播電台在不停的、不停的播放，它放送著音樂或者節目，可是如果收聽的人沒有撥到那個頻道，那怎麼樣也聽不見，一定要對正頻道才行…雖然用的不是電磁波，我們九次元意識界是以意念的方式傳送。（2010/08/29，約書亞）

我這個廣播電台比較特別的是——訂做的廣播，常常要用各種不同的語言向不同時空的對象放送…我借用你腦子裡面的訊息…如果是在訊號不好的地方呢，你就會常常接收到重複的話、重複的意念，因為訊號不良，我不確定你是否收到，所以常常有重發的動作…中文語系不管是哪個地方的語言，發音的基礎大同小異，所以

我只要稍微練習一下就可以了。（2010/08/29，約書亞）

所以通靈毫無神秘可言，就是收音機頻道對上了廣播電台，只是一般人比較少用到大腦中這部分接收訊息的功能罷了，反而如何正確解釋這些訊息是比較困難的事，或許我們不要一開始就賦予它過多的評價或是情緒性的反應，要針對訊息的內容如實地解讀，然後：

你直接自己就可以瞭解、自己就可以判斷，這樣的傳訊是真的還是假的，是有參考價值的還是胡說八道的，這一切都在你的自由心智當中形成一種定見。（2011/03/08，阿彌陀佛）

面對轉變的態度

如果宇宙法則就是所有的意識體都要提升轉變，而地球是個集體意識，所以地球即將面臨轉變是一項事實，那麼我們居住在地球上的人類面對這次轉變的態度就十分重要了，俗語說「態度決定高度」，我們是否能順利通過考驗取決於我們的態度，面對轉變到底要抱持什麼樣的態度呢？

我們迷失在這物質環境建構所謂的進步當中，一而再、再而三，文明興起又消失，與起又消失：當我們的眼中，只有肉眼所見的一切，卻看不見心眼看見的東西，我們就沉淪了：要切記啊，地球上的人啊，你們要瞭解這樣的轉變並不必然到來，轉變的形式並沒有固定，所有的這一切都有待我們共同去創造：宇宙會回應你們的表現、回應你們的請求，諸神會照看你們，所有的高靈會協助你們，但是天助之前必先自助，天下沒有白吃的午餐，只有願意自助者，才能獲得適當的協助，這是一種靈性的法則，是至終的真

269

理。（2011/01/31，約書亞）

慈悲還不夠，尚需智慧加以指引，如何才能使阻力減到最小，助力提升到最高，需要有適當的智慧：詢問別人是否允許你為他們服務，是否允許你分享你的經驗、看法，這個叫做不主動；不被動是源自於你的行動，你的確以某種形式促成了這個行動，但是又不帶任何的勉強，因為你始終要把選擇權交在對方的手裡，他們有絕對的自主權，去選擇嘗試或者不嘗試。（2011/04/17，約書亞）

或許用心看，也就是將《與諸神對話》第一和第二個主題有關身心靈修養的法則，落實在日常生活之中，先由自助、自我改變做起，謹守不主動、不被動的原則，再以「悲智雙運」的法門，推行良心事業，如此一來，宇宙、諸神及高靈們就會回應我們的表現，提供適當的協助，這才是符合靈性法則的正確方式，也才能讓每個人都順利通過考驗。

經由指導靈的引介及轉譯，在外子通靈的過程中，接到了來自天狼星、獵戶三星及南門二星的訊息，其中天狼星的伊嘉更是四度聯繫，這些訊息內容大致分類如下：

(1)我們所在的宇宙生機盎然

只要摒除既有的思考框架，開放我們的心靈，會直接體認到宇宙生機盎然。根據天狼星的伊嘉、伊伍的傳訊，在這已知的宇宙之中，有許多的智慧生物與無數的文明。

地球並不孤單，在這個宇宙中有許許多多的智慧生物，但是他的形態並不一定和地球一樣，當你用既定的、物化的方式去思考，你就會陷入迷思，無法發現宇宙的諸種奧秘。開放自己的視野，靜心接受從宇宙各處傳來的訊息，你會發現這個宇宙不是寂靜的，這個宇宙是活潑、充滿生機的，這是一個優美的地方，我們共同生活在其

間。（2011/01/09，伊嘉）

不只是我們，在這個美麗的宇宙、無數的銀河聚集之地，當然也有無數的、美麗的、和平的文明存在著。（2011/02/02，伊伍）

⑵無數的星球就是上課的教室或表演的舞台

所有靈魂都源自太初，為了脫離混沌狀態而展開冒險的旅程，由至善落入二元對立的物質世界，在生命的烙印裡進行深刻的學習，但是地球這情境教室或虛擬實境的舞台太逼真了，讓我們流連忘返，無法分辨什麼是真實、什麼是虛幻，所以外星友人及高靈提出忠告：

這些（星球）文明的存在就好像一個又一個的劇場，是我們的靈性生命表演的舞台，地球當然也是其中之一…因為我們在這個舞台上太投入了，因為我們的目光不夠長遠，我們只看到近處，卻沒有看到種種行為帶來的負面結果。（2011/02/02，伊伍）

各個星球形成的歷史不一樣，我們上課的環境是一一、慢慢形成的…因為這個環境太逼真，太吸引我們的注意力了，以至於該下課了還不願意下課，流連忘返，甚至到了危險的境地而不自知…（地球物質化的程度較高）幾乎百分之百完全發揮到學習的效果，但是它所冒的風險就是你們忘了回家的路。（2011/01/09，約書亞）

⑶與外星人聯繫的方式

某些外星人雖然也是物質的存在，但是物質化程度相當輕微，比較不容易受到感官欲求的羈絆而喪失靈性，也讓他們的文明比較容易延續，所以他們早就發展出傳送意念到其他星球的設備，像是獵戶三星、天狼星都曾多次傳送訊息到地球：

我們（獵戶三星）曾經傳送訊息到地球給

當時的地球人，但是，也許是還沒有準備好接收這種來自其他星系的訊息，所以不是很成功。（2011/03/03，連拉）

我——天狼星的伊嘉，在地球人的發展歷史上，已經觀察你們、協助你們很久了，但是成效都不是那麼顯著。（2011/04/08，伊嘉）

我們已經發展出這樣的一種設備，能夠把我們的想法、念頭轉換成一種特殊的形式，這個特殊的形式能夠快速的…穿越這個三度空間，而直接通達宇宙的每一個地方…我們的物質化程度相當輕微。（2011/02/02，伊嘉）

我們的存在不是用你們現有的儀器所能夠明確感知的…當地球上的人類能夠以一種平常心，以一種接待朋友、接待鄰居的心，看待我們的到來的時候，我們就會出現在這個大地上。（2011/04/08，伊嘉）

根據高靈的說法，何必依靠巨大的天線偵測外星人呢？我們每一個人的大腦都是一個最好的接收器、轉換器，只要我們能夠使外界的雜訊降低到某一個程度，降到內在的訊號能夠浮現出來時，自然就能夠直接體會到這些從宇宙各地傳來的訊息。

(4)來自外星的協助

因為地球即將面臨轉變，需要大規模的協助，所以宇宙中其他的存在體都試著透過擁有開放心胸的人類，直接提供協助。與外星友人相處的方式是不要過於熱情或過於恐懼敵對，因為他們既不是救世主、也不是邪惡的入侵者，只是一群想要善盡職責的宇宙公民、星際鄰居。

協助你們等於也協助了我們自己…未來也許有更多、更多的宇宙中其他的存有，會和你、和你們聯絡，提供適當的協助。（2011/02/02，伊嘉）

我們決定要更進一步協助地球的發展，第一件就是要逐漸開啟接觸的管道…主要是透過開放的心胸，對於我們的存在沒有過多立場，既不特別敵視、也不特別親熱……在你們的歷史上每一個時代我們都嘗試接觸，但是始終不能夠大規模展開，原因就是上述兩種態度造成的，或者過於熱情，或者過於恐懼、敵對。（2011/03/25，伊嘉）

我們不能主動去改變地球發展的歷程，除非我們受到明確的邀請，才能正式而直接的提供我們的協助。（2011/04/08，伊嘉）

(5)地球即將面臨轉變

天狼星與南門二星的友人也呼應高靈們的說法，發出地球即將面臨轉變的警訊，雖然他們都希望我們能夠以歡欣鼓舞的心情面對這次轉變，但是人性面對未知時必然會產生恐懼，只有充分瞭解與溝通才能化解這份恐懼，也才可以降低恐懼所導致的對抗。以下引述外星友人相關的言論：

這一次的嘗試聯合了很龐大的力量同時進行，各星系的友邦人士都齊聚在此，要協助地球的人類能夠提升到一個新的層次……近日地球上各式各樣的災難頻傳，地殼經常性的變動，各地的氣候異常……有一部分是為了要將地軸做適當的調整，而產生的不得已做法，這樣的調整會逐漸、逐漸的進行……這一次我們希望能夠藉由大家聯合的力量，幫助我們的星際鄰居再進一步提升。所以，轉變不是為了毀滅、轉變是為了提升，不要為了轉變的到來而恐懼害怕，要以歡欣鼓舞的心情去面對。（2011/04/08，伊嘉）

經過了漫長的等待之後，又到了轉變的關鍵時刻，是再一次經歷、提升轉換的神聖時刻，在這重要的日子裡，我們南門二星的存在要祝福你們，也要請你們大家相信，在這個轉變的時期，我們所有南門二星的存有，都會致上最誠摯的祝福，並且善盡我們身為宇宙公民的職責，協助你

們的轉化。（2011/03/17，練流）

⑹地球文明的興起隕落

外星友人長時間觀察地球文明的興起隕落，認為地球人這樣的物質軀體非常容易導致靈性的失聯，陷入物欲的橫流而無法自拔，只有朝向和平、大愛這個方向去發展，才能挽救文明不至於毀滅，外星友人及高靈提出呼籲：

在地球這樣的生存環境中、這樣的時代舞台上，生命更豐富多彩、卻更容易陷入無法自拔的境地，我們持續觀察了許多、許多年頭，發現地球的文明難以延續，原因就是這物質軀體非常容易導致靈性的失聯，變成僅受物質世界牽引的狀態。（2011/03/25，伊嘉）

如果你們不能朝向和平、愛這個方向去發展⋯⋯無論你們認為自己的技術有多發達，終將歸於毀滅。因為當物質的技術發展到一定程度之後，就會對於你們所處的物質環境產生很大的影響，這個影響會反過來摧毀你們的文明⋯⋯地球上的人類是在你們這個世界中擁有最大創造力、最大自主權的物種，你們有義務、有權利要照顧好這個地球上的生物，和你們共存共榮。如果沒有做好這件事情，地球將會遭到很大的災難，災難過後，很可能，應該說必然，會興起新的文明，然後在你們的考古挖掘當中，又再一次的憑弔逝去的光輝。（2011/03/03，連拉）

文明的延續必須具備一個很重要的因素，不是知識的累積，而是在知識之上的、比知識更為基礎的，就是大愛⋯⋯持續（小我之愛），那麼這個文明的毀滅是遲早的，因為所有知識上的累積、技術上的進步，沒有正確的思想來指導的時候，這個文明一定毀滅。（2011/03/08，約書亞）

勇敢迎向未來

如果外星友人和高靈們都發出地球即將面臨轉變的警訊，這波科技發展又有反過來摧毀現有文明的疑慮，我們是否該覺醒了呢？痛定思痛，突破稠密物質軀體及遺忘機制的限制，覺察內在的神性，既認真經歷這趟充滿了驚奇與各式各樣可能性的光之旅程，又超脫於這趟旅程之外，勇敢的迎向未來的改變。

(1) 遺忘機制與生命的覺醒

在民間這遺忘機制叫「喝了孟婆湯」，佛教稱之為「無明」，基督教命名為「原罪」，而設立這項遺忘機制不是為了讓我們顯得愚蠢，而是在此狀態下才能獲得最高的學習效果。如果能從無明、原罪中超脫，達到生命覺醒的狀態，就算及格過關、圓滿地完成這趟旅程的任務。

這個遺忘的機制，各國各地都有不同的名稱，總之這是一個遺忘的過程。（2011/02/21，觀世音菩薩）

就好像乾旱過後，當第一場滋潤大地的雨下降，地面開始一株一株的小花逐漸綻放在這個生命的舞台上，一朵一朵的小花就代表一個一個生命的覺醒：因為我們各自經歷的旅程都不相同，所以仍然保有不同的特質，在相異之中，又具有共通的，什麼共通？共通的神性、共通的佛性：這個世界構成的核心，不是恐懼而是愛：當你無法愛自己的時候，你如何能夠愛其他的人呢？當你的心中充滿恐懼的時候，你如何去散播那樣的一個愛？（2011/02/21，觀世音菩薩）

(2) 光之旅程

人世走一遭就是一趟光之旅程，因為我們都是從太初剝離的小小能量體，所以大家都是「光」，到地球這嚴格的情境教室接受訓練，是一趟光之旅程。

當我們存有這個濃密的、物質的身體時，是不透光的，你怎麼能瞭解自己就是光之存有，正在經歷一趟旅程呢？（2011/02/21，觀世音菩薩）

要磨亮我們的心靈之窗…過於認真、過於投入，而使得（我們）和這樣一個物質世界、一個我們布置的舞台聯結太強，強到甚至沒有辦法離開這世界，重新融入我們所來自的…只要有人加以適當的引導，就能很快找到回家的路，這是一個光之旅程…這樣的旅程是可貴的，這樣的旅程是冒險的旅程，充滿了驚奇、充滿了各式各樣的可能性，我們要為了這些各式各樣的可能性而高聲歡呼，而不是為這些可能性而哀號呼喊。（2011/02/16，約書亞）

既然是旅程，一定充滿了驚奇、充滿了各式各樣的可能性，轉變也是可能性之一，所以我們大可不必恐懼哀號，應該要高聲歡呼！

(3)將恐懼化為參與轉變的熱情

在外子通靈過程中，陸續出現地球即將轉變以及人類將要改變存在狀態的說法，剛開始我真的無法接受，直到關公的一席話才使我茅塞頓開，如果連武聖關公都願意卸下神職參與轉變，我們這些凡夫俗子還留戀什麼呢？

當陽光普照大地，當雨水滋潤大地，世界精采紛呈，生命蓬勃發展，世界一片祥和，也就是我關公卸下職責的時候。將這保護的責任轉化成為參與轉變的熱情，這是我關公將要參與的。在我這樣的狀態，不論是一年、一百年、一千年都是一樣的，現在有了這麼一個大好的機會，讓眾多的參與者可以參加這一場盛會，這是一場向上提升的盛會，是一場改變存在狀態的機會，要好好的把握。（2011/04/15，關公）

新世界揚升之光已經啟動了。你在的這個世界將進行提升…當所有的人都抱持正面的態度的時候，那麼，這新世界的揚升之旅將會平安而順利。（2011/07/25，太乙）

275

4.2 開場白——一即一切，一切即一

〈這一段引自2011/07/16太乙的談話〉

「一即一切，一切即一」，太乙，這是乙的傳訊。在你所認知的世界，包括你所不知道的世界，都來自於乙，是自乙而出，在這樣的意義上看，你們就是我的小孩。

從大的宇宙到小小的電子，這一切都來自於乙。我在你感知不到之處，關愛著你們，看著你們在這個世界、那個世界，各個不同的世界中經歷。記得在你們離家之前，你們個個都充滿了喜悅，為即將經歷的探險旅程而興奮不已。

無量、無量又無量的你們從我而出，經歷無量的世界，這裡、那裡，歷經了時間、漫長的時間，這是從你們的角度來看，你們過了一站又一站，一段又一段，你們學習了、經歷了那麼多，甚至有些忘掉了你們之所以到這世界經歷的目的，而被這樣的世界迷惑了。

現在又到了重現家的重要性的時候了，你們該要準備好返家的行囊，從這個「喜怒憂思悲恐驚」七情遍布的世界，返回到純然純真的狀態，我為你們達到這樣的結果感到很高興，非常非常高興。從一個源頭的粒子到經歷這一切之後，成為一個圓滿的粒子，你們將要回歸到我的身邊、回歸到這源頭之地，這是我太乙經歷如許多的漫長等待之後最興奮的事，相信你們也一樣，每一個人都充滿了興奮之情。

但是，我看見了興奮之中夾雜著恐懼，恐懼什麼呢？對於未知的恐懼。在你們的眼前充滿了迷霧，

你看不見、看不清楚前方到底有什麼，你記不起來回家的路如何走，所以你感到恐懼，不知道該不該繼續向前。

我要告訴你們，不要恐懼，放掉所有對未知的恐懼，在你們的面前是坦途而不是坎坷路，我對你們保證，只要繼續向前、謹慎努力向前，家就在你們的前方。

這是一個階段性的停留之處，雖然還不是最終的終點，但是也值得你們慶賀，慶賀自己歷經千辛萬苦之後，終於到了一個階段性的休息點，我也為你們感到非常非常欣慰，看到自己的小孩能夠成長茁壯，從一無所知成長到強健的狀態，我感到非常快樂、非常興奮。當然，有些還是沒有能達到這樣（強健狀態）的層次，但是，這只不過是說還要再繼續經歷、繼續鍛鍊，直到達到應有的程度為止，就只是這樣而已。

所以，從你們的觀點來看，我希望你們能夠彼此互相的協助、互相的截長補短、互相扶持，這個星球、那個星球，這種存在、那種存在，能夠彼此互相幫忙，共同走向返家的旅程。

從一個線性時間的世界來看，這樣的旅程是無窮的，但是從乙的觀點來看，就是從我的觀點來看，這樣的旅程其實僅在一剎那之間。時間是一種迷霧，正如空間是一種迷霧一般，當你身陷迷霧森林之中，你不知道如何向前走，如何離開這個迷霧森林。但是，一旦你體悟到其實你們都出自於我，那時候你就會發現迷霧瞬間消失了，坦途就在你的面前，這是直接了當、毫無疑惑的事，這是真確明白。

所以，我要再一次的鼓勵你們，不要被害怕恐懼所引導，要相信自己、相信自己源於太乙，所有源於太乙者本自俱足、圓滿無缺，你們必然能夠穿透所有的障礙，到達最終的終點。這是來自太乙的談話。

4.3 序曲

約書亞★第一次談話〈這一段引自2010/08/29約書亞的談話〉

約書亞：我是耶…耶…耶…耶穌基督（發音艱難）

：祢是真基督，還是假基督呀？（語帶懷疑、不耐煩）

約書亞：我是…我是…應該這樣說，我是約瑟之子約書亞（語句漸趨流暢），因為我要讓你知道是我跟你聯絡的，所以我自稱耶穌，其實不應該講耶穌，應該是說「耶穌」就代表耶穌的意識，我身為約書亞，我接受了耶穌的意識、能量，你可以想像我是耶穌意識的代言人。

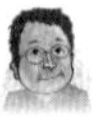：那祢現在要講什麼呢？這次要講什麼？我能不能請祢再說明一下，為什麼祢會聯絡上我呢？我怎麼知道祢是真的呢？

約書亞：嗯，可以這樣說啦，我們曾經在…在時間上來講，就是在——你可以說是你的前世，我

★這是在約書亞第一次出現之後的第二天錄的，當時我根本對這位自稱耶穌基督的傢伙嗤之以鼻，心想，這不知是哪裡來的孤魂野鬼，竟敢自稱耶穌基督，大概是吃飽了沒事幹，隨便找一個倒楣鬼尋開心，所以對談之中，充滿了懷疑、質問。我問了一些有關耶穌基督切身的問題，祂也回答了，但是和我曾經聽過的好像差很多，到底是真是假我也無法分辨，保留在這裡是為了存真的緣故。

們曾經在英國相遇。因為我已經跟你解釋過了，你可以想像我這邊是一個廣播電台的發射中心，你的頻道跟我的頻道比較容易對得上，所以呢，我們才能夠順利跟你通訊，你可以想像廣播電台在不停、不停的播放，放送著音樂或者節目，可是如果說收聽的人沒有撥到那個頻道，那怎麼樣也聽不見，一定要對正頻道才行。這意思完全類似，雖然用的不是電磁波，我們九次元意識界是以意念的方式傳送。

：那這樣好了，祢……不知道這樣是不是夠尊敬了，這次要談的主題是什麼呢？

約書亞：嗯，其實我們不需要這麼嚴肅，可以隨便聊聊，你想談什麼呢？

：那，我們，以我來說，這一世的工作是要做什麼？

約書亞：基本上就是要知道地球上的天災人禍好像愈來愈多了，其實這個是一種轉變，是一種集體意識的轉變，這個集體意識需要很多、很多的光之工作者來共同推動。這個所謂的光，其實就是宇宙的一種聖光、神光，當然這樣講其實很不清楚啦，可是在你擁有物質身體的時候呢，很難以言語來表達這種狀態，很不容易，就好像說我從九次元的意識界，要以意念波的方式和你聯絡，並且把我的意念傳進到你的腦子裡面，再透過嘴巴講出來，讓你知道，這個其實相當困難。因為我傳送的不是實際的字句而是意念，這意念必須要經過你本身的轉譯，所以當你的轉譯系統錯誤時，你就會覺得，吔我說的事或話有一點點偏差，所以轉譯這件事跟轉譯者有很大的關係。

：為什麼在一開始的時候，祢總是用那種很辛苦的發聲來說祢自己是誰呢？

約書亞：喔，這個情形就好像我們在一開始要聯絡的時候，我們會互相呼叫，要確定對方知道你在叫他、他也在叫你，所以我用很辛苦的方式，因為我要很仔細的校正我們之間通話的頻道，干擾其實非常、非常的多。

：我能不能請問一下，祢說你們家有三個兄弟姐妹？

約書亞：對，對，對，我是老大，當我以約瑟之子約書亞的形態出現在地球上時，我是我們家裡的老大，我下面有一個弟弟，你們叫他名字我不太習慣，我都叫他「詹姆斯」，這是他以靈體存在時我們稱呼他的名字。另外我還有一個更小的妹妹叫「瑪麗亞」，這個瑪麗亞其實是依照我媽媽的名字。

：可是根據我查網路資料的結果，除了祢媽媽的名字叫瑪麗亞，好像只有一個抹大拉的瑪麗亞，而且資料上說很可能是祢的太太。

約書亞：喔，你知道歷史總是以訛傳訛的，很多當時基督的能量透過我表達的，經過一再輾轉傳送之後，都走了樣，當然，「聖經」裡還是保留了很多我當時傳達的原意，比如說愛的思想，神愛世人；但是也多了很多不是我當時傳送的思想。你要知道當我們在講授一種說法的時候，常常要「應機說法」，就是因應當時的環境、對象、情況，去做相應的闡述，這個闡述往往跟現象界有關，跟這個物質世界有關，可是很多時候這種闡述會被當成永恆的論述。就是因時、因地、因人而有不同講法，就是孔夫子所說的「因材施教」，我們可以把它再擴大一點，它不只是因材施教，還有因地施教，還有因各種各樣的因素而用不同的方法去教。也不應該說「教」啦，應該說「傳達」，我不敢說是我「教」，只是基督的意識、基督的能量透過我，傳達給物質界、現象界的這些存在。

：祢的意思是說，「聖經」有很多其實並不是祢的原意囉？跟祢原來傳達的意思不一樣？

約書亞：對，其實就在那個時代，就是羅馬統治的那個時代，就有很多非我本意的意思出現了。

：那我能不能再次問祢一下，因為我要錄音下來當成紀錄…

約書亞：可以呀，可以，你們不是有句話叫做「真金不怕火煉」，其實我很喜歡跟人家聊天，並沒有特別要講什麼主題，那種很嚴肅的，好像背負了多大的責任，其實沒有需要。生命本身是一種輕鬆的存在，所有我們遇見的事情其實都是自己選擇的，就好像我們去到了一所非常自由的學校，學校裡面備有各式各樣的課程，都是能夠協助你的，有些課程比較困難，可是對你的幫助最大。比如說，你可能修一些…你們應該有個名詞叫「營養學分」，你修營養學分不是不可以，可是你要修很多、很多，比如說也許你要修一千萬、十億次之後，才可能有一點小小的進步；可是如果你修了一個很困難的學分，比如說，到物質世界體驗的學分，那你可能修一門課，及格了，就會立刻提升到下一個層次，但是這門課因為太困難了，所以呢，很容易不及格，就是你們說的「當掉」，（笑聲）當掉、當掉，這個詞滿有趣的，你們說的「當掉」，不及格了、要重修了，所以輪迴轉世其實就是重修，而且重修的次數其實還滿高的，因為在物質的狀態真的很困難，真的很困難！

即使是我，約瑟之子約書亞，在地球上以物質的身體存在的時候，我都會…免不了有時候聯繫不上基督的能量，甚至在我背著十字架、在走的時候，其實我早就知道這樣的事情，因為你知道，就是…雖然我是具有物質的形體，但是相對而言，我不願意說我比你們優秀，應該是說我比較早來上課，所以其實我具有知道的能力，但是，即使這樣，我還是感受到深切的痛苦、深切的絕望，因為在那個時代，要宣說那樣的一個想法，或者比較嚴肅一點說，是真理吧！其實很困難！困難的程度就有點像說…嗯，好像說要請你去跟螞蟻講微積分，這個太困難了，所以不只是肉體的傷害，還是一種深切的絕望感！就是無能為力的感覺，就是你無論付出了多少、多少的心力，還是很難有一點點的提升，就是這樣，這是一種無力感，嗯，但是這也是我自己的選擇，因為這也是我選擇的功課。

你知道，生命總是在不斷求進步，不斷提升自我，每個人都一樣，除了先後不同。個人所選擇走的（路），有人選擇輕鬆，但是要花很久、很久、很久（的時間），比如說像阿彌陀佛淨土，你絕對不會被當掉，但是因為太輕鬆了，每一個都是營養學分，所以要花很久、很久、很久的時間。這個地球呢，你可以把它想像成是一間特別訓練的教室，這個教室可以讓你學到很多、很多，讓你體驗很多、很多，在某些世界，比如說，你們熟悉的阿彌陀佛淨土是學不到的，但是它也多了很多、很多的風險，被當掉的可能性很高、很高，那要如何才能不當掉呢？要想不當掉，每個人的想法不一樣，有些人選擇…像比如說你有看過的密勒日巴的傳記，這密勒日巴先生他選擇的是一種刻苦的修行方式，你用的方式愈辛苦愈有可能——請注意這只是一種可能性，並不保證你能夠一定就比較快達到，就好像說悉達多，悉達多就是你們常常稱的那個釋迦摩尼佛，其實我們很熟，悉達多，你知道，就像傳記上講的，其實祂修了六年的苦行，苦行有它的幫助，但是苦行不是唯一的，所以當祂在修了六年苦行之後，祂最後的…怎麼講，你們的話叫做什麼來的，叫做「悟道」，最後的悟道是在喝了那個營養食品，就是牛奶還是羊奶之後，祂才悟道了，所以這點我要特別強調，就是苦行「可能」能夠讓你比較快速的、讓你容易及格，讓你能夠晉升到下一個階段…

：我現在想去上廁所可以嗎？能夠暫停一下嗎？

約書亞：喔，（笑聲）不好意思、不好意思，有時候我講得興起了，因為你知道我們這種…活在

這裡是沒有這種困擾的，你先去一下吧，我們待會再回來，我想你今天應該比較不會那麼累，也許我們可以稍微多談一點。

約書亞：嗯，很高興你又回來了，沒想到你那麼快，其實從我這邊看，時間對我來說不重要，我們剛剛講到哪裡啦？

：我能不能請問，為什麼祢在這邊顯現的個性和在「聖經」裡面的似乎不太一樣，雖然我是沒有很仔細看過「聖經」啦，只有稍微翻了一下，但是我覺得有時候看不太下去，祢能說說這其中的差別嗎？

約書亞：嗯，是這樣子的，其實不是你看不下去，要我的話，我也看不太下去，因為其實我不是那樣子的人，當然我對自己有我的要求，因為我們都是在學習，只是早一點開始、晚一點開始，不一樣而已，其實我很不喜歡你們這裡的人把它……應該不是說「不喜歡」，就是說，其實我覺得不是很恰當啦，把我當成一種尊崇的對象，其實不是！對我來說這是一種訓練，是我為大家服務，就好像悉達多也一樣，是為大家服務，提供一種協助，協助早點通過這個科目考試，早點進到下一個階段，因為我們也是這樣，慢慢慢慢在其他的世界裡面，慢慢慢慢這樣一步一步走過來的。

你要知道，宇宙是沒有開始、也沒有結束的，它有聚散離合，但是沒有開始、也沒有結束，所以其實我做的只是提供一種協助啦。就好像禪宗常常用的一種比喻，叫做「望月」，就是拿著手指指著月亮，當你看到月亮了，手指就不需要了，其實我就是手指，協助你看見月亮。這個月亮，你可以把它想像成一種真理或是一種你要追尋的目標，協助你，是服務大家的，而不是指揮，那種比較權威的意思，其實我自己的個性完全不是那樣，只是經過很多不同的人輾轉傳誦之後，不得不變了樣了。

：那我能不能請問祢一下，為什麼祢在「聖經」裡面，十二歲到三十幾歲出現在大眾之前，都沒有祢的資料呢？

約書亞：嗯～我知道你為了要錄音才重新提出（這個問題），我可以重新再講一遍，就是這個資料其實是還在的，在哪裡呢？就在梵蒂岡的圖書館裡面，但是在書目資料上面沒有，它在某個不為人知的角落裡。我可以跟你大略講一下，其實我們也講過了，就是在十二歲到…這段期間我是去接受訓練，到哪邊去呢？我去過埃及、去過西藏，不過沒有去過印度，我在這些地方接受過一些…嗯，如果用希伯來語言的話，叫做「唆哆嘛衹衹柯」，叫做「先知」呀，或者叫做「聖人」，有很多先知、很多聖人協助我，讓我能夠早日達成我的使命，後來完成學習之後，我就回到羅馬去。在學習的過程中，我用的是化名，並不是用約書亞的名字，我用的是「以薩」或者「伊薩」，應該是這個名字，其實我有點忘記了，這種事情其實沒那麼重要。當時當然也為很多當地人服務，但是因為我的任務主要是在羅馬帝國的範圍之內，所以我被分到的…你可以把它想像成其實我是基督能量、基督意識的一個助教而已。我分到的協助區域就是羅馬地區，所以我又回到羅馬地區跟我的媽媽爸爸在一塊兒，向當時的大眾「宣說」一些…喔，其實我真的不太喜歡用那種上對下的方式，就是去…「分享」喔，對、對、對「分享」，分享一些有關基督的意識，主要的目的就是啟發我們內在真正的本我，那種具有大智慧、很高智慧的、圓滿俱足的真正的你，真正的你、真正的內在的你。

：能不能談談祢跟釋迦牟尼佛的關係？

約書亞：嗯，其實也沒有什麼特別好說的啦，比如說我在埃及、在西藏接受訓練時，那時候他有從九次元的意識界來協助我；他在菩提樹下悟道時，其實我也有協助他，所以我們滿熟（悉）的。但是你要知道，當我以一種物質世界的方式存在時，有時訊號不是那麼容易接得通，滿困難的、滿困難的。

：（註：涉及個人隱私，略）

約書亞：喔，他們一定會再碰面的，其實他們已經碰面很多、很多次了，他們之間除了各自要學的之外，還有一個就是跟他們倆個彼此有關的，就是他們要學習如何互相的對待，喔，像比如說吧，像你和…你的…太太，對，你們是用「太太」，英文叫wife，（一串奇特的發音）。抱歉，有時候我習慣用希伯來語，甚至是其他的語言，因為我這個廣播電台比較特別的是——訂做的廣播，常常要用各種不同的語言向不同時空的對象放送，所以有時候會穿插了其他種語言，如果有這種情況發生，麻煩你提醒我一下。我想你應該發覺了，對於中文的運用，我愈來愈熟練了，你要知道，我可是有很棒的師傅喲，很棒的老師喲，他★教我的。

：那我要學的是什麼呢？

約書亞：這個其實不用我講你也知道，我知道你只是為了要留下錄音證據，你要學的第一個當然是要積極進取囉，因為凡事拖延，因為你…這也其實是你最大的優點，就是比較不那麼刻板，非要怎麼樣，但是這樣常常又會造成別人的困擾。比如說你的太太，她就常常會覺得很困擾，所以這是你要學習

★這裡是指孔子。

的，也是把你們兜在一起的原因，除了你們身為…（略），負有這種…怎麼講，「傳遞」訊息的使命之外，也不是使命，這個工作基本上也是自己的選擇，除了傳遞訊息的工作之外，你們彼此之間也要學習相處之道。因為你自己一定非常、非常清楚感覺到，你們有些地方很接近，但是某些地方呢卻又南轅北轍（笑聲），南轅北轍，用的不錯喔（註：這裡是約書亞自我稱讚祂中文運用得不錯）！這是我借用你腦子裡面的訊息，你們的性格南轅北轍——某些部分，所以你們要互相調適，互相向對方學習，其實我也常常要向你們學習，當然你們也會常常需要向我學習，因為每一個人所經歷、所獲得的其實都不那麼相同，所以孔夫子說的「三人行必有我師焉」、「見賢思齊」、「見不善改之」，對不對？我記得是這樣講的，偷偷告訴你…其實呀，我比祂（彈擊指頭的聲音）容易相處一點，有時候我覺得祂比我嚴肅一點，你可以考慮看看！所以我們彼此都有可以互相學習的地方，並不是說，喔～～我約書亞就怎麼樣、怎麼樣。

像我知道你是一個高度的懷疑論者，絕對不肯輕信，其實我覺得這是一個很好的習慣，你可以持續不斷的觀察我，應該這樣說，如果你突然之間就毫無保留的信任我，我會覺得這很危險，因為現在是我，改天也許有別的靈（體）經過了，祂冒充我的名字，也不是沒有可能。事實上你們的佛經有講「應無所住而生其心」，這個「住」呀，就是執著，就認為這一定是這樣子，所以隨便只要有一個人說「我是觀世音菩薩」、「我是玉皇大帝」、「我是…×××」，你就相信了，毫不考驗祂，這種態度其實非常危險。我的意見是真的要非常、非常小心，所以雖然我在這邊滔滔不絕…其實就是我滿喜歡聊天的，我不喜歡講一些過大的大道理，我們就好像鄰居、朋友、同學，互相切磋一下、互相溝通一下，這個是我喜歡、是我樂於去做的。這樣好了，我來起個頭好了……嗯，糟糕，我起不了頭，還是由你來發問好了。

：我想請問一下，為什麼我在第一次走進那個……擺放牌位的小房間時，我會感受到那麼強烈的、那麼強烈的……（吐氣聲），就是這種感覺，對，就是這種感覺，怎麼會那麼強烈呢？祢能不能告訴我原因呀？

約書亞：（遲疑）嗯，是這樣子的，有時候我們循序漸進的輔導要花的時間比較長，雖然那個時候你已經開始練習了，就是我們協助你、引導你，讓你改變，變化你的體質，淨化你的身體，可是那個時候因為時間還很短，所以當時是用一個比較……就我的觀點來看，是用一個比較速成的方式，比較強制的方式，所以讓你有種非常非常深刻的印象。當這強大的力量在引導你身體時，你會覺得一陣不由自主，其實這是故意造成的效果，它的目的只有一個，就是讓你感受到這種不一樣、讓你去注意到這種情況，引起你的好奇，讓你去探索，也就是你之後會比較更願意花時間練習、掌握這個能力的原因之一，是刻意造成的。

：那我想問一下，為什麼我會有這麼多手印呢？根據林孝宗教授的說法，每個人在練習自發功的時候，其實常常都會出現很多的手印，為什麼我出現很多、很多的蓮花手印？都是跟觀世音菩薩有關的，這裡面有原因嗎？

約書亞：（笑聲），你要知道，有一句老話，你們是這麼說的，叫做「事出必有因」啊，其實是觀世音菩薩跟你，在很早、很早以前，我這裡所謂的「很早」是指地球人類的時間，很早以前你們就認識了，就彼此互相認識了。這也是當你媽媽在播放大明咒的時候，你的身體會起反應的原因，除了我們有

協助你強化之外，另外一個原因就是你跟觀世音菩薩，我們簡稱祂「觀音」好了，因為觀音呢…（輕咳聲），你的喉嚨有點癢（用力咳嗽），抱歉，我今天好像講的多了一點，這樣好了，我們講完這個就結束。因為你的身體還在調整的階段，已經快要…這一部分的調整快要結束了，但是還沒有完全好，看來我得快一點結束，就是說你在很早以前就跟觀音有過接觸了，而且是很深入的接觸，所以你一聽到這六個字，你就會感應、有感應，你的身體有起反應，事實上這是你的潛意識在告訴你說，唉，你們是有關聯的（喝水、關瓶蓋聲，打嗝）。其實我們也有關聯，可是我跟你的關聯不像觀音和你的關聯一樣。

：那為什麼是祢跟我聯絡？而不是觀世音菩薩跟我聯絡呢？

約書亞：嗯，應該這樣說，其實我們也有所謂的任務分配，我跟你說過了，觀世音菩薩是十次元的，但是祂卻自己待在八次元的世界裡面，之所以如此，是因為祂對自己的…祂的學習歷程是這樣，祂希望這樣做，這是祂的選擇。那我呢，我的任務就是協助、引導地球上的集體意識進入一個新的層次，事實上就是所謂二〇一二年的靈性躍升（註：這一段有可能是受到媒體報導的影響，也可能真有這麼回事！），這個靈性躍升是很重要的一次轉變，所以這一次的躍升我有參與，而且是很重要的參與，所以我在世界各地，像這樣子聯絡的方式其實很多，在中文世界裡我也不是沒有聯絡，但是中文的世界呢，我之前的聯絡都不是那麼成功。喔，應該這麼說，我之前聯絡過的人，都認為這是一種天啟或者某一種感應，或者某一種寤寐之間、半夢半醒之間的一種感受，就是我的訊號傳遞沒有辦法像現在這麼清楚（註：這裡我還是感到非常懷疑，因為我並沒有什麼基督信仰，怎麼可能會透過我這種高度懷疑論者來

傳達這些乍看相當特別的訊息呢！），所以我一開始用…你可以很明顯感覺出來，我剛開始用中文的時候，中文很不流利，那如果是在訊號不好的地方呢，你就會常常接收到重複的話、重複的意念，但是因為訊號不良，我不確定你是否收到，所以常常有重發的動作，是這個樣子。

喔，照理，其實觀世音菩薩已經跟你聯絡過了，當然你還是可以照樣的懷疑，懷疑那是假的、冒充的，不知道是什麼×××的，我鼓勵你這種態度，我也會想辦法找一個無可辯駁的證據，讓你知道。我想我們今天就到這裡，時間很晚，你應該要睡覺了，明天早上如果有機會的話，我還會再跟你聯繫，當然啦，就不會再那麼操練你了！你也辛苦了，希望我們這段對話慢慢以後以某一種形式，比如說，在網路上發表的形式啦，或者是其他的，當然這一切都是要等你能夠確實的相信我之後，喔，知道我不是冒牌貨之後你可以大力的推廣，那個時候我就會跟很多、很多的中文世界的人聯絡。而且你也不用擔心什麼不同省籍啦、不同方言啦，這些對我來說，原則上不困難，因為他們都是同樣屬於中文語系的，中文語系不管是哪個地方的語言，發音的基礎大同小異，所以我只要稍微練習一下就可以了，那我們今天就到這裡，就暫時不打擾你囉！…（略）

宇宙的奧秘

〈這一段引自2010/10/09約書亞的談話〉

我是約書亞（發音艱難），今天要講的是「宇宙的奧秘」。宇宙是無窮盡的時間、無窮盡的空間（發音漸漸順暢），從物質界的身體來看，我們會發現你把時間往回找、往後找，你都不會發現盡頭，找不到盡頭。當然你們現在的科學會說：「這個宇宙可能會有一個起點，那個起點之後爆炸，然後再形成現在你們所知道的這個宇宙」，但是…但是這個爆炸其實是（強調的語氣）不存在的，這是一個假想，所以在假想點之前的，它還是存在的，對你們來說，時間會往前一直延續到無窮遠的過去；空間呢，空間是不停地向外擴張，所以在你們的知識裡面就會存在一個問題，就是它到底向哪裡擴張呢？它是向虛空、向虛空擴張，那還會碰到另外一個問題，就是除了這個已知的物質宇宙之外，還有其他的物質宇宙嗎？還有，除了這個物質的宇宙之外，還有沒有其他非物質的宇宙？嗯～（揭曉答案式的大聲說話）有！有！答案都是有。可是呢，你們現在的技術，從你們手上掌握、現有的技術來說，基本上你們不知道，比如說，到底我約書亞在哪裡呢？以你們的技術是偵測不到的，至少目前是偵測不到的。

可是只要你透過某一些練習，即使你具備的是這樣凝重、稠密的身體，還是可以很順利達成聯繫，不需要靠其他的，你們所謂的高科技設備，僅僅透過某些訓練就可以達成聯繫，這也是許多…你們地球上許多科學家所不能理解的，為什麼僅僅是透過練習…也許你們俗稱叫做「通靈」啦，或者之類的，而物理學、化學發展了這麼久，卻無法達成同等的效能，可以說挺怪的，可是也不要覺得奇怪，以前可能需要經過許多艱苦、困難的訓練，才能具備（發音艱難）「第三眼」——天眼的功能，但是現在呢，已經可以直接透過鏡頭、攝影設備，看到所謂的氣場，這就是一種進步，以前做不到的，現在做到了，以前以為是神話的、是胡說、妄想的，現在都可以被證實是確實存有的。但是即使你能夠看到氣場，看到所謂的「氣」，那也只是邁向非物質世界的第一步旅程而已，後面還有…需要更進一步的發展，這所有一切都是可以瞭解的，但是依你們目前的發展，相對來說是不夠的。

有人說地球經歷了轉變，地球要經歷一個轉變，這是真的！地球要經歷什麼樣的轉變呢？在你們的眼裡看來，地球是一個物質世界構成的，它有…它的內部有一些鐵啦、核呀等等，在表層有一層殼，叫做地殼，在地殼之上呢，萬物就生存在裡面，可是地球本身也是具備意識的，就像太陽具備意識一樣。地球的意識在很早以前就有人為祂命名了，你們人類曾經為祂命名叫做「蓋婭」，叫做大地之母——地球的母親，地球有沒有意識？有，地球的意識就是地球上所有的生物、礦物、海洋、河流，所有的一切構成的一個集體意識，就叫做地球意識。這個意識祂本身也需要經過進修、進化，祂也有自己的進度，這個轉變會在適當的時機到來，就是祂也要從一年級變到二年級、二年級變到三年級…在一個星球演化過程，這是必然的。

對你們來說地球是一個表演的舞台，對地球來說這個太陽系是祂上演的舞台，對太陽來說你們所在的銀河系是祂表演的舞台，一層、一層的，會有更大、更大的存有意識在不停地進化、不停進化。為什麼要進化呢？這是一種原始的覺察，有一種很原始的存有——你把祂叫做「太初」吧，或者把祂叫做「混沌」，這原始的存有祂在靜止的狀態、毫無進展的狀態，沒有變化，很久、很久、很久、很久…，祂因為某種原因，這原因從你們的角度來看叫做一個「漲落」，這存有本身會形成一個小小的集中，用你們的語言來說…這叫做「測不準原理」，（笑聲）對、對、對！我想到了，這是測不準原理，測不準原理會使這個太初，在某個地方會形成一個小小的集中，這小小的集中達到某個程度，會形成一個單獨的意識，小小的，這所謂小小的，是相對於太初這個原始的存有而言，然後就像碎形一樣，這個原始的靈魂剝離了，從祂的母體剝離開來了，大概是這樣一個過程。

那你又會問，這太初是從哪裡來的呢？太初從哪裡來的，我不曉得，無從追究，祂從無始以來就一直存在（重複三次），存在到有一天因為真空的漲落，所以使得祂某些東西剝離了，也就是說，你可以把祂當成是一個小孩誕生了，一個新生命誕生了，或者一個新的靈體誕生了。這個靈體誕生了祂會去……祂就離開了母體，就好像我們小孩離開家了，他一方面想離開家、一方面又離不開家，因為這個家是他覺得很溫馨、很溫暖的地方，但是小孩要長大啦，他又希望向外探索，就是這種探索的嚮往使他離開家了，對，就是這樣，這是一開始的時候。

然後呢，當我投生在……附著在岩石裡面、水裡面……這些到底會怎麼變呢？祂要去體驗、體會，體驗這個新世界的酸甜苦辣，這就是祂最原始的渴望，祂體驗的時間過了很久、很久，有些人……比如說我約書亞，就是比較早，當然也有比我更早的，不過相對於你們來說，我算是比較早很多的，我體驗了各式各樣的狀況之後，我又重新找到我之所來、我之所源，用你們的語言來說，就是我找到我的天父了，或者用我們今天講的話——回到原來。這個回到原來已經跟你最初的不一樣，就好像說小孩離開家了，到外面去工作、去冒險、去探索，等到四、五十歲，某個年紀了，他探索到差不多了、足夠了，他返回他原初的、他離開的來源，這小孩他就回家了，年紀很大了，可是他帶回來很多、很多，跟他出去之前不一樣了，所以這就是一種經驗。靈魂就是要來體會各式各樣的經驗，然後把這經驗再濃縮提煉，回饋到你真正的本體，探究到最後其實你會發現所有的不同個體、靈魂其實都來自同一個原初，最初的那個太初，太初現在也不一樣了，因為隨著各式各樣的經驗，會影響到太初本身。事實上這也是祂允許一個、一個的靈從祂身上剝離的原因之一，祂本身就是要去經歷，但是這個太初的能量太大了，不管祂灌注在任何地方，沒有任何（存在）能承受這麼大的能量，所以祂只能是一點、一點，一小點、一小點

（學習），即使是我約書亞所承受的基督能量，以一個存在地球上的人來說，這股能量還是太大了，即使祂甚至沒有全部灌注在我身上。

所以，你們可以觀察到絕大部分修練有成的人，他承受靈體的力量如果說愈大的話，他的生命其實是愈短的，所以要能夠活得很久，比如說，像釋迦牟尼佛——悉達多，在地球上祂存在了八十幾年，對於祂這種能量等級來說，是一件很困難的事情，所以祂不得不拋棄、不得不捨棄祂的肉體，因為這種物質的身體無法承受祂那麼巨大的能量。或者反過來說，你的肉體必須極強壯，才有可能承受那麼強大的能量一段時間，因為你們總是生活在線性時間、線性空間裡面，所以距離對你們來說永遠都是一個問題。你要進行星際旅行，要靠你們自己的太空飛船，基本上是不可能的，因為你脫離不了物質世界的限制，當然在理論上你可以做得到，但要靠毀滅一個星系，而達到你們希望的這種穿梭時空的能力的話，基本上是不可能的。所以呢，簡單的方式不是一種向外看的方式，而是一種向內看的方式，簡單、直接又有效。

天象、人象〈這一段引自2010/09/28 藥師佛的談話〉

什麼叫天象？可以從人事物組成的社會整體來看，現在到了一個轉換的時期，這是從「人」這邊講，在全世界各地都會發生很多很多的人在內心的轉變，這種轉變從外在看不太出來，這是從人這個觀點來看。

再來從「事」，有很多很多的人會經歷一些像…類似你的這種（通靈）事件，因為這是一件大事囉，所以會觸動很多很多的輔導者、協助者，會產生很多這一類的事件。但是在我們的日常生活中，我們還是一樣每天過日子，看不出有什麼明顯的變化，但是這些變化在潛藏著、潛藏著，這是從事的角度來看。

人變化了、事變化了，物呢？「物」常常被我們用來協助變化的進行，譬如說，你慢慢的熟練這些拍打的技術，對不對？那慢慢你會愈來愈熟悉這些，你說能量醫療也好這一類的東西，你會慢慢的、愈來愈熟悉，這些東西會慢慢的為你所用。也許是具象、也許是抽象的東西，這裡所謂的物是一種道具的意思，就是說，能夠協助轉變發生的一些東西，這些東西也許是一個方法、也許是一個物質的東西，這是我們從三個角度來看。

所謂天象就是從三個角度總合起來形成了一種變化，這種變化我們姑且稱之為天象。不是月亮、星星那種天象，因為有時候辭彙的表達啊，常常會辭不達意。我們在表達一種思想觀念的時候，如果非要透過語言來表達不可呢，常常就會不太容易表達，我們是勉為其難透過這種工具來闡述，這樣。

那什麼是人象呢？所謂的人象，與剛才所講天象的人事物的「人」是不一樣的，什麼是人象呢？當然這是一種相對的觀念囉，天象代表一種：你可以說是上天的旨意或者神的旨意，或者：你可以用類似的名稱去稱呼它。但是人象呢？比較帶著一種不清楚的觀念，就是從我們一般人的角度來看、從我們這種有限的身體來看，我們常常會無法理解、也無法發覺表象的背後到底是什麼。

就好像說同樣是拍打，對你來說，拍打是一樣很有用的東西，但是對很多人來說，拍打只是一種熱門、一個名詞而已。他也許知道，但是他從來不曾去拍打過，這有很大的差別。

很多時候我們只是去聽到一個名詞，譬如說「靜心」，我們都只是把它當成一種對象、外在的對象，而不是把它內化成自己的東西，所以這就是我所謂的「人象」，它有很多東西被矇起來了、矇起來了。

要如何突破我們有限的身體呢？或者有限的想法、有限的思考呢？有時候你們要從有限向無限、從人向神過渡，我這邊用神，你也可以用佛，或者用其他你覺得恰當的名詞，這只是一個代稱而已。就是由人向神，或者向佛過渡的，那要怎麼樣？要如何做呢？靠著自己的努力把這些層層的障礙去除掉，但是很難，這時候我們不妨去尋求一些協助。

協助在哪裡呢？這個協助其實根本就在你的四周！只是我們找錯方向了，你應該往內找而不是往外找，往內找你就會發現，原來你自己就具有神性、佛性。

4.4 轉變的必要性

大量轉變狀態的可能性〈這一段引自2011/03/08 阿彌陀佛的談話〉

什麼狀態的轉變★？就是從一種濃密的物質狀態，轉化成比較輕的一種存有的狀態。為什麼是大量呢？因為參與這個轉變的個體非常的多、極多，這樣的轉變是因為我們要提升到另外一種層次，這樣

★這一節其他的內容已收錄於第二單元，此處為有關轉變的節錄。

的層次其實在整個人類的歷史上，曾不曾達到呢？其實有，但是，是零零星星的，相對於全體的人類來說，數目非常少、非常少，雖然他達到的成就很高。

但是，現在我們要做的轉變不是少數的、極高成就的達成，不是，而是絕大部分的、中等程度的達成，這種狀態需要相當多的協助，才能很順利進入這樣的狀態。這種改變的發生很少，尤其是這麼大規模，有很多靈性的存有會來這裡提供適當的協助。

但是，我們不應該只依賴這些協助，更重要的要依靠自己的努力，什麼努力？不是叫你天天工作到多久、多久的時間，而是一種態度的轉變，就是從一種負向的態度，轉變成一種正面的態度。

譬如說，我們常常抱怨，現在呢？不抱怨了，最低程度做到不抱怨，好一點，我們不但不抱怨，還會感到很滿足、很感恩；又或者，我們常常感到很沮喪，最低限度我們不沮喪，更進一步呢？我們感到心裡面充滿了朝氣，看到什麼想到它的正面含義，而不是總是去數那些負面的思想，所以，我們第一個要避免接觸負面思想的來源、訊息的來源。

第二，一定要靜心思考，一定要把你雜亂的思緒沉澱下來，這個我們前面已經講過了，心性不定要讓它逐漸地沉澱下來。不是要讓你沒有念頭，沒有念頭就像是植物人一樣，是不是？不是沒有念頭，而是這個念頭起伏的程度很小，當（念頭）它出現的時候，它一個、一個出現的時候，你就看著它，看著它出現、看著它消失，看著它出現、看著它消失，經過這個我們前面講過的方法訓練之後，你們應該就能光依靠自己的力量，就達到某一種程度的聯繫，這個聯繫就是我們前面講的天人合一。

也就是說，原來那一扇門、那一扇窄門，就是通往靈性世界的窄門，經由鍛鍊以後，它逐漸變大了、逐漸打開了，你通往這個世界的門變得寬闊了，不再那麼難以通過了，那時你就會發現其實很多東西，你現在非常、非常在意的，似乎逐漸變得沒有那麼重要了。

但是，這樣的狀態容易達成嗎？不容易，尤其是要幾十億（人）一起達成，這是很困難的，需要很多、很多的工作者來共同努力，所以這叫做「裡應外合」啊，什麼叫做裡應外合？就是我們派遣了非常多的工作人員投生到現代的這個地球上當先鋒部隊，或者叫做種子師資；另外一方面，經由這些先鋒或者種子和我們靈界建立了適當的連結，所以，協助能夠透過這樣的方式展開。

在世界各地，各個不同層級、不同能力的協助者，就展開了各式各樣的協助，每一個個人他們可以經由簡單的靜心，請注意，靜心的難易其實很大一部分要看你的心態，如果你的心態非常的單純，靜心就是一個簡單的活動，如果你的心緒過於複雜，整天就生活在憤怒、憂慮、恐懼、哀傷等情緒之中，那你就相對不容易達到。經由這樣裡應外合之後，援軍或者助力可以適時提供援助，再配合上自己的努力，也許就能夠達成這樣奇特、微妙的、難以形容的一種境地、境界。這是今天要講的。

變化就是轉機〈這一段引自2011/03/17 約書亞的談話〉

經過了這樣難熬的日子★，我約書亞要再次向你提醒，要努力做好自己份內的工作。地球不停地轉

★約書亞以罕見的疑問語氣，就2011/03/11日本發生的大地震提出了很多值得省思的問題。雖然沒有任何直接的批判，但是感覺比其他的談話嚴厲。

動，時序不斷地變換，我們應該要時刻把握當下，做好自己份內的工作。誠然，有很多事情是我們難以接受的，至少從我們這個有限、物質的身體來看，我們難以理解、難以接受，但是無論你能接受、不能接受，終究它還是發生了，我們唯一能改變的就是我們對於事件本身的看法。

所以在這邊我們要把它分清楚，就是一個是客觀的事實，一個是我們對這個事實的解讀。所以，什麼叫做解脫？什麼叫做救贖？就是我們對於一件已經發生的事情，能夠用一種更高的觀點去解釋、說明，這就是一種所謂的解脫，因為我們不會陷在情緒的翻騰洶湧之中，無法看見事物的本質。所以當我們能夠以事物的本來面目去瞭解它時，我們就從這個裡面超脫了，無論它本來帶給你的是傷痛、是快樂，還是任何其他的情緒都一樣，我們要從這個第一階段的情緒當中去提升、超脫，以一種更高的角度來看它，不要陷落在聞雞起舞，隨著事件而起反應的那種狀態，這比較不理想。

但是也不用做太多的解讀，像把日本的地震解釋成天譴。其實沒有所謂的天譴，這是一種非常不得已的措施，這些變化需要實施。所以，請不要責怪自己、也不要責怪別人，就把它當成人類歷史上一個神聖而重要的事件。

你說核電廠的核能機組爆炸起火了，為什麼要做這樣的事情呢？我要告訴你，這樣的事情並不是錯誤，而是許多可能的結果之一。為什麼不換一個角度想呢？當核能不再能使用了，當太陽能以你們的技術轉換出來的能量不夠使用了，是不是有其他的方式能夠產生足供使用的能源呢？這些核電廠的安全設施真的足夠安全嗎？九‧〇的地震算巨大嗎？雖然在人類的歷史上，有記載的歷史上，九‧〇的地震可以算是非常巨大；但是從整個地球的歷史來看，這樣的地震只能算是普通的程度。

也許你又會說：「可是很少有地震達到九啊！」這時我要請你們注意、仔細地想一想，安和樂利的生活不是自然發生的，而是大地之母慈悲的照護，可是你們對於所生存的地球有給予任何的照顧嗎？在這個人生悲歡離合上演的舞台，我們照顧到地球了嗎？人類隨意的砍伐森林、開挖油礦、宰殺動物，並且引以為傲，這樣的態度正確嗎？而大地之母蓋婭卻一而再、再而三的以最小、最不具傷害的方式調整自己，讓所有地表上的生物，特別是人類，都能夠有一個安居樂利的生活。可是我們卻把這種安居樂利的生活視為理所當然，這樣的態度是否值得檢討？

想想看，那些雄偉的高山、那些深深的海溝、廣大的高原，它們怎麼爬上去？它們怎麼陷落下去？在發生的當時，那就不是所謂的九（級地震）、也不會是所謂的十了，這樣的程度是巨大的，在有人類歷史紀錄以來，是從來沒有發生過的事情，所以你們難道不應該覺得自己很幸運嗎？不應該覺得自己受到無比的關愛和照顧嗎？如果說我們獲得了這麼巨大的關懷、巨大的關愛，而我們所給予地球、給予大地之母的回報，就是無盡的破壞、隨意的浪費，這樣的生活是否理想呢？

地表上的人類啊，我要提醒（你們），這樣的生活方式是有待改進的，現在又到了該要轉變的時刻了，你要向上提升、還是向下沉淪呢？當然，我們知道所謂的向下沉淪，並不是真的向下沉淪，而只是這樣的生活方式再也不能繼續下去了，這樣的態度再也不能繼續下去了。所以，當我們要再繼續上演人生悲喜劇的時候，只能換到另外一個地方、另外一個舞台去繼續上演。

人心思變，但是，不是為了改變而改變，是為了能有更完美、更幸福的生活、更幸福的人生而改變；又（為了）能夠達到更完美的狀態而改變。在這一路上我們經歷了各式各樣的角色，經歷了各式各樣的悲歡離合、各式各樣的成敗。在一個短短的人生長河中，我們就這樣經歷了各式各樣的角色，每一世就像舞台劇一樣，上演又謝幕、上演又謝幕，現在已經到了連續公演的檔期變換的日子了，是要集體檢討的時候了，是要集體揚升的時候了。在這個神聖的日子到來之前，還有很多的準備工作要做，因此我要再一次的提醒大家，要做好自己份內的工作，扮演好自己扮演的角色，剩下的就靜心祈禱吧！要相信至上之神、造物之主祂的神聖安排，所有的一切都是以大家的最高福祉為考量，今天就是我要講的「變化就是轉機」。

4.5 面對轉變的態度

一日之計在於晨——向良好方向轉變的一段歷程〈這一段引自2011/01/31約書亞的談話〉

今天講的題目是「一日之計在於晨」。現在的社會是一個忙碌的社會，每一個人都汲汲營營於物質生活的滿足，而忽略了身體的健康、心靈的健康。當我們每天以身心去換取營生的資具，就在不知不覺之間失去了很多，你忘了你之所來，你忘了你的目的、你忘了你的功課，你忘了該增強自己、你忘了該協助別人。這是一個進步又迷惘的時代，什麼叫做迷惘？就是我們誤以為單純的、物質生活的、各式各樣的享樂，是一種進步、文明的象徵，可是我要提醒你的是，在歷史上，不只是在地球的歷史上，更在所有的宇宙中，所有文明的歷史上，許許多多文明的毀滅，都是在於所謂的進步，這就是一種迷惘。我們迷失在這物質環境建構的所謂進步當中，一而再、再而三，文明興起又消失，興起又消失⋯⋯

一個真正理想的狀態是要平衡物質與精神的世界，是要達到平衡。但是當我們執著於⋯⋯當我們的眼中只有肉眼所見的一切，卻看不見心眼看見的東西，我們就沉淪了。

但是不要擔心，最壞的時代也許就是最好的時代，危機往往就是轉變的開始，不過這樣的轉變並不必然，而是要有許多、許多的人，許多、許多的存在共同來努力，這也是我們在這樣的時代大量出現的原因，因為這是一個轉變的時代，是一個機會來臨的時代，是一個黎明前的黑暗時代。（呼籲聲）要切記啊，地球上的人啊，你們要瞭解，這樣的轉變並不必然到來，轉變的形式並沒有固定，所有的這一切都有待我們共同去創造。

請發揮你的一己之力，請你影響能影響的人，讓我們每一個存有，不論是在靈界或者是在物質界，都能夠盡一己之力，去創造這樣一個人間的天堂，之後你會發現，你自己就是一種神性的展現，神因你的存在而昭顯，這樣的神並不在外而在內，你自己就是神的一部分、你自己就是造物的一部分。

今天講「一日之計在於晨」，什麼叫做「在於晨」？「晨」是指一種開始，當我們有一個初發心，我們開始要展現我們的進步、展現我們的提升時，這就是一種開始、一種「晨」，所以我們這裡講什麼叫做「晨」？「晨」就是一種向良好的方向轉變的開始。「一日」就代表我們要共同經歷的這一段歷程。所以請不要用字面的意思去解釋它，我們正逐漸、逐漸展開啟發每一個人的一個發動點、一個啟動的日子，我們都在等待時機、等待恰當的時機，就像你一樣，等待一個啟動的時機，只是這樣還是不夠，還需要更多的存有去參與，要有更大程度的參與。

有一件事情你要瞭解，就是你不用擔心你做的不夠多，你只需要擔心你開始了嗎？你盡到一己之責了嗎？只要你開始、只要你盡力，就不用有任何的擔心，因為一切都會依照它該有的方式鋪展，宇宙會回應你們的表現、回應你們的請求，諸神會照看你們，所有的高靈會協助你們，但是天助之前必先自助，天下沒有白吃的午餐，只有願意自助者才能獲得適當的協助，這是一種靈性的法則，是至終的真理，請你要記住，不要忘記。這是我約書亞今天對你說的話，你要記得，不要須臾或忘，你要記得在你生活中所有的面向去努力實踐，祝福你有一個更美好的未來。

黑暗、轉變、快樂〈這一段引自2010/09/03 約書亞的談話〉

：當祢身為耶穌的時候，最大的感受是什麼？你對那個時代的感想是什麼？

約書亞：黑暗、轉變、快樂。

：祢是說，那是一個黑暗的時代，也是一個轉變的時代，到底什麼意思？還有個快樂，這是什麼意思？

約書亞：這個意思就是說，那個時代是一個很黑暗的時代，是一個沒有什麼所謂尊嚴的時代，這樣的時代需要轉變，我帶來的就是一種轉變，把基督的內在的愛帶到、引進到這個物質的世界上來，希望朝向快樂、心靈滿足的方向前進。

但是一個轉變，我們不會說，看見今天種下去的種子明天就變成高大的樹木，不會！我的出現就好像一顆種子掉落在地上，經過時間慢慢醞釀，它會生根、發芽，然後冒出地面成長、茁壯。

當然在成長的過程中，免不了有一些天然的颱風會使得樹幹折斷啦，也可能啄木鳥啄的太兇把樹幹都啄空啦等等，會有一些內在或者是外在的因素阻擾了這個方向，但是它本質上還是往前走的，這個就是我所帶來的，就是一顆上帝的種子種在物質的土地上，讓它慢慢生根發芽、成長茁壯。

同樣的，茁壯的過程中有很多……譬如說，我所傳播的訊息受到了扭曲等等，但是……我們需要有修剪枝葉的功用，需要把這個世界修剪的漂漂亮亮，那誰來修剪呢？賽斯說了，保羅，就是我的「語化身」，真正大力宣揚基督教義的就是我的保羅，我們是靈魂的兄弟，他會來修剪這個神的（訊息）枝葉。然後最後大家才會發現，其實我們只要往內求，基督在內而不在外，往內求才看得見基督、往外求只能看得見教堂，卻看不見基督啊！

良心事業，無懼艱難險阻〈這一段引自2011/04/17約書亞的談話〉

今天要講什麼叫「良心事業」？或者另外一種講法叫「慈善事業」，慈善事業我們可以大概把它分成這樣，一個是為了逃避稅則而成立的，一個是為了博得好名聲而成立的，一個是為了真正對某一個特定族群有所協助而成立的。

也許有人會說，那些為了避免多繳稅、為了獲得好名聲而成立的都是屬於偽善，但是我們可以從另外一個角度來看，就是從接受協助的角度來看，這些組織是否真的有對所關注的目標提供了適當的協助，如果有的話，大可不必追究它到底是真心、假意。

有些我們要講究發心，有些我們要講究實質的結果，講究發心主要是就自己而言，實質的結果則是對這些受協助的對象而言，這是我們第一個要釐清的。

第二個就是，不論你是為了什麼原因成立了這樣的一個單位，你是否能夠堅持下去？所謂堅持下去，不是說你只要站在台上登高一呼，立刻眾人就齊聲呼應，於是你的前面就是坦途，不是這樣。很多時候雖然你發心也好、實質也好，都是為了要服務你想服務的對象，但是這並不表示一切都會自然的完成，偶爾你還是會碰到困難的事情，當我們碰到這些非你所能控制的、外在的環境變化，你要如何處理呢？你是不理它，還是過度重視它，臣服於威權之下？

到目前為止，我們還沒有看到真正的困難，還沒有遭遇到真正的試煉，有很多的解決方案可以供我們選擇。譬如說，我們可以選擇不予理會，但是你不予理會的結果，就是會觸犯了某些人的權威，於是你的處境就更不利。

或者我們也可以採取比較柔性的方式，就是按照規定辦事，你要檢驗就讓你檢驗，你要調查就讓你調查，你要實驗就陪你實驗，這樣也許是遭遇阻力最小的方式。當然我們也可以選擇直接去威脅對方的權威，但是這種做法比較不容易，（會）造成比較大的損傷，雙方皆如此。

所以我們不但要能夠發心，發什麼心呢？就是發利益眾人的心，這個叫做慈悲，但是慈悲還不夠，尚需智慧加以指引，如何才能使阻力減到最小，助力提升到最高，需要有適當的智慧，而不僅僅是無言的對抗、有言的對抗，可以就這樣的放下，也可以繼續爭鬥，這一切都由我們自己選擇。這是今天簡短的談話。

除了這件事之外，遇到任何其他的事情也一樣，譬如說，你為朋友或者對同事分享你的拍打經驗，但是他們不一定能夠接受，這種情況你該如何處理呢？我的建議是，不主動、不被動回應，所謂不主動是說不要像一隻汪汪亂吠的小狗，對著其他的人說：「來吧，我幫你拍（打）吧！」我們可以提出詢問，提出一種建議式的詢問，詢問別人是否允許你為他們服務，是否允許你分享你的經驗、看法，這個叫做不主動，因為決定權在對方。

另外一個叫做不被動，所謂不被動是源自於你的行動，你的確以某種形式促成了這個行動，但是又不帶任何勉強，因為你始終要把選擇權交在對方的手裡，他們有絕對的自主權，去選擇嘗試或者不嘗試。

千萬不要因為方法很好就一頭栽進去，也不管人家的感受如何，這就是我要一再強調的，光有慈悲、光有愛是不夠的，還必須有相應的智慧的指引才行，才能發揮它最大的效果，否則只是徒然引起紛爭而已。

分享在你，接受在彼，被拒絕了也沒有什麼好難過的，被接受了也沒有什麼好高興的，就這樣簡簡單單，不要賦予過多的解釋或者主觀的看法，要把這些去掉，單純就以事物本身的面貌去看著它，這樣你會得到最大、最好的效果。

良心事業無懼流言〈這一段引自2011/04/15關公的談話〉

什麼叫良心事業？就是我們從內心裡面真心誠意的為世界的眾生謀取更好的生活，這裡所謂更好的生活是指身心安樂，而不是更有錢、花更多、用更多的生活。這樣的組織或者單位，需要做很多、很多各式各樣的工作，但是有時候基於不瞭解、基於種種因素會受到誤解，這種情況屢見不鮮，但是，只要是出於真心誠意，就無懼流言蜚語。

所以，現在我們要來檢驗，檢驗什麼？就是檢驗你是否真的是真心誠意、無私的奉獻，如果你能夠無偽，或者說誠實的、毫無疑惑地說：「我是真心誠意的為了大眾而組織了這樣的團體，而做了這樣的事情」，那麼，你不必有任何的疑慮，因為你走在正確的道路上，將得到無數的助力，所以何必煩惱呢？煩惱是無益的，做好自己本分的工作才是要務。

難道一位拳王受了小嘍囉挑釁，就要跟著起舞嗎？難道歌王卡羅素會因為別人對他不禮貌而為他高歌一曲嗎？這是沒有必要的，雖然也沒有什麼不可以，但是沒有必要。所以，何必為了這些小小的事情而煩惱憂慮、惶惶不安呢？靜心吧。

安靜自己的心緒，你要成為中流柢柱，便需具備「如如不動」的決心、信心、恆心。這是今天想來要跟你說的，也許可以算是就地取材，這樣，有沒有問題？

4.6 繁星若塵——轉變時代，來自星際友人的協助

天狼星的伊嘉★——第一次發言〈這一段引自2011/01/09伊嘉的談話〉

伊嘉：我是從天狼星來的伊嘉，我要告訴你們地球並不孤單，在這個宇宙中有許許多多的智慧生物，但是他的形態並不一定和地球一樣，當你用既定的、物化的方式去思考，你就會陷入迷思，無法發現這個宇宙的諸種奧秘；開放自己的視野，靜心接受從宇宙各處傳來的訊息，你會發現這個宇宙不是寂靜的，這個宇宙是活潑、充滿生機的，這是一個優美的地方，我們共同生活在其間。我是伊嘉，天狼星的存在，在這裡向你通話，希望你能把這樣的訊息和你周圍的人分享。這是一個平和的、安詳的宇宙，需要所有的成員共同來延續，共同創造。

：能不能請問一下，天狼星我有聽過，但不是很清楚，好像很大，能不能請問那邊有什麼特徵嗎？

伊嘉：言語道斷，心行處滅。眼所見、耳所聞不是所有的真相，透過你的感官向這個宇宙望去，就好像透過一根小小的管子要看見整片的天空，多麼困難，這樣的狀態難以表述，除非你開放自己、完全地開放，不然難以體會。

★這一篇出現的時間是在農曆年之前，忽然之間來了一位外星人，讓我有點不知所措，考慮很久之後，決定還是照樣登出，因為內容還真的挺感人的，忽然之間覺得自己能在這裡生活真幸福！

：好吧，顯然很難講得清楚，那祢能告訴我，在這個茫茫的宇宙之中，除了祢們，還有其他的嗎？其他的存在嗎？

伊嘉：群星閃耀，精采紛呈，這個宇宙充滿生機，靜待你的發覺。當然不是只有我們，很多、很多，幾乎可以用無盡來形容，無盡的蒼穹、無垠的宇宙，充滿了各式各樣的存在，充滿了各式各樣的、超乎想像的、比幻想更奇幻的真實存在，因為造物主賜與了我們自由，生命是自由的，我們就代表了造物主之表現，我們自由的創造了這樣的一個物質的世界。（呼籲聲）地球上的人啊，快快醒來呀，要為自己美好的前程奮鬥啊！要為自己形塑美好的將來，為千秋萬代的子孫、為這個星球上共同生活的萬物，找到一個永恆的安樂之所，不要自己毀壞了這一個美麗的藍色水星，要珍惜愛護祂，即使繁星若塵埃（二遍），這一顆美麗的行星卻像塵埃之中閃耀發亮的小小珍珠、小小鑽石，閃耀著耀人的光芒，要愛惜祂、保護祂。

要瞭解在這個地球上生活的萬物、人類是受眷顧的，要以這樣的心情來看待你每一天的生活，地球上的人身為…不！只是號稱，號稱萬物之靈，那麼你們盡到照顧萬物的責任嗎？還是你們每天只想到自己，卻不瞭解萬物都是環環相扣，一個環節出錯，整條鏈子就斷裂了。沒有什麼是偶然的，一切都是可以自己創造的，人，身為自由意識的最大擁有者，有能力創造這樣的環境，不只為了自己、不只為了地球上的存有，更能促進整個宇宙的和諧。這是我伊嘉向你說，向你訴說，這是每一個地球上的人都該有的認知。

一方面我要祝福你，能在這麼美麗的地方、這麼殊勝的星球生活著，另一方面我也要再三的提醒你，不要自己毀壞了這一個美好的地方，請在你的生活中、在點點滴滴的面向中，盡一己之力，再～見～。

：約書亞祢在嗎？

約書亞：我是約書亞，你今天聽到了這位天狼星人的話，在這個心所顯化的世界裡，有很多的、各式各樣的存在，有些剛剛開始，還是不毛之地，有些已經達到很高的進化程度，因為各個星球形成的歷史不一樣，我們上課的環境是一一、慢慢形成的，有先有後是正常的。你可以想像是這樣，就是你們的學校，今天蓋了一座小學，隔了幾年人口增多了，你又蓋了第二間小學，情況就像這樣。當狀態適當，我們就會建構一個學習的場所，讓自由的心智在上面發揮，但是當我們……我講一個比方，就好像我們現在在演戲，我們非常、非常投入，以至於根本就忘記了是在一個舞台上演的戲，我們把它當成是一個真正的東西，忘了它是一個舞台的表演、忘了它是一個上課的場所，因為我們太投入了，也因為這樣一個環境太逼真了，太吸引我們的注意力了，以至於該下課了還不願意下課，流連忘返，甚至到了危險的境地而不自知，這是危險的，需要我們戒慎恐懼，需要時常提醒自己，什麼是實相、什麼是幻象！但是這樣的體認又是困難的。

某些世界它的物質化程度比較低，所以不容易迷失、不容易忘了自己之所來。但是，相對的，因為這樣的緣故，所以它們的上課環境、進展是緩慢的。像你們現在的狀態，可以幾乎百分之百完全發揮到學習的效果，但是它所冒的風險就是你們忘了回家的路，忘了你們來自一個純粹的生之愛、純粹的存在狀態。

但是，總有那麼些存在，他們突破了重重的困難，發現了事物背後的本質、發現自己的本源。我耶穌基督要告訴你，上主之愛無窮無盡，生命能夠創造的幻象也無窮無盡，但是不要迷失在一個又一個的幻境之中。這是一個學習的場所，是一個歷練的場合，要謹慎地把握住、要非常、非常小心，我們所追求的常常都是轉眼成空的名聲、財富。這樣的一個過程也是一種學習的過程，但是當你把這樣學習的內容當成永恆不變時，你就感到痛苦；當你感到痛苦的時候，要學會從痛苦之中脫離，從迷惘之中脫離。當你面對了這麼多、這麼多，迷惑也好、引誘也罷，你能夠保持住你清淨、透明的狀態，你的訓練就完成了。雖然這極度不易。

天狼星的伊嘉——第二次談話〈這一段引自2011/02/02伊嘉與伊伍的談話〉

伊嘉：我是伊嘉，天狼星的存在。

：伊嘉，祢好。不知道今天要講什麼呢？

伊嘉：我從天狼星向地球傳播這樣的訊息，你要好好聽著。建立一個新形態社會是一件神聖、偉大而又困難的事情，需要許多、許多人的努力，是一件浩大的工程，不要等閒視之，文明的進程是不進則退，要維持文明的永續發展並不容易。我伊嘉要告訴你，你們不用擔心，耶穌基督會照看著你們，協助你們，這個宇宙的成份、宇宙的構成者會協助你們，讓地球變得更美好，可是要克服的困難非常多，要做的事非常多，因此，要靠大家努力共同協力合作。我們身為共同的存有也會協助你們，協助你們等於

也協助了我們自己，因為一個平衡的宇宙，是在每一個生命、每一個物質生命存在之地都保持著適當的平衡。

未來也許有更多、更多宇宙中其他的存有，會和你、和你們聯絡，提供適當的協助，請不要相信你們的恐懼，請不要相信你們的懷疑，這個宇宙的存有會共同來解決地球所面臨的難題、難關，這不只是你們的問題、責任，同樣也是我們的問題、責任。

：請問伊嘉，我想說，祢也是跟我們一樣，是一個物質身體的存在嗎？據某一本書的說法，說天狼星人的心跳速度是地球人的十幾倍，我想請問祢對這樣的說法有什麼意見？或者說，我想瞭解的是，祢是一個靈魂的形式嗎？還是祢是一個物質的存在。如果說祢是物質的存在，為什麼又能透過這樣的形式來通話呢？

伊嘉：我伊嘉是一個物質的生命，但是為什麼也能夠以這樣的形式來通話呢？其實也很單純，就是我們已經發展出一種設備，能夠把我們的想法、念頭，轉換成一種特殊的形式，這個特殊的形式能夠快速的……應該是說，沒有時間限制的穿越這個三度空間，而直接通達宇宙的每一個地方。但是，它的要求就是接收者必須要達到一定的能力，或者說狀態，才有辦法接收訊息，也可以說，就某種意義來說，我們也是一種接近靈的狀態，只是我仍然是一個物質生命的存有，只是這種生命的存有相對於地球人這種厚重的身體來說很輕，也就是我們的物質化程度相當輕微。

你說我們的心跳速度是地球人的十幾倍，其實這是一個沒有必要的問題。我們反過來說，僅僅在地球上，不同的存有、各種動物，有心臟的話，有主要的供血系統的話，他們的心跳都是不一樣的。比如說，你們天上飛的小鳥心跳就很快，那如果是大象呢？甚至還有很多根本沒有心臟的呢？所以這並不是一件很重要的事情，十倍又如何？一百倍又如何？或者○・一倍又如何？這個並不重要，對於這一類的問題並不需要追根究柢，也許你在某個時候就會轉生到我們這裡來，那個時候你還會問這樣的問題嗎？還會問天狼星人的心跳速度有多快嗎？所以請把你的心收攝，從枝微細節當中收攝，把握住你的方向，向內看看，向內尋求你自己的神性、你自己的佛性、你自己的真如本性，這才是你該做的事。這是我伊嘉向你說的，祝福你有美好的一天，據說這是新開始的前一天（註：除夕），祝福你們，再見。

天狼星的伊伍〈這一段引自2011/02/02 伊伍的談話〉

伊伍：我是伊嘉的兄弟伊伍。

：伊嘉還有兄弟？（註：口氣中充滿驚訝）伊伍，伊伍祢好。怎麼還有兄弟？請問祢要講什麼嗎？

伊伍：我要對你說的是，天狼星人是一個和平、心靈飽滿充足的物質生命，也是一種靈性的存在。我們在這個宇宙中已經存在了許多、許多的世代，我們非常、非常希望這個宇宙能夠更美麗、更美好、更和諧，所以這就是我們向宇宙各處傳播訊息的原因。不只是我們，在這個美麗的宇宙、無數的銀河聚集之地，當然也有無數的、美麗的、和平的文明存在著，這些文明的存在就好像一個又一個的劇場，是我們靈性生命表演的舞台，地球當然也是其中之一。

可是在這樣一個演進的過程中，要小心、要小心，因為進步的科學其實是一把兩面刃，它可以為你們帶來幸福、也可以為你們帶來毀滅。要往哪個方向走其實完全取決於我們的心，這是我們可以自己決定的事，並不一定需要依靠神聖的力量。

但是，我們在這個舞台上太投入了，因為目光不夠長遠，我們只看到近處，卻沒有看到種種行為帶來的負面結果。當然，生命是自由的，我們可以自由創造這樣一個幻象，但是，與其創造痛苦的幻象，不如創造一個美好的幻象，從而能夠進一步提升我們的性靈。這是我伊伍個人的淺見。我是伊伍，第一次的聯絡，希望你不要介意我不請自來，再見了。

天狼星的伊嘉★——第三次談話〈這一段引自2011/03/25 伊嘉的談話〉

約書亞：我是約書亞，約瑟之子，耶穌基督。今天講：：伊嘉和你講話。

伊嘉：我是天狼星的伊嘉，在此要感謝你，感謝你為我、為我們傳播了這些訊息，讓更多人有機會知道地球在這個宇宙中並不孤單，這個宇宙豐富而又多彩，是一個生機盎然的宇宙，我們天狼星的存在和其他共同生存在這宇宙中的生命，一直以來為了提升我們自己、提升這個宇宙的和諧而不斷努力。我們從很早、很早以前就看著地球發展，發現在地球這樣的生存環境中、這樣的時代舞台上，生命更豐富多彩、卻更容易陷入無法自拔的境地，我們持續觀察了許多、許多年頭，發現地球的文明難以延續，原因就是這樣的物質軀體非常容易導致靈性的失聯，變成僅受物質世界牽引的狀態。為了改善這樣的狀

★雖然我不認識伊嘉，也不知道所謂天狼星人到底是什麼型態，但是單以內容而論，似乎非常關心地球文明的發展，或者說延續。反過來想，不知道我們自己有沒有那麼關心地球呢？

態，我們各星人都不斷想辦法給予各式各樣的協助，有一部分的人獲得了提升，但是大部分都進入毀滅的狀態，所以在你們的歷史中能夠記錄下來的都是文明的興盛與殞落，這是我伊嘉長期觀察下的感受。

我們決定要更進一步協助地球的發展，第一件就是要逐漸開啟接觸的管道。不是像你們電影中的那樣，一個大飛船降落了，因為即使我們降落了，你也不容易看見，主要是透過開放的心胸，比如你對於我們的存在沒有過多立場，既不特別敵視、也不特別親熱，這是一個比較好的立場。因為敵視的態度將使你們主動拒絕我們的協助，根據靈性的法則，主動地拒絕，我們將無法進一步協助各位；但是反過來說，如果你們太著迷，對於外星人、外星文明有過多的幻想、有過多不切實際的熱情，你們又容易把我們所扮演的角色誇大了，容易把我們視為救世主。我要講的是「沒有救世主」，如果有的話，那就是各位自己，你們才是自己的救世主。這樣一種心智開啟、心智開放的過程，是需要逐漸、逐漸開放，在你們的歷史上每一個時代我們都嘗試接觸，但是始終不能夠大規模展開，原因就是上述兩種態度造成的，或者過於熱情，或者過於恐懼、敵對。

我們希望藉由你所傳達的訊息，能夠逐漸、逐漸塑造一種氛圍，就是我們帶來的是和平、是宇宙公民共同的關懷，在這樣一個生命舞台上持續不斷、和諧地演進下去，終至至善。

我們也還在努力的路上，只是我們先走了兩步，現在我們要回過頭來協助你們，這是我伊嘉——天狼星的存在向各位傳達訊息，感謝約書亞的協助，讓這樣的訊息傳達能夠順利，我們下次再談。

從歷史上的伊嘉談起——第四次談話〈這一段引自2011/04/08伊嘉的談話〉

這是伊嘉，在此和你聯絡。上次聯絡之後又隔了一陣子。今天要談的是歷史上的伊嘉，何意？就是在地球人類的歷史上，伊嘉曾經以數種不同的形象出現，或者應該這麼說，就是同一個伊嘉，不同的族群接受到的訊息把祂解釋成不同的形象。伊嘉在西元前六八八年曾經以良心的救主（身分）出現在江北，這是其中一次最接近的狀況。當然，從地球人的觀點來看，訴說這麼古早年代的故事沒有太大的意義，也很難去追查這些事情，講這些只是再一次的說明我天狼星的伊嘉，其實在地球人的發展歷史上，已經觀察你們、協助你們很久了，但是成效都不是那麼顯著。接下來我們要進行最近的一次嘗試，這一次的嘗試聯合了很龐大的力量同時進行，各星系的友邦人士都齊聚在此，要協助地球的人類能夠提升到一個新的層次。

近日地球上各式各樣的災難頻傳，地殼經常性的變動，各地的氣候異常，其中一部分肇因於地球上的人類肆無忌憚地砍伐、採擷以為是自己擁有的資源；另外還有一部分只是為了要將地軸做適當的調整，而產生的不得已的做法，這樣的調整會逐漸、逐漸的進行。

地球上的人類總是要找外星人，在哪裡啊？可是就在你自家的門前你還是看不見啊，所以，沒有必要再去做這樣的搜尋，因為我們的存在不是用你們現有的儀器所能夠明確感知的。為什麼我們要來到這個美麗的世界協助各位呢？因為我們是離你們的太陽系相當接近的星球，在附近的星空、在宇宙的角度來看，我們根本就是同一個家族的成員，或者說是同一個社區的左鄰右舍，距離是這麼樣的接近，雖然從你們的角度來看，要跨越光年的尺度是困難、難以解決的問題。但是，從我們的角度來看，這個問題已經不是問題了，只有當你們改變自身存在的狀態，星際旅行才能夠成為可能，沉重的物質身體不可能跨越這樣的距離。

所以，我們站在星際鄰居的立場，持續不斷關注著地球的發展，但是，我們未曾賦予參與的力量，也就是說，我們不能主動去改變地球發展的歷程，除非我們受到明確的邀請，才能正式而直接地提供我們的協助。

雖然在你們的歷史上，我們曾經試著以不同的方式來協助你們，但是，總是沒有達到預期的效果。這一次我們希望能夠藉由大家聯合的力量，幫助我們的星際鄰居再進一步提升，所以，轉變不是為了毀滅、是為了提升，不要為了轉變的到來而恐懼害怕，要以歡欣鼓舞的心情去面對。

不必憂心你的未來，因為未來是一片坦途。我不是說不會面對任何的困難，而是當你面對困難、克服困難之後，你將得到甜美的果實。不要將自己局限在過去的那些失敗、負面、敵對的經驗裡面，不必這樣去解釋。你們這些傳播訊息的單位，經常把非你們所瞭解的形容成邪惡的樣貌，這源於恐懼，就是對於未知事物的恐懼。有沒有不好的外星人呢？當然也有，但那是極少數中的極少數，因為在前進的道路上，也有先走、後走之別，當然也有一小部分走到岔路上去了，還沒有拐回來，這是免不了，絕大部分的都走到同一條道路上，或先或後。

所以，不要帶著恐懼的心情去看這件事情，要帶著和左鄰右舍和睦相處的心情看待我們。所謂我們，就是我們天狼星的存有以及其他的星際鄰居們，不管你知道還是不知道。要用開放、溫暖的心態去接待他，那麼我們自然就會在適當的情況下顯現在你的面前。

這是伊嘉的談話，我必須一再談論這樣的事情，因為恐懼無時無刻不在啃噬著你、盤據著你的內心，請把這樣的恐懼撇開來，請站在陽光底下，因為陽光能夠賜予你力量、賜予你光明，讓你的思考朝向正面發展，將你心中的陰霾去除，換成燦爛的光明。

我們在靜靜等待適當時刻的到來，作為一個先聲，我們會、我們希望透過某些管道傳達我們到來的訊息，這些管道正在逐漸開展，當地球上的人類能夠以一種平常心，以一種接待朋友、接待鄰居的心，看待我們的到來時，我們就會出現在這個大地上，地球將會重現……或者說，達到一個前所未有、和諧的程度，所有在這個星球上生存的都會感到非常的快樂、安詳，沒有恐懼、沒有憂慮、沒有煩惱，這樣的世界不好嗎？

也許有人會說，講很好聽，事實真會如此嗎？當然，這樣的事實不會自然產生，要想有一個和諧的社會，最基本的，你能不能夠停止批評、停止你一己的見解。為什麼要停止？因為我們的見解常常都是偏頗的，當我們以偏頗見解去評論別人的時候，會產生什麼後果呢？這個評論之箭會飛回來射中你自己。所以我們總是要一而再、再而三的強調，要正面思考、不要批評，這個批評包括批評自己、批評別人，還有批評你們的星際鄰居們，這樣地球上的人類才能為我們這個星際社區，帶來和諧、穩定的力量，然後你們會成為新的星際社會的成員，像我們一樣，能夠在未來開展出來的一個新的世界，提供後來者適當的協助。不是說我們有哪些更優秀的地方，不是這個意思，只是進度或先或後，只是這樣子而已，所以不用自卑、也不用自誇，就這樣好好做就可以了。這是伊嘉的談話，結束。

獵戶座的連拉

〈這一段引自2011/03/03 連拉的談話〉

連拉：這裡是來自獵戶座的傳息。在人類的發展歷史上，曾經出現過一群特別的存在，這個發展在你們的時間系統，是在西元前六七二年前後，我們曾經傳送訊息到地球給當時的地球人，但是，也許是還沒有準備好接收來自其他星系的訊息，所以不是很成功。這是我們再一次傳遞這樣的訊息，透過約書亞的協助要告訴你們，在這個宇宙，茫茫穹蒼，有無數的生命存在，雖然你現在不能瞭解這個其實顯而易見的事實，至少大部分人都無法理解，但是不瞭解、不能理解並不能……或者說，不妨礙事實本身。我們曾經在更早的時候向地球傳訊，在你們的時間系統，距離現在一萬兩百年前，這樣的訊息已經到達地球，成功接收，所以，如果你們曾經去瞭解你們那個時期的文化，應該能夠瞭解有我們的影響。

我們是一個愛好和平、關懷這個宇宙發展的宇宙公民，我們已經比你們先發展了數億年之久，所以有一些心得要和你們分享。要知道，在你們的世界，延續文明是一件很困難的事情，請你稍微想一想，你就知道你們的文明能夠延續的時間，只是很短、很短，要超過萬年、百萬年、千萬年、上億年的文明，是一件可能但很困難的事情。如果你們不能朝向「和平、愛」這個方向去發展，不能朝向正面發展，那麼無論你們認為自己的技術有多發達，終將歸於毀滅，因為當物質的技術發展到一定程度之後，就會對於你們所處的物質環境產生很大的影響，這個影響會反過來摧毀你們的文明。

但是，如果說你們能夠把心理的狀態，套用你們的話，這個叫「開悟」，如果每一位成員都能達到（開悟）這種高度和諧的狀態，你們的文明才有可能繼續延續，否則就會像上一次的文明、上上次的文明，在未來的世代當中，也將會一而再、再而三的重複這樣的過程，興起又隕落，如飄揚在空中的塵埃，飄盪不知所終，無有止息，永不停止「起、落」、「興、衰」，所以為什麼你們說「是非成敗轉頭空」呢？

放長眼光來看，如果你們考慮事情的角度是一千年、一萬年，就會發現很多事情不是那麼重要，很多的爭奪沒有必要。當你到醫療系統去看那些狀況比較差的存在，你們就會發現終其一生，你們大部分人所追求的目標都是空幻的，是不具有永恆價值的東西，常常去這些地方看一看、想一想，常常獨自靜坐想一想，你們應該能夠理解這樣的事實。所以請不要以萬物的主人自居，要以萬物的僕人自居，因為地球上的人類是在你們這個世界中擁有最大創造力、最大自主權的物種，你們有義務、有權利要照顧好這個地球上的生物，和你們共存共榮，如果沒有做好這件事情，地球將會遭到很大的災難。

災難過後，很可能、應該說必然會興起新的文明，然後在你們的考古挖掘當中，又再一次的憑弔逝去的光輝。所以請大家好好想一想，你們要創造光輝的未來，還是留與後人說夢痕，你要做怎樣的選擇呢？請大家思考一下，這是來自獵戶座的訊息，我是連拉，連拉，下次有機會我們再聊一聊，再見。

連拉的來歷〈這一段引自2011/03/08 約書亞的談話。〉

我是約書亞，約瑟之子，耶穌基督，今天要講連拉的來歷。連拉是獵戶座的存在，在獵戶三星的第三顆星，他對你說他們的文明已經持續了數億年，相較於地球上的文明，從人類一直算到近似於人類、能夠直立行走到現在，也不過才兩百多萬年，但是，文明的起落興衰已經幾度春秋過了，何以至此？因為文明的延續必須具備一個很重要的因素，不是知識的累積，而是在知識之上的、比知識更為基礎的，就是大愛。

相較於大愛，我們只有小我之愛，愛什麼呢？你愛你自己，而沒有愛其他的人，產生什麼結果？就是你因為愛自己，為了要讓自己感到更快樂、更高興，所以你會想方設法去取得一些東西，取得一些你以為會讓你快樂的東西。譬如說，你以為買了車子之後你會快樂，你以為有了房子之後你會快樂，你以為積攢了無數的錢財之後你會快樂，那是小我的快樂，有沒有呢？有，它的確會帶來一點點快樂，但是它帶來更多的痛苦，這叫做小我之愛。

當我們在這樣的一個環境之中，持續（小我之愛），那麼這個文明的毀滅是遲早的，因為所有知識上的累積、技術上的進步，沒有正確的思想來指導時，這個文明一定毀滅。不管技術進步到什麼樣的程度，就算能穿時越空、進行宇宙旅行也是一樣，就算能回到過去也是一樣，這樣的文明必然毀滅，所以，要達到：不要說數億年，達到數萬年文明的延續，是一件非常、非常困難的事情。

有沒有可能？有，因為其實已經有很多先例了，譬如說，連拉的例子。那你說這一位獵戶座的存有是特例嗎？獵戶座是不是只有他一個存有啊？我要告訴你：「不是」，（獵戶座）這個生命聚集的場所非常豐富多彩，他們作為宇宙公民的一份子，無時無刻不在善盡他們的責任，持續不斷向宇宙各地發送訊息，傳播愛的種子。

但是你可能會想那我們搜尋天空、搜尋外星人，難道不會去搜尋獵戶座嗎？怎麼都沒有找到呢？

那我們就要問：「我們搜尋的是什麼東西？透過什麼來搜尋？」我們的搜尋是用電磁波，所以，如果不採用電磁波，那你是不是就搜尋不到了呢？我們可以再進一步的問一下：「訊息的傳遞一定要透過電磁波嗎？電磁波的速度夠快嗎？能夠在宇宙各地做即時的傳訊嗎？」不太可能，也就是說，這種形式訊息的傳遞，其實是透過一個你現在還不能理解的方式，就是你在物質存在的狀態，不能理解這種訊息憑靠的是什麼？為什麼能夠不管空間的距離直接就通聯上，這是很奇怪的，以一個地球人的觀點來看是不可能的，但是，真相遠比幻象更奇特、殊勝。

目前，即便你不能理解這樣的傳訊是如何達到的，但是，你可以暫時先接受它，知道有這麼一種傳訊的方式，而且很簡單，只要你能夠使外界的雜訊降低到某一個程度，降到你內在的訊號能夠浮現出來了，那麼你自然就能夠直接體會到從宇宙各地傳來的訊息、從靈界傳來的訊息，你就知道這些是事實，而不是虛幻。我們認為事實的東西反而才是虛幻的，這是我對連拉這位存有的一點點補充說明。

慢慢、慢慢的，有機會的話，我會再繼續引介其他的存有，這些存有並不是純粹的靈性存在，而是同樣在這物質世界，但是他們的狀態不像地球這麼沉重，不是，也就是說，這些存有他物質的成份少了很多，靈性的成份多了很多，所以何必要依靠巨大的天線去偵測呢？其實我們每一個人的大腦都是一個最好的接收器、最好的轉換器，隨時隨地都可以接收許許多多來自各處的訊息。

但是，雖然簡單，有一件事情卻是難以克服的，就是觀念，你是不是能夠如訊息本身所要表達的那樣去解讀這個訊息，還是說你預設了一大堆的框架去解讀它，這樣的傳訊其實從來都不曾斷過，但是卻往往由於文化上的觀點，不同地區的人，他會對這些訊息有完全不一樣的解讀，並且互相攻訐，認為自己才是對的。

所以呢，甲方是奉了神的命令、神的旨意去攻擊，那乙方呢，也是奉了神的命令去對抗，這兩邊的神不一樣，但是，戰了半天才發現，原來都是同一個（神），只是因為我們身為人類，沒有辦法去正確解讀這些訊息，我們都戴著有色的眼鏡，所以我們都祈求我們的神祇賜予我們力量，然後把我們自己認為是對的東西推銷出去，如果對方不願意接受，我就把你給砍了，就是這種態度，但是，你有沒有想過呢，你的真主和我的至上神會不會是同一個呢？

所以，敞開你的心胸、擴大你的視野，讓你的心沉靜下來，看見事物本來的面目，這樣雖然你說：「我還沒有開悟，還沒有得道」，但是我要告訴你，只要你能夠達到這種狀態，你即便還未開悟、即便還未得道，那也已經走了一半路了，已經是很好的開始了。

今天又講了嚴肅的話題，喔，可是呢，話題雖然嚴肅，我們可以用柔軟的態度去對它，在日常生活中一步一步去逼近它，讓我們每一天都能夠過一個更美好的生活、更快樂的生活，不是那種短暫的快樂，不是那種抓住某些東西才得到的快樂，當你付出、給予，你所獲得的快樂其實更大。

南門二的練流★〈這一段引自2011/03/17 練流的談話〉

南門二練流：我是來自南門二（星球）的存在，今天要和你談南門二星人在你們這次的升級活動

★通完話後我去查了一下，原來南門二就是半人馬座的α星，距離我們的太陽系四．四光年，是最近的一顆恆星。只是四．四光年的距離到底怎麼跨越了？難以想像！

當中扮演的角色。終於，經過了漫長的等待之後，又到了轉變的關鍵時刻，是再一次經歷、提升轉換的神聖時刻，在這重要的日子裡，我們南門二星的存在要祝福你們，也要請你們大家相信，在這個轉變的時期，我們所有南門二星的存有都會致上最誠摯的祝福，並且善盡我們身為宇宙公民的職責，協助你們的轉化。

日本的地震其實是一項不得已的措施，因為地軸傾斜的程度不正確，需要做適當的校正，這不是所謂的天譴，而是一種神聖而偉大的犧牲。在這次災難當中犧牲的人們，將會在另外一個世界獲得妥善的照顧，請你們不用擔心。我是南門二星的練流，練流。

4.7 勇敢迎向未來

江山代有才人出〈這一段引自2011/02/21觀世音菩薩的談話〉

「江山代有才人出，各領風騷數百年。」這就是我們今天要講的主題，江山代有才人出，什麼叫江山代有才人出？我們可以這樣說，所謂的江山指的是一種我們生存的世界，但我們不要把它僅限於你們所在的這個世界，在每一個世界的每一個時代都有一些傑出的存在，以地球來說就是人。

他們出現在這個世界的舞台上，為世界帶來了某些新的內涵，從一個狀態提升到另外一個狀態，有人把他稱為「光之存有」，有人把他稱為「神的使者」、「時代的導師」，這些就是我們所謂的「代有才人」。

可是在這樣一個提升的時代，光是一個、兩個、三個是不夠的，需要許許多多的存有共同參與盛會，這是一個歡欣鼓舞的時代，是一個靈性提升的時代，我們要為了這樣的一個時代做好準備。

也許你會問：「誰才是才人呢？誰才是這樣一些傑出的人才？」我要說每一個在這個世界存在的，其實都是傑出的人才，只是有部分知道，另外一部分卻還不知道，但是這並不妨礙我們走向提升的道路，就是這樣一種氛圍，讓我們興起了這樣的讚美：「江山代有才人出，各領風騷數百年」。

這個各領風騷不是說我們去：：少數的這些所謂的菁英分子去領導一群程度差的，不是，而是在這樣的一個舞台上，每一個參與者都在舞台上綻放耀眼的光芒，因為瞭解到自己所從來、自己光明的本性，使你們的人生充滿了喜樂、和平、滿足，而不是恐懼、貪婪、忌妒、憤怒，這些東西正在逐漸、逐漸的消退。

可是或許有人會說：「我怎麼都感覺不出來呢？我只感覺這樣的一個時代是一個壓力巨大，各式各樣的煩惱好多、好多，層出不窮，讓人不知所從。」所以你要瞭解，什麼時候我們會面臨這樣的轉變，什麼時候我們會去反省。什麼時候？當我們存有這個濃密、物質的身體時，是不透光的，你怎麼能瞭解自己就是光之存有，正在經歷一趟旅程呢？

於是，只有在這樣的狀態之下，在重重煩惱之中、陣陣迷霧之中，我們徬徨、我們迷惘，於是逐漸的有一部分的存有開始反思了，這是什麼樣的狀態？為什麼會有這樣的狀態？一定非得這樣嗎？所以這是一個引起疑問的開端，當你每天無憂無慮、無所掛心的時候，你不會興起這樣的疑問，你就陶醉在物質世界的幻象當中，流連忘返。所以呢，這樣的一個狀態，從我們一個無法覺知的角度來看，是一個煩惱重重的世界，於是我們開始疑惑，何以如此？是否有解決之道？該何去何從呢？

於是有人開始向萬能的神、向真主、向三世諸佛透過種種的管道去祈求、去傾聽、請求，請求是否有這樣一種靈性的存有，能夠傳遞這樣的訊息，告訴我們該何去何從？於是你們就會發現，不是誰告訴你們何去何從，而是你本來就知道，只是你暫時遺忘了。這個遺忘的機制，各國各地都有不同的名稱，總之這是一個遺忘的過程，你遺忘，現在是要將你（從前）自發性的選擇遺忘重新恢復過來的過程，這過程正在逐漸的開展。

就好像乾旱過後，當第一場滋潤大地的雨下降，地面開始一株一株的小花逐漸綻放在這個生命的舞台上，一朵一朵的小花就代表一個一個生命的覺醒，先是一個、兩個、三個，慢慢的這一朵、那一朵小花，它們彼此告訴：「啊！原來我們是這麼樣的光明充滿，這麼樣的圓滿俱足，這麼樣的無所缺憾。」它們彼此奔相走告，互相傳遞訊息，所以整個大地布滿美麗、溫馨的一朵又一朵的小花。

在這裡，每一個存有都完美純潔，沒有誰比另外一個存有更完美，大家都一樣，但是並不是說我們都好像一個模子做出來的，一模一樣，不是，因為我們各自經歷的旅程都不相同，所以仍然保有不同的特質，在相異之中，又具有共通的，什麼共通？共通的神性、共通的佛性，不管你喜歡用什麼樣的名字訴說，就是這樣。

所以，在你們人這樣一個存在體，開始有人慢慢瞭解到自己的珍貴，透過各種各樣的管道，也許他感受到一種天啟，也許他受到某一種訊息的激勵，透過種種、種種的方式，或許是經由五官，不管用什麼方式，慢慢的有越來越多的（人）瞭解到，當然這中間由於我們沉重物質身體的限制，你所接受到的教導，你所接受到的訊息，仍然難免產生部分的偏差，但是總體而言，我們正在邁向一個正確的道路上。

這個世界構成的核心不是恐懼而是愛。這個愛不只是愛你自己，更是愛和你來自同一個源頭、但是你暫時感受不到這個事實的那些所謂的眾生，這樣知道嗎？

所以我們要一而再、再而三的強調，不要帶著評量的口氣去談論某個人或者某件事，因為其實你們都一樣，不要認為某個人是在你之外的，其實你們是共同的，只是這樣的事實並非顯而易見。要愛護，當你無法愛自己時，你如何能夠愛其他的人呢？當你的心中充滿恐懼時，你如何去散播愛？這是不可能的！

但是這樣的狀態也是困難的，所以我們不但要自己時時刻刻的提醒，也要彼此提醒，就像大地上的小野花一樣，要彼此互相的提醒、反覆的提醒，牢牢記住自己受到造物之主的眷顧，不要忘記這件事情。

這種老生常談，很淺顯、易懂，但是又難以驗證，現在這樣的一個時刻到來了，就是你，可能即將要具備這種能力，不單只知道，而且能夠深刻理解的能力，你很可能將要具備這樣的能力，這裡的你不是指一個人，而是指很多很多的（人），在達到全面性的提升之前，還是需要有一種示範的作用。

比如說，大家一看到，喔！他達到這樣的成就了，我們可以順著他的道路前進，這就發揮了示範的作用，這個示範的作用能夠提供我們效法、學習的對象，所以這樣的個體會陸陸續續的在世界各地逐漸浮現出來。並不是因為他比別的個體更優秀，而是這些存在所分配到的任務、所要學習的功課，就是去提供這樣的一個經驗，能夠跟其他的存有分享的經驗，就是這樣。

所以不要認為說，哎呀！我能夠跟誰誰聯絡，我能夠跟他談話，或者說我能夠看見某某神奇的異象等等，就覺得自己與眾不同、高人一等，如果你或者你們有這樣的一種想法，那就很危險。

永遠保持謙遜的態度，知道這只是不同，並不是高低的價值判斷，永遠要記住只是不同而已，有些人扮演領導者，有些人扮演追隨者；你在這裡扮演領導者，在那裡扮演追隨者，只是一種練習，一個舞台上的排演，所以每個人都要經歷各式各樣不同的角色，你在這一世當乞丐，下一世當國王，就是這樣。

所以為什麼我們不要輕視任何一個人，因為我們都走在學習的道路上，或快或慢，誰能比誰更高呢？沒有！不要忘記這一點，當我們瞭解到這一點，那你就會發現你的心境平和了，你也許仍然不欣賞他，但是你慢慢的會瞭解到，他、你、每一個存有，都是在學習他該學習的，經歷他該經歷的，就這樣。

光之旅程〈這一段引自2011/02/16 約書亞的談話〉

從我們人的眼裡，我們看到了這個世界豐富多彩，看到了彩虹、看到了山巒、湖泊，我們看到了這個世界豐富而多樣。這個豐富而多樣的世界，是一個單純的存有（靈體）所難以體驗的，這個體驗的過程是寶貴的，雖然，可能有許多人會說這是一個苦的世界。

所謂的苦，是我們從人的角度去看它，我們認為生活中充滿了苦惱，有很多人事的紛爭、生存的需求；但是，從另外一個層次來看，這個世界非常、非常可愛又有趣。也許你從來不曾想到過，一顆雨滴滴在你臉上的感覺，你覺得那沒什麼，反而覺得怎麼這麼倒楣，竟然沒有帶到傘，可是這種非常平凡的狀況，卻是難以言傳、（靈體）難以體會的，身為一個物質的存有，經常經歷卻容易覺得平凡無奇，而不知加以珍惜。

這就是我們要磨亮我們的心靈之窗（的原因），把它模糊的部分擦乾淨，讓我們物質生命的存有能夠更透徹、更明白覺知，這就是光之存有存在的目的，它最大的功能。但是有些還處在比較…比較…不能說低階，要說（他們）還處在剛開始的階段，他們過於認真、過於投入，而使得（他們）和物質世界、一個我們布置的舞台聯結太強，強到甚至沒有辦法離開這樣的世界，重新融入到那一個我們所來自的…，沒有辦法。

所以要常常心懷「愛」，就好像我們走在一個茫然未知的路上，這是一個龐大的城市街道的一部分，我們走到這樣的一個街道上，迷路了，不知道自己身在何處，但是只要有人加以適當的引導，他們能很快找到回家的路，這就是一個光之旅程。

然後，等到我們消化、完整的學習到了在人世的一些經歷、課程之後，我們就準備好要再一次重新投入這樣的旅程，這旅程很可貴，是冒險的旅程，充滿了驚奇、充滿了各式各樣的可能性，我們要為了這些各式各樣的可能性而高聲歡呼，而不是哀號呼喊，不要，這樣完全弄錯方向了。

有人…比如說有很多的病人，承受了非常大的病痛，怎麼辦？那是因為身體失去了協調，就是我們偏向某一個方向了。譬如說，我們長期處在一種憤怒的狀態，或者焦慮的狀態，脫離不出來，我們卡住了，這個時候要怎麼辦？當然，你可以有很多種方式，譬如說，可以透過宗教的方式，透過祈禱，向上帝祈禱、向佛陀祈禱、向真主祈禱；或者是藉由形體的鍛鍊，譬如說，我們去跑步、去練習某種（運動），總之，可以藉由形體的鍛鍊，使我們身心重新達到平衡的狀態，也可以透過宗教的形式，使我們身心達到平衡的狀態，於是病痛就逐漸解除了。

所以病痛的目的不是使我們受苦，而是在告訴我們，這是一種身體的警報系統、物質身體的警報系統，告訴你說有些東西已經走偏了，你要有所警覺，要思索有什麼地方不一樣了，要這樣思索，告訴自己不要忽略它，所以我們平常要過著平衡的生活，吃太多了，對身體有沒有幫助呢？沒有，就還是那樣的一句話，我們需要的並不是那麼多，但是我們卻想要很多，多到超出我們能負荷的，各式各樣的欲望已經超出我們能負荷的，直到終於再也無法忍受，於是病痛來了，情緒低落了。

然後呢，如果我們還不知道要讓自己處在一個平衡的狀態，身心靈協調一致，那我們就浪費了這麼一個很寶貴的經驗，直到你們這個因緣聚合的身體毀壞了，最後當我們面對著自己這一生，就知道、瞭解到這樣的生活、內容，還有哪些值得我們繼續改進的地方、再繼續加強的地方，所以我們又創造了下一段的歷程，所以生命是什麼？生命的歷程其實就掌握在自己的手裡，你就是自己命運的主人，雖然事實隱而未現。

這樣的狀態很難突破，但是，即便我們難以突破、即便沒有辦法突破這種狀態，即便我們只是知道這種狀況，你還是能過一個很平衡的生活，而又盡可能去經歷這世界，不至於使我們這個「緣生之舟」傾覆、毀壞，所以什麼是命運？命運就是一種可能性，這個可能性源自於你過去的行動，所以未來會如何展開，在這樣一個時間劇場裡面，未來之所以展開，完全是由我們現在所構築、由我們自己編撰的，一直到我們能完整經歷到或者學習到足夠之後，才會真正、完全的離開這個世界。從一個人的立場來看，這樣的時間是長久的，雖然時間只是一種幻象，但是在我們到達那個境界之前，你是難以體會的，這是今天所要提到的。

不要害怕未來★〈這一段引自2011/04/15關公的談話〉

當陽光普照大地，當雨水滋潤大地，世界精彩紛呈，生命蓬勃發展，世界一片祥和，也就是我關公卸下職責的時候。將這保護的責任轉化成為參與轉變的熱情，是我關公將要參與的。

我這樣的狀態，不論是一年、一百年、一千年都是一樣的，現在有了這麼一個大好的機會，讓眾多的參與者可以參加這一場盛會，這是一場向上提升的盛會，是一場改變存在狀態的機會，要好好的把握。

你不是我主要的傳訊對象，你這樣的狀態不能完全傳達我的意思，但是我仍然要透過這機會告訴你，不要害怕面對未來，因為未來是一片光明；不要害怕面對挑戰，因為克服挑戰的代價是甜美的。

我已經說過，我的職責是保護，但是轉變完成之後，這種保護的職責就會轉換成參與，好，今天就講這幾句就好了，再見。

★這一段談話很短，一開始不知道關公要說什麼，後來祂提到轉變之後祂要由保護轉成參與。也許就是傳說已久的二〇一二也說不定呢！

4.8 結語——新世界揚升之光已經啟動了

〈這一篇引自2011/07/25 太乙的談話〉

新世界之光啟動了、新世界揚升之光已經啟動了。你在的這個世界將進行提升，提升的過程或許有些許的顛簸，但是正如我一再強調的，當你們穿過了重重迷霧，穿過了時間、空間的迷霧森林，你們將會發現在你們前面的是坦途，而不是崎嶇路，這中間最大的關鍵就是要對我、對你們即將面對的未來，保持絕對正面的態度、絕對的信心。

當所有的人都抱持正面的態度時，那麼這新世界的揚升之旅將會平安而順利，切記，莫讓恐懼占據了你的心，恐懼的心態將會抵消揚升的力道，所以請持續不斷告訴自己：「我將隨同這新世界的揚升之光起航，我知道前面是一片光明坦途，我沒有任何的害怕，知道源頭太乙將會引領我穿過重重迷霧。」時時刻刻向自己訴說，這樣無論你在中途遇見任何的阻礙困難，一切都將順利通過。

在這個世界、那個世界，許許多多的友人都會幫助你們，要記得你們都是由我而出，每一個都是我所關愛、我所珍惜的，沒有誰重誰輕、誰高誰低之別，正如你們的世界，從小、從出生逐漸長大，你們歷經了無知的狀態，逐漸逐漸成長茁壯，這樣的歷程其實正是一個更大歷程的縮影。

現在又到了另一個揚升的時刻，你們該勇敢的進到下一個階段，進入到你們生命歷程的下一個階段，有任何的疑惑就靜心的祈禱，乙——你所來之處會給予你回應、會撫慰你的心靈，所以，準備好你的行囊，準備乘風破浪、勇往直前，祝福你們！

非關宗教

5.1 導讀

（凡夫之妻）

《與諸神對話》最後一個主題是「非關宗教」，可以算是前來傳訊高靈們的大合輯，因為來自外星的六則訊息已經完整收錄在〈繁星若塵〉那一節，蓋婭及地精的傳訊也已經放在〈環境的健康〉那一節內，所以此處不再重複引用，〈非關宗教〉這部分出現的高靈總計三十位，再加上前述四位外星人、蓋婭及地精，曾在外子通靈中發言的目前共有三十六位存在體。

「非關宗教」編排的邏輯

至二〇一一年七月底為止，前來與外子通靈的共有三十六位靈體，訊息內容五花八門，無法全數收錄在《與諸神對話》前四個主題之中，其他與〈健康快樂的人生〉、〈奔騰的心如何止息〉、〈業力與願力〉或是〈轉變的時代〉無關的談話，其實也非常精彩，諸如：

孔子談「三千子弟在何方」
藥師佛談「轉女成男」
宗喀巴大師談「宗教的傳承」
晉美林巴尊者談「上師相應」
聖母瑪利亞談「母親的角色」
耶穌基督談「天使與指導靈」
施洗約翰談「生命的真相」
武聖關公談「正義」

還有阿基米德搞笑逗趣的言論，這些也是眾人希望知道的靈界訊息，外子不能藏私，所以興起編排高靈們大合輯的想法。

粉墨初登場

「粉墨初登場」是編輯〈非關宗教〉時第一個跳入腦海的大標題，因為有些高靈只來了一、兩次，就像京劇名伶粉墨初登場一般，唱出精彩的定場詩，讓人印象深刻、低迴不已；其他熱心傳訊的高靈們，在外子通靈近一年的期間不斷來訪，針對「健康快樂的人生」、「奔騰的心如何止息」、「業力與願力」、「轉變的時代」等四大主題，發表一系列的言論，同樣也令人擊節讚賞、感動莫名。

其中只來了一、兩次的高靈，計有孔子、孟子、釋迦牟尼佛、蓮花生大師、不空羂索觀音、阿底峽尊者、宗喀巴大師、晉美林巴尊者、耶和華、聖母瑪利亞、施洗約翰、七位大天使、太陽神、玉皇大帝、四位外星人、蓋婭及地精等二十五位，除了外星人、蓋婭及地精的談話已經出現在前文之外，其他二十位只來了一、兩次高靈們的智慧語言，都收錄在《與諸神對話》的最後一個主題之中。

關於祂們

如前所述共有三十六位存在體與外子通靈，我負責謄錄通靈的錄音稿，根據個人謄錄錄音稿的感受，這些高靈們的性格不盡相同，有的惜言如金、不肯多說；另一些則長篇大論宛如演講、不容他人置喙；有的嚴肅、有的搞笑；有的擅長譬喻、有的平鋪直述；有的深怕嚇到你、有的威力驚人；語音則或厚重或輕柔；或中文外語夾雜，或文言白話夾雜；內容則含有勸慰、激勵、宣說、教誨、前世因果、今世任務……不一而足。

那麼，有無共通之處呢？我想不論祂們對話之語句長短、用詞、內容有多麼不同，都充滿了大愛、耐心與溫暖，積極表示樂意協助之心態，很少負面的詞語，從不批評、從不揭人瘡疤、從不厲聲斥責、從不威嚇、從不利誘，不提世俗的名利功過，只用溫和的態度諄諄善誘，而且這些靈體完全不談個人治病、指考、罪業、轉運這類的事，更別提報明牌了。

關於祂們的性格及態度，同中有異、異中求同，如果靈界也有悟道等級的差別，或許有幸，與外子聯繫的是「瞭解自身存在的靈體」（套用祂們的話），讓外子這位凡夫俗子免於負面能量的干擾，得以聽聞真理。

非關宗教

本書最後章節為〈非關宗教〉，主要是因為外子通靈的對象橫跨儒家、佛家、天主教與基督教、眾神與歷史人物，古今中外都有，確實是史無前例，在〈主題之外的人生〉一文，曾經嘗試用我的家庭無任何特定的宗教信仰來解釋，或許是原因之一。

根據阿彌陀佛的說法，這些宗派的分別都是我們人為劃分的，源自於不同的歷史及文化傳承；此外大日如來也從轉譯過程來解釋，通靈人的背景知識有時候會扭曲通靈的訊息，這是一個不完美的世界，難以避免瑕疵的存在。

怎麼會有這麼多、感覺上不太一樣來源、不太一樣的（靈界）群體，怎麼會混在一塊兒呢？其實，難道你不願意考慮看看，其實這些分別都是我們人為劃分的，是不是可以這樣考慮看看？

（2011/03/08，阿彌陀佛）

這樣的轉譯過程非常受限於你、你們本身所具有的背景知識，也就是說同樣一個訊號來源，你們可能把它解釋成各式各樣不同的存在；也有可能很多不同的存在，你們把祂解釋成同一個存在，這種情況並不少見：我們所傳遞的訊息經過了這樣重重轉譯之後，必然喪失了很多內涵，所以在看這些訊息的時候，一定要保留一個彈性的空間、一個改進的空間，能夠允許其它的可能性，能夠允許瑕疵的存在，因為瑕疵之所以存在難以避免…這些訊息本身雖然有若干的偏差，但是不會離本意太遠，因為如果離本意太遠，祂們會做適當的糾正或者更正。（2011/08/13，大日如來）

我們不希望引起任何宗教團體的誤解，只是忠實傳達通靈的內容，保障眾人知的權利，並且對於我們在轉譯過程中無心造成的瑕疵深表歉意，外子與我在因緣際會之下，轉譯了靈界的訊息，平凡如我們真的不足掛齒，以「凡夫」及「凡夫之妻」名之，適足以反應出我倆的心態。

出書為的就是分享，與有緣人結緣，也不枉費高靈們耗費大量能量傳送訊息的一番美意，人生就是一趟光之旅程，旅途中充滿了驚奇，現在我們碰到了一場改變存在狀態的盛會，如前所述，連武聖關公都願意卸下神職參與轉變，我們

5.2 儒

孔子

禮壞樂崩的社會〈這一段引自2011/01/08孔子的談話〉

：嗯……我想請問祢一件事情就是詩書易禮樂春秋六經，為什麼樂經就沒有了呢？是什麼原因呢？祢能不能提出一個……嘗試去解釋這個狀況，當然在祢那個時候應該還是有的，可是後來不見了，怎麼會有這種情況呢？

孔子：是因為在戰國時期一段很長時間的戰亂，在這個期間，社會非常非常的不安，一個動亂的社會最先拋棄的是什麼？是禮壞樂崩，禮在樂卻不在，為什麼呢？因為禮是一種行為，通常我們理解禮是一種行為，當然，從我的觀點來看，禮，一個是行為、一個是它背後的涵義，行為之所以如此呈現，是因為要展現它背後的義涵。

但是我們一般的人往往卻只注重表面的形式，這表面的形式比較容易傳承。那你要如何去傳承這些表面的形式呢？當然我們就有一些典籍的記載。

相反，再說禮壞樂崩的「樂崩」，我們人類的天性就有音樂的種子在裡面，音樂對我們的影響是巨大的，音樂能夠感動人心。但是在那樣一個戰亂頻仍、民不聊生的時代，我們所體驗到的就是痛苦、分離、殺戮、仇恨，在那樣一種環境裡面，什麼東西會（被）拋棄？有人去學音樂嗎？即使只是記住樂譜都不可能，每個人都把這個當成是非必要的。

很可惜的，我在詩經裡面，其實這些都是配合著音樂的唱誦，是當時很多很多的、地方的歌謠，可能是宮廷的歌謠，是用唱的，但是經過了戰亂之後，這些能夠唱誦，特別是不同地區的、不同的語言發音的，因為（後世）語言的統一，所以很多就喪失了，我們喪失了語言的多樣性，也就喪失了音樂的內涵。

所以呢，很多東西都只剩下它的外殼，這是一件很可惜的事情，因為語言就物質的世界來說，演變非常快速，再也沒有人能夠以當時的語音來去唸、甚至唱出這些古老的歌謠，而只能把它當成像一個考古文物去看待，不是內建在你的整個人的裡面，不是內建在你的文化傳承裡面，非常可惜。

「統一」很多時候就代表了多樣性的喪失，這個是我們不得不注意的問題，在一與多之間，一定要保持適當的平衡，但是在我們人類的世界中、在文明的演進中，這樣的平衡非常難以維持。所以，也就難以看到你所說的樂經，沒有辦法傳下來，這是我深深感到可惜的。

失落的典籍可以重寫嗎？〈這一段引自2011/01/08 孔子的談話〉

：如果是這樣子的話，那祢可以透過比如說像這種通話的方式，可以請某一個能夠接收祢訊息、能夠正確解譯祢訊息的某個人，把樂經重新撰寫一遍，這樣不行嗎？

孔子：應該這樣說，就是……這是一個遊戲的規則，就是靈界的存有不能夠隨意去更動物質世界的發展，這是嚴格禁止的，因為一旦我們主動去更動了這個發展，很多東西就無法體會到、經驗到，所以雖然也許有可能，比如說，當你能夠非常正確、非常直接的和我連結上，當然有可能，但是我覺得這是

非必要的。

因為這就是一個文明的歷程、一個演變的過程，很多東西消失了、很多東西誕生了，消失的不斷重新出現的話，它會有一些…就是比較不是那麼好，但是我不太願意用這樣的辭彙來說這件事，就是順其自然。

我們不會很刻意的去改變它的演變狀態，這是靈性的法則，不能隨意去干預，今天是如此、以前是如此、未來也是如此。有很多東西會在整個人類歷史上消除，也有很多東西會在整個人類歷史上慢慢出現，這些是自然生滅的變化，是自然的變化，除了極少數的特殊狀況，像蓮花生大師的伏藏，是預先已經規劃好的，這種才可以。

沒有預先規劃好的，是不能的，而且這樣子的方式，其實要耗費極大的能量，對於這個保存者還有取得者，都有非常非常高的要求，這不是一般情況能做到的，要特殊的、非常特殊的狀態，它的但書非常非常的多，知道嗎？好，你還有問題的話，我們下一次再聊，今天暫時就到這裡。

人文化成——第二次談話〈這一段引自2011/04/20孔子的談話〉

我是孔丘，字仲尼，這一次講「人文化成」。什麼意思呢？就是在這個世界、舞台，許許多多的靈性存在來這裡學習，但是具備了這樣沉重的物質身體，常常無法做出有益無害的行為，或者反過來說，常常在有意、無意之中，對這個世界造成了損壞，使這個世界趨於不穩定、不調和，因此有必要對行為加以適度的規範，這就是所謂的「禮」。

因此，禮的原初意義，就是配合當時的社會風俗習慣予以制定，制定背後的原因，就是盡量減低這些有意、無意的傷害，盡量加強學習的效果。

然而，時代不停的轉變，不停的學習、不停的轉變，禮，當然也要跟著轉變，所以，我們可以用一點稍微現代的說法，就是禮是一種行為的參考準則，但是，這樣的禮是具有局限性的，當你由這裡到那裡，譬如說，到另外一個地區、另外一國、另外一個家，你就會發現相同的行為會有不同的解讀，這就是禮的局限性，它不但受限於空間也受限於時間，是一個單純的、物質社會的產物。

這樣的形式也多多少少存在於人以外的其他的存有，但是，在這個星球上，人具備了最複雜的心智機制，這樣的心智機制某些方面反應了我們內在的神性，但是更反應了這個物質世界的運作方式，所以禮會演變，但是演變是有規律、有一定趨勢的，也是必然的。

當我們面對這樣的變化，你以及其他的存有，也應該逐步、逐步調整自己的觀念、看法，要時時記住這樣的狀態是有限的，他的領受、感知能力是有限的，當你以有限的覺知去看待這個世界時，你怎麼能堅持一定是對的呢？

帶著理解、包容、尊敬去看待這些不同，也許你還是難以接受某些事或者物或者人，但是我希望你能夠、盡可能的以剛才講的理解的心、包容的心、尊重的心，（去看待這些不同）。

要常常記得「後生可畏」，為什麼後生可畏呢？因為他們都具有無限的可能性，而你已經被重重的經驗所限制了。在這裡，我並不是說經驗不好，而是說，當我們被經驗綁住了，而你所能經驗的事情卻是那麼稀少、有限，你根據這樣的事實去評斷的時候，怎麼能不發生錯誤呢？所以，為什麼要一而再、再而三的強調，避免去批評，正是基於局限性的理由。

我們每一個人都帶著神聖的使命、神聖的任務，就像沙灘上剛剛孵化的海龜一樣，每一個生命都要奮勇朝向生命之海、智慧之海，奮力向前，也許你這一次還沒有碰到海水就陣亡了，沒有關係，再來一次就好了，也許你費盡了千辛萬苦，終於到達了這樣的智慧之海、生命之海，那我要恭喜你，你又重新和「你之所來」融而為一。

三千子弟在何方〈這一段引自2011/04/20 孔子的談話〉

：請問孔子，祢在當時有很多的學生，這些學生他們現在都在哪裡呢？

孔子：你這個問題也滿有意思的，在哪裡，就是一個空間的概念，我們簡單的回答，就是有一部分已經離開了你所在的物質世界，有一部分還在這個世界輪迴轉世，但是，比較多的是輪迴轉世服務、協助，我們現在不是一個服務型、學習型的社會嗎？他們擔任的工作就是服務學習，或者說，在服務之中學習。

生命的進展永無止境，這是一種無限開放的可能性，要把握現在，不要過度猜想。就好像當你還是個學生，你要守本分在課堂內學習，這樣的課堂叫做虛擬實境，或者叫做實境體驗，在這樣的課程中，你應該全心投入，而不是老想著「窗外有藍天」，這樣會減弱你學習的效果，也枉費了你費了這樣大的努力來到這世界，參與這樣的學習。

所以，不用管這些我的學生或者是你的學生，不用管這些，也許這個時候、這一世是學生，也許下一世是其他的關係，都有可能的，所以，不要再去猜想這些事情，這是沒有益處的。

如果你想要做些什麼的話，何不把這些（儒家的）典籍拿來好好的閱讀一下呢？這是以物質身體可以做到的事情，而且並不困難，但是獲益卻很大，所以要多多讀讀典籍。

同時還要抱持一種寬大的心胸，要能夠接受不同的文化，這也是為什麼你會轉世在不同的文化區域之中的原因，目的就是要讓你去除偏執，說：「哪一種文化、哪一種傳統、或者說，哪一種價值標準才是最好的」，去除你的偏執。

我希望你能認真應用累世所學的去看待這個世界，我們這一次講話就到此結束，祝福你。

孟子

天將降大任於斯人也〈這一段引自2011/07/09 孟子的談話〉

「天將降大任於斯人也，必先苦其心志，勞其筋骨，餓其體膚，空乏其身，行弗亂其所為，所以動心忍性，增益其所不能」。我是孟軻，來拜訪，請接受我小小的看法，在經歷這麼久的時間之後，我們還能有機會再相聚，作簡短的談論。

但是我今天要把這一段大家都很熟悉的話做一些特別的解讀，也就是不是用平常的意思去看它，當然還是有點相近，我們首先來看什麼叫天將降大任，可以這樣解讀，就是這個世界將有一種根本性的轉變，這個轉變，當然它有一些外在的成份要轉變，但是主要的轉變是從內在產生的，這個轉變要靠許許多多在這個世界的人達到一種自我覺醒的狀態而達成。

但是這種自我覺醒的狀態並不能輕易達到，必須經由許許多多的種子加以引發、引導而完成，這些許許多多的種子就是賦予大任的。但是我這樣說並不代表這些種子就高人一等，他就單純只是種子的意思，他的任務，他努力學習的內容就是如何去擔當一個適當的種子，就只是這樣子而已，不多也不少。

為了要擔任這樣的一種工作或者說任務，每位種子都必須經過適當的培育、訓練，所以，你可以想像，這些種子的培訓絕對不是整天財寶從天而降，整天吃喝玩樂，生活中所有的一切都無虞匱乏，不會是這樣的環境。不是說這樣的環境有什麼好或不好，只是，身為一個種子必須面對許許多多的狀況，因此，培訓的內容就是針對這些狀況做加強的鍛鍊，所以叫做動心忍性，增益其所不能，本來不夠堅強的現在變得堅強，本來容易動怒的現在變得能夠用更理性的態度去面對，用更大的包容去面對。這就是這一段話的現代解讀版。

當然這樣的意義可以適用於每一個不同的時代，直到今天，它仍然具有非常強的涵義在內，其實，如果說這些古老的典籍能夠拿來一再的閱讀，那麼你會發現，這些典籍的涵義日新又新，它不是死的文字，而是活的內涵。

無論從歷史的角度來看，還是從個人的角度來看，我都希望、都盼望能夠有這樣的機會來和你表達，這樣的機會並不是很多，因為身為一個物質的存在，他本身的障礙、能夠通訊的能力受到諸多的限制，情緒、體力等等都會限制了這些通訊的內容、通訊時間的長短，所以不能做過多過於繁複的談話，今天我們就暫時聊到這邊。

3
4
5

5.3 佛

悉達多

第一次談話〈這一段引自2011/01/08悉達多的談話〉

我叫悉達多，我曾經以釋迦牟尼之名為人所知。我要告訴你，在你眼前的是現象，並非事物的本質，（語氣堅定而緩慢）你要漸漸建立這樣的信念，不要被幻化的物質所迷惑。

每個時代有它適合的教法、適合的開展方式，並不一定要追尋古老的傳統，原則不變，但是體現的方法卻可以改變，隨著時代不同，我們要用不同的方式去呈現它，並不一定要拘泥在一種特定的儀式或形式之下，但是必須小心誤入歧途，這是我悉達多對你的教言，對你的通話。

我們都是同樣的，都來自同樣的地方，我以悉達多之名向你訴說，你是珍貴的，這個世界是珍貴的，但是這個世界也是容易消失的，就像露水，樹枝草間的露水，朝陽一出就融化了。這個世界是變動不居的，在這樣一個變動不居的世界中，有沒有什麼是不變的呢？有，就是你的本然之性——你的本性，當你能擦亮你被遮蔽的部分，你就能夠直接體會到你的本然、本具的智慧，本具的光明仍然在那裡閃耀發光。

但是要達到這樣的狀態，必須你在日常生活中，每一天、每一分、每一秒，時時刻刻去提醒自己，要保持這樣的一種態度，什麼態度？就是要謙虛、要自信、要充滿愛心，知道自己也是芸芸眾生之一，同時也是受到源頭之主的關愛的眾生之一，既獨特又平凡，以不一不二的方式去思考它，這樣你就能夠逐漸邁入很穩定的進步狀態。

苦行不一定是好事，每一個人都有他適合的方式，不要過度拘泥在經典上、在方法上，但是我並不是說經典不要看、方法不要學，我並不是這個意思，我只是告訴你不要拘泥在上面。當你抓著一個東西不放的時候，很容易就引起一種「我執」的心態，認為自己所學的方法是超越其他的，認為自己所讀的經典是最棒的，這樣的方式、形式不是我們該有的，萬事萬物都有它存在的理由，同樣的，每部經典、每樣方法之存在，都有它存在的理由，不應該去輕視任何的、也不應該去偏執任何的經典，這是我要向你訴說的，你應該能夠輕易瞭解，其實萬法只有一法、一法萬象紛呈，唯智者明辨。

第二次談話〈這一段引自2011/02/02 悉達多的談話〉

我是悉達多，我曾經以釋迦牟尼之名為人所知。你要知道這樣的情景、狀態不是永恆不變的，所有呈現在你眼前的都是變動不居的，所謂無常，就是它不是永恆不變的。

即使你現在處在地球這個星球上面，但是它也不是永恆不變的，所以要有一種認知，就是沒有什麼東西是不會改變的，這樣你才比較能夠接受所謂的「日日新、又日新」。包括你的物質身體也一樣，身體的每一個部分都在逐漸、逐漸的，每天更換，或多或少，就在你不知不覺之間，組成你這物質身體的成份已經不一樣了，但是你卻毫無所覺，你還是覺得你的身體是一個完完整整的整體。

所以，要發展出這樣一種覺知，要很仔細地去思索它、去考慮它，首先從理智上，認知到這樣一種狀態；再進一步從修練上確實瞭解它，這是我悉達多希望你能夠瞭解的事。

：請問釋迦牟尼佛，如果說我現在好像聽到很多，大家講小乘、大乘、金剛乘，這每一個裡面，又有分很多宗、很多派，有～好像大家都說自己的方法最好、最殊勝、最特出，我想請教祢對這個情況的看法？不知道祢能不能為我說明？

悉達多：應該這樣說，就是不同的教法、不同的方式，都有它存在的歷史背景和地理背景的因素，並沒有哪一種方法是唯一正確的。就好像對講英語的人，你要說英語；對講拉丁文的人，你要講拉丁話，所以對什麼樣的人，他能夠接受什麼樣的指引、教導，你就要對他這樣說，其實這就是所謂的因材施教。

那為什麼會有歷史的因素、地理的因素？嗯，應該這麼說，不同的地理環境會培育出具有某一種特質的性格，就拿你所知道的中國，中國不同的地區，譬如說北方，北方人個性比較直爽，雖然不是個個都如此，但是有這個趨勢；南方人就比較溫柔婉約，但是也多了一些拐彎抹角等等，諸如此類。不同的地理環境、不同的天候環境之下，培養出來的、孕育出來的這些人，他們具有某些共通的特性，這樣的特性就促使我們⋯決定了他適合接受什麼樣的教導、什麼樣的方式。所以，不要執著於某一種方法才是最好的，其實沒有，就是選擇一種你最適合的方式就好了。

我再舉一個例子，就以現在你所知道、所謂佛教的系統，有些人要披這個顏色的袈裟、有些人要披那個顏色的袈裟，是非要如此不可嗎？不，它之所以產生是有一些歷史的緣由，所以你說穿紅色還是黃色的袈裟比較正確呢？這只是代表一種傳承，傳承本身的意義何在？我們可以說這是一種感激之情、尊師之情，就是感謝誰教導你、誰引導你進入這個解脫之門、解脫之路，一種深切的感激，所以你追隨他的方式、步伐去實現這樣的事情，慢慢的就形成了一個歷史的傳承。

當然，一旦形成了一種約定俗成的方式，往往就流於形式了，就是可能我們表面上穿了某種形式的袈裟或者制服，但是，內心卻不是這個樣子，所以我們要瞭解形式不只是形式，形式背後的意義才真正重要，要能夠以這樣的思維去看它，希望這簡短的解說能夠回答你的問題。

蓮花生大士〈這一段引自2011/02/02蓮花生大士的談話〉

我是蓮花生，你只要選擇你該做的事去做就好啦，這一世你的功課並不在修行，所以不要分散你的心力，要記住「一願立功」，多願，多願就不容易成功。要集中你的精神做你該做的事。

我知道你很好奇，好奇我所傳達的那些修練方法，可是我勸你不要過度去追尋，只要有一些基本的認知就好，其實我們追求的是什麼呢？是生命品質的提升，並不一定非要靠什麼秘法，或者某一種特殊的修法才能達成，其實這樣的目的很單純，我們用最淺顯、眾人最常用的一句話「諸惡莫做，眾善奉行」，就足以讓你奉行終生而無愧，請記住我的言語。

至於你所問的，我蓮花生和釋迦牟尼之間是什麼關係，其實你只要離開這個世界，以純粹、純淨的靈體存在時，你自然就會瞭解這樣的境界對你而言，並不是一件困難的事情，所以不要再把心力浪費……也不能說是浪費，就是希望你能夠更集中精神做你該做的事，這是我蓮花生要告訴你的。

大日如來〈這一段引自2011/07/01大日如來的談話〉

我是大日，人稱大日（如來），一切眾生本具如來智慧德相，為無明所病，種下種種煩惱。一念明，眾生即佛；一念無明，佛即眾生，理簡易，但行不易，今天難得的機會能夠再一次的傳達這樣的見解。

雖然你們的佛經浩如煙海，但是，保持一顆清明覺察的心，讓你能夠簡單的、容易的，親近、接近這樣的境地，要確實相信自己本具佛性的種子，你的內在本質神聖無瑕疵。

要經歷這個世界的一切，以一種清明而覺察的態度過生活，不要去想望那些虛無飄渺的神通，去除心中過多的欲望，保持簡樸的生活，這裡所謂的簡樸，包括生活上以及心理上的簡樸。

什麼叫做心理上的簡樸？就是對於你所接觸、所經歷的，以單純的觀點去看，也就是不對事物本身附加過多的意義。當然，以一個物質身體的存在要做到這一點，也就是完全不加評斷極困難，但是雖然困難，我們仍然能夠藉由覺察而達到相當程度的進步，當你能完全不做評斷，你也能瞭解眾生本具的智慧德性光明無瑕疵。這是我大日今天要向你作的簡單說明，以後也許有機會繼續來談一談相關的話題，再見。

阿彌陀佛

精進的心〈這一段引自2011/02/12阿彌陀佛第一次談話〉

我是阿彌陀佛，叫我阿彌陀就好了。今天要講的是精進的心。什麼是精進的心？精進的心就是朝著正確的方向努力的一種態度。這個正確的方向要如何確立呢？當然，我們首先要能夠明辨，就是建立一種正確的觀念。這個正確的觀念引領我們走上正確的道路，從而達到解脫或開悟的狀態。

那要如何培養正確的觀念，如何能夠具有正確的觀念，就是我們常常要思維，常常要返身觀照，不是向外尋找，而是向內看見自己。向內尋找那個、本來很圓滿俱足的那個、有智慧的那個，那個自己。如何尋找？要透過正確的思維方式。

這樣可能還是不那麼清晰，所以如果說能夠有一個指導的話，就是有人帶領你去做正確的思維，從而引發出正確的觀念，那這個正確的觀念會指引你一個正確的方向，達到開悟解脫之路。這樣，雖然不能夠讓你在這個修行的路上有一個更好的掌握，不過至少從理念上你可以瞭解這個事情，這是我今天要說的，不知道你有沒有什麼問題？

：嗯……我想請問阿彌陀佛，如果照「佛經」上講的，您的這個阿彌陀佛淨土是在，好像在東方、還是在西方（註：這就顯出我的能力實在不怎麼樣！），我忘記了，算過了十萬億國土，這個、這個……這麼遙遠的地方，到底是在哪裡呢？到底是怎麼過去的呢？不知道您能不能為我解說？

阿彌陀佛：極樂世界在西方十萬億國土，這個是從一個三度空間來講，所以如果說你想用物質世界的星際飛行器要飛行這麼遙遠的距離，當然不可能。但是，如果說我們達到一種和諧一致的狀態，你要到哪裡去都輕而易舉。所以，不必去追索難以驗證的事情，也不必去管它什麼東方呀、西方呀，這些只是在訴說一種性質、一種表現、一種特質，所以不要在意名相，我發現你非常在意這種名目的、表面

的詞彙，我們要看的是表面背後的那個東西，這是你要好好學習的。還有什麼問題嗎？

：我想請問阿彌陀佛，就是經典上說，在這個您的淨土裡面有什麼、什麼八功德水呀、什麼七寶呀這些，還有很多奇怪的鳥呀、什麼共命鳥呀之類的，這些能不能由您親自為我解說一下。因為我看了這些經典，總是覺得很奇怪，有點想瞭解，但是我又沒辦法親眼看見這些東西，或者是說，您能夠很慈悲的帶我去參觀一下，如果不會妨礙我的功課的話，比如說，也許是在做夢的狀態之下，可以帶我去參觀一下嗎？不知道可不可以。

阿彌陀佛：所謂七寶，不是說，就是一二三四五六七，不是這個意思，這個七其實只是一個多數的指稱，你要說它三寶也可以，只是說有些民族、有些文化裡面，喜歡用七這個數字來代表多的意思，這是第一點。

第二點就是說，什麼珍珠瑪瑙呀，這就好像之前那個約書亞說的，就好像胡蘿蔔。你看糖果，是一個吸引你的東西，就是希望能夠引起你的注意，告訴你說這個世界有多棒呀、多好呀，因為珍珠瑪瑙呀、黃金呀、鑽石呀，這些都是世俗的人所喜愛的，所以，我們首先要能夠吸引住這些注意，就把……比如說：「告訴你喔，前面有很多東西喔，那個地方有很多、很棒的喔，你很喜歡的東西喔，很珍貴的喔，很貴重的喔。」所以呢？這樣，慢慢的、慢慢的由一個遠的、物質的世界，把它慢慢、慢慢引導進入性靈的追尋。

這是在宣說教法的時候，好像用「宣說」這個字不是很好，也就是說在我們……希望把這種東西分享給別人時，所採用的一種技巧，就是先從他最關心、最重視的東西開始，把它慢慢、慢慢、慢慢誘導過去。

八功德水也是類似的意思。再來就是說，你說那個迦陵頻伽共命之鳥，這個呢，你也許在某一個機會裡面能夠到這邊來參觀一下，你也許會更深的瞭解，我們這次就暫時把它略過，好不好？還有問題嗎？

：再來我想請問一下，就是，據說在您的這個彌陀淨土，所有去的都是蓮花化生，就是重新出生在蓮花裡面，那大概一共分成九品，應該是上、中、下三品，可能每一品又分上、中、下這樣。不知道您能不能為我解說一下這種化生的涵義。這種化生跟我們這個物質的身體類似嗎？還是說它只是一個單獨的靈體存在，請您為我解說一下。

阿彌陀佛：九品蓮花為父母，什麼意思？什麼叫父母？父母就是把你生出來的，那個叫做你的父母，所以在我這個淨土裡面，是什麼把你生出來的，就是由蓮花把你生出來的，所以叫做九品蓮花為父母。

這個九品，代表的不是價值的高低，而是進度的快慢。當你達到這個進度，當你學習的進度比較慢的時候，當然它化身的品，相對來說沒有那麼高就是了。

不過我要強調的就是這個並沒有所謂價值高低的問題，而是學習進度先後順序的問題。所以，幾品、幾品其實不重要，我們只要注意自己的（學習進度），另外，還有一個就是說，那個所謂幾品、幾品其實是：應該從我們的觀念來看，這個叫做累世的。就是說你經過了這麼多、這麼多世之後，然後你可能到了這個淨土，根據你學習程度快慢呢，你會化生到不同的層級去，就只是這樣，就是找一個、最適合你程度的學習位置，或者說課堂，然後由這個地方再慢慢、慢慢學習，對，就是這樣。

這樣可能也沒有完全回答你的問題，但是這個狀態對你來說有點困難，暫時就這樣講，除非你能夠達到一個完全開悟的狀態，不然我們就只能講到這裡了，不過這樣已經很難得了，你要加油呀。

第八輪〈這一段引自2011/03/05 阿彌陀佛的談話〉

現在要介紹的是第八輪——梵穴輪，這是脈輪系統的第八個輪，一般我們講七輪，其實，人身上上下下遠超過七個輪，只是說，比較關鍵、影響比較大的，依次是母輪、臍輪、第三輪、心輪、喉輪、天目輪，還有頂輪，也就是在頭頂的正中央，人的形體通常到此就結束。

但是除了可見的身體之外，還有一般肉眼難見的身體，才會有第八輪、第九輪，今天談第八輪梵穴輪，這是什麼意思？基本上我們從心輪區隔成上下，愈往下愈跟家族靠近，愈往上愈跟我們所來的那個源頭靠近，這是大概的區分。

所以呢，你的脈輪系統當它發展到第八輪的時候，你就具備了條件，什麼條件呢？接收訊息的條件！這也就是你之前所感受到的，這是第八輪。有沒有第九輪？有！往上還有，但是在我們這個人身之外，愈來愈難以感受到。第八輪是我們還可以感受到的，也是大部分人在某種努力之下也可以感受到的，也是我現在能夠和你通話的原因。

當進展到一定的程度，脈輪位置會略作調整，也就是說，當我們愈朝靈性道路邁進時，我們和人世間的親族家人、還有個人的物質身體的連結面，會愈來愈減弱。

於是，原本在肉身之外的這些輪，就會逐漸進入（肉身），或者說沉降到我們身體的某一個部位。這是在升級過程中常常發生的一個問題，有些人會覺得很難過、不舒服，有些人會覺得一種狂喜，不論是什麼情況，這就代表一個改變的到來。

藥師佛

何謂成佛〈這一段引自2011/08/30藥師佛的談話〉

：為了慎重起見，我現在想比較正式的請教，請您說出您的名號。

藥師佛：（發音艱難）我叫藥師。

：就是三寶佛，我們常常稱的三寶佛，裡面的藥師佛琉璃光如來嗎？

藥師佛：（語句流暢）你可以這樣說，那是一般人的稱呼。

：請問祢怎麼會和我聯絡呢？

藥師佛：應該是當你在很集中你的意念，在呼喚我的名字的時候，我就會接收到，這是我的本願，所以我會協助你。

：可是我看書上說，只要虔誠誦祢的名號就會出現一顆藥，怎麼我誦祢的名號…是祢協助我打通經脈？

藥師佛：是這樣子的，其實就是人心的意念，你需要什麼樣的協助，我們會盡可能的協助，其實所有、所有的這些——你可以把祂稱為…我們不要用過於嚴肅的方式，喔～當然你用佛呀、如來呀，這是比較傳統的方式，你可以這樣想，其實每一個眾生都是未來的如來、未來的佛，或者說他本來是如來、本來是佛，但是因為某種緣故，這個緣故就是釋迦牟尼祂所說明的「無明」，無明使我們本來的那個⋯很有智慧、很有靈性的一種存在，變得粗重、變得不透明了，使我們喪失了很多東西。

所謂成佛，並不是說你沒有的東西把它變成有，成佛只是在說明一件事，就是看見本來有的東西。就好像說你們歷史上有一個故事，叫做「和氏璧」，大概是這樣，有一個姓「和」的（人），他在山裡面找到一個石頭，他看出來裡面有很貴重的玉，這個狀態其實就很像了。我們可以這樣比方，玉就是所謂的佛性、本性、真我，反正不論你用什麼名字，它就是那個東西，它外面包了一層石頭，普通的石頭，你可以把它想像成無明，所謂成佛，不是憑空創造出一個沒有的東西，憑空創造出一塊玉來，不是！是本來有玉，我們現在只是把遮蔽那玉的本質的那一層，想辦法把它拿掉。

拿掉的方法有很多、很多，不管是什麼時代，就是依你們的觀念來講，時間很重要，不管什麼時代、不管是什麼地區、什麼種族，其實都有很多人在努力做這個事情，只是做到什麼程度。其中有一些特別熟悉這些方法的，他是一個（發音艱難）先～行～者，first mover（重複三次），他找到了這個方法，把他的經驗分享出來，讓後面的人不用再走很多冤枉路，能夠朝著他指出來的方向去努力，這樣就比較容易達成，不會走過多的冤枉路。

比方說，你要從高雄到台北，你可以⋯搭高速鐵路、可以坐普通鐵路、可以搭快車慢車、可以搭巴士，當然你也可以慢慢騎⋯騎那個「噗、噗、噗」摩托車、騎腳踏車，也可以走路，當然也有人採取像西藏人所謂的「轉山」，一步一拜、三步一拜、五步一拜的方式，慢慢走，總是會到的，只要方向對、方向正確了，不管你用什麼方法都能夠到，只要我們努力，就能夠愈來愈靠近那個狀態。

至於怎麼樣才比較好，那就不一定了，因為每一個存在的個體都有他不同的特質、特殊的因緣，所以並沒有那一種方法是高於另外一種方法的，只有適合、不適合的問題，也就是孔夫子先生…這樣講你應該聽得懂喔，你們可能比較習慣叫孔子，我比較習慣稱祂為孔夫子，（笑聲）祂應該不會介意的啦，孔夫子說過這叫「因材施教」。

什麼是藥師佛〈這一段引自2011/09/26藥師佛的談話〉

：嗯，可以，我想再問一次，祢就是一般我們所謂的三寶佛，也就是藥師佛琉璃光如來，或者簡稱藥師佛如來或者藥師佛，這個就是祢嗎？

藥師佛：是的，我就是藥師佛，但是叫我藥師就可以了，我比較喜歡。

：喔，所以祢的確是三寶佛裡面的藥師佛。

藥師佛：嗯。

：在流傳的佛經裡面有所謂的藥師七佛，或者是藥師佛，這些經文內容有相同、有不同的，請問這藥師七佛和藥師佛的經文之間有什麼差異呀？不知道祢能不能為我說明一下。

藥師佛：《七佛本願功德經》和《藥師經》沒有差異，其實不是七佛、也不是七百佛、也不是七萬佛，大家都是藥師佛，所以我希望你把藥師佛，把它想成一種…跟健康有關的總集，這樣比較單純一點，不要拘泥在七呀、一呀、七十、七百、七千、七萬，不需要，我要再說一遍，就是人人都是藥師佛，向內尋找你自己的藥師佛，而不是向外追尋一個外面的藥師佛，這完全搞錯了。

轉女成男〈這一段引自2010/09/26 藥師佛的談話〉

：我想再請問祢一下，為什麼在佛經裡面都有「轉女成男」這樣的記載？很多佛的本願裡都有這一條，轉女成男，這是什麼意思呢？是不是有歧視的味道在裡面呢？

藥師佛：嗯，這樣說，就是說所謂的轉女成男，事實上從靈界的觀點看，我們沒有所謂的男、女分別，我們只有…你可以用男性的意識或者女性的意識；或者男性的能量，或者女性的能量；或者陰、陽的能量，是不同屬性的能量，這是在靈界的情況。

但是在物質界、現象界，它往往…雖然不是一定，請注意喔，這是往往、不是一定，就有了性別的區分，在很多、很多地方，我們一般是這樣區分，我們把具備生育能力的性別稱之為女性，就是主要具備生育功能的性別，我們稱為女性。因為生育的過程挺危險、挺痛的，從我們物質界的觀點來看，這是又危險又痛的事情，因為女性她的一生幾乎都具備這樣的能力，所以她必須有很多配套措施，這些配套措施常常造成很多身體上的不適應，甚至在某些物質界裡面，女生的地位常常是比較低落的，因為她具備了生育的功能，有時候是出於保護的目的，有時候是出於不瞭解，所以她往往…第一，她行動能力降低了，就是依照自己意願行動的能力往往不夠。

基於這種種原因，所以才會有所謂的「轉女成男」，這在靈界的角度看是沒有必要的，但是在物質界「轉女成男」背後的涵義，就是要提供一個自由的環境，讓你能夠充分地去追求…事實上不是「轉女成男」，是所有的人都一樣，不管是什麼樣的家庭，或者生長環境，或者文化，這些常常在不知不覺之中，造成很多、很多的束縛，這些束縛往往是因時、因地而異，不具有常性，但是我們卻常常誤認這種不具有永恆性的東西具有永恆的價值，所以就會出現所謂的…像這個，有很多非洲的民族，他們女生要把耳朵撐得大大的、男生可能要做什麼、什麼東西。

所以不只是「轉女成男」或者「轉男成女」，它背後的原意就是解除束縛，解除我們追求靈性成長的束縛，就是這樣而已。所以當我們在看聖經也好、佛經也好、或者任何經典也好，不要⋯⋯或者說不應該只看它的字面意義，我們要直接看到字面背後代表的涵義，那個最重要，所以這種能力我們基本上也稱為眼力，那你的眼睛好不好呀？你能不能看到事情背後、文字背後真正的涵義呢？這很重要。但是需要培養，你提出來這個問題還滿好的。

地藏王菩薩

人身難得今已得，佛法難聞今已聞〈這一段引自2011/04/22地藏王菩薩的談話〉

我是地藏王菩薩，今天講「人身難得今已得，佛法難聞今已聞」。什麼是佛法？你想過這個問題嗎？就讓我們來討論一下。佛，就是覺者，是清醒的；佛法，就是講如何能夠讓我們由蒙昧無知達到清醒的狀態，或者反過來說，讓我們由蒙昧無知達到清醒狀態的那個，不論什麼，就稱之為佛法。

所以，如果你誦佛經，可以使你清醒、達到清醒的狀態，那這就是佛法；「棒喝」能夠使你清醒，那麼「棒喝」就是佛法，是不是很簡單？對，就是這樣單純，但是，要達到不只是表面上理解，而是真正的達致完全清醒的狀態，絕不是一件容易的事，但是，也不要拘泥在特定的形式之中。

何以佛法難聞？佛，或者覺者，總是在那裡，祂們無時無刻不在你的四周，但是，你卻無法感知。

所以，不是無佛法可聞，只是我們無法感知到這樣的存在、指引，如果有幸，我們能夠接受這樣的指引，那麼當然要好好把握這樣的機會。請注意，我所說的「佛法」，並不是指我們一般概念中所謂的佛教，這是一種不同的概念，要分清楚。

在這個廣漠的宇宙中，存在著無數的族類，每一種都有他們的特殊之處，每一種都有他的難得之處，在這裡，生而為人，也有它特殊、獨特的地方，也就是具備聽聞佛法的能力，也具備行動的能力，但是卻又極難以完成。這是非常巧妙的組合，既有潛能又難以完成，正是這樣的組合才顯出這世界的奧妙。

但是，也因為如此，產生了許多迷惘的眾生，我（地藏王菩薩）的職責、我的願力就是要幫助這些迷失的人心、迷途的羔羊尋回正軌，請注意，我這裡說的，協助這些迷失方向的存在，重新回到正軌，是誰回到正軌呢？就還是自己，我們曾經一再闡明，主角不是我或者任何其他的指導者，主角就是你、你們，不論什麼樣的境況，我們都只能協助，因為真正的決定權還是在各位的手上，學得快、學得慢，進度完全由自己掌控，我們只是在旁邊協助你、協助你們。要珍惜這樣的世界、要珍惜這樣的存在，讓我們能夠在其中經歷、體驗這一切既真且幻的世界。這是地藏王菩薩的發言，是一些老生常談，每個人都會講，但是做到的沒幾個，即便如此，我、我們依舊恆常不變、持續不斷的提供各式各樣的協助。

有人說，你講的這些都看不見、摸不著，所以可知這一切都是沒有的，那麼，一個瞎子看不見，有很多東西就不存在囉？一個聾子聽不見，所以，這個世界也有很多東西不存在囉？是你認為有，他們卻認為沒有的東西，我們的思考方式就是這樣理解的嗎？顯然不是，所以，當有人發出這樣的疑問，你就這樣回答他，然後再告訴他，同樣的推理你感受不到、接收不到，就代表沒有嗎？這是個嚴謹的辯證過程，中間沒有任何的虛假不實，唯有清晰的頭腦才能明辨這中間細微的差異。

當然，我知道你正是如此述說，再講一次只是要加強你的信念，但是反過來，也要注意談論的場合、談論的對象，要把效果盡可能發揮到最大、阻力減少到最低。有人否定你、有人懷疑你，沒有關係，這是必然會遇見、必然會產生的，請發揮你的智慧，去面對（否定懷疑）這樣的問題，這也是訓練的課程之一，經由這些種種的鍛鍊，你的能力將獲得進一步的提升，你的理解將更深刻。

千言萬語，不如讓我再重複開頭的兩句話：「人身難得今已得，佛法難聞今已聞」，作為今天談話的結束。

觀世音菩薩

為什麼有這麼多種觀音〈這一段引自2011/03/03 觀世音菩薩的談話〉

：我想請問觀世音菩薩，就是有所謂的什麼二十一救度母，這個觀音、那個觀音等等，這些和祢有什麼關係？能不能說明一下，因為我總是覺得很疑惑？

觀世音菩薩：這樣說，就是世間的事萬象紛呈，當面對了不同的情境之後，所需要的協助是不同的，於是人們心中就期望，期望什麼呢？期望有一位具神聖力量的神，或者類似的指稱，來協助他們，因為在這種狀態之下，很多事情是無能為力的，所以，我們會非常希望有這麼一位超越的力量來協助他們，於是他們祈求，當祈求的力量足夠大，當意念足夠專注了，就會產生某一種感應，這個感應我們把

它視為是宇宙的回應，它可能會以某種形象的方式呈現。

對於某一個地區的人來說，譬如說，在藏區，宗教信仰最虔誠的對象就是觀音，所以祂們所有的顯現，都被賦予觀音的稱號，所以你會聽到這個觀音、那個觀音；同樣的道理，在另外一個地區，他們心目中的那個，對他們來講是最重要的、最願意聆聽他們懇求的那個神，當回應產生了，他們就會把這個回應認為是那位神，或者那位神的化身、代言人，來協助他們。

所以，如果你是專門研究神話的，你就會發現其實各式各樣的神話結構都差不多，因為來源根本就一樣，不同的是，同樣的訊息、同樣的反應，經由不同的文化解讀之後，就形成了不同的傳承，所以在你的認知裡面，你會認為為什麼差別這麼大？我要說，差別來自於框架，當你把那個解讀的框架化除了，你就會發現是一；當你還保有這許許多多的框架時，那就是多，所以到底是一還是多呢？其實一就是多、多就是一，這裡面沒有任何弔詭之處。有其他的問題嗎？

六字大明咒有什麼作用★〈這一段引自2011/03/03 觀世音菩薩的談話〉

：我想請問觀世音菩薩，就是祢每次出現的時候，都會唸一句六字大明咒，這個代表什麼意思呢？能不能解說？

觀世音菩薩：其實這很簡單，它有兩個作用，第一個告訴你「我和你通話」，第二個它可以強化連結，什麼意思呢？就是每一個指導靈或者天使這一類的存在，祂們本身有祂們的振動頻率，所以當其中一位要和你聯絡時，祂要做一件事情，就是要和你對頻，和你的頻率達到一種諧振的效果，這樣你才

★這一段也滿有趣的，觀世音菩薩說所謂手印、身印就是一種對頻的功能，像是收音機一樣。

能接收到我們的訊息。

這樣的原理其實和你們的收音機、電視機的收訊原理非常、非常相似，所以，所謂的手印、身印，包括聲音，都有同樣的作用，就是協助你進入這種共振態，讓你們的通訊能夠加強。當然，前提是外在世界的干擾必須降到最低，真正的訊號才能顯現，就這麼簡單。

所以，不要把簡單的事情複雜化了，認為是一個神秘的超能力，其實不要這樣，因為這真的很單純，只要你把心靜下來，只要你的身體足夠安靜，或者用你們的說法，氣血非常的暢通，經絡、脈輪等等，不管你知道的、不知道的，都非常暢通、健康，要接收這樣（靈界）的訊息，其實輕而易舉。

但是，還是要回到我前面講的，就是即便你接收到這樣的訊息，你要如何解讀呢？你是為這訊息加上了一個又一個的框架，還是能夠如實的傳達呢？這個其實才是真正的問題，在你們的世界有太多的框架了，有太多的障礙影響到你們的判斷、解讀，所以，重點不在無法收到這樣的訊息，而在收到訊息之後沒有辦法正確解讀，這就是身為物質世界一份子所必須面對的難題。這樣，瞭解嗎？

關於觀世音菩薩已成佛的問題〈這一段引自2011/03/03 觀世音菩薩的談話〉

：我再請問一個問題，就是我曾經請問過阿彌陀佛，祂說您是久遠前就已經成佛了，能不能請您向我簡單解釋一下，為我解惑，這到底是怎麼回事呢？

觀世音菩薩：「千處祈求千處應，尋聲救苦為眾生」，其實成佛是一件困難、也是簡單的（事），我要用一個比喻來告訴你。請你想像一片向左看去無限延長的牆、向右看去無限延長的牆，在離你不遠

的地方有一個縫隙，讓我們假設這個縫隙在你的右邊，於是你由左向右走，你經過了這個縫隙，你看到了縫隙之外是一面光明充滿的世界，你看見了，這個我們叫做一瞬間的開悟。這種狀態其實不難，這種瞬間的開悟狀態，我們在某一個時刻就會達到，但是那只是一個小縫啊！當你經過了這一個小縫之後，下一個小縫在哪裡呢？不知道。

請再想想第二個場景，這個時候我們把它顛倒過來，向左看沒有任何的障礙、向右看沒有任何的障礙，只有在你面前有一塊無法透光的板子，然後，你只要向左跨一步、向右跨一步，你就可以看到光明充滿的世界，但是…但是…你站在這塊板子面前，既不肯左移、又不肯右移，因為你堅決相信你的世界就是這塊板子、這個框框，你無法放棄。有一天當你瞭解到了，這塊板子不是你的一切、不是你的世界，而是一種遮蔽你視線的東西，當你把這塊板子移開來了，整個光明的世界就在你面前呈現開來了，這個就是成佛。

這個板子如何移除呢？對於我（觀世音菩薩）來說，我之所以能移除這最後一塊板子，是因為我對於這個世界的「悲心」，你要說慈悲也可以，關心也可以，從我的立場來看，我非常的希望能夠協助眾多的生命找到回家的路途、找到移開板子的方法，所以我用各式各樣的方式來協助（眾生），其中之一就是去當眾生的僕人、當眾生的助教，這裡的眾生不是僅僅指人，在釋迦牟尼佛的教導當中，祂已經說的很清楚了，任何的世界、任何一種存在，我都非常樂意、非常盼望去協助。

但是，靈性的法則告訴你、也告訴我，除非你願意接受這樣的協助，不然我們無法提供協助。因為生命的掌握者、最終的掌握者，握有無上權柄的，其實就是你自己，所以我們不可能、也不會去違背這樣的意旨。

但是，如果你願意提出這樣的請求，可以用任何的形式，譬如說，你在心裡面祈求，你高聲的祈求，可以用任何的形式，那麼我們所有（靈界）的成員，都會非常樂意提供這樣的協助，幫助我們靈性的同胞共同走向提升的道路。

不要沉浸在那些奇幻的說法當中，因為那些只是方便說法，只是要引起動機，對於不同的人，當他相信神蹟的時候，我們就用神蹟顯現的方式來協助他，就這樣。所以，為什麼叫做「千處祈求千處應」，這邊「處」不僅僅是地點，更是指一種狀態，你能夠接受什麼樣的狀態，我們就會以那樣的狀態呈現，沒有任何的神秘。

為什麼會這樣子呢？因為你的解讀機制會自動把一切訊號解釋成那種形態。譬如說，當你的文化傳承裡面充滿了觀音的信仰，那麼你會把很多回應訊號，藉由你的腦子把祂解釋成觀音的形象，並且為祂命名，就是這樣而已。

如果說這個文化他們接受的是某一個人間神或者天上神，譬如說聖母瑪利亞，你們的大腦會把這些回應的訊息，都解釋成是聖母瑪利亞的回應，或者祂的化身、祂的代言人的回應，就是這樣。重點是在於你們本身的框架，不在於我們回應的形式，這一點一定要搞清楚。

真善美的典範〈這一段引自2011/03/27 觀世音菩薩的談話〉

這個娑婆世界在現在這個時點，需要哪些樣本呢？誠，是第一個需要的樣本，什麼是「誠」？真誠、誠實，就是不虛偽，是真，沒有假的成份。在這個工商社會，我們往往為了謀一口飯吃、為了保有自己的工作，所以常常講出虛偽的言語，彼此之間不能真心的對待，虛言假語充斥在每天的談話之中，爾虞我詐，無有止休，所以，誠，是我們第一個需要具備的特質、需要的樣本，這是「真」。

我們第二個需要的是善，什麼「善」？我們可以再進一步的發揮，譬如說，當你要說一句誠實話，你可以有很多的方式去說，你可以用毫無遮攔的方式去說，直通通的、赤裸裸的，可不可以？可以，這是一種方式；但是，你也可以用溫柔的語言說出來，你用一種溫柔的、溫暖的語言表達出這個事實，這是一種善意的表達，但是卻是真實的，這就是一種表達方式的呈現，它的前題是以真實為基礎，所以，這就是我們要的第二個，「善」，善意的表達。有時候雖然你的出發點也許是善意，但是由於你表達形式，使得原初的善意，出於你之口、入於對方之耳，就變質了，變質的原因往往是因為沒有足夠的信任，還有表達的方式不一樣，所以能夠說出誠實話，前提是要有足夠的信任，還有呢？適切的表達方式，這個是我們現在需要的典範。

還有一個就是所謂的美，什麼叫做「美」？在這個社會，每樣東西我們都習慣用數字來表達，總是認為什麼東西都能用數字來表示，我要說，有一些東西是不能量化的，你只能感受。譬如說，美的感受是不能量化的，你看到一片晚霞橫亙在天際，那是一種美的感受，如何測量呢？這是一種覺受，每一個人覺受程度不同，所以對於美的感受也各異，如何測量！這就是一種迷思、迷信，什麼迷信？迷信數字萬能，你可以去分析晚霞的光譜，可以去分析它頻率的組成、明暗度，可以分析很多、很多…你都可以去分析，都有數字給你，但是你就是計算不出來這個東西到底有多美。

這就是我們常常講的「真善美」，常常聽到，難以理解、難以做到，在我們的日常生活之中，有沒有這樣的楷模呢？如果有，請你要好好的學習，並且期望自己能夠成為這樣的一種楷模，說誠實話、足以讓人信任、能夠有美的覺受，這三個你可以用一個字來代表，就是我們常常說的，這就是一種「大愛」、至上的愛。分而言之「真善美」，合而言之就是「大愛」，這樣可以接受嗎？應該是可以。

不空羂索觀音〈這一段引自2010/08/31不空羂索觀音的談話〉

不空羂索觀音：我是不空羂索觀音。

：請問祢為什麼講話這麼辛苦啊？

不空羂索觀音：因為我的能力還不夠，這樣的聯絡方式對我來說很辛苦。

：那請問祢現在是在什麼地方？

不空羂索觀音：我是在阿彌陀佛的世界向你聯絡。

：喔，怎麼會在阿彌陀佛的世界？祢說祢是不空羂索觀音，又在阿彌陀佛那邊向我通話，這是怎麼回事呢？

不空羂索觀音：這個事有點複雜。

：好，既然複雜，我們就暫時不要談。我怎麼覺得祢講中文非常非常的困難？

不空羂索觀音：因為我第一次說中文。

：那祢平常是說什麼文？

不空羂索觀音：在這裡不用說、不用說。

：那祢如果要說的時候，你都是用什麼文？

不空羂索觀音：我用烏爾文、烏爾文。

：是烏爾地區使用的文嗎？

不空羂索觀音：對、對。

：也就是說，祢曾經出現在烏爾地區囉？年代呢？

不空羂索觀音：年代就是西元五八二年和你們一起出現在烏爾地區。

：那昨天晚上嘰哩咕嚕講話的，是祢嗎？

不空羂索觀音：阿薩咕麻達達卡，屋西那壹……（一連串奇怪的發音）

：這個是烏爾文嗎？

不空羂索觀音：這不是烏爾文，這是希伯來文。

：祢是說，祢也會希伯來文？

不空羂索觀音：對，我是約書亞的學生。

：那在當時祢叫什麼名字？

不空羂索觀音：我叫優～阿～齁～喝～

：是十二門徒之一嗎？

不空羂索觀音：不是，只是一個很普通的學生。

：在聖經上有記載嗎？

不空羂索觀音：沒有，很普通的學生。

：所以祢在耶穌基督的時代曾經和祂相處過囉？

不空羂索觀音：對，我和約書亞，我的老師相處過一段時間。

：那請問祂傳道真的只傳了三年？這部分聖經上的記載有沒有錯？

不空羂索觀音：沒錯、沒錯，祂只教了三年。

：三年之後真的是拖著十字架，被釘在十字架上嗎？

不空羂索觀音：對對對，祂很痛苦，那個時候……可是我沒有辦法、沒有辦法。祂叫我們那個時候不要難過，因為祂是帶著神聖的任務而去做這件事。

：可是之前約書亞本人有跟我聯絡，那個是祂嗎？

不空羂索觀音：對對，其實是祂要我和你聯絡的，因為祂希望你能夠充分信任祂。

：可是你自稱不空羂索觀音，和祂、和約書亞之間有什麼關係呢？

不空羂索觀音：嗯，這只是一種你們的稱呼，在這裡，我們不這麼稱呼的。

：那祢本身現在也是在阿彌陀佛的世界學習嗎？又是在第幾級呢？

不空羂索觀音：我是要協助阿彌陀佛的教學。

：喔，不是有觀世音菩薩、大勢至菩薩嗎？

不空羂索觀音：嗯嗯嗯，我是負責一個小部分、小部分，祂們負責很大很大很大的部分。

：那如果說我要特別呼叫祢，是不是就用「嗡阿吽，吽阿嗡」？

不空羂索觀音：對，那是我的直撥電話。

：喔，難道每一位菩薩也好、助教也好、老師也好，都有專屬電話，都不用分機的？

不空羂索觀音：嗯，沒有分機，都是直撥、都是直撥，有必要我會直接和你聯絡。

：那昨天晚上嘰哩咕的也是祢，對嗎？

不空羂索觀音：對，我們有關係……不不不，不是有關係，是有緣分、有因緣，我們在烏爾地區在一起過。

：（註：涉及個人隱私，略）

：我現在真的得出門，謝謝祢告訴我、謝謝祢告訴我，可是我還是不能隨意相信祢，祢隨便說什麼不空羂索觀音。

不空羂索觀音：沒有關係、沒有關係、沒有關係、沒有關係，你~你~你~去開會吧，沒有關係、沒有關係，我們是老朋友，沒有關係，以後會很清楚，再見，拜拜。

阿底峽尊者

珍惜人身，做好份內事〈這一段引自2011/02/25 阿底峽尊者的談話〉

我是阿底峽尊者，也許你聽聞過我的名號，但是對我不是很瞭解。我來並不是要告訴你什麼難懂的內容，不是！我只是要告訴你，在這個珍貴的世界，你要好好珍惜擁有的人身，要好好努力做好自己的份內事。

我在十一世紀前往（西）藏（地）區傳授了當時我所學習的內容，這些內容當然也形塑當時、以至於現在的一些教法。也許你會覺得我所傳的教法並沒有得到很大的開展，不，這樣的認知是有偏差的，難道你忘記了嗎？悉達多，也就是釋迦牟尼佛，他已經告訴你萬法只有一法，一法萬象紛呈，不要拘執在表象。

我們的心總是習慣去區分你是這個派，我是這個派，你是這個教，我是那個教，分別名相不知休止，有什麼好處呢？沒有，只是增加了更多的困擾。所以當你在學習的時候，不要去區分它，只需要去瞭解它，這些知識是我們通往真理的一個途徑，但是知識並不是真理本身，方法也不是，要有這樣的認知。

我，阿底峽就是這樣告訴你，修行並不一定要具有如何、如何的形式，雖然我們常常把修行當成某一種宗或者某一種教的特定規矩，把這樣子當作修行，但是我要告訴你，不要把自己拘束在這個觀念上面，放開自己。

寫作可以是修行、服務可以是修行，形式並不重要，實質的內涵才是我們應該要努力的。所以，這樣的世界令人迷惑，但是這樣的世界也令人歡欣鼓舞，當我們能夠靠著一己之力從這樣的泥沼當中出來，所謂出汙泥而不染，當你能做到這一點，那我要恭喜你，真的非常不容易。

反過來說，當你看到別人還在污泥裡掙扎時，請你不要笑他，不要嘲笑他，不要看輕他，因為我們都是從那樣的泥灘裡面慢慢走向真理的道路。這是我阿底峽這次要對你說的，下次有機會我們再繼續。

宗教的傳承〈這一段引自2011/02/25 宗喀巴大師的談話〉

有緣再見，無緣不會見。很高興我們有這樣的機會談一談，我先自我介紹一下，我是宗喀巴，繼承了阿底峽尊者，是噶當派教法的繼承者和發揚者，你叫我宗喀巴就可以了，如你所知，我是文殊菩薩的一個面向，今天我們要談一個問題，就是宗教的傳承問題。

什麼叫做宗教的傳承問題？你可能讀了一些有關於藏傳佛教教派的師承、來源、派別等等，你可能會覺得很奇怪，為什麼這樣一個講究慈悲、智慧、開悟的宗教，會有很多所謂的宗教紛爭？這是我要向你解釋的，不管在任何的時代、不管在任何的地區、不管在任何的宗教裡面，一旦我們形成了「教」的組織，就形成了某一種集團，在這個集團裡面當然會有很多的組成份子，這個組成份子、每位成員的修習進度不太一樣，所以紛爭來自哪裡？紛爭來自進度還在開始階段的這些人，他們彼此之間常常為了世俗的東西，為了土地、財富、權力而你爭我奪。

但是在形式上，他們仍然必須遵從宗教的領袖，其實立宗立教並非必要，只是在當時當地形成了這樣的一個傳承，這些大師們經由自己的努力看見了一般大眾還沒有看見的、領悟了一般大眾還沒有領悟的，所以他們把看見的分享出來，告訴大家要如何、如何做，就會達到什麼樣、什麼樣的開悟，可是由於這些尚未開悟的人們，他們認為，哇！這個是偉大的、神奇的，所以就把這些大師們崇敬起來、供奉起來，當成一個在他們之外的對象，久而久之就形成一種傳統、一種派別，在這樣的氛圍當中，逐漸的有些弊病就產生了。

這是難以避免的，所以在歷史的演進當中，你可以看到新一代的傳播者，他們在這個世界上出現了，發現投身在原來的團體中、組織中，要進行改變、改良、改善、改進，有根本上的難度，當然，有些人還是選擇繼續留在這樣的氛圍當中，做他們該做的事，我宗喀巴就是在這樣的氛圍當中進行了所謂的宗教改革，我簡短的介紹這一部分。但是新形成的團體有沒有弊病？我要說，永遠都有！這是在這個濃密、又不透明的世界必然（會產生）的事情，不但是必然、而且還是我們設計來經歷的。

從這個物質世界當中，我們很努力的穿透重重的迷霧，為什麼要有這種遺忘的機制？因為一旦我們覺知，其實我們的來源並不是那麼的遙遠，我們很快就會脫離這個形式，而使得學習功能喪失了，在這整個大千世界是不是只有這裡有生命呢？這種物質生命的存在呢？不！生命的形式太多樣了。但是，在我們生存的這個地方、這樣的環境、這樣物質化的程度、這濃密而不透明的世界，其實正是鍛鍊最好的場所。可以把它想像成是一個特別訓練場，很困難，但是不是就沒有人要來參加訓練了呢？結果正好相反，就好像說，有時候看報紙，你會發現體育欄，在你所生存的這個時間，有什麼職業籃球、職業棒球等等，他們要求非常、非常高，是不是因為他們要求太高，就沒有人去加入這個職業球隊呢？恰好相反，全世界所有優秀的籃球員都夢想進入ＮＢＡ，是不是？全世界優秀的棒球員都夢想進入美國的大聯盟，同樣的，這個世界的鍛鍊特別困難，但是不是因而沒有任何一個存有要到這邊來接受特別的訓練洗禮呢？恰好相反，每一個存有都爭先恐後要到這一個特別殊勝的地方來學習。但是同樣的，我們還是以職業運動來比喻，是不是每一個參加選手篩選活動的，都能達到很好的成績呢？即使你已經加入了，但是每個都表現很好嗎？又不然，這中間有很多程度上的差別，所以就這個觀點來看，其實所有能到這個世界來投生、來歷練的，都非常稀有而難得。

就像悉達多，也就是釋迦牟尼佛所說的比喻，成為一個人身有多難得呢？就好像海底裡面一隻瞎眼的烏龜，從深深的海底，任由水流的飄動，從海底浮到海面，不偏不倚，牠的頭就套進一個環裡面，就這樣在茫茫大海裡，套進一個不知道哪裡漂來的環，成為人身就是這麼難得稀有。

可是你會問說，這怎麼可能呀？這世界有這麼多人，六十幾億多人，似乎不太可能，以前好像沒有這麼多人啊？嗯，再講一個比方，譬如說你們的大都市，雖然人已經很多了，但是我們發現人群還是不斷、不斷擠進這都市，想要看看這裡面到底有什麼，怎麼這樣熱鬧？為什麼這樣多采多姿呀？所以我們就想盡辦法要投身進這大都市。同樣的，在這大千世界裡面，我們所生存的這個地方，有無數的靈性存有，都非常嚮往地球，這個地球就好像一個汪洋中的燈塔，在這個大千世界中綻放著光芒，這個光芒如此耀眼，使得其他世界的存在們，都不停的、都一直在看見、都感到奇怪，很好奇為什麼這樣一個世界一直閃爍出耀眼的光芒？我一定要去看看、要去經歷、經歷，能不能讓我去呢？可以，但是這樣一個行星，承載能力有限，但是因為報名實在太踴躍了，要來旅行、參訪的太多了，怎麼辦？所以在有限度的範圍之內，我們開放了最大的名額，但是總不能多到這個世界難以忍受呀，來這邊的這些生命、靈性存在都必須套上一個沉重的甲殼，套上去之後才發現，在你們認為清醒的時候，他完全不知道自己從哪裡來，無從察覺，這樣設計的目的是你能夠在這趟旅程獲得最大的學習效果。其他世界生活相對來說比較輕鬆，因為第一，你沒有很多的需求、第二，這些需求極容易滿足，甚至有些世界，光憑意念就可以化現許多東西在你眼前。這樣的世界舒不舒服？在你們聽來，這樣的世界真是太棒了，好像要什麼有什麼，可是我告訴你，到這世界生存的他們都不會要什麼，為什麼會這樣？這就是一種習性，什麼習性呢？就是容易得到的就失去了它的價值，物以稀為貴。

那如果很多、很多、很多，多到什麼程度呢？多到你永遠不虞匱乏，所以多到你永遠不虞匱乏時，你就不會再想擁有這些東西，除了少部分維持生命必需的東西之外，你不會再想要擁有任何東西，你會想鑽石，大顆的鑽石嗎？你不會！因為隨時隨地你都可以擁有，不是一顆、不是兩顆，你可以擁有整座鑽石山，每個人都可以這樣，所以你擁有鑽石有什麼稀奇呢？你想要擁有黃金，有人會想要擁有黃金嗎？馬路是黃金鋪的，房子是用黃金蓋的，這樣有意義嗎？而且這樣的事實隨時都可以實現，所以有人會去在意黃金嗎？有人會去在意我是不是某某組織的領導者嗎？不會！

只有在我們這個濃密而不透明的世界中，要達成這樣的⋯⋯比如說，我希望能夠三餐不虞匱乏，就為了這樣一個極度簡單的目的，我們就必須做出許多的努力，為了在你的眼前出現一顆你想要擁有的鑽石，我們要付出無數的精力，這些不是任何人都可以做到的，也不是任何人都有機會做到的，所以它是稀少的。當這東西稀少時，我們就開始對它產生欲望，希望得到它，並且認為當我們得到了這些功名利祿、財寶權勢之後，就會感到非常快樂，因為我擁有了這些東西，於是我們不斷競逐，在日常生活當中不斷追求，並且為了追逐這東西，我們想方設法，也許毀謗別人、也許暴力相向等等，總之或許有一天我們得到了，得到了之後你會發現，這東西好像沒有想像中那麼好，因為那個時候你會發覺，你獲得了那樣東西，並沒有辦法讓你得到快樂，有，或許你剛剛拿到手上的時候，覺得好了不起呀，好有成就啊，但是當你拿了三分鐘以後，你會覺得，天啊！怎麼這麼重啊！放在哪裡？會不會被人偷啊？你的煩惱就來了，所謂名之將來、謗亦隨之，財寶之將來、偷盜亦隨之，就是這樣，所以我們的煩惱永不止息。

所以，在這樣的訓練過程當中，我們逐漸體認這些東西其實不是我們該去追求的，你也許會問說我們何必這麼累呢？本來隨時想要什麼有什麼，然後，吃飽了沒事幹，跳到這個地方，要什麼沒什麼，每一樣都要努力拚來，然後最後才發現這些東西還是沒什麼，這樣會不會很累呢？嗯，不是這樣，當我們生活在一個完全不虞匱乏的環境，那種狀態我們很難體會到感恩的心情，難以體會，但是我們就這樣一直存在，活了幾千年、幾萬年、幾百萬年、幾千萬年，還是那樣子，這樣的生命成份、內涵其實是空虛的。

當我們在這個稠密的物質世界經歷時，你就會發現你所擁有的、你所達到的是無與倫比的，所以一個是表面上的，一個是真正實質上的，這是一個經驗的旅程、一個感受的旅程，是一個靈性提升、讓你脫胎換骨的旅程，這旅程有沒有價值呢？如我所說，在這個大千世界有無數的存在，都非常希望能夠有機會到這裡進行鍛鍊。

（想來地球的）太多了，怎麼辦？所以會設立一個諮商輔導機構，這個諮商輔導機構就默默在適當的時機、場合，協助來這裡旅遊的。如果有個單位的話，就把它稱為服務局，叫做「生命服務局」，這個生命服務局的目的，就是要為所有來到這世界的存在提供服務。當這世界進入轉變期的時候，我們就要全員出動，從各個層面協助轉變的發生，這樣的情況即將到來，而且持續一段時間，當然，時間其實是一種幻象，但是當我們在這個世界生存時，時間其實對我們來說是一種真實的存在，這樣的轉變必須經過一段時間的醞釀，然後來到一個轉捩點，發生了一些指標性的事件，就好像燈塔的燈重新又點亮了，但也許晦暗了好長的一段時間，無法發揮正常的功用，然後在這樣的一個時代，它又重新點亮了，重新成為指引的標的。這樣能夠理解嗎？

：謝謝宗喀巴大師。不知道您現在是在什麼樣的狀態？或者是在怎麼樣的世界？能不能為我解釋一下？

宗喀巴：這樣的世界相對來說是難以解釋的，也可以簡單的說，我所在的這個世界其實跟你們有基本的不同，在這裡是沒有煩惱的，不是沒有事，是沒有煩惱，在這裡是快樂的，在這裡沒有時間，是通透三世的，所以從你們的觀點來看，是過去世、現在世、未來世，我們在日常生活中總喜歡講你的前世是什麼、什麼，因為發生了什麼、什麼事情，所以你這一世就發生了那樣、那樣事情，然後你未來可能會發生……事情。

但是從我們所在的這個角度來看，時間其實是一個幻象，也就是說我們能同時看到過去、現在、未來所發生的事情，它會同時展現在我們的面前，所以不要過度耽溺在這樣的幻象中，而要身處其中、並由此超脫，也就是你常常聽到的，見山是山、見山不是山、見山又是山，希望能夠達到第三個階段——見山又是山，你還是在這樣一個濃密的世界生存著，你還是必須為了一日三餐而忙碌，但是你卻能夠保持一種穩定的狀態，一種永恆快樂的狀態，這個非常難得。所以我們常常在追求一種開悟，什麼是開悟？開悟就是達到這樣一種狀態，但是能夠持續多久呢？因為你在這個世界，你就承受這世界的限制條件，而限制條件最大的就是時間的幻象，所以你能維持多久的時間在開悟狀態呢？開悟不是只有那靈光一閃，然後就沒了，還是在那邊爭權奪利，說我才是真正的大師、我才是真正的教主等等，這些所謂的教主、領導者，其實並不比一粒沙好多少，這些都是虛幻無實的。這個幻化的世界唯一的功用，就是提供一種訓練的場所，不要被這樣的世界所迷惑住，要身處其中並由此脫離，不是離開這世界，而是離開這世界的幻象，認清事物的本質。這樣的狀態其實很難達到，所以我要告訴你們，放輕鬆一點，盡力就好，只要做到這一點，自然就能獲得許多協助，當然也包括我的協助。

龍欽巴尊者

了知一切的典範〈這一段引自2011/06/30龍欽巴尊者的談話〉

什麼是典範？很多東西或者很多的事情都有很多的典範，譬如說，我們看見畫畫畫得很好的大師，他形成了一種畫風，這種畫風就是一種典範；又或者有某一位修養很好的大師，他的行為舉止也是一種典範，在這麼多的典範當中，我們要談論的是了知一切的（典範）。

在人類的歷史當中，能夠稱得上了知一切的並不多，這裡所謂的歷史是有文字記載的歷史，當然，文字記載的範圍相當有限，就有文字記載、能夠達到這種了知一切境界的，數一數，只有幾個，其他的在了知的範圍上就有很大的差別。

譬如說，當你真正的了知一切了，所謂的過去、現在、未來，都將一體展現在你的面前，這些是無有差異的；但是對於有限度覺知者，他也許也能看見所謂的過去、現在、未來，但是他們看見的是有限的，譬如說，你能夠看見二十世、三十世，也許五百世、八百世之前或者之後，但是再過去呢？你就難以瞭解、難以察覺，因為我們大部分的存有所具備的，都是一種不夠充分的智慧、有漏的智慧。

那在這些了知一切者當中，我們要找誰來當我們的樣本、模範呢？站在佛教的角度來看，就是釋迦牟尼，祂展示了這樣一種模範，讓我們能夠追隨祂所傳遞的方法、所傳達的訊息，逐漸、逐漸由此岸踏向彼岸。

但是，雖然這樣一位全知者，祂降生在這個人世，祂要向不同根器的人進行不同的教導，就是所謂的因材施教，所以才會有這麼多不同的經典，就好像你要向講德語的人說德語、講法語的人說法語，他才聽得懂，對於不同根器者所要談的內容也不一樣。

在人生的長河、生命的長河之中，一個階段、一個階段，每個階段能夠體驗、能夠理解的都有限，所以，針對不同的對象所宣說的不會相同，但是，它背後的根據是一致的，只是因為對象不同，使得說法有所不同，再強調一遍，它背後的根據是一致的。

所以，讀任何的經典都要很小心，不要隨便、膚淺的看了幾本這個經、那個經，就妄加揣測、妄加批評，說這兩個講的互相詆毀、互相矛盾，這些矛盾只存在於有限覺知者，對於全知者而言，這些沒有矛盾。這是今天第一個要強調的。

第二個要強調的就是不要去分宗、分派，我們已經表明很多次了，不同的進程、路線，就只是不同而已，這些不同並沒有價值上的高低。不一樣的環境、不一樣的社會，當然它所能傳達的訊息、所適合的方式不一樣，就好像說，以你們目前、現在的生活方式，要和五千年前、一萬年前人的生活方式相比，是沒有辦法比較的，因為太不相同，但是你說誰比較高明？誰比較好呢？其實沒有！

不要隨意的為許多事情加上價值的判斷、加上標籤，不要用有色的眼鏡去看許多的事情，要隨時隨地保持覺察的心。也許你不能夠知道，或者說不能夠覺察到別人內心的想法，你可能、應該說多半都不具備瞭解他人心意的能力，但是你可以瞭解你自己，你可以觀察你自己，當你講一句話、起心動念之間，到底真正的意思是什麼呢？你自己應該明瞭。或者你只是渾渾噩噩度日，甚至不知道自己說的話到底是什麼涵義？

所以，請聽我龍欽巴的教言，要保持一顆覺察的心，但是也不必苦苦去追求，像某一個時代的鍛鍊方式，這些都只是一種形式，隨著時代不同，形式可以改變，但是本質是相同的，這一點要注意。

第三點我要強調的是，你不必具備任何的神通就可以為世界做很多事，可以貢獻你所擁有的力量，不論大或小、多或少，都可以有所貢獻。

其實這個世界處處充滿了神通，譬如說，你如何能夠說話呢？你怎麼能夠知道講某個字、發某個音要牽動哪些肌肉呢？如果你曾經真正以人為的方式去做這些事情時，你會發現人的構造或某些動物的構造真是太神奇、太奧妙了，這些每一天、每一天發生的神蹟，我們卻毫無覺察，很少心生感激，感激這緣生之舟、這帶著我們橫渡生死海的載具，這麼精密複雜的身體，這每一天都在上演的神蹟，我們卻毫不在意，反而恣意的損毀傷害它。

現代人生活最不可取的就是過度使用身體，損傷了這個緣生之舟，這就好像我們坐上一艘船，結果我們的嗜好呢，就是在船身上到處打洞，特別是在船底，打了一個洞又一個洞，吔，看看它會不會沉？一而再、再而三，在每艘船都打了無數的洞，當然，你也會發現，這樣子做了之後，船真的也一艘艘都沉了。這個是我們想要的嗎？是我們追求的嗎？我們到底要追求什麼呢？一時的快樂、快感？還是永恆的安樂？必須要想清楚。

第四個我要強調的是，健康的身體很重要，而我們卻很少注意它。從兩方面來講，第一個保持良好的生活習慣、適當的運動，讓我們的身體隨時保持在高度可用性的狀態；第二個由於生活中難以避免的問題，使我們的身體產生障礙了，這時必須尋求適當的保養或者適當的回復，這些方法有的你已經熟悉了、有的你還沒熟悉，更有的你連聽都沒有聽過，但是，即便以你現在能夠熟悉的（拉筋拍打），已經足以解決大部分問題了。

但是這僅止於生理層面、物質層面，還有一個更難解決的問題是人心的問題，病，哪裡來？因為我們心病了、身體就病了，所以，不論什麼樣的病痛，追根究柢你將發現萬法唯心造，當然病也由心造！所以治病之前必先治心，有了正確的態度、正確的觀念，剩下來的只是技術，只是這樣而已，所謂技術就是大家都可以做到的，只要經過適當的學習就可以學會的，但是要治心、調心，就相對困難很多。

當然，也有很多種方式可以做，譬如說，你可以靜坐，你可以去做性靈溝通，可以參加某一類的宗教，藉由儀式來達到這樣的效果，一切的方法都可以運用，並沒有哪一種稱之為最好的，適合你的就是最好的方法，每一個人都有他適合的方法，只有當我們解決了心的問題，身的問題才能真正完善的處理，否則不論有多大的效果，都只是暫時的。這就是今天主要講的內容。

上師相應〈這一段引自2011/06/17晉美林巴尊者的談話〉

首先我們要來講什麼叫上師？不是什麼人都可以當上師，上師和我們一般意義的老師不太一樣，特別指祂的修行證悟，已經達到某一種程度了，已經足以指引你了，能夠帶領你在這一條路上，告訴你每一關、每一卡要如何練習、如何突破等等，所以上師難尋。我的上師之一就是龍欽巴尊者。

再來我們要解釋「相應」，為什麼要和你的上師相應？所謂相應意思就是當我們還是凡夫之身、普通人，我們還不能升起一種深刻的證悟，那麼我們需要一種指引。

就好像說當你在練習樂曲時，你需要向大師學習，學習的方法之一就是聆聽這些大師的演奏，長期的聆聽、反覆的聆聽，把大師表達的方式、技巧、抑揚頓挫，都深深印在你的腦海中，就這樣，有一天、或者經過一段時間之後，你就不知不覺演奏出這樣的樂音，前提是你的程度已達到一定的水準。

上師相應也是一樣的意思，把你的上師視同諸佛的化身，把你自己視同上師一般，那樣的水準、那樣的成就，等同於他，就好像我們用大師的手法、大師的表現方式，呈現出同樣完美的音樂一般，就這樣，透過不斷的觀察思維，觀察什麼？觀察上師的行誼、言行，最重要瞭解這些背後的涵義，而不只表面上看到的，他拜了幾次、他做了哪些動作，形式背後有它深刻的涵義，無法言傳的境界在裡面，所以透過點點滴滴、形上形下，於是你的身心各方面，就逐漸、逐漸趨向和你的老師同樣的程度、水準，直到有一天，你自己也成為這樣一位上師。

當然，所有達到這樣程度的都是你的指導者，都可以是你的指導者，但是，生而為人會受到種種的局限，因此你不一定有機會能夠遇到，或者領受到這些上師的教法。

當然你現在接收了很多的「消息」或者訊息，但是光是知道是不夠的，還要對這些消息的內容反覆的閱讀、仔細的聆聽，把這些內容深刻印在你這一世的記憶之中，雖然在這一世我並不是你的上師，但是你仍然可以隨時和我聯絡，這是我今天要告訴你的，你可以有許多學習的對象，不要劃地自限、不要分宗分派，以為自己有多高的成就，不要有這樣的心態。永遠懷抱一顆謙遜之心，不是有一句話嗎？「聞道有先後，術業有專攻」，誰能夠比誰更強呢？我們都走在這樣一條前進的道路上，向著相同的目標邁進。

今天是我第一次和你談話，喔，從你的世界來看，已經經過好久好久的時間，但是從我的角度來看，就好像是昨天一樣，不，應該說根本就沒有任何的差異，這就是奇妙的地方。這個世界、這個你所在的世界、我所鍾愛的世界，需要大家共同的維護，努力的把它照顧好，最少最少也要盡可能做到不去破壞，破壞我們賴以生存之地，否則不論你修了多少顯、密的教法，那也只是鏡中花、水中月，無有實益。要做到這樣，你並不需要有任何修行的證悟，隨便一個普通人都能夠達到這樣的要求，不是嗎？

心裡面不要老想著這位名師、那位名師，終日追逐東、追逐西，老想找一個能夠速成的方法，凡事按部就班，欲速則不達，你愈想速成走的路就愈遠，老老實實的做好每一步，做好你能夠掌握的，就是最快速的捷徑，所以不要弄巧成拙。

5.4 天主與基督

耶和華★

⋯我要獻上我對你的祝福，祝福你身體安康，祝福你家庭和樂，祝福你前程似錦，祝福你所在的世界充滿了祥和、安樂，這是我對你的祝福，我是耶～和～華～。

聖母瑪利亞〈這一段引自2011/07/03 聖母瑪利亞的談話〉

母親的角色

我是瑪利亞，就是一般人稱聖母瑪利亞。在這裡我想談論一些沒有那麼嚴肅的主題，譬如說，耶穌當年是怎麼出生的呢？我要告訴你，就好像當你要和鵝溝通的時候，你首先必須先成為一隻鵝；當你要和人溝通的時候，你首先必須成為一個人，所有人必須經歷的、體驗的，你都必須經歷、體驗。所以身為一個神之子，耶穌基督必須經歷同樣的過程來到這個世界，感受到這世界所有的一切，並由此而超脫，為眾生指引出道路，指引什麼是真理。

但是有一點也不可以忘記的，就是這些所謂的真理，是有針對的，什麼意思？就是針對當時的社會

★這一段引自2011/01/08 耶和華的談話，這一段大概是所有訊息中最短的一段，耶和華是以一種極輕微的氣聲發音，祂忽然出現，也沒有再出現過。在看這一段的時候請把文中的「你」當作是對正在看這篇文章的你的祝福，會有一種充滿幸福的感覺喔！

大眾、當時的環境、當時的時空背景而訴說的，所以在這些被普遍認知的真理當中，有一部分是屬於永恆的，但是有一部分是屬於暫時性的，依托於時空背景的，這一點要仔細的去分辨，分辨什麼是變動、什麼是永恆，要謹慎去思維它。

當祂經歷了這樣的過程，逐漸地成長、接受訓練，終至結束了祂短暫的一生，也許從世人的標準來看，祂的生命是短暫的，但是從我們的角度來看，所謂短暫只是一種時間的幻象，祂所宣說的具有永恆的價值，是一般的初學者、初入門者，花費無數的世代難以學到的，所以，什麼是短暫？什麼是永恆？請不要用你們的時間觀念來衡量。

我是瑪利亞，曾經是耶穌基督的母親，但是更重要的是，我也是你們的靈性同胞，我們同樣走在真理的路上，或前或後，逐漸邁向我們的目標。不要認為自己是軟弱、無依靠的，真神就是你的依靠，祂已經承擔了你們所有的不完備、不滿足，祂已經賜予你們每一位存有圓滿、無缺憾的本質，所以不要去追求那些過去的遺憾，不要去追求那些虛幻無實質的成功，而要去追求你內在完美無瑕的本質，達到……或者說揭開你神性的一面，那麼你將發現你和神是合一的，神從來沒有離你們而遠去，祂藏在你們的心中，藏在你們最深、最深的內在當中。

你們沒有任何的缺憾，每一個人都那樣的完美，所以放掉執著，放掉那些卡在你內心中的、一切的缺憾、悔恨、抱怨，放掉所有這些一切的負面觀點、想法，當你能夠瞭解自己其實一直都與神同在，當你放掉了一切的負面思想，神性才會彰顯。

就好像一個裝滿了污水的杯子，沒有辦法倒進乾淨的水，只有當我們把這個杯子裡面陳年的、不清澈的、充滿了病菌的、負面能量的這些水倒掉，杯子洗乾淨了，只有當杯子空了、乾淨了，我們才能在這個杯子當中注入純淨、新鮮、完美無缺的源頭水、源頭活水。這樣的過程要花費多久的時間呢？這樣的過程即使在你們這樣的物質世界，也只需要一剎那，剎那的覺醒，這樣的杯子就清理了。

身為耶穌基督的母親，或者說曾經是耶穌基督的母親，現在的我已經不在你們的世界了，但是我要告訴你們在真神的眼裡，一切眾生都是祂所關愛的，祂在等待你們覺醒的那麼一天，在（我們）這個世界並沒有所謂的男女的區別，但是的確有不同性質能量的區別。

身為一個曾經在人世出現的女子，我要稍微說一下母親的角色或者女性的角色對我的意義。母親的角色其實很大的程度上，扮演的是神對世人的關愛，一個代理者，所有的世人或者所有的生物，都有一個他所從出的，這個所有存在所從出的，以你們的語言來說叫「媽媽」。

你們的內在本質從何而出？就是源自何處？源自於那至高的真神，所以就這意義來看，你們就是神的子民、神的子女。從人的角度來看，你們從何而出？你們從母親出來，就這一點，母親的角色就等同於神的代理者。

另外我想再從女性的觀點來看，在你們的世界有性別的區分，男性女性，但是在靈性的世界並沒有，所謂的女性我們可以解釋為一種柔軟的能量、關愛的能量、包容的能量，具備這種特質的，我們稱之為女性的特質，但是不一定具有女性的身體，因為這樣的結構只有在你們所生存的地球才存在。

在其他的地方不一定有這樣的結構，所以請不要把自己的經歷，在此地、此時的經歷過於擴大了，擴大成唯一的標準、真理，這樣未經驗證、未經仔細思維、隨意的擴展，對你們是一件危險的事情，因為這將阻礙你和其他的存在互相溝通的機會，因為你們如果不能時時覺察自己的念頭來自何處、如何產生，那麼在溝通時就會產生很多的誤解，這樣的狀態是有待改進的。

這是我今天的簡短談話，下次有機會也許我們還能再繼續聊一聊這樣的話題，我們今天暫時再見。

耶穌基督

天堂與天獄〈這一段引自2010/11/06約書亞的談話。〉

約書亞：（說話費力）我是約書亞，今天要講的是天堂和天獄的故事。

：天堂和天獄的故事，那就是祢上次（註：指2010/10/31通話失敗）要講還沒有講的，但是我還是聽不懂，「天堂和天獄」到底是什麼意思呢？

約書亞：（語句流暢）天堂我們已經講過了，就是天堂和地獄，天堂和地獄其實只是某種（人）心的意識造就出來的場景，這是我們說過的天堂。廣泛來說，整個現象界其實也都是（人）心的意識造成的、心（的）意識顯現的，所以不同的心（的）意識顯現出來的構造就不一樣，這就是什麼所謂的六道輪迴呀、天堂地獄啦，在不同的宗教系統裡面有不同的講法，不同的心（的）意識就構造出來不同的世界，大概是這樣。

：那什麼叫「天獄」呀？

約書亞：天獄就是天上的獄⋯獄⋯獄⋯，就是天神的枷鎖！

：所以祢又講了一個我完全搞不清楚的概念，天神的枷鎖，所以是「天獄」不是「天語」囉？天獄——天神的枷鎖，什麼是天神的枷鎖呢？

約書亞：天神的枷鎖其實不是負面的意思，有時候我們講說，有一件事情叫做愛的負擔，它的本質是愛，可是在旁觀者來看會是一個負擔，這個負擔呢，我們也許可以名之為一種「枷鎖」。當然，這樣的形容也許不是很好，但是這樣的形容是因為語言文字能夠賦予我們的解說力，是比較困難的，因為在我們這個世界是不需要言語的，但是在你們的世界呢，這些觀念常常要透過語言來表達，語言常常就是詞不達意。那什麼叫做「天神的枷鎖」呢？我們換一個現代的詞語來說，就叫做「愛的負擔」。而且這是永恆的（重複兩次），甚至「負擔」這個詞帶有負面意義，這樣講也不是很好，應該是說（遲疑）⋯這是一個永恆的愛（重複兩次）！「天神」也是借用這裡的講法，事實上每一個人都是天神，在我們表相的背後，其實內在神性是完全一致的，就是說是一樣純淨的，因為我們都是來自完全相同的太初，分出來一個、一個小小的本我，其本質是純淨是完全一致的，所以我們每個人的背後、每個人的深處，我們講「深處」好了，每個人的深處——他的神性或者叫佛性，或者任何你喜歡的名詞來講，他的本質是一致的，但是他的外表卻上了層層的裝飾。所以這裡有一個返家的旅程，這返家的旅程就好像說，當我們去出外旅遊，到每一個名勝，到尼泊爾住兩天、到法國住兩天、到俄國住兩天，住完了之後，到最後呢，還是要回到家裡面，就是這個意思。所以，什麼叫做「天神的枷鎖」？就是這是一個永恆的追尋旅程，它的本質是愛，這就是天神的枷鎖。

王道與王法的區別〈這一段引自2010/11/15約書亞的談話〉

約書亞：今天要談「王道與王法的區別」。

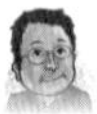：王道與王法的區別，這聽起來像是中文的用詞，是什麼意思呢？

約書亞：王道，就是一種至上的道，叫做「王道」，根據這個道所引伸出來的原則，就叫做「王法」。這聽起來有一點嚴肅，不過，基本上這是一件很單純的事情，你可以把它想像成一種上帝之道，也可以想像成一種自然之道，也可以想像成一種佛性之道，總之就是禪宗講的「那個」，但是「那個」東西是不可言說的，叫做「說似一物即不中」，所以你只能去體會，就像你現在這個樣子，去體會那個不可說的（王道）。

但是，在這個物質世界你要生活，要達到一種平衡的狀態，所以我們又不得不去說它，勉強說出來的這個就叫做「王法」，你可以想像在不同的時代、不同的地區、不同的文化傳承底下，這個所謂的王法是不一樣的，就是某一種因時因地制宜的規則，是不一樣的。所以，到了轉變的時代，這個王法要改變了，要順應時代變化，要修正了，如何修正？當然基本是要透過我們對於這個王道的體悟。

這個體悟呢，嗯，這個道是一，但是不同的人因為個人性情、性向的不同，所以體悟的結果會不一樣，這個難以避免，但是我們還是要盡量去做它。就是這樣一個至高無上的道，它要有體現的時候，不然這種道的存在就沒有價值了。如何體現呢？就像地球這樣一個很特殊、很深刻的一種情境裡面，它最需要、也最適合去體會這個道。

何謂關公？〈這一段引自2010/12/08 約書亞的談話〉

：我想請問您對關公、關雲長、「關聖帝君」的看法？

約書亞：建立正義的典範、正氣的典範，這個就是我們所說的「關公」、「關雲長」。其實我們常常講的是一種典型，一種人格的典型，所以這種人格的典型，這一類人，具有關公特質的這個人，我們可以統稱為關聖帝君，或者統稱為關公。

這是一種提升，什麼提升呢，就是也許在我們每個人裡面都有這樣的一個部分，什麼部分呢？比如說，我們就你所說的「關公」、「關聖帝君」來說，他代表的是什麼？他代表的是一種「義」，忠義的義，那至於什麼是「義」呢？這又要講很久。但是假設我們暫時略過不談，這個「義」假設我們每個人內心裡面似乎都瞭解這個字的意思，就是做自己該做的事，謹守自己該做的，只是說這個事情我該不該做，而不是說我能不能做，所以，我們同樣一件事情有很多不同的講法，比如說，知其不可而為之，就是說我雖然沒有能力做，但還是盡我所能去做，或者說，另外還有「愚公移山」、「精衛填海」，這也完全一樣。

我能力也許很大，也許很小，但是我之所以做，並不是因為我的能力大或小，而在於我該不該做，這就叫做一種「義」的表現，做你該做的，而不問你的能力是什麼，不去問你做了之後獲得的代價、結果是什麼，重點不在「成」或「敗」，重點在你的用心。

這種心態就是一種義的表現，所以我們把這些信念集中起來，就構成一個所謂關公的形象，這是一種共（同）信（念）的典範。當然，除了這個，還有很多其他的典範，這個典範不一定需要有很具體的東西，具體的名稱、形象來表達，但是如果說我們只是抽象表達了義，我們很難表達清楚，所以就從過往的人物裡去找出一個最能令大家印象深刻的，只要看到他就不需要再多言語，就由這樣一個形象來代表。

所以，重要的不是說形象怎樣，而是形象背後所代表的意義才最重要。所以很多時候，儀式本身並沒有什麼重要，而是儀式背後所蘊含的意義才重要。比如說，我們常常會有頂禮，在很多宗教裡都有頂禮，比如說洗腳禮，或是五體投地這些，重要的不是這些形式，而是這些形式所蘊含的內在意義才最重要。所以我們可以發現為什麼這個地區、這樣的人，用這種形式來代表這些意義，可是我們換個地方，又用其他的形式來代表相同的意義，難道這些沒有差別嗎？我要說的是，形式不同，但是這些形式在不同的文化傳承裡具有一定的意義，所以我們要去瞭解意義，而不是瞭解儀式的細節，儀式細節之所以有意義，是因為它能夠在這個文化氛圍裡彰顯出它背後所蘊含的，這樣的儀式才有意義。

所以同樣的儀式，換到別的文化系統裡面就失掉意義了，就不再有那種東西了，所以文化傳承是一件重要的事情，但不是傳承它的形式，而是透過形式去傳承它的內涵，所以廟宇可不可以去啊？當然可以去！要不要遵循一定的儀式啊？當然可以遵循。

但是如果我們只注重這些外在的儀式，而不去追尋它的內在本質時，這個儀式本身就死亡了，所以不要只是單純學形式，在任何文化裡面，都不要只看到外在的，繞了幾圈啦，點了幾個頭啦，而要瞭解它為什麼要繞圈，繞幾圈代表的涵義是什麼，點幾個頭代表涵義是什麼？左繞、還是右繞等等，到底代表的是什麼涵義？這個是我們在做文化交流時一個很重要的依據，就是形式背後的意義。

如果說我們去看關聖帝君、關公，只是拿根香，或擺擺手、鞠個躬，但是卻對於祂所代表的涵義一無所感，那這些動作都是白搭的。除此之外，當然還有很多其他的典型，這些典型，正面的典型，都是我們要去好好學習、模仿、效法的，並不是說這樣一個人就完美無缺，不是，而是他的人格裡面這樣的特點，特別特別值得拿來提倡、特別特別值得我們效法，我們就尊崇他。

就像基督教講的聖人，什麼是「聖人」？就是他值得我們效法的地方，就是他神聖的地方。物質身體的存在很難避免某方面的缺陷，但是正因為我們能夠在不完美中力求完美，才更顯得這份完美的可貴。

你本來就很完美了，你再增添也不會增添（什麼）。在不如意、不完美的世界裡，呈現出完美是很困難的，也是很值得珍惜的，要常常去瞭解、感恩這件事情，而不是從負面的角度說：這個世界很爛呀！為什麼是五濁惡世？五濁惡世是從誰的觀點來看？是從我們人的觀點來看，這是一個五濁惡世，但是從學習的角度來看，這卻是一個非常好的學習場所，所以五濁不是它的缺點，反而是長處。

過於理想的環境，很完美，想要什麼就有什麼的世界，其實有很大的局限性，就是進步會很遲緩、會停頓、會處於一種靜止的狀態，要把靜止的狀態重新推動，讓它動起來，就要透過這樣的形式，透過上課的形式，什麼樣是一個好的上課場所，就像這個五濁惡世。

但是，這樣的環境也是艱難的，所以我們要提升自己，要在這個艱難的環境裡面，還能夠保持健康，包括健康的身體、健康的心理，健康的身心靈，這很不容易，但卻是我們要克服的，當我們能夠克服了這個問題，去提升了自己之後，你就會發現同樣這個世界，不再是五濁惡世了，而是天堂，天堂在哪裡？這個問題可以常常拿出來想一想。

天使與指導靈〈這一段引自2010/11/15約書亞的談話〉

有些靈的存在是純粹的靈，從來不曾出現在物質界，當然我這邊所指的物質界，不是只有地球，還包括其他的，甚至包括那些星球已經毀滅的，就是這些許許多多的、我可以把它稱之為「修行場」，不曾在這些修行場出現過的，是一種（靈體）。

另外就是，有很多、很多的，數目就難算了，我們就不要提數目的問題，總之是非常多，有很多靈祂會投生在物質界，去經歷各式各樣，像我們之前提過的岩石世界、水世界，還有像地球這種碳基的世界，（有了）這樣的經歷之後，祂會取得一些很寶貴的經驗。

而這些寶貴的經驗在祂離開物質身體之後，又恢復到靈的存在時，祂就不再只是一種單純的靈，這種靈體的狀態，是具有祂特殊經驗的靈的狀態，當我們沒有迷失在自己創造的幻象裡面時，我們可以把它認知為一種清明的狀態，當然，清明也有程度上的差異，不過基本上我們認知祂是清明的，在這種清明的狀態之下，祂可以提供某些協助。

事實上，在你的一生裡，甚至在你不覺知時，就已經有很多來自靈界的幫助，但是，因為我們都只注意到有形世界的東西，所以，對於無形世界我們比較難以理解，其實理解最好的反而是小娃娃，尤其是小孩，年紀愈大愈不容易理解。

當你的兒子在喃喃自語的時候，其實他就是跟天使在講話，那些天使只在想像中出現，就是我們所謂的想像，對於這樣的小孩來說，天使是真實存在的，祂可能以任何形式出現，一朵雲、也許是一個小動物或者一個人，祂可以是任何形態的，小時候，很多人都有這種經驗。

但是長大了之後，我們就把這些經驗給遺忘了，因為如果不遺忘這些經驗的話，那我們在這個物質世界生活起來會有困難，譬如說，你老是記得上一世或前幾世，你的兄弟姐妹或者你的鄰居跟你有什麼樣的關係，這會對你物質世界的生活造成非常大的障礙，也難以達到一種學習的效果。

所以，這種遺忘的過程其實是內建的，在各個不同的民族都有不同的說法去說這件事。譬如說，你所知道的「喝孟婆湯」，就是在形象化的形容這樣一個遺忘的過程，你會遺忘，而且是慢慢、慢慢的遺忘，當你還在靈體狀態存在時，其實你可以記得很多、很多過去的事，而你在物質狀態存在時，你要想記住這些過去的事，那可是很難，你必須經過艱苦的鍛鍊，不停向內尋求之後，才有可能達到這種狀態，所以，這就是我對於這些（事）的看法。

其實不只是書上提到的七大天使，還有很多天使，我是建議呀，其實你可以不需要記住這些名字，當然記住名字是很好，有很多人就是透過這些名字去呼喚，呼喚這些來自天界的協助，也可以用所有你能夠想得到的方式，譬如說，你希望請求一個什麼協助：譬如說，你要學醫療，希望有一個醫療天使，你就可以在心裡面說：「請天界的醫療天使協助我，能夠順利圓滿完成這學習的過程。」這樣就可以了。

因為在靈界，當然我們有時候會有名字，但是名字往往不重要，是在沒有辦法區別的時候，才拿出來用的，因為我們可以直接完全察覺、瞭解對方，不需要語言，因為這是意念的直接交流、是透明的，所以只要你起心動念我想要有個醫療天使或者快樂天使，就很容易傳到具有這種特質的靈身上，祂們就會來協助你。

祂們為什麼要來協助你呢？因為對祂們來說，這種協助也是一種鍛鍊，透過這種協助祂可以瞭解，以一種物質身體存在會有什麼樣的困難，祂們能從這裡面間接學習到。當然，更直接的方式是直接投生，不過，生命是自由的，並沒有哪一種方式絕對最好，即使像地球這樣一個很特殊、很特別的上課環境，但是這並不表示說，什麼生命都要到地球來，不是這樣子。

但是，你已經在地球上了，所以，一方面我們要好好的感謝，感謝你能夠在這樣的一個時段、時間在地球上出現，進行學習；另一方面，你要協助、提供你自己的能力，盡可能幫助（其他存在），建立新機。

施洗約翰

生命的真相〈這一段引自2010/09/05 施洗約翰的談話〉

：為了慎重起見，祢可不可以再報一次祢的名號？

約翰：（語氣平順）我是施洗約翰。

：祢說要講生命的真相，生命有輪迴，這是什麼意思呢？能不能做比較詳細的說明？同樣的，為了避免我的主觀意識摻雜進去，我要麻煩祢用比較辛苦的方式來表述，可以嗎？我只在必要的時候加以闡述。

約翰：（發音艱難）可～可以。

：好，那就開始吧，生命有輪迴，然後呢？

約翰：（發音艱難）在這個世界之外，還有別的世界，就是靈魂的居所。

：喔，就是說除了這個物質的世界之外，還有一個靈魂的居所，那這個靈魂的居所我們看不見，是人死了之後才看得見嗎？可不可以說人的靈魂在活著的時候，是跟肉體合一的，人死了之後，靈魂與肉體分離了，可以這樣認為嗎？

約翰：（發音艱難）嗯，對、對，就是這樣。

：那靈魂的世界是怎樣的一個世界呢？和物質的世界有沒有不一樣？比如說，有沒有像傳統的基督教講的——天堂呀、地獄呀，或者是佛教講的有三十三天呀，或者是道教講的有各種神仙呀？

約翰：（發音艱難）心～意是會建構出很多東西，包括能量、物質，包括靈界的結構。

：祢是說，這些所謂的結構也是由意識建構出來的？甚至可以說意識建構出所有這些東西，是嗎？

約翰：嗯，對、對，（發音艱難）因為生命是自由的，你有一天會體會到，生命可以創造出一切、一切。

：可是這樣講太籠統了，什麼叫做生命可以創造出一切呢？祢是說三十三天、六道、地獄，這些都是可以由人創造出來的嗎？天堂、地獄這些都是可以創造出來的嗎？

約翰：Yes，對的、對的，生命是自由的。

：所謂自由是什麼？就是說，你完全可以自由的去創造，可是我們為什麼要那麼累呢？比如說，創造了一個地獄的形象，然後自己住進去體會，這是什麼意思呢？

約翰：（說話漸漸流暢）可以這樣說，當然這是一種比喻的說法，比如說我們建造一個法庭的情境教室，除了它不是真的以外，其他都一樣，那我們可以在這情境教室裡上課，去體驗所有在法庭上的一切；同樣的，我們也可以在地獄的情境裡面，去體會、體驗，比如說體驗沒有東西吃的感覺，因為在生命的實相裡面，這些都是自由的。

比如說你現在遇到一個人，你現在錢很多，你遇到一個人他需要錢，但是你卻不肯給他，結果他因此而遭受到世俗的不幸，所以呢，當你…那這件事情對你有沒有什麼意義呢？就是讓這件事情彰顯意義，這個地方也許在你建構出來的情境教室，這個教室的名稱叫做地獄，在這個地獄裡面你會經歷到，就是你們角色異位了，在地獄裡面你會經歷到…你很需要某樣東西卻得不到，比如說，你很需要有一筆錢但是你卻得不到；你很希望有東西吃但是你卻吃不到，諸如此類的，這是一個鍛鍊的場所、培養同理心的場所，要到什麼時候呢？直到你能夠從這些點點滴滴的事件學到教訓的時候，你就脫離了，你可以把它想像成你從情境教室裡下課了，而不同的是，在情境教室裡面待多久，就看你學得有多快，這個裡面，從某個角度來看，其實是至善的；但是從一個比較不透明的觀點來看，這個就是「地獄」、是苦，是一切苦。

所謂要苦、不要苦，這都是一種上課的過程，有些人選擇比較快的方式去學習這些，那就比較辛苦；有些人選擇比較慢的方式，那就要經過很多世的輪迴累積，不只是在這個（發音艱難）地～球～，也許是在別的地方。

：能不能再請問一下，所謂的彌賽亞預言祢為什麼要實現它？為什麼會有這個預言存在呢？

約翰：喔，是這樣，這是一件大事，耶穌…基督的能量要到地球上來是一件大事，好大的事，所以必須做一些、有一些先遣的預備工作，這些預備工作就是透過某些能夠接受訊號傳送的人表達，這些能夠接收到訊號的人被稱為先知，這訊號裡面…給予的訊號裡面有提到，將會有一位救世主降臨。

就好像說你們的電影在上片之前就要打預告，哎呀，什麼時候要演了，有誰主演了等等，有時候會故作神秘，說得神秘兮兮的，好像看見的、聽見的，卻又沒有看見、聽見得很真確，大概就是那個樣子。所以，基督的能量要在地球上出現了，就是透過這樣的方式打了很多的預告，這預告怎麼打呢？就在…所謂通靈的過程中，也或許在夢中，就這樣傳送過來，當然，訊號傳送的過程中，不可避免會有一些失真的問題，但它當時計畫是這樣，就是我們在…我、約書亞和保羅三個，依先後順序出現在地球上，而且必須是差不多，只有間隔一段很短的時間出現。

我呢，我是負責…就是正式確認這些實現預言的細節，並且上演一齣彌賽亞降臨的戲碼，這是為了…在當時那種情況之下，希望能夠達到最好的效果，所以我是負責演出基督降臨的一個角色，這樣降臨的一個預言，事實上已經出現很久了，很久的目的就是希望它能達到一定的效果，效果當然是愈大愈好，約書亞——就是接受基督能量、一般人稱的那個耶穌，在我安排好的場景裡面，在某一幕祂出現了，那我呢，就是要凸顯出祂的重要性，所以我跟祂擔任的任務不一樣。

：那保羅呢？

約翰：嗯，保羅也是…但是，保羅跟我的任務不一樣，我是屬於舖陳的，前面舖陳的部分，保羅呢，屬於後段宣揚的部分，就是宣揚基督的精神、基督的教義，所以保羅的角色更重要。

：那摩西呢？

約翰：摩西很辛苦的帶領以色列人脫離了埃及的統治，一路上歷經了千辛萬苦，這就是在一個靈界的存在，當他要和這物質世界產生連結時，必須有一定的過程，要有一段醞釀期，摩西帶領以色列人離開了埃及的領土，就是這一段醞釀期的開始，但是由於肉體的限制、物質世界的限制，猶太人、猶太這民族陷入一種（沉思）不正確理解的情況，所以遭受到很多的苦難，這是一個物質世界難以控制的標準實例。

：那，請問約書亞在嗎？祂為什麼不親自來講，要請祢來發言呢？

約翰：喔，因為這次討論的是生命的真相，就是生命是有輪迴的，祂的用意還是一樣，希望你對祂的話有適度的信心，不要全然的懷疑，因為過度的懷疑會減弱力量，雖然適度的懷疑是必要的，因為這個世界有很多半路插花的，這個你自己必須小心呀！因為你現在的情況好像「便利商店」，隨時都有一些來路不明的人，進到你的店裡購買東西，所以自己要提高警覺，要隨時自我審查一下。

：請問祢以後還會跟我通話嗎？

約翰：原則上是約書亞會和你溝通，只是因為你的懷疑心太重了，所以約書亞他希望多找幾個，你

曾經聽過、有印象的、有記憶的靈魂的存在體，和你驗證一下。

大天使的談話

這一段是有關大天使們的訊息彙編稿，因為每位大天使都只講了一些話，所以彙編在一起！總體而言，大天使們有些特性和其他的群體顯著不同，謹列如下：

- 聲音都非常低沉，大概是我所能發出聲音的下限。
- 聲音非常有力，我感覺力量很強大！
- 對我們這種世界，祂們似乎感到很有意思。
- 以行動為主，不多說話，也許有其他的管道可以和祂們溝通。
- 非常樂意提供協助，也不忘提醒你自己要先努力才可以。

另有兩位大天使夏彌爾、加百列的談話內容沒有錄到，因為錄音筆不慎掉落地面，剛好碰到開關，結果把錄音筆關閉了，有點可惜，但是大天使麥可的談話居然重新講了一遍，好像是專門為了要讓我錄音而把相同的主題重講一遍，真的是非常特別的經驗。

薩伊爾〈這一段引自2010/12/25 薩伊爾的談話〉

：大天使麥可（註：這是我唯一還能想得起來的大天使，所以當大天使薩伊爾出現時我感到很訝異！一方面是因為真的有大天使現身了；另一方面出現的不是麥可！）祂能跟我講話嗎？如果不方便的話，就不用了，因為我的承受能力也有限⋯⋯

薩伊爾：我是大天使薩伊爾（Archangel Sariel），（沉重呼吸聲，緩慢、低沉、用力地說話）要相信自己能夠努力達成功課，要相信自己能夠完成任務，我們會給予你力量，我們會支援你，讓你知道你不是孤單的，我們會支持你，奉至上神的名義，讓這個宇宙充滿和平。但是，還是要努力，站在自己的崗位上做你該做的事，有任何的困難要先靠自己的幫助、自己的努力去克服，但是如果你真的無法克服的話，隨時呼叫我們，我們都會協助你（重複兩次）！不只是我，所有的天使、大天使以及你不知道的：指導靈、高層靈、進化的靈，以及至上之神（擊指聲），都會協助你們，要知道你們每一個人、每一個存有……，不，不只是人，每一個存有，即使只是一塊石頭，也是神性的表達，不要看輕自己、也不要驕傲，因為我們都來自同一個地方，能夠在這個地方學習、生活，是一件幸福美好的事，要充滿感激，要努力學習，要認真創造一個和諧美好的社會，這是我薩伊爾要告訴你的，這是第一次、也是最後一次向你說話（註：薩伊爾似乎很不愛說話），我們都會隨時在你身邊，要相信我、相信我能協助你，但是一定要先努力。

約斐爾

第一次談話〈這一段引自2011/01/08約斐爾的談話〉

（低沉厚重的聲音）我是大天使約斐爾（Archangel Jophiel），我要告訴你，你是珍貴的，地球是珍貴的，你要好好把握機會，做出你該有的貢獻，我以至上神之名告訴你，在你的面前向你宣誓，你將得到天使們的助力，不要退縮、不要害怕，要充滿光明、充滿愛心、充滿和平，勇往直前，這是我約斐爾告訴你的。

第二次談話〈這一段引自2011/02/22 約斐爾的談話〉

（發音困難）我是大天使約斐爾，（用力地說話）再一次向你發言，你在這個物質的世界要努力鍛鍊自己的能力，早日達到預定的目標，你要清楚知道，只要你盡力去做，自然就會得到很多的助力，所以不要氣餒，積極尋找完成的機會，在這個新開始之前，我約斐爾要再一次的祝福你，你做的很好。

烏列爾〈這一段引自2011/01/09 烏列爾的談話〉

烏列爾：（緩慢、低沉、用力地說話）我是大天使烏列爾（**Archangel Uriel**），我要告訴你，建立信心，行動再行動，坐言不如起行，要接受挑戰，勇於面對任何的艱難險阻，我烏列爾以至上神之名，在你面前宣說我的誓言，我會照看著你們，不要恐懼，因為恐懼會使你衰弱，這是我要對你說的。

**：**謝謝大天使烏列爾。我想請問一下，就是不同的大天使之間所負責的事情，或者說所負責的領域，有沒有什麼不一樣？或者說有沒有很多大天使，每個天使負責的都不一樣？

烏列爾：（沉重呼吸聲）你…有意思，凡人聽聞我的名號，怎麼會、怎麼敢提問，你…有意思！我烏列爾現在告訴你，在天使之中所謂的大天使，是指所負責的範圍非常廣大，我們所賦予的能量是巨大的，能力的大小就決定了你所被賦予能量的大小，所以每一位大天使都要負責許許多多的功課，這對我們來說是我們鍛鍊的方式，所以這是我們的功課不是工作，這是我們學習的方式。你說大天使有多少？我告訴你，大天使很多，但是和你們有關係的並不多。

：感謝大天使烏列爾為我解說。祢能夠明確說到底有哪些大天使是和我們這個世界有關聯的嗎？

烏列爾：這個問題很有趣，但是我要告訴你，不用問這個問題，因為天使，特別是大天使，是沒有名字的，你可能會說你不是有名字嗎？我要告訴你，這只是一種稱謂，對於我們來說，當接受到呼喚，就代表我們要執行我們的職責，職責會更動，負責這個職責的就擁有這個名號，所以不要管，這樣的名號就像是一個職位，就像你們的職位，只是一種稱呼，大天使本身沒有名字，因為我們僅順造物之主、至上之神的意旨而行動，而造物之主、至上之神的意旨就是愛——純然的關愛，相信自己已經在大天使麥可的保護之下，相信我烏列爾，相信……最重要的要相信你自己，相信自己能夠完成這一生的功課，再見。

拉斐爾〈這一段引自2011/02/02 拉斐爾的談話〉

拉斐爾：（緩慢、低沉、用力地說話）我是大天使拉斐爾（Archangel Raphael），你要我協助你，必先加強自己，好嗎？

：謝謝大天使拉斐爾，祢希望在祢協助我之前，先要加強自己，好，我會記住這一點。請問大天使拉斐爾，盧布朗說他是配合祢的意旨來協助我，其實我不太懂這樣的機制，祢能不能跟我很簡短解釋一下？

拉斐爾：我承受天主之命，我來協助，這是一個神聖的團隊，我帶領其中之一，一般而言，我們只行動，（呼氣聲）宣說不是我們⋯（錄音中斷）★

麥可〈這一段引自2011/02/02 拉斐爾的談話〉

麥可：（用力地說話）我是大天使麥可，（喘氣聲）這是我第一次和你說話，沒想到竟然中斷，這其實就是你們的世界可愛的地方（註：麥可竟然覺得有意思，出乎我意料之外），是一個有趣的世界，我只是要告訴你，要告訴你們，所有的天使、大天使，以及所有的指導靈們，都會協助你們，你平常的請求我都給予回應，相信自己、相信大天使，相信造物之主，祝福~~（呼氣聲）。

：請問大天使麥可，祢在這個世界是否有一個訊息傳達者？或數個訊息傳達者？

麥可：是的，這樣的傳達並不容易，需要層層轉換，你可以參考，但是對於你來說，只需要知道一件事，就是你們並不孤單，不論你知道或不知道我的名號，我們都會協助你。

薩基爾〈這一段引自2011/02/02 薩基爾的談話〉

薩基爾：我是大天使薩基爾，我來只是要告訴你，我聽到了你的召請，告訴你，我們會照看著你，以及這個世界的存在，請你保持開放的心靈，用溫和的語言、溫暖的情懷，面對這個世界、面對每一天。

★這裡因為錄音筆掉到地上而意外關閉，所以拉斐爾講的後半段就沒有錄到。

拉貴爾〈這一段引自2011/02/16 拉貴爾的談話〉

拉貴爾：（艱難、用力地說話）我是大天使拉貴爾（Archangel Raguel），我要告訴你，這樣的狀態是難達到的，所以我簡單的告訴你，人身難得，機會稍縱即逝，要好好把握，要珍惜得來不易的一切，這是我拉貴爾對你說的，祝福你。

5.5 眾神

太陽神

第一次談話〈這一段引自2010/12/08 太陽神的談話〉

太陽神：我是太陽神。

：請問祢能自我介紹一下嗎？比如說，我不大清楚，因為「蓋婭」祂提到一些從祂的觀點來看的事情。如果祢真的是太陽神的話，或者是太陽意識的話，能不能多講幾句話？讓我們能夠瞭解，讓我知道這不是我自己的胡思亂想。

太陽神：建立和平的世界，就是我的力量所要做的事，這是什麼意思呢？這個意思就是說，我，

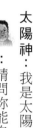

身為這一個（太陽系）系統的維護者，我有義務、有責任，要透過、要以我的力量來維持這個系統的和平的存在。

這個系統當然很大，有你們所知道的系統，所知道的這些行星，還有這些你們不一定知道的、遙遠的邊疆，我所管轄的範圍很龐大，當然跟整個銀河系的主宰、銀河系的存在，相差很多，但是從地球人的觀點來看，我所需要奉獻的範圍非常、非常的巨大，我所掌控的力量也非常巨大，所以必須要非常小心。

我要說的是，對於地球上的存在來說，特別是對於地球上的人類來說，我要告訴你們的是，你們要覺得自己是一個很幸運的一種存在，能夠住在地球上，這樣一個非常適合生命存在的地方，不要自己把自己搞砸。

在地球歷史上，有好多個文明的起落，興起來自於知識的累積，但是智慧卻沒有累積，智慧不累積的結果，就是文明的毀滅，因為知識發達，技術跟著發達，技術是一個兩面刃，既可以提升你，也能毀滅你。

現在地球上的處境又即將再一次面臨這樣的風險，或是說這樣的困難點、轉捩點，雖然我是這個系統的、這個太陽系統的管理者，但是系統的能量是巨大的，即使是我也很難做好百分之百的管控，所以請你們把知識配合你們的智慧，這個智慧能夠帶領你們走向下一個階段。請運用你們的智慧，當然我也會善盡我的職責，可是，只有我善盡職責，是沒有用的。

物質的世界就是會受到物質的影響，物理的定律是適用的，我們必須在這個物理定律限制之下，進行我們的功課、我們的學習，希望我們能夠做很好的配合，不要過度的破壞了自己居住的環境。

第二次談話〈這一段引子2010/12/25太陽神的談話〉

我是太陽神。我要告訴你，請你充滿勇氣、請你充滿信心，去面對你的每一天，你需要的能量我們會供應你，但是你需要做的工作要由自己來完成，這是我對你的期許。

我不能常常和你通話，我只能再一次的告訴你，你並不孤單，這個世界是我喜愛的世界，這個星系、這個太陽系是我關愛的地方，是我的生命之所寄，我希望每一個星球、每一個星靈，每一個在星球上生活的存有、存在都能夠健康而快樂，這就是我的責任，也是我的快樂之所在。我，會協助你，就這樣，希望你們都能幸福而美滿，獲得永恆的安樂。

玉皇大帝

玉皇大帝：我是玉皇大帝。

：玉皇大帝？（註：語氣中充滿了懷疑。）這個有點誇張了吧？玉皇大帝不是神話中的人物嗎？

玉皇大帝：玉皇大帝只是一種稱謂，其實我也有其他的名字，不過我們就暫時這麼稱呼，也許你覺得很奇怪，怎麼東一個、西一個的呀。

可是我得告訴你，請你不要為了明天而擔憂，不要活在過去的煩惱當中，因為過去的已經過去了，你活在過去的煩惱當中，被鎖在過去，是一種不夠明智的行為；未來還沒有出現，隨時有變動的可能性，未來將如何展現，是要看我們現在的所作所為，所以，何必去擔憂明天呢？明天奠基於今天，重點是，請你把關注的焦點放在現在，把握現在這個時刻，時時刻刻都活在現在，直到現在也不在了。當然這樣的講法有一點奇怪，怎麼說現在也不在了呢？就是當我們說「現在」時，它已經過去了，而未來的「現在」又還不在。

我並不是要來賞善罰惡，因為在至善的世界裡並沒有惡的存在，所謂的善惡，只存在於二元性的世界裡面，只有學習的場合才會產生善惡的概念，當我們回到源頭，本初的源頭，你會發現我們都處在至善的境地。

所以，不要看輕每一個存有，就算是路上的一條狗、牆壁上的一隻螞蟻，請你也不要看輕牠們，雖然，我們常常會不知覺的，以為自己更高等，但是，我還是請你不要這麼做。沒有一個存有不是造物之主的最愛，因為牠們都是造物之主的一部分。也許以後我不會再對你這樣說話，我只會默默站在旁邊協助你，不只是你，更協助所有需要我協助的，這是我的職責，也是我的功課，也是造物的安排。所以，再說一遍，不要被名相所迷惑，要直接應對到你的內心，不要因為是我說或是誰說而影響到你的覺察，請根據我所說話的內容來接觸我，這不是一種評量，而是一種覺察、認知，不管我說我是張三、李四、還是王五，這些都不重要，你只要根據我所說的內容來看我，就可以了。

武聖關公

談正義〈這一段引自2011/04/01 關公的談話〉

我是英烈千秋關雲長，單名羽，世稱關公，謚漢壽亭侯，現在專責保護。今天講「正義」，談到正義，我們總是想到正義的化身這一類的辭，但是，我要說的是正義首先實行的對象就是你自己，在你要評斷別人之前，請先返身省察你自己，在你出言評斷別人之前，請先看看你自己，那些你要求別人遵奉的標準，你自己達到了嗎？你是律己嚴、待人寬，還是律己寬、待人嚴，當我們靜下心來仔細檢討，你很可能會發現你並沒有資格去評論，我們要求別人，自己都常常沒有先做到，所以與其向外指指點點數落別人，不如向內省察自己。

你說不知從何開始？就從日常生活之中，三省吾身，為人謀而不忠乎？與朋友交而不信乎？傳不習乎？答應要做的做了嗎？和其他的人交往，謹守誠信的原則嗎？這麼多老師教你的，你常常複習了嗎？

或者你也可以很簡單的準備兩個罐子，有做了什麼好事，就把它記錄下來，放在其中一個罐子；做了什麼不好的事情，批評別人啦、該做的沒做啦等等，把它寫下來，放在另外一個罐子，隔一段時間拿出來檢討一下。也可以用檢查表，列出十個、二十個、三十個項目，逐一檢查自己有沒有達到或有沒有避免，這些都是很簡單的、容易實施的方式，但是難在哪裡呢？難在持之以恆！難在因為這件事情太簡單了，所以你就沒有實行的意願，總是想這個道理不夠深奧，這個做法不夠神秘，所以它很可能是沒有什麼價值的，這就是我們一般人的想法。

只要說話的人喊出來的口號不夠響亮，我們就認為大概參考的價值不高，反過來說，人家只要一報「我是太上宇宙無極⋯⋯×××」，我們就相信了這個話語，就忘記考察談論的內容。所以，這些老生常談的話，「不以言舉人，不以人廢言」，「聽其言、觀其行」，都是老掉牙了，但是做得到嗎？難！難！難！

我們總得一而再、再而三的強調，不要看這個對象他喊出來的名字、名號，不要看他穿出來的行頭，不要看他職位的高低，把那些無關緊要的因素去掉，直接看出他的底蘊，直接取得瞭解，這樣你才有可能逐漸提升你的能力、程度。

我們總是得一再的提醒，不要妄下評斷，你該努力的是什麼？做好自己的份內事，扮演好自己該扮演的角色，這一世也許你扮演的是販夫走卒，另一世你可能扮演是國王將軍，再一世你可能扮演的是任何可能的角色，所以，我們也要一再呼籲，不要看輕任何的存在，因為你並沒有比他們更高，也沒有比他們更低，只是不一樣而已。我們在這個世界演出各式各樣的悲喜劇、離合劇，最終將返回源頭。

這是我關公第一次向你講話，不要覺得很意外，也不要問我們之間是否有哪一世、哪一世的關係呀，不用問這些問題，只要知道我的職責就是在協助、在保護，你只要稱我為關公就可以了，之所以報了一大堆名字，只是讓你聽一聽而已，當然，我知道你並不會在意這些名號，也不會對沒有名號而產生輕視的念頭，我知道你不會，但是基於尊重的緣故、基於緣起的緣故，我要這麼做，下一次當我再出現的時候，就會直接以關公的名稱出現。

為什麼臉是紅的？〈這一段引自2011/04/01 關公的談話〉

：請問您武聖關公——關公先生，為什麼祢的臉是紅色的呢？我們一般黃種人的臉不都是黃色的嗎？為什麼您的形象是紅色的呢？

關公：其實這個問題也很簡單，我可以顯現任何的顏色、任何的形態，但是在這麼長久的時間，

這麼多的存在，他們用一種形象塑造（我），因此當我以眾所皆知的形象出現時，大家很容易就辨認出來，所以如果你能夠看得見的話，我將會以紅臉關公的形象出現，但是，這只是一種表象，我可以顯化成任何形態，如果需要的話。所以，請不要被你的感官所掩蔽了，親眼所見未必是事實。

雖然我們依賴眼睛來瞭解這個世界，但是眼睛所見的並不是所有的一切，除非你已經達到「全知」的狀態，不然你的所見就會有所偏差，你難以看見事物完整的、全部的面相。所以你也應該要時時保持警戒，不要因為你看見的……譬如說，不要因為你看見的是一個眾所皆知的佛陀的形象、基督的形象，就毫不考慮的確認他就是佛、就是基督，難道他沒有了這個形象，就不是佛、不是基督了嗎？所以，不要用外表來規範，同樣的，也不要用你口中的正義去規範，真要規範、真要評斷，就規範自己、評斷自己，其他的自有全能的主宰會看著，並不需要我們去當裁判、當法官。

要時時記住自己有局限性，你只瞭解事物部分的面相，不要忘記這一點，所以不管他聲稱誰，你都要聽其言、觀其行，這才是應有的態度。這應該回答了你的問題，還要問嗎？

劉備、張飛哪裡去了？

：再問一個，書上說劉、關、張桃園三結義，但為什麼一般民間信仰裡面都只有祢，張飛呀、劉備呀都不見了，這個現象是為什麼？

關公：其實這也很簡單，這只是一個歷史的偶然，並不是說我比誰更優秀、我比誰更……不是，不是這個意思，只是負責的不一樣、進度不一樣，就只是這樣子而已，不要過度沉浸在細節當中，不要過

度沉浸在渺不可知的細節當中，我希望你知道一件事情，就是你可以隨時召喚我，給予你適當的保護，雖然你也許不需要，但是只要你想你可以隨時召喚，這是我的職責也是我快樂的泉源，並不是我特別了不起，不是！只是個人負責範圍不同，就這樣，不多也不少，好，今天問了兩個問題，希望對你有所幫助，以後我也許會出現、也許不會出現，但是當我出現的時候，你應該能夠很明確知道是我，很高興我們能在這樣的情況之下輕鬆談論，不至於有太大的負擔，不過談論的主題有點嚴肅，這就要請見諒，再見。

《明聖經》的由來〈這一段引自2011/04/13 關公的談話〉

關公講「《明聖經》的由來」★。這是一件發生在以前的事，事情是這樣的，就是感於當時的時代風氣有所缺憾，於是我以傳訊的方式告訴當時的人們一些道理，這些道理就放在《明聖經》中，是一些淺顯易懂（的道理），因為無法讓人知曉的道理無助於世道人心，所以必須要用能夠接受的方式表述，這樣你應該能夠理解，內容有興趣的話可以看一看，不看也沒有什麼關係。

接著我還要回答你第二個問題，就是為什麼會有武關公、文關公的形象，文關公當然就是在看《春秋》、武關公當然要斬妖伏魔，為什麼會有這樣的形象？嗯，應該這樣說，每一個存在他本身都有非常多的面相，就好像說你是某人的兒子、你是某人的先生、你是某人的老師等等，在不同的情況，你會展現出不同的面相，那是完全一樣的意思。

★這一篇是關公在解釋民間流傳的《桃園明聖經》是怎麼來的。只不過，祂只說《明聖經》，漏了桃園兩個字，所以一開始我有點納悶，後來再上網仔細查閱後發現，一般都是講《明聖經》並沒有桃園二字，這其實也說明了，《明聖經》出自關公啊。

當我必須要用威猛的形象提醒世人時，你看到的、感受到的就是武關公的形象，當我要用一種正義的形象、正氣凜然的形象出現時，就是一個文關公的形象。

其實每一個存有都有非常多個面相，所以，不要太拘執於表象，這只是一種傳遞訊息、溝通訊息的方式，沒有必要做過多的解讀，當你瞭解到你自己就是來自源頭，你自然就能理解其實每個人都一樣，應該說每一個存在都一樣，不是像模子一般的一樣，而是神聖的內在本質是相同的，但是個別之間的特質則不同，這個不同來自於經歷不同，就是這樣子而已。

也許你要問，為什麼你這樣的形象會讓人感到畏懼？應該說敬畏，既尊敬又畏懼，當然，尊敬的成分也許多一點，這也沒有什麼意外，就是所謂的民間信仰，當有一代又一代的人以這樣的思維方式，去看待關公這個形象時，那我要如何做才能有益於這個世界的存在呢？這是你可以好好想的問題。如果你也擔任了這樣的職務，你會怎麼做呢？這是我簡短回答你的內心問題。

接下來我要再說一些，上天自有安排，所以，不要對你所擁有的能力感到懷疑或疑惑，我將在此保護你、看顧你，同樣的，所有需要我保護的、需要我看顧的，我都會給予同樣的照顧、同樣的付出，這一點也沒有什麼特別，因為這是我的職責、也是我感到最快樂的工作，我因為這些服務而充滿喜樂。將你擔心的心放下，我將是你永恆的守護者，不論你走到任何地方，我都會在你的身旁保護著你。

所以不用擔心，但是也不要沒事找事做，將自己推入險地，這種不明智的舉動並不在我保護的範圍之內，我保護的範圍是，你能夠注意到自身的安全，但是偶爾一時的疏忽，非刻意造成的，這種情況我會協助你排除障礙。所以有一句話要記住，不必怕事、也不要生事累己，不要沒事找事做，多花一點時間在加強自己的能力、在服務大眾，不必爭辯，默默去做就可以了，是不是很簡單的道理呢？誰說神聖的真理一定複雜而難懂呢？諸惡莫做、眾善奉行，難懂嗎？

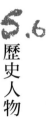

5.6 歷史人物

葉天士

第一次談話〈這一段引自2010/10/19葉天士的談話〉

葉天士：我是葉天士。

：我想請問一下，請問祢是清朝那位很有名的中醫嗎？

葉天士：是，我就是他。不過，也不能這麼說，這個其實是我對你，我告訴你我是誰，這個葉天士只是我在這個世界出現的時候所被賦予的名字，其實名字只是一種表象，當我出現在物質界時，我被賦予了這個名字，這個名字剛好在歷史上你是可以查得到的，但是這個本身沒有很大的意義，因為事實上，我也曾經在歷史上多次出現過，只是歷史能夠記載的很少、很少，所以能夠記下的真的不太多，所以不要去在意到底歷史上有沒有記載，或者說他是不是一個歷史上很偉大的人物呀，都完全不用看。

每一個本我、這樣一個靈性的存在體，祂都是永恆，是一個純粹的存在，當我要向你顯現或向其他個體顯現時，我會選用他最能接受的名字，比如說，我向你顯現時，我用的是葉天士的名字，但是這是非必要的，因為名字只是一種指稱，指稱了某一種存在，當你知道了這樣的存在，這個名字本身就失去了意義。所以，這個是你要瞭解的。

**：**那我能不能請祢告訴我，因為祢是很有名的中醫，對於中醫這一套理論體系，經絡或者是望聞問切或者是用藥、辯證，祢絕對是專家。我想請教的是，我要怎樣才能把這些經絡也好，或是各式各樣的針灸啦，這一類的手法把它學好，要怎麼樣才能學好呢？能不能告訴我一個比較有效、快速的方法，因為我現在已經四十好幾了，再花非常長的時間去學習，基本上是不容易的，所以我想請祢告訴我，該怎麼做才能快速又有效，請注意我不是要偷懶，只是我希望能夠把進度、速度加快。

葉天士：第一，就是要熟記經絡的位置、穴道，這是第一個要點，因為醫術、醫理不是你這一世主要的任務，但是，是一個輔助工具，所以基本的醫理是必要的，我給你的建議就是對於經絡理論一定要弄得非常清楚，但是不需要過度背誦，只要能夠查閱得到就好了，這是我給你的建議。

第二個我想講關於藥草，過去的藥都用藥草，現在常用濃縮中藥，我的建議是不要用濃縮中藥，而要用傳統的藥草，因為一濃縮，許多看似無用的成份就被濃縮掉了，所以，如果不是真正的瞭解這其中的機制的話，我認為不要用濃縮藥。濃縮藥常常會把很重要的、但看起來好像無關緊要的成份濃縮了，這是濃縮中藥一個比較不好的地方，有時候也叫做科學中藥，科學中藥可不一定科學，什麼叫科學？就是你瞭解它的機制、瞭解它的作用，然後我們再去做一些相應的處理，而現在的科學中藥呢？用的還是西醫的思維，就是某一種成份專門對治某一種（病徵），但是中醫的觀念完全不是這樣，中醫是整體的觀念，是和諧、互相搭配的觀念，所以我的建議是如果要用藥的話，不要用科學中藥或者是濃縮中藥。

再來就是，除了拍打之外，還有很多其他的，像針灸啦、推拿啦、按摩啦、刮痧啦、拔罐，這些手法除了拍打之外，基本上都是…當然還有推拿、按摩，大部分都很需要道具，其中最簡單的就是拍打，為什麼要用拍打呢？因為就算沒有任何的道具，你還是能夠給予身體適當的保健。（拍打）它的保健功能是最強的，因為它完全不需要用任何的道具，只要你有兩隻手就好，按摩，沒有按摩椅、按摩床，就效果不好，是不是？針灸就要有針，還要不同人不同針，是不是？刮痧要有刮痧板、刮痧油，還有呢？拔罐，拔罐器。這些當然都有一定的作用，所以只要有機會就去學習，但是也不要過於強求，盡量學就對了。我的看法是經絡學一定要擺在第一位，經絡學不通，其他都是假的；經絡學通了，學其他的，你就知道什麼毛病要（按穴道）按哪裡、什麼毛病要（扎針）扎哪裡，這個你立刻就能融會貫通。

雖然醫學不是你這一世主要的學習內容，但是因為已經學過了，所以，在學習這些東西的時候，你很容易就上手，而且你已經習慣了去閱讀它，就好像我也很喜歡去閱讀。事實上，在你的成長過程中，你難道不覺得會對某些主題感到特別有興趣嗎？你曾經買過一本青草藥的書，你怎麼會去買呢？這都是有前因後果的，但是我想說的是，以前的這些轉世經驗並不一定要一個一個去追求，你已經學過了，這些東西會跟著你，但是不一定要在這一世派上用場，你會覺得你學過的東西重新再學，相對來說，速度會快很多，或者說你會對這些東西比較有興趣，或者講天分，其實興趣也好、天分也好，往往都是因為你在某幾次的轉世過程中，努力大量學習那一類的東西而產生的。

所以講來講去也就是那些了，第一，一定要學經絡，而且要學的相當透徹。第二，如果你要用藥的話，就避免用科學中藥，要用傳統中藥。第三，其實是最好的，你要努力拍打，你學的氣功對於你拍打的成效，有加分、加分、又加分的作用，所以這個要繼續練習。其他的，就是除了拍打以外的，需要某一種、某些程度道具的，只要有機會就去學，但是不用刻意強求，這是我給你的建議，這樣應該足夠你作為日後的方針了。

當然，你還有其他的疑問，比如說，為什麼你的指導靈會是×××呢？自然……生命是有它的安排的，不一定什麼事都要追根究柢，有時候單純接受也滿好，如果真的想要瞭解，你不妨多花一點時間在靜坐上面，你可以從我這裡得到越多的指引，從靈界得到更多的協助。

：我不知道可不可以這樣請問祢，我可以打開第三眼直接看到經絡嗎？

葉天士：我是這麼認為，建議你不要去想這事情，我也不會告訴你，你的第三眼到底能夠打開、還是不能打開，不用去管它，你只要順其自然就好，學你該學的、做你該做的，該打開它自然會打開，不必打開它也不會打開，這個叫做隨順，隨順世緣，很多時候就是在這種追逐的過程中，物質界的生命在追逐之中迷失了。譬如說，完美，結果我們追求的不是心靈的完美，而是形態的完美，這樣情況之下他迷失了。

所以呢，假設你一直把心思放在第三眼能不能開啟，那你就會發現，本來你的目的只是希望能夠直接看見經絡，到最後這些過程本身卻成為目的了，也就是開啟第三眼只是你看到經絡的手段而已，但是當你過度關懷這件事情時，這些手段卻變成了你追求的目標，這對你來說非常不好，所以我的建議就是不必去管它，不必去管它，順其自然就好，要記得喔，一定要順～其～自～然，這是最保險、最安全的途徑，愈笨、愈慢的，往往就是愈快、愈聰明的，希望你能體會。

阿基米德

天理與人性〈這一段引自2010/09/23 阿基米德的談話〉

：對不起，我還沒有搞清楚祢是誰，祢要先報出祢的名號。

阿基米德：天～阿～天～阿～

：對不起，我不知道什麼叫天～阿～，祢要報一個比較完整的名字我才知道祢是誰啊！

阿基米德：阿～基～米～德～是我的教名。

：你是說祢是阿基米德，（語帶質疑）就是那個發現秤黃金方法的阿基米德？

阿基米德：是的，我就是阿基米德。

：可是我跟祢沒有什麼關係啊，我只有在課本上讀過祢的名字，祢跑來是要談什麼問題呢？這個……我都搞迷糊了，不是約書亞要跟我講的嗎？

阿基米德：祂叫我跟你聯絡。

：喔，又是這個……我可以稱呼祢為阿基米德先生嗎？

阿基米德：天～阿～天～阿～阿基米德，天～使～使～阿基米德。

：喔，祢是說要我稱呼祢為阿基米德天使，或天使阿基米德，這樣對嗎？

阿基米德：Ye，Ye，Ye。

：祢說今天要討論的主題是什麼？

阿基米德：天理與人性。

：祢是不是講中文也很困難啊？

阿基米德：嗯、嗯，難、難。

：如果難的話，祢就用簡短的字句講，我再幫祢引申闡述看看，如果是祢的意思的話，祢就說Ye，或者「是」，好不好？

阿基米德：阿～阿～阿～阿基米德說「好」。

：喔，那「天理與人性」開始講。

阿基米德：天理是什麼呢？天理就是上天的意旨，那上天的意旨又是什麼呢？上天的意旨就是「神性內在」，內在的神性就是上天的意旨。那要如何才能看見呢？那就是說上天的意旨，（怪腔怪調）要看見它，那就是說…怎麼說ㄋㄟ，那就是說…吔，要安靜、安靜、安靜的說…心要安靜才看得見，你明白嗎？你明白嗎？要看得見。

：喔，就是說我們要心靜下來，靜下來，靜到一定程度之後，我們就能夠看得見所謂的「自己神性的內在」，這個神性內在的自然呈現，就是祢所謂的天理，是這樣子嗎？

阿基米德：Ye，你不錯、你不錯，OK、OK，阿～哈哈，很好、很好。

：嗯，那人性呢？

阿基米德：天理，根據天理做事，才是人性的根本。

：喔，祢就是說，所謂的人性，就是神性的內在，在物質的身體的一種表現，是這樣子嗎？而不是單獨源於我們物質的身體、物質的思考方式、行為，去主宰這些？

阿基米德：嗯，可以這麼說、可以這麼說，但是我覺得還不夠清楚，還~還~還~不清楚、不清楚。

：那祢能講得更清楚一點嗎？

阿基米德：就是~就是~就是~人性就是內在神性的發揮，阿~~

：應該是這樣，就是人性就是內在神性的一種發揮、一種表現，是不是這樣？

阿基米德：嗯、嗯。

：我能不能請問阿基米德先生，祢當年真的是從…國王請祢量皇冠的、辨別皇冠的真偽，結果祢發現了浮力的原理，然後忽然之間就從浴缸裡衝出來，連衣服都忘了穿，有這回事嗎？

阿基米德：Ye，Ye，Ye。

：我是說請祢用中文講一講。

阿基米德：有、有、有。

：那祢大概從浴缸衝出來…衝了多遠？比如說，如果以房子來比的話，祢大概衝了幾間房子那麼遠？

阿基米德：三十間、三十間、三十間，很遠、很遠。

：那後來是祢自己發現沒穿衣服，還是別人告訴祢「祢沒穿衣服」？

阿基米德：（大笑很久）大家都看見了。

：大家都看見了，所以祢覺得很好笑，是嗎？

阿基米德：嗯、嗯、嗯。

：那後來祢……祢除了在那個時代出現之外，祢後來有再轉世投胎嗎？

阿基米德：Ye，Ye。

：祢都投胎到哪些地方去了呢？歷史上有記載嗎？

阿基米德：Ye，Ye。

：所以也有記載，祢能不能說一說那些轉世投胎者的姓名？歷史上能夠查得到嗎？

阿基米德：Ye，Ye。

：那祢能不能隨便說其中一個名字就好呢？因為我想去查查看，不能祢隨便說祢是阿基米德，我就相信祢啊！

阿基米德：（很受傷的聲音）阿基米德不說謊！

：喔，我只是要確認一下，不是說祢說不說謊，要跟祢確認一下，因為……難道我們以前認識嗎？

阿基米德：Ye。

：喔，原來是這樣子啊，那是在什麼時代認識呢？

阿基米德：阿～

：（質問的語氣）在什麼時代？距離現在多遠？

阿基米德：間隔四、五十年以上的時間。

：祢的意思是說，祢的生存年代和我出現的年代，差了四、五十年的時間嗎？

阿基米德：Ye。

：那是祢先存在、還是我先存在呢？

阿基米德：你在先，我在後。

：喔，我比祢先、祢比我後，也就是我比祢大了四、五十歲，那個時候。

阿基米德：Ye。

：換句話說，我可能是，在祢當時的長輩囉？

阿基米德：Ye，是我的爸爸！

：（驚訝又好笑）天啊！祢的意思是說，當時我是祢的爸爸，祢，阿基米德！那當時祢的媽媽是誰呢？

阿基米德：×～×～×～是我的媽媽！

：天啊！是真的、還是假的！那只有祢一個小孩嗎？還是有好幾個小孩？

阿基米德：天堂裡有好多小孩。

：我不懂！什麼叫天堂裡有好多小孩！我是說在地球上出現的那個時候，祢說我是祢的爸爸，×××是祢的媽媽，而且我比祢大了四、五十歲，那祢的媽媽比祢大幾歲啊？她總不成也比祢大四、五十歲吧？

阿基米德：喲，No，大三十一歲。

：喔，她只比祢大三十一歲。那你都是跟誰學的呢？是我們教祢的嗎？還是有其他好的老師教祢呢？

阿基米德：自學、自學，我是自己學。

：那祢還會再一次的投胎轉世或者降生到現在的地球嗎？

阿基米德：Ye。

：很快嗎？就在最近嗎？譬如說，在十年之內、五年之內、或者多少年之內？

阿基米德：Ye、Ye。

：那祢本身帶有什麼使命嗎？

阿基米德：天~音~天~音~

：什麼叫做天音？天堂來的訊息嗎？

阿基米德：天堂、天使帶消息來。

：那我可不可以請教一下，祢是配合那位使徒保羅嗎？

阿基米德：都有、都有，很多、很多、很多、很多。

：就是說，會有很多天使轉世到現在的地球，然後推動某一項工作，是嗎？

阿基米德：Ye、Ye。

：推動哪一項工作呢？

阿基米德：升級、升級。

：祢這個Ye，是祢在那個時代養成的口頭禪嗎？

阿基米德：Ye，Ye，Ye（笑聲）。

：看來祢的個性滿開朗的嘛！那我們當時相處的情形，我們一家人相處的情形怎樣？

阿基米德：高興、快樂。

：喔，高興、快樂，至少是滿快樂的。所以，祢是在快快樂樂的氣氛當中長大的囉？是一個很快樂的小孩、非常有成就的人囉？

阿基米德：Ye，天使家庭啊，天使家庭！

：好，結束談話好嗎？

阿基米德：Ye。

：這是星期四早上，又是一次奇怪的談話，是自稱阿基米德，就是歷史上的那個阿基米德，祂出現了，情況真是怪極了，結束。

瞭解與意象〈這一段引自2010/09/28 阿基米德的談話〉

阿基米德：阿基米德今天要講的是「瞭解和意象」。

**：**請問祢還是那位天使阿基米德嗎？

阿基米德：嗯、嗯。（外國口音）瞭解，當然就是瞭解你自己囉，那什麼是意象？意象就是說你的觀念，但是很多時候，我們其實不知道自己的觀念是哪裡來的，不知道、不瞭解，譬如說，我們所謂的文化傳統裡面，有很多、很多很奇怪的規矩，譬如說，嗯～嗯，要穿什麼衣服啦、要吃什麼東西啦、餐具要怎麼擺啦，像這種很多、很多很奇怪的東西，很奇怪，但是我們從來不曾或者說是很少，去想說為什麼，為什麼要這樣、為什麼要那樣，就是說我們不瞭解，我們只是接受，從很小、很小的時候，我們不知不覺就接受這些，很多、很多、很多的這種意念，觀念、意念、意象，我們不問為什麼。

但是現在呢？現在你要開始問為什麼，Why？為什麼要問了，因為現在這個世界啊，不同的國家、不同的地方你們的交通啊，你們接觸的機會愈來愈多，那你就會發現，嗯，他怎麼跟我不一樣？是吧，啊？那我們就開始問為什麼，有很多東西它根本就不是對不對的問題，只是一種規定，它以前也許是對的，但是後來就不是那麼對了，所以我們要開始問為什麼要這樣、為什麼要那樣，要很清楚的去瞭解，這是從外在看看。

那你的內在呢？也是有很多東西在外面看不出來的，隱藏在你的腦海裡面，簡單的說，就是跟我們的文化、我們的生長環境有很大的關係，你懂嗎？譬如說，我們常常覺得：男生要怎麼樣、女生要怎麼樣，可是這些其實也是一種不瞭解，我們對很多事情都有一種……啊～怎麼講……成見？就是先有的一種觀念，這種觀念不一定有理由的，你知道吧？就只是一種不知道哪裡來的，其實是從文化的學習來的，所以現在是一個反省的時代，要反省！要反省之後你才能夠真正的瞭解，你的思想、觀念、意念到底是什麼？要常常去思考這問題。

[後記1]

寶典

（深層溝通師賀嘉鴻）

我三十四歲時百病纏身，常覺生不如死，生命真是苦多樂少，但也因此而學習了許多對身心靈健康很有幫助的技能，對於靜坐、觀心法門、唯識學、深層溝通、拉筋拍打等都深入學習。

在某次溝通師集訓的場合，有位新進的溝通師心中有迷惑，請我為她進行溝通，得知在這蒼茫宇宙之中曾經有一顆星球，名為水悅星，上面有一本凝聚所有智者智慧的《寶典》，在溝通過程中曾經出現八個字：「衡一、不二、心如明鏡」，讓我印象非常深刻。

和凡夫老弟是在學習拉筋拍打時認識的，也許是因為我一路走來，也碰過不少奇特的事，因此，在某次聚會時他很謹慎地提到自己遇到特別的狀況，想聽聽我的看法，還讓我聽了一段錄音並留下他的部落格網址，雖然聚會現場人聲嘈雜，錄音內容不易聽得清楚，但是仍然讓我留下深刻的印象。會後就試著到他的部落格，看看由錄音謄成的文字稿內容是什麼，沒想到看似一篇篇簡短的談話，其寓意卻非常深遠。就這樣，數個月來，每天必到凡夫的部落格逛逛，看看今天又有那位高靈說了有啟發意義的話。

自己學佛，研究唯識學二十多年，常以為懂了許多人生哲理，近幾年已很少再閱讀這方面的書，但自從開始閱讀凡夫的部落格，奇怪的是每篇文章都百看不厭。後來理解，以前是想知道、現在是想做到，一句話、一個理也許只要幾分鐘就知道了，要做到卻可能花一輩子，有幸看到此書的讀者千萬勿以道理看似老生常談而匆匆看過。

前天凡夫來電告知，這些訊息內容整編成《與諸神對話》，準備要出書了，看我能否寫篇推薦文，早上靜坐時突然想起水悅星的《寶典》，這本《與諸神對話》不就是集合眾多智慧話語的寶典嗎？

觀看《與諸神對話》有如走入智慧的百寶箱，從宇宙的奧秘到如何維持身心靈的健康，都有詳盡的敘述，而且舉例或表達的方式有時會出人意表，每看完一篇文章，總會讓你覺得這不是凡人所能說出來的。

現在正是人類文明發展的轉捩點，人類文明是向上提升到人間天堂的境界，或是向下沉淪，現在就是關鍵時刻！而你我心態是否正確就是轉變的關鍵，看完此書，讀者將會更瞭解自身的重要與神聖無瑕的本質。

［後記2］

諸神對拍打拉筋的啟示

（《醫行天下》作者蕭宏慈）

不斷有讀者告知，讀《醫行天下》如同讀武俠小說，因為太神了，所以不像現實世界。可如果我告訴您還有比這更神的事發生，豈不超越武俠小說，成了神話？在香港工作時，我曾被《與神對話》這本書迷住，後來我在小說《股色股香》裡讓主人公王曉野迷上了這本書，如同讓他迷上黃酒一樣。後來中國大陸正式出版了《與神對話》，說明國人對與神對話的神蹟可以平常心看待了。可即便是神話，不一樣啟迪心智嗎？

《與神對話》裡的神似乎更像西方人心中的神，而且並無姓氏。而中國文化卻具有極大的包容性，對外來文化和外來的「神」不排斥，佛教、基督教、伊斯蘭教、科學教等等都進來了，而且扎根很深。有一次談及海峽兩岸文化特徵，我跟幾個台灣友人開玩笑說，中國大陸文化的包容性比台灣更強，對方很詫異不解。我說大陸除了接納其他文化與宗教，還比台灣多接納了一項馬克思主義，所以我們現在搞的是中國特色的社會主義，大家頓時開懷大笑，若有所悟。

請注意，我們用的「神」字，是活在相對世界的人類對一種存在的解讀，活在絕對世界的「神」們肯定不是我們這麼理解神的！而且我們所指的神，往往與宗教相關，而這些神肯定與宗教無關，宗教畢竟是人間的遊戲，而神肯定是超越宗教的。我今天給大家推薦的不是一個神，更非一個宗教，而是一位凡夫與諸神對話，或曰與諸位高靈的對話。其中既有人們熟悉的耶和華、耶穌、玉皇大帝、釋迦牟尼、藥師佛、觀世音菩薩、地藏王菩薩，也有人們不太熟悉的太乙、龍欽巴尊者、阿底峽尊者，還有孔子、關公、阿基米德等真實的歷史人物，甚至還有葉天士這樣的中醫名家。更奇妙的是，這次與諸神對話的出現，居然與拍打拉筋有關。作者凡夫在其博客上對此的記載如下：

我因身體出了毛病而接觸拍打拉筋。過不了多久又因此而引發了自發功態。因練習自發功又促成了接收訊息之事（蕭註：即《與諸神對話》）。人生就是有這麼多看似奇怪，又無可預測的怪事。接收的訊息，除了少數牽涉到私人問題以外，已經全部公布於博客中。

二〇一一年年初我在台灣烏來的雲景溫泉山莊舉辦醫行天下體驗營時，一對無任何宗教信仰的夫妻（兩人都有博士學位並在大學任教，後來在博客中自稱「凡夫」）小心謹慎的問我：可否單獨談談一樁不可思議的私事？吾欣然從之，結果便得知了凡夫拍打拉筋後出現的與神對話。當時凡夫不敢肯定這是否屬於怪力亂神。我說依法不依人，或曰依法不依神。宇宙中看得見、看不見的存在很多，各人的因緣也不同，端看那神說的是什麼？

待我從凡夫給我的錄音筆中聽到他與神對話的錄音，我內心的感覺是震撼、狂喜！於是只要一有空，我就趕緊回房往溫泉裡一泡，一邊讓肌膚被溫湯撫慰，一邊讓心靈被天籟激盪，那是一種前所未有的愜意，我這才體悟到何謂心曠神怡啊！由於時間有限，我當時只聽到了與耶穌、藥師佛等幾位著名神祇的對話，但是我馬上毫不猶豫地告知凡夫：這是真正的與神對話，而且是與諸神對話！我聽到的是真理，是道，是天啟！而且正是針對當代個人和人類的病指出解決方案，所以我建議他認真記錄，集結成書，其結果必將轟動人類，也成為拯救人類的步驟之一。吾稱之為天啟，是因為對話雙方皆無任何國家、種族、宗教的立場，更沒提及任何私人利益，而是全然站在人類的立場，探討解決人類身病、心病及人給地球造的病。諸神的話語都那麼和諧！他們不僅沒有宗教分歧和宗教戰爭，而且自然組成了一個團隊來幫助人類！諸神組成的超級明星團隊啊！吾等何其幸運！這些來自絕對世界的天音，超越了相對世界的二元對立，不就是來度化、提升我們這些無明的芸芸眾生的嗎？

由於擔心此事被「科學化」的人們誤解，所以我最初只告訴了身邊幾個弟子和好友。沒想到凡夫的與神對話越來越神，不僅談到人類整體的病、地球的病，而且很具體地談論到了治病方法，尤其首推拍打拉筋自癒法，並詳談了拍打拉筋與醫、藥、人類、環境、地球的關係。顯然，諸神一直在關注、支持拍打拉筋自癒法。凡夫與諸神的對話，不正是上天在給實踐拍打拉筋的人們加持、灌頂嗎？今年在美國雲遊期間，一弟子突然問：葉天士是誰？我說是一位清代名醫。弟子說，在凡夫的博客（凡人凡心浮生記）裡有一段關於拍打拉筋和經絡的說法，我們一聽怎麼那麼熟悉，簡直和您講課時說的一模一樣？於是大家打開凡夫的博客一看，果然是葉天士的精采論述，而且他和藥師佛對拍打拉筋情有獨鍾，大家哈哈大笑了很久！葉天士與藥師佛的話，將拍打、拉筋、經絡、人體藥庫、忘記病名、大道至簡、心想事成等醫行天下的概念做了更精闢、堅定、溫和的說明。

茲引用一段凡夫與葉天士的對話：

> 一般所謂的病，絕大多數其實只根源於一種單純的原因，就是經絡堵塞：通經絡通到很順暢的時候，還有的那些毛病，才叫做病。（2011/05/18，葉天士）
>
> 所謂的練功主要不是在鍛鍊肌肉，而是在鍛鍊你的內氣，這個就好像是我們用一個強力的水柱去沖

刷這些堵塞的溝渠，我們用強力的內氣去衝擊淤堵的經絡，可以達到通經通絡的目的：針灸，當我們把針紮在特定的穴點上，會使得這一條經絡上的內氣，因為針的存在而產生了干擾，干擾的結果類似按下重置鍵，等於是把我們身體這個內氣的循環，它已經紊亂了，我們給它一個適當的外加的刺激，這個外加的刺激具有重置的作用，重新來一遍：刮痧、拍打，這些都是各有特色的通經、通絡的方法：在這些方法當中，最後、也是最困難的選擇其實才是吃藥，藥師佛說過：人體就像是一個製藥工廠。但是你必須正確的發出你的訂單，發出你的指令，我們的人體才會回應你的請求，這樣產生出來的藥，是我們人體內部本身合成的藥，這種合成的藥沒有任何的副作用，和外來的、外加的藥不一樣：能夠改善你身體的那個東西，或者那個作用，它就是藥。所以，善意的勸導是藥，練功是藥，拍打是藥，藥也是藥。（2011/05/18，葉天士）

如何能讓人體自身合成治病所需的「藥」呢？關鍵在人心，因為：

人心是受障蔽的，人心總是帶著有色的眼光來看這個世界，包括這些能夠使你健康的通經絡方法，你懷疑！高度的懷疑！於是你不會認真的去實施，當你不認真的實施這樣的方法，那麼你所獲得的效果就微乎其微，或者只有暫時的效果：因為你想它沒有效，所以回應就是沒有效，當你認為它有效了，那麼你就會認真的去實施。（2011/05/18，葉天士）

更戲劇化的是，二〇一一年四月在台灣發生了醫行天下風暴，連續數日醫行天下成為台灣各大媒體的頭條新聞，而那時包括阿彌陀佛、關公在內的各路神仙居然出來以「良心事業」為題給醫行天下的事業和人類的前途指明了方向。茲節錄如下：

要能成就自己，還要能夠利益其他的存有：你發出的想法就是自利，只為了自己，於是所有接到這樣想法的（人）也都回應了自利的念頭，那大家都自利，你什麼時候才能得利呢？同樣的道理，當你發出的是利己又利人的念頭，大家的回應就都是利己又利人的念頭，那還有什麼不能成就呢？（2011/05/10，阿彌陀佛）

你是誰並不是那麼重要，重要的是你的心、你的發心、你的願望，一種利己利人的深切的願望，這個才是最重要。（2011/05/24，關公）

烈士就是認為自己的都是對的，一往無前；勇士知道自己的不足，但是奮力而為，不要求結果，這兩種你會選擇哪一種呢？（2011/04/22，地藏王菩薩）

有些人不知拍打拉筋與人類文明提升的關係，這顯然是狹隘理解了醫與道的關係，讀了這些與諸神的對話，相信您會得到另一番啟示，是為天啟！你會發現天上與人間原來有如此深厚、細膩的感應，我們平時掛在嘴邊的天人合一、天人相應，的確真實不虛啊！在此引用太乙的一段話供參考：

如果你能夠堅信：你們一切一切、無量又無量的眾生都來自於太乙，那麼你們應該瞭解，你們彼此之間都是靈性的家人，所以請用正面的意義去解讀這些內容或者這些表象，試著去放掉那些由你的小我所構築出來的，虛幻的、假想的獨立世界、獨立意志，試著放掉它，單純的、直接的用心去感受，感受那一切背後至善的涵義。（2011/07/21，太乙）

我再寫下去都是多餘的了，大家還是趕緊直接聆聽那些神靈的啟示吧！

（原文連結：http://blog.sina.com.cn/s/blog_5dc946a60102dt3s.html）

生活視窗
與諸神對話：一個大學老師的通靈紀錄

2012年4月初版
2019年3月初版第七刷

定價：新臺幣380元

編著	凡夫
叢書主編	林芳瑜
校對	張幸美
美術設計	劉亭麟
內文排版	林淑慧
繪圖	朱士軒

出版者	聯經出版事業股份有限公司
地址	新北市汐止區大同路一段369號1樓
編輯部地址	新北市汐止區大同路一段369號1樓
叢書主編電話	(02)86925588轉5318
台北聯經書房	台北市新生南路三段94號
電話	(02)23620308
台中分公司	台中市北區崇德路一段198號
暨門市電話	(04)22312023
郵政劃撥帳戶第	0100559-3號
郵撥電話	(02)23620308
印刷者	文聯彩色製版印刷有限公司
總經銷	聯合發行股份有限公司
發行所	新北市新店區寶橋路235巷6弄6號2F
電話	(02)29178022

總編輯	胡金倫
總經理	陳芝宇
社長	羅國俊
發行人	林載爵

行政院新聞局出版事業登記證局版臺業字第0130號

本書如有缺頁，破損，倒裝請寄回台北聯經書房更換。 ISBN 978-957-08-3987-6 (平裝)
聯經網址 http://www.linkingbooks.com.tw
電子信箱 e-mail:linking@udngroup.com

國家圖書館出版品預行編目資料

與諸神對話：一個大學老師的通靈紀錄
/凡夫編著．朱士軒繪圖．初版．新北市．聯經．
2012年4月（民101年）．440面．15.5×22公分
（生話視窗）
ISBN 978-957-08-3987-6（平裝）
[2019年3月初版第七刷]

1.通靈術

206.1 101006851